CHRISTIAN MONTAG

# DU GEHÖRST UNS!

CHRISTIAN MONTAG

# DU GEHÖRST UNS!

Die psychologischen Strategien
von Facebook, TikTok, Snapchat & Co –
und wie wir uns vor der großen
Manipulation schützen

Blessing Verlag

FSC
www.fsc.org
MIX
Papier aus verantwortungsvollen Quellen
FSC® C083411

Penguin Random House Verlagsgruppe FSC® N001967

1. Auflage, 2021

Satz: Leingärtner, Nabburg
Druck und Einband: CPI books GmbH, Leck
Umschlaggestaltung: Bauer + Möhring, Grafikdesign Berlin
Printed in Germany
ISBN 978-3-89667-706-8

www.blessing-verlag.de

*Für meine Eltern Ingrid und Udo, die sich mit den Tech-Konzernen nicht mehr auseinandersetzen müssen*

*Für meine Frau Susanne und meinen Bruder Thomas, die sich den Tech-Konzernen nur schwer entziehen können*

*Für meine Tochter Hannah, die noch eine Zukunft mit Privatsphäre haben soll*

You can check-out any time you like,
but you can never leave.

The Eagles, *Hotel California*

# Inhalt

Vorwort ... 11

Kapitel 1
Das Geschäftsmodell der Tech-Konzerne ... 17

Kapitel 2
Spiel, Spaß und Spannung? Über unsere Motivation, neue Technologie zu nutzen ... 43

Kapitel 3
Wie Menschenmassen mit Hilfe von Psychotricks auf den Apps und Webseiten der Tech-Unternehmen gehalten werden ... 81

Kapitel 4
Zeig mir deinen digitalen Fußabdruck, und ich weiß, wer du bist ... 143

Kapitel 5
Der*die gläserne Patient*in? Digital Phenotyping, elektronische Patientenakte, Maschinelles Lernen und Künstliche Intelligenz ... 187

Kapitel 6
Werden wir durch die Vorselektion von Informationen durch die Tech-Konzerne manipuliert? . . . . . . . . . . . . . . . . 205

Kapitel 7
Internetnutzungsstörungen oder suchtähnliches Verhalten . . . . . . . . . . . . . . . . . . . . . . . . . . . . . . . . . . . 235

Kapitel 8
Strategien gegen die Fragmentierung des Alltags und Einblicke in das Quantified-Self-Movement . . . . . . . . 263

Kapitel 9
Der Hotel-California-Effekt des Internets und was wir dagegen tun können . . . . . . . . . . . . . . . . . . . . 301

Nachwort . . . . . . . . . . . . . . . . . . . . . . . . . . . . . . . . . . . . 349

Danksagung . . . . . . . . . . . . . . . . . . . . . . . . . . . . . . . . . 351

Literatur und Anmerkungen . . . . . . . . . . . . . . . . . . . . . 363

Personenverzeichnis . . . . . . . . . . . . . . . . . . . . . . . . . . . 413

# Vorwort

Es gibt ein geflügeltes Wort in der Wissenschaft, das teilweise im Scherz und teilweise im Ernst verwendet wird, um zu beantworten, warum Wissenschaftler*innen sich ihrem jeweiligen Forschungsthema verschrieben haben: *Research is Me-Search*. Frei übersetzt lautet das Sprichwort, dass bei vielen Forschenden ihr gewähltes Thema immer auch eine Suche nach dem eigenen Ich einschließt. Keine Frage – ich gehöre mit Sicherheit auch zu der Gruppe derer, die sich ein Thema ausgesucht hat, das eng mit dem eigenen Leben verknüpft ist. Dies spiegelt sich in meinem Werdegang wider.

Schon Mitte der 1990er setzte ich mich intensiv mit dem World Wide Web (WWW) auseinander. Ich brachte mir damals selber bei, Webseiten zu programmieren. Nachdem ich die grundlegenden Kenntnisse erworben hatte, verfolgte ich schnell das Ziel, durch eine Webseite meine damalige Rockband zu promoten. Dies gelang erstaunlich gut, und der eigens erstellte Webauftritt gewann sogar im Jahr 2000 den MTV & Yahoo Online Music Award (für die beste Webseite einer Band ohne Plattenvertrag)[1], der meiner Band von Smudo von den *Fantastischen Vier* überreicht wurde. Aus meiner Fähigkeit, Webseiten zu erstellen, wurde ein paar Jahre lang eine berufliche Tätigkeit, der ich als Selbstständiger und beim Kölner TV-Sender RTL nachging, bevor ich mit vierundzwanzig Jahren ein Studium der Psychologie aufnahm, um mich eine Zeit lang von dem Thema »Online« zu verabschieden.

Während meines Psychologiestudiums war ich natürlich nie komplett offline, dennoch war es ein völlig anderes Online-Zeitalter als heute – ohne »Insta«, ohne WhatsApp, allerdings dafür mit dem ersten Echtzeit-Messenger ICQ, der mich mit seinem »OhOh-Ton« bei jeder eingehenden Nachricht genervt hat. Wie es mit so vielen Dingen im Leben ist: Meine anfängliche Begeisterung für das WWW nutzte sich Mitte der 2000er-Jahre ein wenig ab, und ich musste feststellen, dass sich mit dem Aufkommen des Web 2.0 einige Dinge änderten.

Im Nachhinein kann ich die Veränderungen auch an der Geschwindigkeit festmachen, mit der ich persönlich auf E-Mails reagieren musste. Während in den 1990er Jahren die Antwort auf eine E-Mail ein paar Tage warten konnte, begann ich irgendwann auf jede Botschaft sofort zu reagieren. Verantwortlich für diese Tempoerhöhung der Online-Kommunikation, die auch den Stresslevel enorm erhöht, sind sicherlich auch die Social-Media-Konzerne und Entwickler der vielen bunten Apps auf dem Smartphone. Sie haben uns mit Hilfe des Systemdesigns auf ihren Plattformen dazu genötigt, jederzeit und an jedem Ort auf alles umgehend zu reagieren. Irgendwann fing ich an, das ungesunde WhatsApp-Prinzip auch auf E-Mails und andere Bereiche meines Lebens zu übertragen … wenn ich auf meine WhatsApp-Nachricht sofort eine Antwort erhalte, möchte ich natürlich auf eine E-Mail-Antwort nicht länger warten! Logisch.

Ehrlicherweise habe ich lange Zeit gedacht, dass irgendetwas an mir selber dafür verantwortlich ist, dass meine Online-Zeiten zu lang bemessen sind. In Höchstzeiten war ich pro Tag allein auf meinem Smartphone über drei Stunden unterwegs, letzte

Woche hat mir die Bildschirmzeit-Funktion von Apple pro Tag glücklicherweise »nur« 1,17 Stunden rückgemeldet. Als Persönlichkeitspsychologe weiß ich, dass es tatsächlich Eigenschaften von Personen gibt, die mit längeren Online-Verweilzeiten und anderen Phänomenen wie Unbekümmertheit im Umgang mit den eigenen Daten zu tun haben. Beispielsweise habe ich durch meine Forschung nachweisen können, dass weniger gewissenhafte oder mehr neurotische Personen eher dazu neigen, eine exzessive Internetnutzung an den Tag zu legen. Neurotische Personen neigen unter anderem zu mehr Ängstlichkeit. Ist Neurotizismus aber nun eine Folge von einem Zuviel an Digital, oder neigen neurotische Personen grundsätzlich eher dazu, viel Zeit im World Wide Web (WWW) zu verbringen? Solche Zusammenhänge werde ich in diesem Buch ausführlich untersuchen.

Jenseits des Blicks eines Persönlichkeitspsychologen, bin ich aufgrund meiner wissenschaftlichen Erkenntnisse davon überzeugt, dass individuelle psychische Eigenschaften alleine nicht ausreichend erklären, warum 30 Jahre nach Gründung des WWWs im Jahr 1991 aktuell ca. 66 % der Menschheit online sind[2] und davon mehr als drei Milliarden einen Service des Facebook-Konzerns nutzen.[3] Mein Austausch mit unterschiedlichsten Wissenschaftsdisziplinen wie Informatik, Ökonomie oder auch Medizin forderte mich als Psychologe und Hirnforscher immer wieder heraus, eine neue Perspektive auf mein Forschungsthema einzunehmen. Dabei musste ich feststellen, dass es zu wenig ist, lediglich zu verstehen, wer aufgrund seiner Persönlichkeitsstruktur online zu welchen Verhaltensweisen neigt. Genauso bedeutsam ist es, die psychologischen Mechanismen aufzuzeigen, die darauf abzielen, Menschen unabhängig von ihrer eigentlichen Persönlichkeitsstruktur möglichst lange auf einem Online-Angebot zu halten: Und dies vonseiten der

Tech-Konzerne immer mit dem Ziel, die anfallenden digitalen Fußabdrücke der einzelnen Nutzer*innen auswerten zu können, um jede*n ihrer Kund*innen besser Produkte verkaufen zu können.

In diesem Buch finden also beide Perspektiven ihren Platz: Auf der einen Seite untersuche ich aus psychologischer Perspektive verschiedene App-Elemente wie den Newsfeed bei Facebook, die Lesebestätigung (»Doppelhaken«) bei WhatsApp, die Story auf Instagram oder die Macht der Kurzvideos auf TikTok, um darzustellen, wie Online-Plattformen es schaffen, uns immer wieder auf ihre Angebote zurückkehren zu lassen. Auf der anderen Seite wage ich einen differentiell-psychologischen Blick auf verschiedene menschliche Eigenschaften, um zu verstehen, warum bestimmte Personengruppen besonders stark auf bestimmte App-Elemente reagieren. Welche Menschen sind zum Beispiel aufgrund ihrer Persönlichkeit anfällig dafür, über News-Apps und Social-Media-Kanäle in einer sogenannten Filterblase zu landen?

Ich werde darlegen, warum ich der Überzeugung bin, dass Tech-Konzerne eine gehörige Verantwortung dafür tragen, dass viele von uns durch die Nutzung der Online-Plattformen nicht nur abhängig[4], sondern auch gläsern und intolerant werden. Zwar mag dies in unterschiedlichem Ausmaß geschehen, trotzdem sind Millionen von Menschen rund um den Globus betroffen. Mit dieser Einsicht veränderte sich übrigens auch mein Blick auf meine Aufgabe als Psychologe und Hirnforscher: Während in einem anderen Bereich meiner Forschung im Vordergrund steht, beispielsweise mit meinen Kolleg*innen an vorderer Front die biologischen Grundlagen der Persönlichkeit zu entschlüsseln[5], geht es mir mit dem vorliegenden Buch vor allem darum aufzuzeigen, wie Tech-Konzerne uns dazu drängen, immer wieder auf ihre Plattformen zurückzukehren, damit wir dort unsere Online-Spuren hinterlassen. Damit geht es in diesem Bereich meiner Forschung darum, Wissen für die Allgemeinheit zu schaffen, welches den Tech-Konzernen schon lange bekannt ist, aber dort hinter hohen Mauern verbleibt. Ich versuche aus psychologischer Sicht zu erklären, wieso wir das Gefühl für Zeit und Raum verlieren, wenn wir durch diverse Newsfeeds scrollen, warum wir eine so enge Bindung zu unserer virtuellen Farm entwickeln, dass wir sogar bereit sind, Geld dafür auszugeben, und wie App-Entwickler*innen mit unserer Angst spielen, etwas zu verpassen.

Das lateinische Wort »manipulare« bedeutet »etwas in der Hand haben«. Tatsächlich haben die Tech-Konzerne uns mittlerweile in ihrer Hand, auch weil es kaum Alternativen zu ihren Plattformen gibt. Der Buchtitel spielt auch darauf an: Du gehörst uns! Das ist bedenklich: Denn nichts anderes als unsere psychische Gesundheit, unsere Privatheit und sogar unsere Demokratie stehen auf dem Spiel. Deswegen bin ich auch davon überzeugt, dass das in diesem Buch behandelte Themenspektrum alle angeht.

Ich möchte auch Antworten auf die Frage geben, wo gesunder digitaler Konsum aufhört und die Abhängigkeit beginnt und wie wir unsere Online-Zeiten besser managen können. Und ich gebe Tipps und Hacks, wie wir unseren digitalen Fußabdruck möglichst klein halten können. Denn so viel ist jetzt schon klar: Wir werden nicht verhindern können, bei der Nutzung von Social Media und Internet digitale Spuren zu hinterlassen. Wir haben es aber (noch) in der Hand zu beeinflussen, was mit diesen Daten geschieht. Und eventuell können wir sogar Geschäftsmodelle etablieren, die dem Raubbau an unseren Daten Einhalt gebieten. Einen Beitrag zur sinnvollen Debatte über unsere digitale Zukunft liefert vor allem das Kapitel 9.

Mein Buch richtet sich keinesfalls nur an Personen, die gerade einen Facebook-Service oder Ähnliches nutzen, sondern an alle, die heute in Deutschland in irgendeiner Form online sind (ca. 96 %)[6] oder ein Smartphone haben (ca. 61 Millionen).[7] Ich habe dieses Buch für alle Menschen geschrieben, die googeln oder eine Reise online buchen. Ich habe dieses Buch für alle geschrieben, die sich im Zeitalter des Überwachungskapitalismus[8] durch den öffentlichen Raum bewegen. Und für die kommenden Generationen, damit sie noch eine Privatsphäre haben.

# Kapitel 1
# Das Geschäftsmodell der Tech-Konzerne

Mittlerweile vergeht kaum ein Tag, an dem Konzerne wie Facebook, Twitter oder Google (genauer Alphabet Inc. mit dem Tochterunternehmen Google) nicht weltweit Schlagzeilen machen. Eine Auswahl von nationalen und internationalen Meldungen aus den Jahren 2020 und 2021 unterstreicht diese Tatsache.

Zu Beginn des Jahres 2020 sagte Google mal wieder »Sorry« für ein Daten-Leck, bei dem privat gespeicherte Videos an fremde Personen weitergeleitet worden waren.[9]

Auf dem Portal Fitbook wurde darüber diskutiert, ob Plattformen wie Instagram Essstörungen befeuern.[10]

In der Mitte des Jahres 2020 waren Hass und Hetze auf Facebook so groß, dass immer mehr Unternehmen keine Werbung mehr auf dieser Plattform platzieren wollten, wie das *Handelsblatt* berichtete.[11]

Passend dazu, zeigte Facebook im US-Wahljahr 2020, wie wenig der Konzern auf die internationale Kritik gibt, dass das Schalten von personalisierter Online-Werbung (via Microtargeting) bei Wahlkämpfen möglicherweise schädliche Effekte für die Demokratie nach sich zieht. In diesem Zusammenhang titelte die renommierte englische Tageszeitung *Guardian* Anfang

Januar 2020: »Facebook weigert sich, unwahre politische Werbung und Microtargeting einzuschränken.«[12]

Wie sich in zahlreichen internationalen Meldungen aus dem Jahr 2020 herauskristallisierte, verfolgten die großen Plattformen Twitter, Facebook und Google im Kontext der US-Wahl im November 2020 und dem damit einhergehenden lukrativen Wahlwerbegeschäft interessanterweise ganz unterschiedliche Strategien: Während Facebook es den Betreiber*innen der Kampagnen lediglich in der Woche unmittelbar vor der Präsidentschaftswahl nicht ermöglichte, neue Wahlwerbung zu schalten[13], verzichtete Twitter komplett darauf, den Politprofis eine solche Art der Werbung zu ermöglichen.

Google und auch die hauseigene Video-Plattform YouTube nahmen eine Position zwischen Facebook und Twitter ein. Sie erlaubten zwar das Schalten politischer Werbung, allerdings konnten sich die Kampagnenbetreiber*innen beim Schalten ihrer Werbebotschaften »nur« an groben Kategorien wie Alter, Geschlecht oder die Postleitzahl der Online-Nutzenden orientieren. Auf noch genauere Informationen, wie die politische Orientierung der Online-Nutzer*innen, konnten die Kampagnen bei Google nicht zurückgreifen. Dies ermöglichte aber Facebook.[14]

Ein Artikel auf cbsnews.com schätzte, dass das digitale Werbevolumen für den US-Wahlkampf 2019/2020 deutlich über einer Milliarde Dollar liege.[15] Diese ungeheure Summe erklärt dann auch schnell, warum nicht jedes der Tech-Unternehmen auf die sehr lukrativen Einnahmen verzichten wollte.

Während des US-Wahlkampfs wurde auch deutlich, dass die Tech-Konzerne sehr unterschiedlich mit den offenkundigen Lügen des ehemaligen US-Präsidenten Donald Trump umgegangen sind. Während auf Twitter einige der Trump'schen Twittertiraden relativ früh im Jahr 2020 mit Warnhinweisen auf den fehlenden Wahrheitsgehalt versehen wurden[16], sollte Facebook weitere Monate darauf verzichten, die Posts von Politikern auf ihren Wahrheitsgehalt zu überprüfen. Ende Mai formulierte Mark Zuckerberg, dass Facebook seiner Ansicht kein »Schiedsrichter der Wahrheit« sein sollte.[17] Im Januar 2021 sollte sich vor der Bestätigung des neuen US-Präsidenten Joe Biden durch den US-Kongress herausstellen, wie fatal der Umgang der Social-Media-Konzerne mit den Lügen des US-Präsidenten war. Der Kongress wurde von einem wütenden Mob gestürmt, nachdem Donald Trump seine Anhängerschaft via Twitter aufgehetzt hatte. Erst nach diesem in der ganzen Welt Entsetzen hervorrufenden Angriff, reagierten die Tech-Konzerne mit einer Sperrung von Trumps Social-Media-Konten auf Twitter und Facebook.[18] Die Sperrung des Facebook-Konto von Donald Trump durch Facebook ist kürzlich von einem extern arbeitenden Oversight-Board als zulässig eingeschätzt worden, allerdings war es »ein unangemessener Schritt seitens Facebook, die unbestimmte und nicht auf Standards und Richtlinien basierende Strafe einer unbefristeten Sperrung zu verhängen.«[19] Nun muss Facebook nacharbeiten.

Insgesamt haben die Tech-Konzerne Trump viel zu lange schalten und walten lassen, wobei sich grundsätzlich die Frage stellt, ob ein privates Unternehmen über die Redefreiheit entscheiden sollte oder ob das nicht eigentlich eine hoheitliche Aufgabe des Staates ist. In Deutschland gilt seit 2017 das Netzwerkdurchsetzungsgesetz (NetzDG)[20], welches vorschreibt, dass Social-Media-Konzerne wie Facebook innerhalb von 24 Stunden offenkundig rechtswidrige Inhalte löschen müssen. So sinnvoll dieses Gesetz zunächst einmal wirkt, so umstritten ist es doch auch.[21] Christian Mihr von den Reportern ohne Grenzen beispielsweise formuliert, das NetzDG »ist gut gemeint, aber schlecht gemacht«.[22] Befürchtet wird vor allen Dingen, dass die Meinungsfreiheit durch das NetzDG eingeschränkt und vieles übervorsichtig gelöscht wird, was nicht gelöscht hätte werden sollen (Overblocking).[23]

Ermöglicht wurde die laxe Haltung mancher Tech-Unternehmen im Umgang mit sensiblen Themen wie Fake News durch die *Section 230* des sogenannten *Communications Decency Act* aus dem Jahr 1996, der die Plattformbetreiber*innen aus der Haftung für die geposteten Inhalte ihrer Nutzer*innen nimmt.[24] Inzwischen wird in den USA kontrovers diskutiert, ob diese Section 230 nicht dringend überarbeitet werden muss.[25] Der Autor Jeff Kosseff bezeichnete die Section 230 in seinem Buchtitel als die 26 Worte (in deutscher Übersetzung 23 Worte), die das Internet geschaffen haben[26]: »Kein*e Anbieter*in oder Nutzer*in eines interaktiven Computer-Service soll als Herausgeber*in oder Sprecher*in für jegliche Informationen gelten, die von einer anderen Quelle stammen.«[27] Damit ist klar, dass der oder die Einzelne in den USA prinzipiell für die eigenen Aussagen belangt werden kann, nicht aber die Betreiber*innen von großen Plattformen, die »lediglich« Inhalte anderer bereitstellen. Dies hat mit Sicherheit auch dazu beigetragen, dass sich Social-Media-Konzerne bis vor Kurzem als reine technologische Infrastrukturen und nicht als Medienunternehmen betrachteten, welche redaktionell Inhalte erstellen oder dafür verantwortlich sind. Dies gilt jedenfalls für ihre Außendarstellung, wobei wir in Wirklichkeit bei den Social-Media-Konzernen zumindest von einem Hybrid aus Plattform-Infrastruktur und Medienunternehmen ausgehen können. Die Clinton-Administration wollte übrigens mit der Section 230 die Ausweitung des noch jungen WWW fördern. Es gilt zu bedenken, dass es Facebook zur Zeit der Verabschiedung der Section 230 noch nicht gab und Google gerade mal in den Startlöchern stand. Damals waren viele Entscheidungsträger*innen noch deutlich optimistischer als heute, was die Entwicklungen des WWW betrifft, und hofften auf eine Demokratisierung der Welt durch das Internet.

Wie zögerlich einige soziale Netzwerke bereits auf dramatische Ereignisse vor der Stürmung des US-Kongresses im Januar 2021 reagierten, spiegelt sich auch in deren (Unterlassen von) Aktivitäten als Reaktion auf die massiven Protestbewegungen gegen Polizeigewalt rund um den dramatischen Fall des George Floyd wider. Um das mit einem Beispiel zu illustrieren: Tatsächlich konnte sich eine zynische »Challenge« im Netz verbreiten, bei der Nutzer*innen dazu aufgefordert wurden, das Handeln des Polizisten gegenüber Floyd mit derselben Pose nachzustellen.[28] Warum gelang es überhaupt, eine solch unerträgliche und sozial explosive Aufforderung online zu verbreiten, die zweifelsohne auf die Spaltung der Gesellschaft und das Erzeugen von Unruhen abzielt? Trotz der juristischen Voraussetzungen rund um die Section 230 ist es mir unbegreiflich, warum hier nicht schneller vonseiten der Tech-Konzerne auf Basis ihrer eigenen »Hausordnung« reagiert wurde. Die aktuelle Zerrissenheit der Vereinigten Staaten von Amerika zeigt sich auch auf Social Media, gerade wenn man auf der einen Seite eine geschmacklose und gefährliche »Challenge«, wie die oben genannte um George Floyd sieht, und auf der anderen Seite die starke Bewegung #BlackLivesMatter, in der es um die Durchsetzung der Rechte der schwarzen Bevölkerung geht.

Trotz Zuckerbergs Aussage, dass Facebook sich nicht zum Schiedsrichter der Wahrheit aufschwingen wolle, gibt es auf Facebook natürlich komplexe Verhaltensregeln, und der Konzern formulierte, dass die genannte Challenge gegen die Community-Regeln von Facebook verstoße und daher gelöscht werden solle. Im Juni/Juli 2020 begann Facebook generell, Nachrichten auf der Plattform zu kennzeichnen und zu löschen, wenn diese auf Gewalt abzielten oder Online-Nutzende davon abhalten wollten, von ihrem Wahlrecht Gebrauch zu machen. Neu war zu diesem Zeitpunkt auch, dass Facebook dieses Regelwerk auf die Nachrichten von Politiker*innen anwandte.[29] Politiker*innen hatten bis dahin einen gewissen Sonderstatus inne. Tom Reynolds, Sprecher von Facebook, gab gegenüber der Zeitung *Washington Post* aber dann für mich wenig nachvollziehbar an, dass der berüchtigte Tweet von Donald Trump als Reaktion auf die Demonstrationen gegen Polizeibrutalität in Minnesota, »... wenn das Plündern startet, beginnt das Schießen«, nicht in die angedachte Gewaltkategorie gehört[30], sondern stattdessen unter die Richtlinien zur *Ausübung von Staatsgewalt* von Facebook fallen würde. Meines Erachtens zu Recht wies die Journalistin Julia Carrie Wong in einem Artikel für den *Guardian* darauf hin, dass die Richtlinien von Facebook in puncto Faktenchecks insgesamt inkonsistent und verwirrend ausfielen.[31]

Nach den Ereignissen um die Stürmung des US-Kongresses im Januar 2021 formulierte der US-Investor Chris Sacca (bekannt aus der amerikanischen TV-Show *Shark Tank*, hierzulande *Die Höhle der Löwen*) in einem drastischen Tweet an Mark Zuckerberg und Jack Dorsey[32]: »Ihr habt Blut an den Händen, @jack und Zuck. Vier Jahre lang habt Ihr diesen Terror unterstützt. Es ist keine Übung in freier Rede, wenn jemand zu gewaltsamen Verrat aufruft. Wenn Du in einem der Social-Media-Konzerne arbeitest, bist Du mitschuldig. Macht Social Media dicht.« Die Analyse der Situation um die dramatischen Ereignisse im US-

Kongress wurden von Farhad Manjoo, einem Kolumnisten der *New York Times*, eleganter zusammengefasst: »Da braucht es Medien, die sich nach den Ansichten des Präsidenten richten, eine Internetwerbeindustrie, welche abseitige Ideen finanziell belohnt, die die Aufmerksamkeit der Menschen in den Bann zieht und unsere menschliche Natur, die uns zu Extremen drängt. All das rechnet sich auf.«[33]

Wie sich an der kleinen Auswahl an Meldungen rund um Social Media und Big Tech zeigt: Die großen digitalen Konzerne sind stark mit zentralen gesellschaftlichen Geschehnissen rund um den Globus verwoben, obwohl sicherlich in diesem Zusammenhang die US-Wahl eines der dominierenden Themen im Jahr 2020 war. Aber natürlich auch COVID-19. Und dazu gleich mehr.

Mittlerweile haben wir also das Frühjahr 2021, und ich überarbeite das vorliegende Buch ein letztes Mal vor der anstehenden Erstveröffentlichung im Herbst. Die US-Wahlen sind endlich vorbei, und Joe Biden ist nach dem Tiefpunkt um die Stürmung des US-Kongresses der neu gewählte US-Präsident. Eine Konstante aber bleibt: Die großen Tech-Konzerne bleiben täglich in den Nachrichten, und das obwohl oder auch vielleicht weil COVID-19 immer noch unseren Alltag dominiert. Aus dem Lockdown im Frühjahr/Sommer 2020 und Winter 2020/2021 heraus, habe ich das vorliegende Buch geschrieben und musste immer wieder feststellen, wie gefährlich Fake News über COVID-19 sind, die bereits Ende März 2020 in Windeseile unter den Nutzer*innen auch über Messenger-Apps wie WhatsApp oder Telegram geteilt und verbreitet wurden.[34] Um Beispiele für COVID-19 bezogene Fake-News zu nennen: Die Falschmeldung, dass die Supermärkte ihre Öffnungszeiten während der Corona-Krise stark einschränken[35], konnte doch nur darauf abzielen, den gesellschaftlichen Zusammenhalt zu destabilisieren. Außerdem wird es gefährlich, wenn Informationen in den Umlauf gebracht werden, in denen behauptet wird, dass Ibuprofen zu schweren COVID-19-Verläufen führt.[36] Schlimmer noch war, dass der ehemalige US-Präsident Trump tatsächlich vor laufender Kamera empfahl, sich als eine mögliche Form der COVID-19-Therapie Desinfektionsmittel zu spritzen (später sprach er hier von Sarkasmus[37]).

Obwohl mittlerweile mehr als ein Jahr nach dem ersten Lockdown in Deutschland vergangen ist, hat sich das Bild an der Social-Media-Front kaum geändert: Twitter, Facebook & Co. kämpfen immer noch gegen die Missinformationskampagnen im Netz. Diesmal stehen allerdings die Impfmythen im Vordergrund.[38] Da stellt sich doch die Frage: Soll das immer so weitergehen? Warum bekommen die großen Tech-Unternehmen die vielen Probleme rund um Social Media nicht in den Griff? Ohne Zweifel ist es eine große Herausforderung, die vielen Fake News rechtzeitig zu sichten und zu entfernen. Aber sind Fake News und andere gesellschaftliche Probleme der Tech-Welt nicht auch ein Stück weit hausgemacht, tragen also die Tech-Konzerne nicht eine (große) Mitschuld an den vielen Schattenseiten, die in diesem Buch im Detail beleuchtet werden?

Eines zumindest wird 2020/2021 deutlich: Der politische Druck auf die Tech-Giganten wird größer und kommt nun im Gewand von Verstößen gegen das Kartellrecht daher. Die Ereignisse um die Stürmung des US-Kongresses sind nur Wasser auf die Mühlen aller Kritiker*innen. Nun wird beispielsweise ernsthaft in den USA darüber diskutiert, ob Facebook zerschlagen werden soll. Zu groß ist aus Sicht vieler US-Politiker*innen sowohl aus dem Links- als auch aus dem Rechtsspektrum das Unternehmen geworden und damit auch die Gefahren, die von diesem Giganten ausgehen.[39] Bis es möglicherweise zu einer Zerschlagung von Facebook & Co. kommt, wird aber noch viel Wasser den Colorado River und den Rhein hinunterfließen. Und was würde eigentlich passieren, wenn eine Social-Media-Plattform zerschlagen wird? Wem gehören die Daten auf der Plattform, wie wird der Daten-Nachlass verwaltet? Solche Szenarien durchzuspielen erscheint mir nicht unwichtig zu sein, und die beiden Wissenschaftler Carl Öhman und Nikita Aggarwal haben sich kürzlich mit den damit einhergehenden rechtlichen und ethischen Fragen beschäftigt.[40]

Egal wie die Zukunft von großen Tech-Konzernen aussieht, in einem Punkt bin ich mir sicher: Der Negativ-Nachrichtenstrom rund um Big-Tech wird so schnell nicht abreißen. Sind wir darüber überrascht? Wohl eher nicht. Ich glaube sogar, dass wir diese Nachrichten lediglich noch als Hintergrundsummen wahrnehmen. Zu sehr haben wir uns bereits daran gewöhnt, dass es irgendwo immer an der Digitalfront brennt, und wir wissen nur zu gut, dass das alles nicht gut ist. Trotzdem verändern die meisten von uns nicht ihr Digitalverhalten, wir surfen und »liken« einfach weiter. Als ob nichts geschehen wäre.

Ich werde in diesem Buch zeigen, dass es höchste Zeit ist, sich erneut mit geschärften Sinnen der Tech-Welt gegenüberzustellen. Und ich denke auch, dass es allerhöchste Zeit ist, die Tech-Riesen politisch und wirtschaftlich zu regulieren. Dafür müssen wir aber auch verstehen, auf welcher Basis es überhaupt zu der Dominanz der Tech-Konzerne und der damit einhergehenden Manipulation der Nutzer*innen gekommen ist. Dafür wollen wir uns kurz zu den Anfängen der heutigen digitalen Plattformen begeben. Vor allem gilt es dann auch zu verstehen, was das vorherrschende Daten-Geschäftsmodell der Tech-Konzerne mit unserer Aufmerksamkeit zu tun hat. Beginnen wir also das Buch zunächst mit einer Reise ins Silicon Valley. Dorthin, wo alles begann.

## Wie ich eines Morgens das Herz des Silicon Valleys fand

Ich bin ziemlich müde, als wir in San Francisco landen. Flüge in die westliche Richtung des Globus vertrage ich eigentlich besser, zumindest ist das meine Erfahrung von den vielen Reisen nach China, die ich in den letzten Jahren machen durfte. Nach der Rückreise von Asien aus in Richtung Deutschland fühle ich mich immer frischer als nach Flügen in die andere Richtung. Wahrscheinlich liegt das daran, dass ich dort passend zum Tag-Nacht-Zyklus im Flugzeug einigermaßen die Augen schließen kann.

Nun bin ich also in San Francisco gelandet und habe das Ziel Silicon Valley vor Augen. In meiner Kindheit hatte ich das Privileg, mit meinen Eltern öfters durch die USA reisen zu dürfen. Deswegen warte ich nicht voller Spannung auf Cable Cars und die Golden Gate Bridge, sondern eher auf das, was mich diesmal im Süden von San Francisco, im »Valley«, erwartet.

Nach dem Einchecken in einem Hotel in Palo Alto beantworte ich ein paar E-Mails und gehe nach einem kurzen Abendessen in einem amerikanischen Diner mit schwarz-weiß gekachelten Fliesen früh ins Bett. Schließlich habe ich am Tag darauf berufliche Treffen, für die ich fit sein will. Am nächsten Morgen wache ich sehr früh auf und jogge in der Morgendämmerung durch die noch leeren Straßen in Palo Alto. Der Laufsport hilft mir nicht nur, die Müdigkeit aus meinen Knochen zu schütteln und Stress abzubauen. Er bietet mir auch die Möglichkeit, nebenbei neue Gegenden zu erkunden.

Ich laufe zunächst an der Town Hall von Palo Alto vorbei und biege ein wenig später in die Hauptgeschäftsstraße ab. Danach passiere ich das alte prachtvolle Stanford Theater an der University Avenue, welches durch Leuchtreklamen im typischen 50er-Jahre-Stil auf sich aufmerksam macht. Dieses Kino wurde bereits 1925 eröffnet. Man bleibt sich dort treu und zeigt in dieser Woche einen alten Hollywoodfilm mit Bette Davis. Nach wenigen Minuten Laufzeit finde ich mich in dem Wohngebiet einer typisch amerikanischen Kleinstadt wieder: Klassische Holzhäuser wechseln sich mit größeren Steinhäusern ab, die teilweise das Ausmaß von enormen Villen besitzen. Alles ist sehr gepflegt. Ein Großteil der Häuser sieht trotzdem relativ unscheinbar aus und täuscht somit über ihren eigentlichen Wert hinweg. Palo Alto ist aufgrund der Tech-Konzerne, die sich hier angesiedelt haben, und der Nähe zur Spitzen-Universität Stanford teuer geworden. Die Wohnkosten für eine 75-qm-Wohnung belaufen sich im Monat auf umgerechnet knapp 3 000 Euro.[41] Dieses Preissegment können sich nur Topverdienende der Tech-Konzerne und Professor*innen von der Universität Stanford leisten. Das Reinigungspersonal von Facebook & Co. muss mittlerweile pendeln und lange Anfahrtswege in das Valley in Kauf nehmen.

Palo Alto wurde 1894 gegründet. Der Name bedeutet »hoher Pfahl«, und in dem Wappen der Stadt sieht man tatsächlich jene schlanke hohe Baumart, der die Stadt ihren Namen verdankt. Für viele Menschen gilt Palo Alto als das Herz des Silicon Valleys. Dies hat mehrere Gründe. Tatsächlich liegt die amerikanische Kleinstadt mit seinen ca. 63 500 Einwohnern im Herzen des Silicon Valleys. Mehr als 2300 der etwa 32000 Tech-Startups der gesamten Bay-Area sind in der Kleinstadt Palo Alto zu finden.[42] Im nördlich angrenzenden Ort Menlo Park residiert Facebook, und im südöstlich gelegenen Mountain View ist der riesige Google-Komplex zu Hause. Von hier aus ist es nicht mehr weit bis zum UFO-artigen Headquarter von Apple in Cupertino, welches nur von der Plattform des vor dem UFO befindlichen Apple Stores zu sehen ist. Der luftige Apple Store aus viel Holz und noch mehr Glas wurde vom Stararchitekten Norman Foster entworfen.

Alles liegt im Valley so nah beieinander, dass ich die Strecke von Palo Alto zu Google in Mountain View ohne Probleme mit dem Fahrrad bewältigen kann (siehe Abbildung 1.1.). Das gehört sicherlich zu den Erfolgsformeln des Silicon Valleys: Expert*innen aus unterschiedlichsten Bereichen können hier auf engem Raum schnell zueinander finden und sich austauschen. Magie passiert da, wo unterschiedliche Wissenschaftsdisziplinen aufeinandertreffen und miteinander kooperieren. Hinzu kommt, dass die US-Amerikaner*innen eine ganz andere *Failure*-Kultur als wir Deutschen pflegen. Ein gescheiterter Unternehmer oder eine gescheiterte Unternehmerin steht in Deutschland nicht so schnell wieder auf. Er oder sie ist stigmatisiert als eine Person, die es nicht kann. In den USA putzt man sich dagegen kurz den Mund ab, schüttelt sich einmal und versucht es aufs Neue. Ganz im Geist des berühmten Graffiti-Künstlers Banksy: *Winners are not those who never fail, but those who never quit.*[43] Wie treffend. Mehr davon bitte. Gepaart mit einer entsprechenden Investment-Kultur im Silicon Valley, entsteht so ein mächtiger Ort, um die verrücktesten Ideen fliegen zu lassen. Eine dieser Ideen steht im Zentrum dieses Buchs – das Daten-Geschäftsmodell.

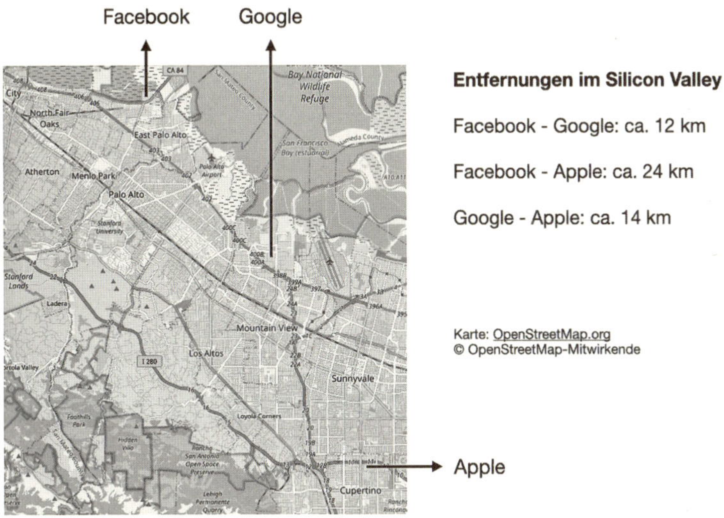


Abbildung 1.1.: Erfolgsgeheimnis Silicon Valley – die geringen Entfernungen zwischen den verschiedenen Tech-Unternehmen. Das Headquarter von Twitter ist auch nicht weit – in San Francisco. Die Entfernungen sind geschätzt.

Als ich gemächlich durch die Wohnsiedlungen von Palo Alto laufe, gelange ich auf der Hälfte meiner Laufrunde an die Ecke Bryant Street/Addison Avenue. Ich biege in die Addison Avenue. ein, und dort gerät ein unscheinbares Haus in meinen Blickwinkel. Davor findet sich eine Gedenktafel. Neugierig studiere ich sie. Die Überschrift lautet: »Birthplace of Silicon Valley«. In der Garage hinter dem einfach anmutenden Haus haben William R. Hewlett und David Packard, die später vor allen Dingen für ihre Drucker bekannt geworden sind, einen Audio-Oszillator entwickelt (siehe Abbildung 1.2.). Dieses Gerät zur Testung von Sound-Anlagen wurde damals vom Disney-Konzern in Kinos eingesetzt. Was hat das aber alles mit dem Thema dieses Buches zu tun? Ein Audio-Oszillator, wie der von Hewlett-Packard, ist zumindest gefühlt weit von heutigen Digitalprodukten entfernt. Dies gilt aber nicht für den damals aufkeimenden Entwicklergeist, der noch heute durch das Valley weht.

Abbildung 1.2.: Die Geburtsstätte des Silicon Valleys (Fotos von Christian Montag).

Wenn wir in die Neuzeit schauen, bin ich davon überzeugt, dass ein paar wenige Meilensteine eindrucksvoll illustrieren, wie schnell momentan 66 % der Menschheit in einem digitalen Zeitalter angekommen sind. Vor knapp 50 Jahren wurde das Internet begründet, als die erste elektronische Nachricht am 29. Oktober 1969 über ein Netzwerk von einem Rechner der University of California in Los Angeles an einen Rechner des Stanford Research Institute in der Nähe von San Francisco verschickt wurde.[44] Die erste Nachricht bestand nur aus den zwei Buchstaben LO. Eigentlich hätte das Wort LOGIN als Nachricht versendet werden sollen, aber es gab einen Crash.[45] Der zurückgelegte Weg der ersten elektronischen Nachricht lag damit in etwa bei der Entfernung zwischen München und Köln. Nach dieser ersten Nachricht ging es relativ schnell weiter. 1975 wurde Microsoft von Bill Gates und Paul Allen gegründet. Im April 1976 veröffentlichte Apple seinen ersten *Personal Computer*. Zwischen den Jahren 1989–1991 entwickelte Tim Berners-

Lee die HTML-Webseite. Besucht man die erste Webseite der Welt in einem Unterverzeichnis des Onlineauftritts des Schweizer Kernforschungszentrums CERN, wird man schnell daran erinnert, wie einfach das World Wide Web begonnen hat. Dort findet sich eine schlichte Webseite mit weißem Hintergrund und ein paar in blauer Schrift gehaltenen Überschriften, die als Link auf andere Webseiten verweisen.[46] Bilder oder interaktive Inhalte sucht man vergeblich. Ansonsten ist nichts als schwarze Textwüste zu sehen.

Die weitere Geschichte, ausgehend von der ersten Webseite der Welt, ist relativ schnell erzählt: Nach der Entwicklung des HTML-Codes durch Tim Berners-Lee überboten sich schnell Netscape und Microsoft in einem Rennen um den besten Internetbrowser, um den Normalverbraucher*innen des World Wide Webs die HTML-Seiten anwendungsfreundlich und ohne Programmierkenntnisse zugänglich zu machen. 1994 wurde Amazon und 1998 Google gegründet. 2004 machte sich Facebook daran die Welt zu ändern, während das mobile Internet durch den Launch des iPhones im Jahr 2007 revolutioniert wurde. Gerade einmal 14 Jahre ist es her, dass das erste iPhone – vielleicht der Prototyp des Smartphones – das Licht der Welt erblickt hat. Wenn wir uns die Zahl von aktuell über 5 Milliarden Smartphone-Nutzer*innen vergegenwärtigen[47], handelt es sich bei dem Smartphone wohl um eine Technologie, die sich so schnell wie kein anderes Produkt flächendeckend in der Menschheitsgeschichte verbreiten konnte. Zudem scheint mir keine der früheren Erfindungen wie Radio oder Fernsehen im Vergleich zu den digitalen Plattformen auf den Smartphones so immersiv gewesen zu sein. Der Begriff Immersion (bzw. das etwas immersiv ist) beschreibt die soghafte Wirkung der Technologien, die die Nutzer*innen in ihren Bann ziehen und alles um sich herum vergessen lassen – und zugeich um so viel Aufmerksamkeit werben. Deswegen wollen wir uns nun zunächst wissenschaftlich mit dem Begriff Aufmerksamkeit beschäftigen.

## Wie blind uns gelenkte Aufmerksamkeit für unsere Umwelt machen kann

Es ist Rush Hour in Tokio. Meine Armbanduhr zeigt 18.30 Uhr an. Feierabendverkehr. Ich stehe an einer Haltestelle der Hibiya Line, um nach Akihabara zu fahren. Akihabara bedeutet in deutscher Sprache so viel wie Herbstlaubfeld. Dieser romantisch klingende Name für das hiesige Stadtviertel in Tokio könnte nicht unpassender gewählt worden sein. Denn Akihabara ist das Elektronikviertel von der Hauptstadt und steht vielleicht synonym für die techartige Wirkung, die Tokio in vielen der Stadtbezirke ausstrahlt. Grell blinken überall die Neonlichter. Zwischen Manga und schrägen Themen-Cafés wird an jeder Ecke der neueste Technik-Krempel angeboten.

Die Pendler*innen stehen geduldig in den blau und grün markierten Wartebereichen, bis ihr Zug endlich einfährt. Die farbigen Wartebereiche sind auf dem Boden eingezeichnet, und um mich herum stehen Japaner*innen alle in Reihe und Glied innerhalb dieser Boden-Markierungen. Die meisten Männer sind Anzugträger mit weißen Hemden. Der Anblick entspricht dem Klischee der arbeitsamen Japaner*innen, die wie Rädchen im Uhrwerk der japanischen Gesellschaft perfekt zu funktionieren haben. Haruki Murakami beschreibt in seinem Roman *Mr. Aufziehvogel*, dass seine Landsleute wie gut geölte Rädchen in der großen Job-Maschine immer und überall im Funktionier-Modus unterwegs sind. Am Beispiel des 30-jährigen Toru Okada, der seinen Hilfsjob in der Anwaltskanzlei aufgibt und verzweifelt seinen Kater in der Hauptstadt sucht, wodurch er in eine Spirale aus Abenteuern und erotischen Versuchungen gerät, erzählt er anschaulich, was die Globalisierung mit uns Menschen angestellt hat.[48] Neben der Uniformität in Kleidung und dem sehr höflichen Auftreten zeigen die Berufspendler*innen allesamt die gleiche Körperhaltung. Den Kopf nach unten gebeugt, starren sie auf die kleinen Bildschirme ihrer Smartphones, die ihre Gesichter in fahlem Glanz erstrahlen lassen. Gänzlich absorbiert von ihren Geräten, bekommt keine*r von ihnen mit, was gerade um sie herum vorgeht. Lediglich unterbewusst regt sich kurz etwas, wenn der nächste Zug einfährt und jede*r wieder einen Schritt weiter aufrutschen kann. Schließlich steigen die Pendler*innen in ihren Zug ein und treten den Heimweg an.

Das komplette Eintauchen in eine Tätigkeit, hier das Konsumieren eines Inhalts auf dem Smartphone an der Zughaltestelle in Tokio, wurde bereits von dem ungarischen Psychologen Mihaly Csikszentmihalyi als Flow-Zustand beschrieben.[49] Ein Zustand der Raum- und Zeitlosigkeit, in dem uns eine Tätigkeit leicht von der Hand geht und wir beispielsweise am Arbeitsplatz besonders viel geschafft bekommen. Um Flow zu erfahren, gibt es zahlreiche Voraussetzungen. Unter anderem müssen die eigenen Fähigkeiten dem Schwierigkeitsgrad einer Aufgabe entsprechen, ansonsten droht bei Überforderung Angst und bei Unterforderung Langeweile. Im Flow-Zustand kann sich unsere Produktivität erhöhen und zugleich ein Wohlgefühl geschaffen werden. Ich selber erlebe dieses leichte Im-Fluss-Sein oft beim Schreiben, etwa beim Verfassen dieser Zeilen.

Leider erleben wir Flow nicht nur beim Nachgehen sinnvoller Tätigkeiten, wie bei einer bedeutsamen Unterhaltung mit einer Person, bei einer sportlichen Betätigung oder dem Schreiben eines Artikels. Im Zeitalter der Aufmerksamkeitsökonomie wird der immersive Flow-Zustand von Tech-Unternehmen missbraucht, um Millionen von Online-Nutzenden jeden Tag aufs Neue möglichst viel Zeit »aus den Rippen zu leiern«. Ich möchte das mit Zahlen untermauern. In einer eigenen Studie mit mehr als 2 400 Teilnehmer*innen konnten wir zeigen, dass die »Generation Smartphone« (bei uns vor allem die ca. 15–35-Jährigen) pro Tag durchschnittlich in etwa 2,5 Stunden auf dem Smartphone verbringt.[50] Den Tech-Unternehmen werden also umgerechnet pro Woche von den durchschnittlichen Nutzer*innen etwa zwei Arbeitstage an Aufmerksamkeit geschenkt! Der Kampf um unsere Aufmerksamkeit wird unerbittlich geführt. Und dies geschieht immer mit einem klaren Ziel: die Nutzenden nach Möglichkeit so in einem Online-Kanal zu absorbieren, dass sie dabei die Außenwelt komplett ausblenden. Als Konsequenz fließen die Daten in Strömen.

Aber was ist Aufmerksamkeit überhaupt, und wann macht sie uns tatsächlich blind für unsere Umgebung? Hier kann uns eine Analogie helfen, die in manchem Lehrbuch für Kognitive Psychologie zu finden ist.[51] In dieser Teildisziplin der akademischen Psychologie wird unsere Aufmerksamkeit vereinfacht gern mit einem Scheinwerfer bei einer Theateraufführung verglichen. In einem Theater soll in der Regel auf der Bühne die Illusion einer echten Handlung entstehen und für den Zeitraum der Aufführung aufrechterhalten werden. Der deutsche Dramatiker Bertolt Brecht wollte mit seinem epischen Theater diese Illusion zerstören, sodass beispielsweise die Umbauarbeiten für die nächste Szene bei voller Beleuchtung während der Theateraufführung stattfanden. Beim Illusionstheater wird dem Zuschauer dagegen vorenthalten, wie während des Theaterspiels auf Teilen der Bühne die Requisite umgebaut wird oder Schauspieler*innen sich in Wartestellung bringen, um gleich in die Handlung des Stücks eingreifen zu können.[52] In der Regel finden dann die Umbauarbeiten in den wenig ausgeleuchteten Teilen der Bühne statt. Damit die Illusion aufrechterhalten werden kann, ist es für die Regisseur*innen wichtig, unsere Aufmerksamkeit nur auf zuvor festgelegte Stellen der Bühne zu lenken. Dies wird üblicherweise durch die Beleuchtung gesteuert, durch einen Lichtkegel, der beispielsweise auf der Hauptfigur des Schauspielstücks ruht und mit ihr über die Bühne wandert. Wenn wir uns auf das Theaterstück einlassen, wandert unsere Aufmerksamkeit mit dem Lichtkegel über die Bühne, ohne dass wir wahrnehmen würden, was im Dunkeln außerhalb des Lichtkegels passiert. Gewissermaßen sind wir dann blind für die restlichen Aktivitäten auf der Bühne. Dieses »Blindsein« durch die Fokussierung auf einen bestimmten Inhalt ist mit zahlreichen klassischen Experimenten aus der Psychologie nachgewiesen worden. Eines der berühmtesten Experimente lief wie folgt ab: Als Teilnehmer*in des Experiments wurden Sie darum gebeten, ein Video anzuschauen, in dem zwei Mannschaften mit weißen und schwarzen T-Shirts jeweils einen Ball hin- und herwerfen. Da beide Mannschaften jeweils einen eigenen Ball untereinander teilen, entsteht ein ziemliches Gewusel beim Betrachten des Videos. Die Aufmerksamkeitsaufgabe sieht nun vor, dass Sie zählen sollen, wie oft die Spieler*innen mit den weißen T-Shirts sich den Ball untereinander zupassen. Falls Sie das Experiment nicht kennen, lesen Sie erst weiter, nachdem Sie mitgemacht haben. Das Video findet sich unter anderem auf YouTube.[53]

Wahrscheinlich haben Sie nun kurz die Webseite besucht und sich das Video angeschaut. Die richtige Antwort wäre »15 Pässe« gewesen. Das war in dem Gewusel gar nicht mal so einfach zu beobachten, richtig? Die tatsächliche Überraschung ist für viele Teilnehmende des Experiments aber die Nachfrage seitens des Experimentalleiters, ob man einen schwarzen Gorilla gesehen hat. In der Originalarbeit von Daniel Simons und Christopher Chabris[54] haben sagenhafte 44 % der Teilnehmer*innen nicht bemerkt, dass eine als Gorilla verkleidete Person gemütlich zwischen den Basketballspieler*innen durch das Bild läuft, sich auf die Brust klopft, um dann wieder aus dem Bild heraus zu spazieren. Wenn Sie den Gorilla nicht gesehen haben, schauen Sie sich erneut das Video an – er ist tatsächlich da. Und grämen Sie sich bitte nicht, wenn Sie ihn nicht direkt gesehen haben. Sie sind in guter Gesellschaft.

Das Ergebnis dieser mittlerweile klassischen Studie ist interessanterweise auch abhängig von einigen Variablen. Auffälligerweise entdecken mehr Personen den Gorilla, wenn man die Ballwürfe für das schwarze Team im Vergleich zu dem weißen Team zählt. Auch wurde eine Frau, die mit Regenschirm durch die spielenden Personen geht, besser entdeckt als der durch das Bild spazierende Gorilla. Möglicherweise hat das mit der Farbgebung und Form der Person zu tun, die durch die Menge der Basketballspieler*innen hindurch spaziert. Unabhängig davon aber illustriert das Experiment das Phänomen der *inattentional blindness*, kurzum unsere Blindheit für alles, was außerhalb des Lichtkegels unserer Aufmerksamkeit passiert. Wenn es den Tech-Unternehmen also gelingt, unsere Aufmerksamkeit so auf ihre Angebote zu lenken und zu fesseln wie es in dem Experiment von Daniel Simons und Christopher Chabris illustriert wurde, werden wir blind für große Teile um uns herum in der Welt. Unsere Gedanken drehen sich als Folge nur noch um das, was auf den Tech-Plattformen stattfindet. Damit ist unsere Gedankenwelt in Gefangenschaft und unfrei. Vielleicht brauchen wir wieder etwas von dem kritischen Geist des Brecht'schen epischen Theaters auf unseren Smartphones! Mit welchen psychologischen Tricks gearbeitet wird, um uns in den Bann der Plattformen zu ziehen, werde ich in Kapitel 3 ausführlich berichten.

Bevor wir uns damit näher aus Sicht der Psychologie beschäftigen, möchte ich kurz erläutern, warum es Tech-Konzernen so wichtig ist, uns an ihre schönen bunten Apps zu fesseln, und eine Übersicht darüber geben, welche Probleme das mit sich bringt. Dies geschieht an dieser Stelle zunächst oberflächlich, da eine tiefere Beschäftigung mit den unterschiedlichen Folgen jeweils in einzelnen Kapiteln stattfindet. Die folgende Übersicht spannt einen Rahmen, in dem die unterschiedlichen Inhalte des Buches besser verstanden und verarbeitet werden können.

## Die Gedanken waren frei

Ich war wohl so zwischen fünf und sechs Jahre alt, als mir meine Eltern häufig das Lied *Die Gedanken sind frei* vorgesungen haben. Schon komisch, dass beim Schreiben des vorliegenden Buches diese Kindheitserinnerung hochkommt.

Der Text des Liedes wurde laut eines Wikipedia-Artikels zum ersten Mal um das Jahr 1780 in Flugblättern in Deutschland veröffentlicht. Damals hatte der Text politische Brisanz. Das Volk begehrte gegen seine Herrscher innerhalb des Deutschen Bundes auf. Die heute bekannte Melodie zu dem Text entstand erst Jahrzehnte später, zwischen den Jahren 1810 und 1820. Das Motiv des uns heute geläufigen Textes geht bis auf den mittelalterlichen Dichter Walther von der Vogelweide zurück[55] und wurde über die Hunderte von Jahren immer wieder Modifikationen unterworfen.

Meine Eltern sangen mir folgende Variante vor:

Die Gedanken sind frei,
wer kann sie erraten,
sie fliegen vorbei
wie nächtliche Schatten.
Kein Mensch kann sie wissen,
kein Jäger erschießen,
es bleibet dabei:
die Gedanken sind frei.

Ich erinnere mich noch, dass das Hören des Liedtextes mir als Kind eine gewisse innere Ruhe verschaffte. Ich weiß nicht, wie gut ich damals den Text verstehen konnte. Vielleicht ging die beruhigende Wirkung des Volkliedes auch einfach nur auf die eingängige Melodie zurück. Nichtsdestotrotz finde ich heute den Gedanken sehr tröstlich, denken zu können, was ich möchte. Und zwar ohne dass es andere Personen jemals mitbekommen oder daraus Konsequenzen resultieren würden. Als Psychologe bin ich davon überzeugt, dass diese Gedankenspiele einen kathartischen Effekt haben können. Und wer kann schon so, wie er will, im Leben? Die Gedanken aber kann niemand erraten, und kein Jäger erschießen. Aber ist das wirklich noch so?

Obwohl mich das Lied *Die Gedanken sind frei* lange in der Kindheit begleitet hat, vergaß ich es später für viele Jahre. Und ich weiß tatsächlich nicht, warum mir das Lied seit einiger Zeit wieder im Kopf herumschwirrt. Das Unterbewusstsein ist ein komisches Wesen.[56] Wie dem auch sei – ich bin davon überzeugt, dass dieses einfache Volkslied eine tröstliche Wahrheit in sich trägt. Wie schön es doch ist, privat sein zu können. Wie schön es ist, dass Menschen nicht die Gedanken ihrer Mitmenschen lesen können. Wie schön es ist, dass wir in unserer Gedankenwelt Phantasieschlösser bauen können, die bei Einsturz keinen Schaden anrichten. Und wie schön es wäre, wenn diese einfache Wahrheit für immer gelten würde.

Ich bin aufgrund meiner wissenschaftlichen Tätigkeiten davon überzeugt, dass der Kerngedanke des Lieds – so schön er auch sein mag – nur noch bedingt Gültigkeit hat. Meine Arbeitshypothese für dieses Buch lautete sogar ursprünglich *Die Gedanken waren frei.* In den Kapiteln dieses Buches erläutere ich im Detail, wie ich zu dieser Auffassung gelange, vor allen Dingen und darüber hinaus, welche Auswirkungen aufgrund der groß angelegten Manipulation zu beobachten sind. Zur besseren Strukturierung lege ich meine Argumentationskette bereits an dieser frühen Stelle im Buch vor.

Dreh- und Angelpunkt meiner Argumentationskette ist das berüchtigte Daten-Geschäftsmodell des Silicon Valleys. Hier zahlt jede*r Online-Nutzer*in für die Nutzungserlaubnis einer App oder der dahinter liegenden Plattform mit seinen*ihren eigenen Daten (Ja, Du gehörst uns!). Da Tech-Unternehmen mit unseren Daten Geld verdienen, haben sie großes Interesse daran, digitale Plattformen zu erschaffen, die möglichst »süchtig« machend sind.[57] Als Konsequenz verlängern sich die Online-Verweilzeiten der Nutzer*innen, und es entsteht ein Plus an digitalen Fußabdrücken, die in die Fänge der Tech-Unternehmen geraten. Das daraus resultierende Wissen über die Nutzer und Nutzerinnen ist extrem interessant für die Werbeindustrie, die ausgewählte Personengruppen gezielt auf den Social-Media-Plattformen mit Werbebotschaften ansprechen können. Dieses Werbemodell hat Social-Media-Konzerne reich gemacht. Sucht bedeutet im Kontext meiner Hypothese, dass die Gedanken des oder der Süchtigen im Wesentlichen um den Konsum einer Online-Plattform kreisen. Sucht bedeutet immer, dass Gedanken nicht mehr frei sind. Drogensüchtige denken ausschließlich an das Beschaffen und Konsumieren der Droge. In der schönen neuen Tech-Welt werden unsere Gedanken entsprechend durch Social Media & Co. gefangen genommen. Tatsächlich sprechen wir auch von Online-Nutzer*innen der Plattformen (Online-User). In der bekannten Netflix-Doku *The Social Dilemma* formulierte der ehemalige CEO John Matze von Parler[58] deswegen passenderweise: »Die einzigen zwei Gruppierungen an Personen, die ihre Kunden »Nutzer« nennen, sind Drogendealer oder Social-Media-Konzerne.«

Eine zweite psychische Schattenseite des Daten-Geschäftsmodells besteht darin, dass uns nur solche Botschaften und Informationen auf Social Media und anderen Online-Plattformen wie Amazon präsentiert werden, die uns mit großer Wahrscheinlichkeit besonders interessieren. Informationen werden bewusst von Seiten der Tech-Unternehmen vorgefiltert, um potenzieller Langeweile auf den diversen Online-Plattformen entgegenzuwirken. Aus Sicht der Plattform-Betreiber*innen wäre nichts schlimmer, als Langeweile auf Social Media zu erzeugen, denn das würde die Online-Zeiten der Nutzenden reduzieren. Damit würden weniger Daten fließen. Die Bevormundung der Nutzer*innen durch die Vorfilterung von Informationen kann aber schlimme Konsequenzen für einige unter uns haben: Besonders die Menschen, die sich im Wesentlichen über das Tagesgeschehen auf Social-Media-Plattformen informieren, werden womöglich weniger mit konträren Standpunkten zu den eigenen Weltanschauungen konfrontiert. Letztlich würde dann das eigene Weltbild auf Social-Media-Plattformen immer und immer wieder bestätigt. Es wird kontrovers diskutiert, ob vorgefilterte Inhalte durch Social Media zu weniger Reflexion des eigenen Weltbilds und damit zu einer Einengung der eigenen Gedankenwelt führen. Da diese Prozesse zu einem großen Teil implizit, also nicht unbedingt bewusst ablaufen, ist es denkbar, dass die Gedankenfreiheit durch das Vorfiltern der Informationen eingeschränkt wird.

Die dritte negative Konsequenz des Daten-Geschäftsmodells ist offenkundig, wird aber von den meisten Menschen nicht mit der nötigen Ernsthaftigkeit bedacht. Überall hinterlassen wir in einer zunehmend vernetzten Gesellschaft digitale Fußabdrücke. Damit werden wir unserer Privatheit beraubt, da die massenhaft existierenden digitalen Fußabdrücke schon jetzt enorm viel über uns und unsere Gedankenwelt aussagen. Auch wenn den meisten von uns dieser Sachverhalt irgendwie bewusst ist, scheint diese Tatsache noch nicht so weit in unser Bewusstsein vorgedrungen zu sein, dass wir unser Verhalten entsprechend anpassen. Wie lange wird es noch dauern, bis wir uns als gläserne Menschen nicht mehr trauen, andersartige Standpunkte zu durchdenken, da unsere Gedanken in Form von digitalen Spuren überall zu erspähen sind? In einem solchen Szenario sind wir eventuell nur noch damit beschäftigt, in möglichst sozial erwünschter Art und Weise zu denken, um bei unseren Mitmenschen keinen Argwohn auszulösen. Die Aufgabe von Privatheit könnte zur Unfreiheit unserer Gedanken führen.

Wie konnte es so weit kommen? Zur Beantwortung dieser Frage begannen wir unsere Reise im Silicon Valley. Am Ende des Buches werden wir fast einmal um die Welt von der Westküste der USA über viele Länder bis nach Tainan auf der Insel Taiwan gereist sein. Auf dieser Reise werden wir sehen, wie es zu der massiven Manipulation der Online-Nutzer*innen gekommen ist und wie tiefgreifend viele Nebenwirkungen der Digitalisierung ausfallen. Und immer wieder wird klar, dass der Ansporn der Tech-Unternehmen darin liegt, uns auszuleuchten. Bis wir ihnen ganz gehören.

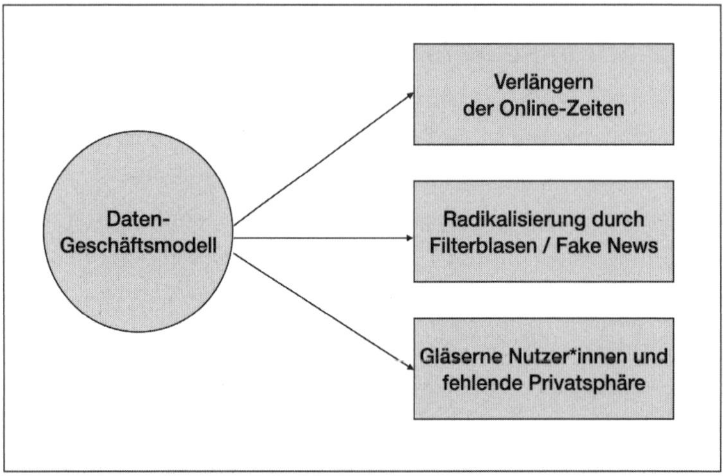


Abbildung 1.3.: Das Daten-Geschäftsmodell ist dafür (mit-)verantwortlich, dass »Online-Sucht« befeuert wird und es zu einer Einengung der Gedankenwelt durch Filterblasen kommt. Zusätzlich werden die Nutzer*innen immer gläserner, und die Privatsphäre schwindet.[59]

## Kapitel 2
## Spiel, Spaß und Spannung? Über unsere Motivation, neue Technologie zu nutzen

Menschen haben sich schon immer für neue Technologien interessiert. Wir waren und sind fasziniert vom wissenschaftlichen Fortschritt, obwohl es in der Vergangenheit manchmal ein wenig dauerte, bis sich große Bevölkerungsschichten mit einer neuen Technologie anfreunden konnten. Als Mitte der 1930er-Jahre die ersten Fernsehstuben in Deutschland eingerichtet wurden, waren die Reaktionen zunächst verhalten. Wahrscheinlich hatte das auch damit zu tun, dass sich bis zu dreißig Personen um einen 18 x 22 cm großen Bildschirm drängeln mussten. Wahrlich kein so tolles Seherlebnis! Nicht zu vergessen, dass in den 1930er-Jahren zeitgleich das Kino ein ganz anderes Freizeitvergnügen ermöglichte.[60]

Trotzdem sollte sich das Fernsehen durchsetzen, sodass es heute eine Selbstverständlichkeit darstellt, in fast jedem deutschen Haushalt zumindest auf einen Fernseher zurückgreifen zu können. Für das Jahr 2020 wurde ermittelt, dass 34,65 Millionen Deutsche einen Fernseher in ihrem Haushalt hatten. 24,04 Millionen Deutsche sollen zwei Fernseher in ihrem Haushalt besessen haben, und 7,22 Millionen Bürger und Bürgerinnen sogar drei Fernseher.[61] Auch wenn die Bedeutsamkeit des klassischen

Fernsehens aufgrund der Online-Streaming-Dienste immer geringer wird, hat es insgesamt immer noch eine bedeutsame Rolle inne.

## Warum aber setzen sich Technologien in einer Gesellschaft durch? Welche psychologischen Mechanismen spielen hier eine Rolle?

Um Social Media und das dahinter liegende Daten-Geschäftsmodell zu verstehen, wollen wir kurz darüber nachdenken, warum wir überhaupt neue Technologien ausprobieren. Wir wollen auch verstehen, warum Menschen nach einer ersten Phase des Ausprobierens an der Nutzung eines bestimmten Online-Angebotes festhalten.

Antworten auf diese Fragen finden sich unter anderem in der »Nutzen- und Belohnungstheorie«. In der englischsprachigen Literatur spricht man in diesem Zusammenhang von der *Uses and Gratification Theory*. Deswegen nutze ich in diesem Kapitel auch aus Einfachheitsgründen das Kürzel UGT.

Der etwas sperrige Name der Theorie weist auf einen relativ simplen Sachverhalt hin: Technologien werden besonders dann genutzt, wenn sie menschliche Grundbedürfnisse befriedigen. Beispiel: Ich habe ein starkes Bedürfnis, mich mit anderen Menschen auszutauschen. Nun stellen wir uns vor, dass ein Online-Dienst diesem Bedürfnis *nicht* gerecht werden würde. Als Konsequenz würde ich einen solchen Online-Dienst nicht nutzen. Tatsächlich schaffen es Social-Media-Plattformen aber sehr erfolgreich, einige Grundbedürfnisse anzusprechen. Dazu gleich mehr.

Weitere Einsichten in die Frage nach den psychologischen

Hintergründen der Technologienutzung bringt die Persönlichkeitspsychologie. Es kann anhand von Temperament- und Charaktereigenschaften von Personen ein Stück weit vorhergesagt werden, in welcher Weise und wie oft diese eine Plattform wie Facebook nutzen werden. So sind extravertierte Menschen beispielsweise dafür bekannt, ein größeres Bedürfnis nach sozialer Aufmerksamkeit zu haben.[62] Tatsächlich zeigt sich auch in einigen Studien, dass Nutzer*innen von Social-Media-Plattformen im Durchschnitt (etwas) extravertierter sind als solche, die diese Plattformen nicht nutzen.[63] Extravertierte Personen gelten übrigens als durchsetzungsstark, lebendig und gesellig. Damit beantwortetet die Persönlichkeitspsychologie auch die »Wer-Frage« der Technologienutzung, also wer greift eher zu einer bestimmten Technologie? Anhand des Gesagten wird übrigens auch deutlich, dass die UGT und der Ansatz aus der Persönlichkeitspsychologie nicht ganz getrennt voneinander gesehen werden können, da unterschiedliche Persönlichkeiten auch unterschiedlich stark ausgeprägte Grundbedürfnisse besitzen.

## Video killed the radio star

Wer kennt nicht den Song *Video killed the radio star* von der Band The Bugglers? Laut YouTube-Statistik verzeichnete der Song im Januar 2021 immerhin über 36 Millionen Views. Mit dem Musikvideo dieses Liedes begann passenderweise der Fernsehsender MTV am 1. August 1981 um 0.01 Uhr sein Programm.[64] Mir fiel der Song beim Schreiben dieses Kapitels wieder ein, weil er auf den Punkt bringt, dass technologische Neuerungen immer wieder zu einer Veränderung der Mediengewohnheiten führen: Der Liedtext beschreibt die Verlusterfahrung eines traditionellen Musikers und seines Fans, die miterleben, wie eine Ära endet und hilflos vor den technologischen Neuerungen stehen. *Video killed the radio star* hat im TikTok-Zeitalter gerade wieder eine ganze neue Hörerschaft bekommen, allerdings in einem ganz anderen Kontext. Auf TikTok verbreiteten sich zu Beginn des Jahres 2020 in Windeseile Kurzvideos in denen Verschwörungstheorien um die Todesursachen bekannter Persönlichkeiten wie Marilyn Monroe wieder aufgerollt werden, wobei *Video killed the radio star* den inhaltlichen Bezugspunkt lieferte.[65] Der Song ist also wieder aktuell.

Tatsächlich ist es normal, dass sich Medienrezeptionsgewohnheiten über Generationen ändern. Manchmal werden alte Technologien aber auch zu schnell abgeschrieben. Im Jahr 2020 lag die tägliche Radiohördauer im Durchschnitt bei hundertundachtzig Minuten.[66] Totgesagte leben eben länger. Klar ist aber auch, dass im 21. Jahrhundert Radiosendungen nicht nur über das klassische Radio konsumiert, sondern ebenfalls über andere Geräte empfangen werden. Wie viele tausende Podcasts gibt es heutzutage, die einen modernen Spin-Off der Radiosendung darstellen? Im Prinzip taugt heute jedes Smartphone als Radioempfangsstation.

Ich bin davon überzeugt, dass eine Beschäftigung mit der Frage, warum Menschen damit anfingen, in den 1920er-Jahren Radio zu hören[67], auch ein wenig darüber Aufschluss geben kann, warum Menschen heute Social-Media-Plattformen über das Smartphone nutzen. Welche psychologischen Motive treiben Menschen dazu an, bei einer bestimmten Radiosendung immer wieder einzuschalten oder auf YouTube einem Influencer oder einer Influencerin zu folgen? Wagen wir doch eine kleine Zeitreise, um ein paar Parallelen aufzuzeigen. Bevor wir diese Zeitreise unternehmen, informieren wir uns aber kurz über die unglaublich hohen Nutzer*innen-Zahlen von Social-Media-Angeboten rund um den Globus.

## Facebook? Die Zukunft von Social-Media-Apps entscheidet sich auch in Asien. Eine kleine Nachricht kommt aus Shenzhen

Weltweit zählen wir momentan etwa 3,8 Milliarden Social-Media-Nutzer*innen.[68] Davon sind über 3 Milliarden Menschen auf einer der Plattformen unterwegs, die zu Facebook gehören. Genauer gesagt, handelt es sich um fast 2,8 Milliarden Menschen auf der klassischen Facebook-Plattform, knapp über 2,0 Milliarden auf dem WhatsApp-Messenger und über 1,2 Milliarden auf der Bild-und Video-Plattform Instagram (oder wie viele sagen: »Insta«).[69] Damit stellt der Konzern aus dem Städtchen Menlo Park in Silicon Valley zweifelsohne eines der mächtigsten Unternehmen der Welt dar. Schließlich hat Facebook sich in den letzten Jahren auch noch andere Unternehmen wie die Virtual Reality Headsets produzierende Firma Oculus einverleibt, um in Zukunft auch in dem Geschäftszweig der virtuellen Welten mitmischen zu können. Facebook at the Hacker Way is here to stay (siehe auch Abbildung 2.1.) – allerdings ziehen auch Schatten auf, wie der aktuelle Antitrust-Case (das Kartellamt-Verfahren) gegen Facebook zeigt.[70]

Aufgrund dieser gewaltigen Zahlen könnte man schnell zu der Auffassung gelangen, dass jenseits von Facebook keine anderen erfolgreichen Social-Media-Angebote existieren. Dies entspricht allerdings nur dem etwas naiven westlichen Blick auf die Social-Media-Nutzung. In Asien – besonders in China – haben sich,

Abbildung 2.1.: Willkommen bei Facebook am Hacker Way in Menlo Park (Foto von Christian Montag).

nachdem westliche Netzwerke wie Facebook und die Suchmaschine Google verbannt wurden[71], chinesische Tech-Unternehmen durchsetzen können, die bereits jetzt sehr große Reichweiten erzielen und entsprechende Macht am Markt besitzen. Abgekürzt werden die großen chinesischen Tech-Unternehmen als »BAT« und sind allesamt an der Börse gelistet. BAT steht für die Tech-Giganten Baidu, Alibaba und Tencent. Während Baidu eine Art chinesisches Google ist, stellt Alibaba – vereinfacht dargestellt – eine Kombination aus chinesischem Amazon und Ebay dar. Im direkten Vergleich mit dem Mega-Konzern Facebook scheint mir aber vor allen Dingen Tencent aus Shenzhen (shēnzhèn shì, 深圳市) erwähnenswert. Dieses Unternehmen betreibt unter anderem die Plattform WeChat (auf chinesisch wēixìn; 微信).

Manche*r mag sich jetzt fragen, wieso an dieser Stelle im Buch sowohl lateinische als auch chinesische Schriftzeichen aufeinander folgen. Dafür muss man wissen, dass die pīnyīn-Sprache (拼音) bereits in den 1950er-Jahren eingeführt wurde. Es handelt sich bei der pīnyīn-Sprache um ein lateinisches Laut-System, welches genau definiert, wie in pǔtōnghuà (普通话; also Hochchinesisch) die chinesischen Worte korrekt ausgesprochen werden. Dies ist bedeutsam, da viele Chines*innen Dialekte sprechen, die von Region zu Region zu großen Sprachbarrieren führen. Die chinesischen Schriftzeichen sind also der Kleister, der eine ganze Nation kulturell zusammenhält. Interessanterweise stellt die Verfügbarkeit des pīnyīn-Systems im digitalen Zeitalter einen Segen dar, da man keine Tastatur mit tausenden Schriftzeichen braucht, sondern durch Eingabe der Lautschrift mit der entsprechenden Betonungsebene zwischen einer kleinen Anzahl an Zeichen auf dem Smartphone oder dem Desktop-Computer das richtige Zeichen für die eigene Kommunikation aussuchen kann.

WeChat kann als eine Art Pendant zu WhatsApp gesehen werden, zumindest wenn man dem Namen nachgeht. *Wēixìn* bedeutet nämlich »kleine Nachricht«.[72] Tatsächlich ist an WeChat aber gar nichts mehr klein. Diese chinesische Online-Plattform zählt beim Schreiben des Buches bereits über 1,2 Milliarden Nutzer*innen.[73] Wer die Chines*innen immer noch als »Copycats« abtut, unterschätzt das Reich der Mitte dramatisch.[74] In einigen Schlüsselindustrien, gerade im Digitalbereich, haben sie bereits die Nase ganz weit vorn. In Bezug auf die Entwicklung von Anwendungen im Bereich der Künstlichen Intelligenz (KI) ist China in Teilen sogar an den USA vorbeigezogen.[75] Das Land nutzt dabei seine Standortvorteile: 1,4 Milliarden Chines*innen produzieren massenhaft Daten, die von den chinesischen Tech-Unternehmen eingesetzt werden können, um ihre immer besser werdenden KIs zu trainieren. Die Digitalisierungsstrategie der Kommunistischen Partei in Beijing hat diesen Trend gehörig beschleunigt, zumal in China der größte Überwachungsstaat der Welt entstanden ist.[76] Allerdings sollten wir uns nicht vorschnell in Polemik gegenüber China ergehen, denn auch wir leben im Zeitalter des Überwachungskapitalismus. Der Begriff wurde von Shoshana Zuboff geprägt[77] und weist darauf hin, dass im Westen (was ist überhaupt noch der Westen?[78]) Bürger*innen von großen Tech-Konzernen (und Regierungen) ausgespäht werden. Die Geschichte um Edward Snowden und die NSA muss an dieser Stelle sicherlich nicht neu erzählt werden.[79]

Zurück zur Mega-App »WeChat«: WeChat ist deutlich mehr als ein reiner Messenger, und selbst amerikanische Social-Media-Konzerne fangen nun an, Ideen aus dem Reich der Mitte zu übernehmen. Um dies zu illustrieren, schauen wir uns die Abbildung 2.2. näher an. Ich habe die Bilder im Zentrum von Chengdu (Chéngdū, 成都) aufgenommen. Chengdu ist eine 14-Millionen-Metropole im Herzen der Provinz Sichuan.

Abbildung 2.2: Links zeigt sich ein typisches Straßenbild aus China. Eine offene Garküche steht einem Obststand gegenüber. Überall wird digital bezahlt. In der Mitte sieht man, wie Melonen per AliPay bezahlt werden können, auf der rechten Seite ein Bild des Haarschneidesalons, in dem man mit WeChat zahlen kann. (Fotos: Christian Montag)

In der 2nd Yulin Alley in Chengdu tobt noch das traditionelle chinesische Leben. Hühner laufen zwischen einem Zahnarztstuhl umher, während der Schlachter auf der anderen Straßenseite das Blut von der Straße wegspritzt. Ein Fahrradfahrer schlängelt sich durch die enge Gasse. Ich höre das Klackern beim Mischen der Mahjong-Steine aus einem Innenhof herausschallen. Zwei Nachbarn tauschen sich über die Neuigkeiten aus der letzten Folge einer chinesischen Soap-Opera aus. Ein paar Meter weiter sehe ich dann einen großen Fahrradanhänger, auf dem sich Pomelos stapeln. Die Vögel zwitschern fröhlich im Hintergrund. Kaum zu glauben bei dieser Ruhe: Wenige Straßenecken weiter befindet man sich inmitten eines gigantischen Hochhausviertels mit dichtem Verkehr. Das sind die Gegensätze, die China so interessant machen.

Ich war sehr häufig an dem Essensstand (Abbildung 2.2.; linkes Bild) zum Mittag- oder Abendessen. Für umgerechnet einen Euro bekommt man an der Wok-Station hervorragende Gemüsespeisen wie gebratenen Lotus. Und das im Stil der Sichuan-Küche schön scharf. Zum Spaß sage ich immer, dass es Chili mit Beilage in Sichuan zu essen gibt.

Gegenüber der offenen Wok-Station befindet sich der Obststand. Für uns ist besonders das kleine Schild mit dem QR-Code zwischen den Wassermelonen auffallend (Abbildung 2.2.; mittleres Bild). Hinter diesem QR-Code ist die Kontonummer des*der Standinhaber*in hinterlegt. Mit der AliPay- oder WeChat-App auf dem eigenen Smartphone kann man diesen QR-Code abscannen, um eine Schnellüberweisung mit dem fälligen Betrag für den Einkauf zu tätigen. Bargeld ade!

Wer in China noch mit den rosafarbenen »Mao-Dollars« bezahlt, fühlt sich schnell wie ein fossiles Dinosaurierskelett. Egal ob es um das Bahnticket in der Metro geht, den Einkauf in einem Supermarkt oder die Rechnung beim Friseur (Abbildung 2.2., rechtes Bild): WeChat oder ein anderer digitaler Zahldienst auf dem Smartphone machen die Bezahlung sofort möglich. Selbst am Neujahrsfest versenden die Chines*innen sogar über die App rote Umschläge (hóngbāo; 紅包) mit Geldgeschenken. Alleine beim Frühlingsfest 2018 wurde von 768 Millionen WeChat-Nutzer*innen ein solch roter Umschlag versendet bzw. empfangen.[80] Facebook ist nicht verborgen geblieben, dass sich hier enorme Mengen an digitalen Datenspuren sammeln lassen, sodass Zuckerbergs Imperium nun an der eigenen Währung Diem arbeitet, die natürlich auch über die hauseigenen Facebook-Apps zum Einsatz kommen sollen. Spreche noch mal jemand von Copycats …

Dass der Westen die chinesischen Innovationen dramatisch unterschätzt hat, ist auch das Fazit eines Artikels über die Zukunft des E-Commerce in der Januar Ausgabe (2.–8.1.2021) des *The Economist*: »Es gibt ein Muster, wie der Westen über chinesische Innovation denkt. Von Elektronik bis hin zu Solaranlagen, Fortschritte der chinesischen Fertigung wurden entweder ignoriert oder als Kopieren abgetan, dann runtergespielt und dann zähneknirschend rund um den Globus anerkannt. Nun sind es der Geschmack und die Gewohnheiten der chinesischen Konsument*innen, die sich global verbreiten. Schaut und lernt.«[81]

Da wir schon gerade in China sind – widmen wir uns einmal kurz dem TikTok-Phänomen des Unternehmens ByteDance. Neben WeChat ist TikTok aktuell sicherlich die erfolgreichste chinesische Social-Media-Plattform, gerade wenn man auch die große Zahl an User*innen in westlichen Ländern berücksichtigt. Weltweit zählt die App im Juli 2020 ca. 689 Millionen Nutzende.[82] Davon nutzen TikTok in den USA immerhin 50 Millionen

Menschen täglich.[83] Etwa 100 Millionen Menschen nutzen die App in Europa mindestens einmal im Monat.[84] Als ich das erste Mal in China mit TikTok (dǒuyīn duǎnshìpín; 抖音短视频) in Kontakt kam, konnte ich nur schwer verstehen, warum sich diese App in Windeseile verbreitete und dieses quietschbunte Social-Media-Angebot einen so unglaublichen Erfolg hatte. Übersetzt bedeutet dǒuyīn duǎnshìpín zunächst nichts anderes als DouYin-Kurzvideo. Im Unterschied zu YouTube werden bei TikTok nur Kurzvideos (im Hochformat) geduldet; das heißt, der*die Nutzer*in kann bis zu 60 Sekunden lange Videos produzieren und diese auf die TikTok-Plattform online stellen.[85] TikTok ist vor allem durch LipSync-Videos bekannt geworden. Hier bewegen Menschen zu bekannten Popliedern im Playback-Modus die Lippen, tanzen und hopsen durch die Gegend. Kein Wunder, dass TikTok besonders junge Menschen anzieht. Weitere gern gesehene Beschäftigungen auf TikTok sind das Ausrufen von Challenges (Herausforderungen), wie beispielweise die Vier-Generationen-Challenge (#fourgenerations). Da kommt zum Beispiel in einem Video ein Mädchen in den Raum und ruft nach Mama. Die Mama des Kindes ist nun in den Raum gekommen und ruft nach ihrer Mama. Als die Oma den Raum betritt, ruft sie ihre Mama, und die Uroma des Kindes kommt herein.[86] Die Challenge besteht nun darin, das Ganze nachzumachen und auf TikTok zu posten. Durch die Verwendung des Hashtags werden die Videos zusammen auffindbar (das Prinzip kennen die Leser*innen sicher auch von Twitter). Die Herausforderungen sind auf TikTok teilweise witzig, teilweise absurd und manchmal geschmacklos, wie die Gun-Challenge zeigt (#gunchallenge). Hier schießen Nutzer*innen zu Schussgeräuschen mit ihrem Zeigefinger auf Gegenstände in ihrer Umgebung oder direkt auf den/die Betrachter*in.[87]

TikTok würde man Unrecht tun, wenn man die App nur als reines Unterhaltungsmedium beschriebe. Immer mehr seriöse Kanäle auf TikTok versuchen, beispielsweise auch Lerninhalte kurzweilig zu vermitteln. Ein wissenschaftliches Paper untersuchte kürzlich sogar TikTok-Videos aus dem medizinischen Radiologie-Bereich![88] Und TikTok wird auch als politisches Medium genutzt. In einem als Schmink-Video getarnten Beitrag machte ein amerikanischer Teenager auf die Situation der Uiguren in der chinesischen Xinjiang-Provinz aufmerksam, was zu weltweiter Berichterstattung im November 2019 führte.[89]

Tatsächlich gibt es bis jetzt nur sehr wenig psychologische Forschung über das TikTok-Phänomen, die erklären würde, was an dieser App so anziehend ist. Im nächsten Kapitel werden wir uns mit Designelementen beschäftigen, die darauf abzielen, die Nutzer*innen eines Online-Angebots möglichst lange auf der Plattform zu halten. Bei TikTok/DouYin sind auch viele dieser Elemente verbaut, die Nutzer*innen erfolgreich auf dem Angebot halten. Dazu zählt unter anderem die Möglichkeit, »Likes« zu vergeben und zu erhalten, zu kommentieren, vor allen Dingen aber auch die soghafte »ForYou«-Einstiegsseite (Landing-Page). Auf dieser Seite laufen Kurzvideos, wobei man mit einem Wisch von oben nach unten (oder von unten nach oben) über das Display direkt zwischen Videos wechseln kann. Die Künstliche Intelligenz von TikTok findet sehr schnell Muster in den Sehgewohnheiten eines/einer App-Nutzer*in und präsentiert dann einen nicht endenden personalisierten Strom an Kurzvideos, die den*die Nutzer*in dann in den Bann ziehen. Eine kürzlich veröffentlichte Studie zeigte, dass sich möglicherweise besonders Videos, die aus der Ich-Perspektive gedreht worden sind, dazu eignen, die Aufmerksamkeit der Betrachtenden zu fesseln.[90] Es ist dann fast so, als ob ich mich als Betrachter in die Rolle der Person hineinbegebe und mit ihr – zumindest für den Zeitraum des Kurzvideos – eins werde.

TikTok gibt Jugendlichen aber auch die Möglichkeit, sich in ihrer Peergroup zu verorten und über die selbst gedrehten Videos Bestätigung zu erfahren bzw. sich auszudrücken. Das wird von Experten auch kritisch gesehen, da viele junge Menschen ihre Kinderzimmer öffentlich der Welt präsentieren.[91] Weiterhin wird heftig darüber diskutiert, ob TikTok nicht Daten seiner Nutzer*innen an die Kommunistische Partei Chinas weitergibt[92], was auch zur Diskussion führte, ob TikTok in den USA betrieben werden darf.[93] Wie es mit TikTok in den USA weitergeht, ist gegenwärtig unklar, auch mit Hinblick auf eine Übernahme durch ein amerikanisches Unternehmen.[94] Den aktuellen Stand der TikTok-Forschung haben meine Kollegen Jon Elhai, Haibo Yang und ich kürzlich in einem Fachartikel zusammengetragen. In der Fachzeitschrift *Frontiers in Digital Health* steht er kostenlos zur Ansicht zur Verfügung.[95]

Bedenkt man, dass TikTok im August 2018 aus musical.ly hervorgegangen ist und die Vorgänger-App musical.ly gerade mal im September 2016 das Licht der Welt erblickte, zeigt sich auch an diesem Beispiel, wie rasant sich Social-Media-Phänomene entwickeln. Auch oder gerade aus China. Das untermauert ebenfalls die Übersicht in Tabelle 2.1. über die Gründungsjahre vieler bekannter Social-Media-Angebote. Unglaublich, was sich in den wenigen Jahren getan hat.

| Gründungsjahr | Social-Media-Unternehmen |
|---|---|
| 2002 | Friendster, LinkedIn |
| 2003 | MySpace, XING |
| 2004 | Facebook, Flickr (ging 2004 online) |
| 2005 | Reddit, YouTube |
| 2006 | Twitter |
| 2007 | Tumblr |
| 2009 | Pinterest, Sina Weibo, WhatsApp |
| 2010 | Instagram |
| 2011 | WeChat (Erscheinungsjahr), Snapchat, Twitch |
| 2012 | Tinder |
| 2013 | Telegram |
| 2014 | Signal |
| 2016 | TikTok (musical.ly) |

Tabelle 2.1.: In nur wenigen Jahren wurden die heute wichtigsten Social-Media-/Messenger-Unternehmen gegründet.

## Warum finden so viele Menschen Social Media toll? Eine Zeitreise zu den Anfängen des Radios

Nach dieser kurzen Einstimmung wollen wir zunächst einmal definieren, was man unter Social Media genau versteht. Wie so oft gibt es hier unter Wissenschaftler*innen keinen finalen Konsens. Vielleicht lässt sich aber als Kern einer Definition von Social Media herausarbeiten, dass dieser Begriff Online-Plattformen beschreibt, die es ihren Nutzer*innen ermöglichen, Inhalte zu produzieren und diese Inhalte mit ihrem sozialen Netzwerk zu teilen.[96] Wie wir gesehen haben, findet Social

Media mittlerweile überall statt und nimmt einen großen Teil unseres Alltags ein. Dies untermauern auch folgende Zahlen: Im Januar 2019 wurden in Deutschland auf den Smartphones im Durchschnitt in etwa eine Stunde pro Tag Social-Media-Kanäle genutzt.[97] Wenige Jahre zuvor haben wir in einer eigenen Studie geschätzt, dass im Durchschnitt ca. ein Drittel der Smartphone-Nutzung alleine auf die Social-Apps WhatsApp und Facebook zurückzuführen ist. Heute ist die Zahl wahrscheinlich noch viel höher.[98] Um zu verstehen, warum Menschen an ihren Smartphones und den zahlreich darauf installierten Apps kleben, bringen wir die UGT *(Uses and Gratification Theory)* ins Spiel (siehe auch Abbildung 2.3.).

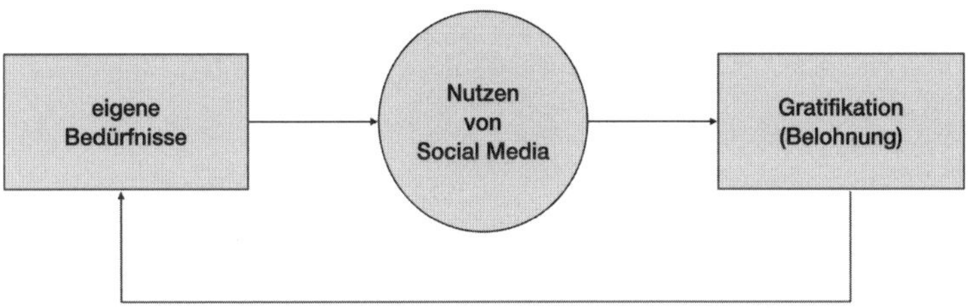


Abbildung 2.3.: Eine vereinfachte Darstellung des Nutzen- und Belohnungsansatzes, um unterschiedliche Formen der Mediennutzung besser zu verstehen. Eine Person wird nach diesem Modell beispielsweise nur dann eine Social-Media-App nutzen, wenn damit auch ein eigenes Grundbedürfnis befriedigt wird, also eine Belohnung eintritt. Die Bedürfnisbefriedigung stellt logischerweise die Belohnung dar.

Eine frühe Variante der UGT wurde zum ersten Mal in der Wissenschaftsgeschichte beim Aufkommen des Radios angewandt, um besser zu verstehen, warum Menschen sich diesem Medium zuwandten. So fragte bereits Herta Herzog in den 1940er-Jahren in den USA, welche Befriedigung Menschen aus dem Hören von täglichen Seifenopern gezogen haben.[99] Damals arbeitete sie Motive heraus, die von ihr als »emotional release«, »wishful thinking« und »advice« gekennzeichnet wurden. Ihrer Auffassung nach hörten Menschen diese Sendungen im Radio, weil sie entweder die eigenen alltäglichen Probleme verdrängen wollten (»emotional release«), die Radiocharaktere aus der Soap zum Vorbild nahmen (»wishful thinking«) und/oder Tipps für das eigene Leben bekommen wollten (»advice«). Diese sehr frühe Form der UGT wurde in einer formalisierten Variante unter anderem von Elihu Katz, Jay G. Blumler und Michael Gurevitch in den 1970er-Jahre vorgestellt[100] und dann in der Wissenschaft zum Mainstream. Auch wenn es heute trivial anmutet: Durch die Einführung der UGT hat ein Perspektivwechsel in der Medienforschung stattgefunden. Fortan wurde nämlich nicht mehr nur gefragt, welchen Einfluss Medien auf den Menschen nehmen (hier die Wirkung der Radiostation auf die Menschen), sondern andersherum untersucht, was den Menschen dazu antreibt, Medien zu nutzen.

Der Ansatz der UGT hat auch heute noch Gültigkeit, wenn man nachvollziehen möchte, warum Menschen (digitale) Technologien nutzen. Allerdings hat sich die Begrifflichkeit im Vergleich zu den 1940er-Jahren geändert. Heute sprechen wir von Faktoren wie *hedonic, social* und *utilitarian gratification*[101], die eine gewichtige Rolle spielen, um der Nutzungsmotivation von diversen Applikationen auf Smartphone und anderen Geräten besser auf die Schliche zu kommen. Der Begriff der *Gratifikation* könnte übrigens einfach mit »Belohnung« übersetzt werden. Ergo versuchen Wissenschaftler*innen mit Hilfe der UGT zu verstehen, welche Art von Mediennutzung (*Uses*) welche der eigenen existierenden Bedürfnisse erfüllt (*Gratification*).

Beginnen wir mit der *Hedonic Gratification:* Die hedonische Komponente der Gratifikation zielt auf die lustvolle, also »spaßmachende« Komponente der Mediennutzung ab. Social-Media-Applikationen würden entsprechend dieser Form der Gratifikation schlicht und einfach genutzt, weil die Nutzung von Social Media Spaß macht und Freude bringt. Ich bin davon überzeugt, dass diese simple Form der Gratifikation sicherlich zum großen Teil erklärt, warum Phänomene wie Katzenvideos rund um den Globus in der Online-Welt so erfolgreich sind. Die aktuell wohl erfolgreichste Popsängerin der Welt ist Taylor Swift mit momentan über 88,5 Millionen Follower*innen auf Twitter.[102] Sie ihrerseits folgt übrigens niemandem (!) auf Twitter. Damit ist sie der Prototyp eines*einer Influencer*in. Interessant ist der Vergleich mit Präsident Joe Biden, der »nur« 30,7 Millionen Follower*innen hat.[103] In dem Buch *Like War* von Peter Warren Singer und Emerson T. Brooking untersuchen die beiden US-Verteidigungsspezialisten, wie Menschen bzw. politische Gruppierungen es geschafft haben, erfolgreiche Social-Media-Strategien umzusetzen, und wie sich die Verwendung des Werkzeugs Social Media global auf Gesellschaften wie im arabischen Frühling ausgewirkt hat.[104] In dem lesenswerten Buch wird auch die Songwriterin und Sängerin Taylor Swift beleuchtet. Als ich 2009 während meines Forschungsaufenthaltes an der Stony Brook University auf Long Island für ein Konzert von Taylor Swifts Fearless-Tour im Madison Square Garden in New York City eine Karte ergattert hatte, war sie in den USA schon sehr bekannt. Ich hätte es damals ehrlicherweise nicht für möglich gehalten, dass sie einige Jahre später eine der erfolgreichsten Musikerinnen der Welt sein würde. Dieser Erfolg geht zweifelsohne auf das große Talent von Taylor Swift als Songwriterin zurück, aber auch Social Media ist kein unwesentlicher Faktor, um ihren rasanten Aufstieg zu einer der bedeutsamsten Stimmen der aktuellen Popmusik zu verstehen. Taylor erkannte schon früh die Bedeutung der Fans für den Erfolg eines*einer Künstler*in. Fast prophetisch sagte sie schon vor einigen Jahren: »In der Zukunft werden Künstler*innen einen Plattenvertrag bekommen, weil sie Fans haben – nicht andersherum.«[105] Entsprechend hält sie über ihre Social-Media-Kanäle engen Kontakt zu ihren Fans und postet häufiger Bilder von ihren Katzen.

Laut einer Analyse der Autoren Singer und Brooking ist ein entscheidender Faktor für eine erfolgreiche Social-Media-Strategie Authentizität: Die Follower*innen von Taylor Swifts Twitter-Konto (oder Taylors Instagram-Konto) haben das Gefühl, am echten Leben von Taylor teilzunehmen. So überraschte sie medienwirksam in der Vergangenheit ihre Fans (die »Swifties«) mit selbst gepackten Geschenken[106] oder sogar als Hochzeitscrasher, um einem Fan-Pärchen ein Ständchen an seinem großen Tag zu spielen.[107] Der Erfolg von Taylor Swift gibt ihr recht. Und scheinbar egal in welche Richtung sie sich musikalisch entwickelt, sie ist und bleibt unglaublich erfolgreich: Die letzten Eskapismus-Alben *Folklore* und *Evermore* aus dem Jahr 2020 sind das Gegenteil zu dem Bombast-Pop auf 1989 bis *Lover*. Trotzdem verkaufte sich *Folklore* alleine über zwei Millionen Stück in einer Woche[108] und *Folklore* wurde für das Album des Jahres mit dem Grammy 2021 ausgezeichnet.[109]

Nach diesem kurzen Schlenker in die Welt der erfolgreichen Social-Media-Strategien kommen wir auf die Katzenvideos zurück. Taylor Swifts Katzenvideos haben offenbar ihrer Online-Strategie nicht geschadet. Warum machen Katzenvideos denn nun eigentlich Spaß? Erfüllen sie tief in uns liegende Grundbedürfnisse? Bereits Sigmund Freud vermerkte, dass der Mensch dazu neigt, Unlust abzuwenden und Lust zu maximieren.[110] Das entspricht der basalen Arbeitsweise von unserem Gehirn, solche Verhaltensweisen aufrechtzuhalten, die in der Vergangenheit zu einem guten Gefühl – also einer Belohnung – geführt haben. In der Psychologie ist das auch unter dem »Law of Effect« bekannt geworden.[111] Genau hier kommt auch unsere genetische Veranlagung ins Spiel, auf kuschelige Tiere und besonders Babys mit positiven Gefühlen zu reagieren. In unserer Gattung *Homo sapiens* wird beim Sichten von Babys neben der Reaktion »Oh wie süß« auch der Bewacher*innen-Instinkt geweckt, der uns evolutionär darauf eicht, sich um den eigenen Nachwuchs zu kümmern.[112] Besonders hagelt es dann Klicks, wenn in Online-Videos gezeigt wird, wie eine Katze auf ein Menschenbaby trifft. Ein Video auf YouTube, welches zeigt, wie eine Katze ein Baby streichelt, erreichte beim Schreiben des Buches fast zwei Millionen Klicks.[113]

Nun zur *Social Gratification:* Neben der hedonischen Gratifikation erfüllt die Nutzung von Social-Media-Apps das menschliche Grundbedürfnis nach sozialen Begegnungen. Schon der Begriff »*Social* Media« formuliert ja den Anspruch, dass die Nutzung von Social-Media-Applikationen eine soziale Gratifikation mit sich bringt. Damit rühren Social-Media-Applikationen an den Grundfesten des menschlichen Daseins: Unsere Spezies *Homo sapiens* ist über die Evolutionsgeschichte hinweg gesehen stärker in Gruppen gewesen. Als Einzelkämpfer*innen hatten wir nur schlechte Überlebenschancen in einer gefährlichen Umwelt. Es war (und ist) für unsere Spezies also überlebenswichtig, sich immer wieder des Rückhaltes der eigenen Gruppe zu versichern. Das ist heute üblicherweise die eigene Familie mit der eigenen Verwandtschaft, kann darüber hinausgehend aber auch der große Freundeskreis oder das erweiterte soziale Netzwerk sein. Innerhalb der eigenen Peergroup findet immer wieder ein Verorten des oder der Einzelnen statt. Das Individuum versucht so zu erfahren, wie es von anderen wahrgenommen wird. Was wird gerade über mich gedacht und welches Ansehen habe ich unter meinen Peers? Diese Prozesse können, müssen aber nicht bewusst ablaufen. Die großen Tech-Unternehmen haben diese elementaren Bestandteile des Menschseins in dem Design ihrer Online-Plattformen berücksichtigt und damit sehr viel Geld verdient.

*Utilitarian Gratification*: Die utilitäre Gratifikation durch die Plattform- bzw. App-Nutzung zielt auf den Mehrwert jenseits des Spaß- und Sozialfaktors ab, den die Nutzung eines Online-Angebotes mit sich bringt. Um ein Beispiel zu bringen: Die Applikation *Google Maps* bringt mich schneller von A nach B und hilft meistens sehr gut, einen Stau zu umfahren. Meine Tochter wird aufgrund der praktischen Karten-Apps den Umgang mit echten Landkarten nicht mehr lernen. Vermutlich wird sie sich nie mit einer großformatigen Landkarte aus Papier herumschlagen, die sie auf die Motorhaube legt und die bei dem kleinsten Windstoß wegzufliegen droht. So praktisch diese Apps auch sind, haben sie doch Schattenseiten: Durch das Nutzen der Apps lernen die Tech-Konzerne natürlich schnell, wo wir uns aufhalten und auf welchen Strecken wir unterwegs sind. Dies birgt gehöriges Potenzial für die Werbeindustrie, denn Google kann uns nun Vorschläge machen, wo wir das Auto tanken oder einen Snack einkaufen. Der Überwachungskapitalismus lässt grüßen. Weiterhin häufen sich Meldungen, die skurril wirken. *Google Maps* hat wohl schon manche Nutzer*innen in gefährliche Situationen gebracht: Eine Frau folgte einem Wanderweg in den USA über *Google Maps*, der sie dann auf einen Highway führte, auf welchem sie durch ein vorbeifahrendes Fahrzeug verletzt wurde.[114] Nun ist *Google Maps* aber keine Social-Media-Applikation. Worin liegt also der utilitäre Nutzen von Social-Media-Anwendungen? Über Social Media kann ich Informationen suchen, aber auch schnell verbreiten. Ich selber nutze mein Social-Media-Konto bei Twitter, um meine Follower*innen auf neue Studien meiner Arbeitsgruppe hinzuweisen oder über neue veröffentlichte wissenschaftliche Arbeiten zu informieren.

Wir wissen also nun: Eine Berücksichtigung der hedonischen, sozialen und utilitären Gratifikation ist von zentraler Bedeutung, um zu verstehen, warum Personen bestimmte Online-Angebote nutzen.[115] Dies können wir uns aber noch ein wenig detaillierter anschauen: In einer Arbeit mit meiner Beteiligung verglichen wir die Bedeutsamkeit von vier Motiven bezüglich der Nutzung von Social Media, die auch vor dem Hintergrund der UGT gesehen werden können.[116] 584 Social-Media-Nutzer*innen gaben Auskunft darüber, inwieweit Motive wie Informationsgewinn, Erweiterung des eigenen Netzwerkes, intrapersonelle Motive (wie Zeit überbrücken oder Alltagssorgen vergessen) und Beziehungspflege für sie im Hinblick auf die Social-Media-Nutzung von Bedeutung waren. In der Studie stellte sich heraus, dass besonders die Motive Informationsgewinn, berufliche Beziehungspflege und intrapersonelle Motive für die Studienteilnehmer*innen im Vordergrund standen – also die utilitäre und soziale Gratifikation.

Tatsächlich ist der ganze Sachverhalt über die Motivation der Social-Media-Nutzung ein wenig komplexer. Zum einen gibt es zahlreiche weitere Motive, die herangezogen werden könnten, um die Social-Media-Nutzung zu verstehen. Zum anderen unterscheiden sich Social-Media-Applikationen bekanntlich in den Angeboten, die sie ihren Nutzer*innen machen. Instagram ist beispielsweise eher eine Bild-/Videoplattform, und über die Messenger-Applikation WhatsApp[117] werden vor allen Dingen kurze Nachrichten ausgetauscht. Unterschiedliche Social-Media-

Angebote können somit unterschiedliche Grundbedürfnisse erfüllen. Somit ist auch klar, dass Menschen entsprechend ihrer unterschiedlichen Ausprägungen auf den Grundbedürfnissen der UGT sich darin unterscheiden können, ob sie Social Media überhaupt nutzen oder es ganz sein lassen. Sie können sich aber aufgrund ihrer Grundbedürfnisse auch darin unterscheiden, ob sie Xing oder Instagram präferieren. Und wenn jemand sich für die Nutzung der Facebook-Plattform entscheidet, werden die unterschiedlichen Ausprägungen auf den Motiven der UGT Einfluss darauf nehmen, auf welche Art und Weise Menschen Facebook nutzen: Es macht doch einen Unterschied, ob ich Facebook nutze, um mich selbst zu promoten oder um mich dort mit meinen Freunden auszutauschen (utilitäre versus soziale Nutzung von Facebook).

### Über die wahre »Revolución« in Kuba

Ich wurde von unseren kubanischen Kollegen an der University of Electronic Science and Technology of China (UESTC) in Chengdu/China nach Havanna auf eine Tagung eingeladen, um dort über die neuesten Erkenntnisse aus der eigenen Forschung zu berichten. Meine Forschungsinteressen sind ziemlich weitläufig. Von daher soll es nun nicht verwundern, dass ich auf der Konferenz keine Ergebnisse aus meiner Forschung über Social Media präsentierte. Stattdessen berichtete ich auf der Tagung neueste Daten aus meinen Arbeiten über die molekulargenetischen Grundlagen von Persönlichkeitseigenschaften.

Ich erinnere mich noch, dass die Anreise aus Chengdu nach Havanna aufgrund der langen Reisezeit relativ beschwerlich ausfiel. Tatsächlich übernachtete unsere kleine Delegation in

Amsterdam, um nicht zu lange im Flugzeug eingepfercht zu sein. Von der Reisezeit ist Chengdu-Havanna fast mit der Strecke Frankfurt-Sydney zu vergleichen. Es geht also einmal bis zum Ende der Welt. Auf der Karibikinsel angekommen, wurden wir relativ lange auf dem muffigen Flughafen festgehalten, bis die Einreiseformalitäten endlich erfolgreich geprüft wurden. Ich habe keine Ahnung, warum das damals so lange dauerte. Ich hatte mich aus Zeitgründen nicht sehr intensiv auf die Reise nach Kuba vorbereiten können. Somit traf mich das an die DDR erinnernde Flair Kubas ziemlich unvorbereitet. Natürlich hatte ich kein hoch entwickeltes Land erwartet. Aber dass Kuba über 50 Jahre nach Fidel Castros »Revolución« dermaßen zerrüttet war, überraschte mich dann doch.

Vor der Konferenz besuchten wir das *Cuban Neuroscience Center*, und mir wurde die Ehre zuteil, für den kubanischen wissenschaftlichen Nachwuchs einen Workshop zu halten. Zwischendurch war ich für meinen Workshop auch auf einen Internetzugang angewiesen, der aber so gut wie nicht zu bekommen war. Dies war generell in Kuba vor fünf Jahren (im Jahr 2016) noch schwierig und entsprechend teuer gewesen. In Punkto Internet in Kuba erinnere ich mich aber besonders an eine andere Begebenheit. Diese zeigte mir eindrücklich, wie stark die Anziehungskraft von Social Media selbst in jenen Winkeln der Erde ist, wo es nur eine sehr schlechte Verbindung in das Internet gibt.

Als ich zwischen den Tagungsterminen einen Bummel durch Havanna mache, besuche ich natürlich nicht nur den Malecón, die weltberühmte Uferpromenade, sondern mache auch einen Ausflug zur Finca Vigía, der ehemaligen Residenz von Ernest Hemingway in San Francisco de Paula, einem Außenbezirk Havannas. Hier lebte der Schriftsteller von den vierziger bis zu

Beginn der sechziger Jahre des letzten Jahrhunderts, gemeinsam mit seiner dritten Ehefrau und einem Heer von Katzen. Hier betrachte ich seine Schreibmaschine, das alte Boot und genieße den wunderbaren Ausblick von der auf einem Hügel gelegenen Villa. Zurück in Havanna, bummele ich etwas ziellos durch die Stadt und staune über die gut erhaltenen amerikanischen Oldtimer; die fast wie in Technicolor türkisfarben, hellblau oder rosa strahlen. Bald ist es Zeit für einen Feierabend-Drink. Mit einem »Daiquiri to go« suche ich nach einem gemütlichen Platz, um meine mittlerweile schweren Beine etwas auszuruhen. Mitten in der Stadt wundere ich mich über eine riesige Menschenansammlung. Auf einem Platz verteilt sitzen Hunderte von Menschen. Es ist relativ still. In der Dämmerung starren alle auf ein kleines Display, um virtuellen Kontakt mit anderen Menschen auf dem weiten Globus aufzunehmen. Der äußeren Erscheinung nach handelt es sich wohl zum Teil um Tourist*innen, die vielleicht Urlaubsgrüße nach Hause schicken wollen. Aber sicherlich sind auch einige Einheimische dabei, die das instabile WiFi umsonst in Anspruch nehmen. Der hedonischen, sozialen und utilitären Gratifikation steht endlich nichts mehr im Weg. WiFi nach Tagen der Online-Dürre, vielleicht auch eine kleine »Revolución«!

### Vom Ozean und Social-Media-Nutzung

Warum bin ich so, wie ich bin und nicht anders? Diese Frage treibt uns Menschen schon seit der Antike um. Die moderne Vermessung der menschlichen Persönlichkeit begann aber deutlich später und jährte sich 2019 zum hundersten Mal. 1919 brachte der Psychologe Robert S. Woodworth den ersten Selbsttest zur Messung von Persönlichkeitseigenschaften auf den Markt[118], der bei der Rekrutierung von Soldaten Einsatz finden sollte. Genauer ging es Woodworth darum, mit seinem Selbstreport-Fragebogen solche Männer ausfindig zu machen, die besonders widerstandsfähig gegen die schlimmen Ereignisse im Krieg sein würden. Damals beobachtete man bereits, dass einige Soldaten von der Front mit »Shell Shock« zurückkehrten. Heute würden wir eher von einer posttraumatischen Stressbelastung sprechen. Die Persönlichkeitspsychologie und die psychologische Diagnostik waren in ihren Anfängen stark von einem klinisch-psychologischen Hintergrund geprägt. Dies zeigen auch die Anfänge der Differentiellen Psychologie mit den tiefenpsychologischen Arbeiten von Freud und Jung. Die Differentielle Psychologie ist der Fachbereich in der modernen Psychologie, der sich mit Unterschieden im psychischen Erleben von Menschen beschäftigt. Freud versuchte Unterschiede in der Persönlichkeit einer Person durch unterschiedliche intrapsychische Konstellationen zwischen Ich, Über-Ich und Es zu erklären. Diese rein klinisch-psychologische Sichtweise auf die menschliche Persönlichkeit wurde aber nach und nach aufgegeben, vor allem, weil sich der tiefenpsychologische Ansatz der Persönlichkeitserforschung nur schwer mit empirischer Forschung vereinbaren lässt. Stattdessen begannen in den 1920/30er-Jahren des letzten Jahrhunderts Wissenschaftler*innen zu untersuchen, ob es globale Persönlichkeitsdimensionen gibt, auf denen sich Menschen verorten lassen.[119] Gordon W. Allport und Henry S. Odbert kamen dabei auf die Idee, in ihrer Forschung einem lexikalischen Ansatz zu folgen. Sie waren überzeugt, dass sich Persönlichkeitseigenschaften aus einem Studium des menschlichen Sprachschatzes erschließen lassen. Die einfache Überlegung lautet, dass wir jeden Tag unsere Sprache nutzen, um uns selber und andere zu beschreiben. Diese Überlegung ist auch im Zusammenhang der

Sedimentationshypothese bekannt geworden. Über die Menschheitsgeschichte hinweg wurde Menschen bewusst, dass es Unterschiede zwischen Menschen nicht nur in Bezug auf äußere Merkmale, sondern auch in Hinblick auf psychische Eigenschaften gibt. Um diese psychischen Unterschiede im Alltag greifbarer zu machen, begann unsere Spezies diese psychischen Eigenheiten in Eigenschaftswörter zu überführen. Wenn sich nun bestimmte Eigenschaftswörter unserer Sprache gehäuft bei bestimmten Personengruppen finden lassen, so gibt das Aufschluss auf einen latenten Persönlichkeitsfaktor, der auch unser Handeln bestimmen kann. Dazu gleich mehr.

Zurück zu den Psychologen Allport und Odbert: Sie begannen Mitte der 1930er-Jahre ein gigantisches Forschungsprojekt. Sie schrieben alle Worte aus dem englischsprachigen *Webster's Dictionary* heraus, von denen sie meinten, dass sie oft zur Beschreibung der menschlichen Persönlichkeit genutzt werden. Theoretischer Hintergrund dieser Vorgehensweise ist die eben kurz beschriebene Sedimentationshypothese. Über mehrere Jahrzehnte wurde nun von vielen Wissenschaftler*innen versucht, die in dieser Liste enthaltenen 17 953 besonders aussagekräftigen Eigenschaftsworte mit statistischen Verfahren zu reduzieren. Dies war auch dringend nötig. Denn es ist wohl keinem Menschen zuzumuten, sich auf 17 953 Worten einzuschätzen, um anderen damit zu ermöglichen, Einblicke in die eigene Persönlichkeitsstruktur zu vermitteln. Eine solche Einschätzung ist aber tatsächlich nötig, um redundante Wortcluster inhaltlich zu reduzieren und zwar mit Hilfe des statistischen Verfahrens Faktorenanalyse. Im Detail: Um globale Persönlichkeitsdimensionen aus Selbst- oder Fremdeinschätzungen im Hinblick auf diese Wortlisten herauszuarbeiten, gibt es eine wichtige Voraussetzung. Wenn viele Personen Angaben darüber gemacht haben, wie sie sich selber auf diesen Wortlisten einschätzen, sollten Cluster von Wörtern entstehen, die überzufällig gemeinsam auftauchen. In Abbildung 2.4. sieht man, dass eine Person, die sich selbst als lebendig beschreibt, sich zeitgleich auch als verspielt und durchsetzungsstark beschreiben würde. Wenn diese Konstellation an Worten bei vielen Personen zu beobachten wäre (was der Fall ist), könnte man mit Hilfe der Faktorenanalyse einen Faktor extrahieren, der dieses Wortcluster vereinfachend beschreibt. Diesen Faktor hat man in der Literatur Extraversion genannt.[120] Diese Idee ist auch in der Abbildung illustriert.

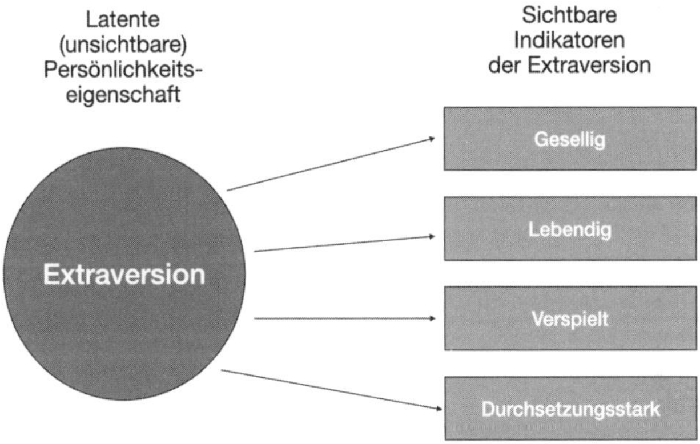


Abbildung 2.4.: Persönlichkeit wird in der Psychologie indirekt als latente Variable über einzelne Indikatoren erfasst. So ist bekannt, dass Personen häufig von sich selber behaupten, nicht nur gesellig, sondern auch lebendig, verspielt und durchsetzungsstark zu sein. Deswegen gehen Psycholog*innen davon aus, dass es hinter diesen Korrelationsmustern eine (unsichtbare = latente) Persönlichkeitseigenschaften namens Extraversion gibt.

Persönlichkeitsdimensionen werden heutzutage als dimensionale Konstrukte angesehen, das heißt, Personen neigen mehr zu Extraversion oder dem gegenteiligen Pol Introversion, ohne dabei dem Prototyp des Extra- oder Introvertierten entsprechen zu müssen. Seit Beginn der 1960er-Jahre hat sich die Überzeugung durchgesetzt, dass die oben beschriebene Wortliste sinnvoll mit fünf Persönlichkeitsdimensionen zusammengefasst werden kann. Es handelt sich um eine empirische Arbeit, die innerhalb der US-Army entstanden ist und aufgrund ihrer Bedeutung Anfang der 1990er-Jahre als wissenschaftlicher Artikel zum ersten Mal einem breiten Wissenschaftspublikum im Original zur Verfügung gestellt worden ist.[121] Manchmal dauert es etwas, bis Wissenschaftler*innen tatsächlich die Meriten bekommen, die sie verdienen.

Das Modell wird aufgrund der fünf Persönlichkeitsdimensionen gerne in der Literatur als die Großen Fünf der Persönlichkeit beschrieben und lässt sich mit dem Akronym OCEAN abbilden.

*Openness for Experience* (Offenheit für Erfahrungen) beschreibt Personen, die einen Sinn für Ästhetik haben, eher intellektuell und neugierig sind.

*Conscientiousness* (Gewissenhaftigkeit) bezeichnet Sorgfältigkeit und Pünktlichkeit. Das sind beispielweise die verlässlichen Kolleg*innen.

*Extraversion* bezeichnet Personen, bei denen sich die Lebensenergie nach außen kehrt. *Introvertierte* bleiben im Gegenteil lieber für sich alleine und bevorzugen ein ruhiges Umfeld.

*Agreeableness* (Verträglichkeit) lässt sich durch empathische und warmherzige Personen illustrieren.

*Neuroticism* (Neurotizismus) beschreibt Personen, die eher ängstlich, zwanghaft und emotional instabil sind.

Die unterschiedlichen Persönlichkeitsausprägungen sind insgesamt nicht einfach als positiv oder negativ zu werten. Aus einer evolutionär-psychologischen Perspektive ist klar, dass unterschiedliche Persönlichkeitsmerkmale in unterschiedlichen Umgebungen (evolutionär gesehen: »Nischen«) Vor- und Nachteile mit sich bringen.[122] In unsicheren oder gar gefährlichen Umgebungen ist es möglicherweise sogar besser, einen etwas höheren Neurotizismus-Wert zu haben, da diese Personen möglicherweise vorsichtiger und umsichtiger durch die Welt gehen als emotional stabile Personen.

Die fünf Persönlichkeitsdimensionen stellen eine Art Goldstandard in der Persönlichkeitspsychologie dar. Angemerkt seien an dieser Stelle allerdings Erkenntnisse aus einer neuen Studie, die Belege dafür findet, dass sich die Fünf-Faktoren-Struktur der Persönlichkeit vor allen Dingen bei solchen Bevölkerungsgruppen beobachten lässt, die mit dem wenig schmeichelhaften Kürzel WEIRD (= sonderbar) charakterisiert werden können.[123] WEIRD steht für Studienteilnehmer*innen, die folgenden Hintergrund haben: westlich geprägt (*w*estern), gebildet (*e*ducated), aus einem industrialisierten Land stammend (*i*ndustrialized), reich (*r*ich) und mit demokratischem Gesellschaftshintergrund (*d*emoratic).[124] Viele Ergebnisse aus der internationalen psychologischen Forschung könnten also durch diesen speziellen Mix von Studienteilnehmer*innen beeinflusst sein. Es gibt für die akademische Psychologie in den nächsten Jahren viel zu tun.[125]

Für ein tieferes Verständnis des Persönlichkeitsbegriffs weise ich darauf hin, dass Persönlichkeit relativ zeitstabil ist. In zehn Jahren sind Sie also mit großer Wahrscheinlichkeit Ihrer heutigen Persönlichkeit durchaus ähnlich. Allerdings wird es aufgrund Ihrer individuellen Lebensgeschichte graduelle Veränderungen in Ihrer Persönlichkeitsstruktur gegeben haben.[126] So ist mittlerweile bekannt, dass einige kritische Lebensereignisse wie der Eintritt ins Berufsleben oder die erste romantische Beziehung durchaus unsere Persönlichkeit verändern können[127]: Das erste Erleben einer Liebesbeziehung scheint mit einem Zuwachs an Extraversion einherzugehen, der Eintritt in das Berufsleben mit einem Zuwachs an Gewissenhaftigkeit.

Eine Situationsstabilität der Persönlichkeit ist übrigens zu einem gewissen Teil ebenfalls gegeben. Allerdings könnte die Situationsstabilität weniger als die Zeitstabilität der Persönlichkeit gegeben sein. Vielleicht neige ich dazu, besonders am Arbeitsplatz gewissenhaft zu sein. In meinem Haushalt bin ich dagegen weniger sorgfältig. Für ein Verständnis der Situationsstabilität der Persönlichkeit ist es deswegen sehr wichtig, den genauen situativen Kontext zu berücksichtigen. Natürlich ist es bei einer Person, die angibt, generell gewissenhaft zu sein, aber wahrscheinlicher, dass sich dies in mehreren Bereichen seines oder ihres Lebens widerspiegelt.

Wer mehr über diesen Bereich der Persönlichkeitspsychologie wissen möchte, sei auf detailliertere Ausführungen in meinem Buch *Persönlichkeit – Auf der Suche nach unserer Individualität*[128] verwiesen. Für unsere Zwecke reicht es an dieser Stelle aus zu wissen, dass das Fünf-Faktoren-Modell der Persönlichkeit häufig verwendet wird, um zu verstehen, welche Personengruppen eher dazu neigen, digitale Technologien nutzen. Es steht bei dieser Fragestellung also das »Wer?« im Vordergrund. Wie ich bereits erläutert habe, handelt es sich bei diesem Blickwinkel um eine Ergänzung zu der Anwendung der UGT (*Uses and Gratification Theory*) im Social-Media-Kontext, wo eher die Beantwortung der Frage nach einem »Warum?« der Nutzung im Vordergrund steht. Wir erinnern uns an die hedonische, soziale und utilitäre Gratifikation, die durch die Nutzung von Social Media erzielt werden kann.

## Wer nutzt Facebook und wer nicht?

In einer neuen Studie meiner Arbeitsgruppe wollten wir wissen, wer Nutzer*in bzw. Nicht-Nutzer*in von den Plattformen Facebook, Instagram und WhatsApp ist.[129] Damit haben wir uns in dieser Studie auf die Social-Media-Plattformen konzentriert, die in unseren Breitengraden ohne Zweifel am meisten genutzt werden. Über eine groß angelegte Medienkampagne gewannen wir 3003 Teilnehmende für unsere Studie. Das Venn-Diagramm in Abbildung 2.5. gibt einen Überblick darüber, wie viel Prozent unserer untersuchten Studienteilnehmer*innen welche der möglichen Social-Media-Konstellationen nutzen. Diese Art des Mengendiagramms geht auf John Venn zurück und ist in einem Fenster des Gonville und Caius College in Cambridge verewigt worden.

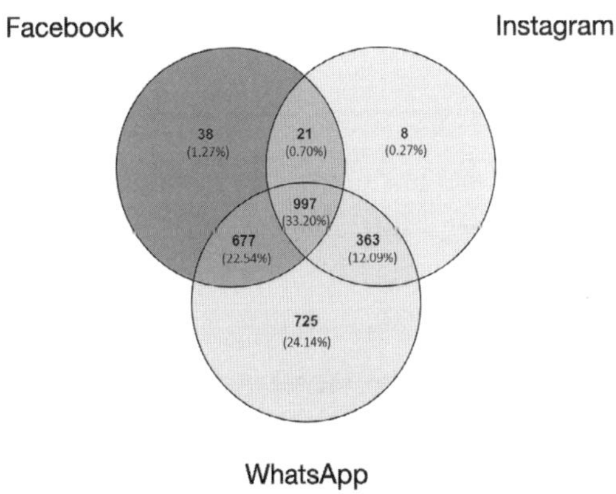


Abbildung 2.5.: In der Abbildung wird dargestellt, wie viele von N = 3003 Befragten welche der Facebook-zugehörigen Social-Media-Plattformen nutzen. Die größte Gruppe Nutzender gibt an, alle Plattformen zu verwenden. Wer die Prozentzahlen aufaddiert, wird sehen, dass 5,79 % fehlen, um auf 100 % zu kommen. Denn 174 von 3003 Personen dieser Studie geben an, keine der drei Plattformen zu nutzen.

Den prozentual größten Anteil der Studienteilnehmer*innen macht die Facebook/WhatsApp/Instagram-Gruppe mit 33,20 % aus. Gut ein Drittel der untersuchten Stichprobe nutzt also alle Facebook-Plattformen. Gefolgt wird diese große Gruppe von Studienteilnehmer*innen, die berichten, entweder WhatsApp (24,14 %) oder WhatsApp in Kombination mit Facebook (22,54 %) zu nutzen. Die kombinierte Instagram/WhatsApp-Nutzer*innengruppe macht immerhin noch einen Anteil von 12,09 % der von uns untersuchten Stichprobe aus. Wie sich in dem Venn-Diagramm zeigt, fallen die Gruppengrößen der restlichen möglichen Kombinationen prozentual sehr klein aus. Von daher werden diese Gruppen in den folgenden Analysen nicht mehr berücksichtigt.

Eine Ausnahme stellt dabei die interessante Gruppe an Nicht-Nutzer*innen der Facebook-Angebote dar, die 5,79 % unserer Stichprobe ausmacht.

Versuchen wir nun, diese unterschiedlichen Gruppen von Nutzer*innen genauer zu charakterisieren. Dafür vergleichen wir die Nutzenden der Facebook-Angebote mit den Nicht-Nutzenden. Wenn nicht anders gekennzeichnet, bedeutet Nutzer*in, hier mindestens auf einer der Plattformen von Facebook unterwegs zu sein.

Im Vergleich der Gruppen der Nutzer*innen von Facebooks Social-Media-Angeboten und solchen Personen, die darauf verzichten, zeigen sich besonders Verschiebungen in prozentuellen Anteilen von Männern gegenüber Frauen. Nicht-Nutzer*innen von Facebooks Angeboten sind in unseren Daten eher männlich als weiblich. Das Bild dreht sich komplett für die Nutzer*innengruppen der Facebook-Angebote um, wo in allen untersuchten Gruppen deutlich mehr Frauen als Männer zu finden sind: In den Gruppen der WhatsApp/Instagram- und WhatsApp/Instagram/

Facebook-Nutzer*innen finden sich teilweise fast doppelt so viele Frauen wie Männer (siehe Abbildung 2.6. oben).

Die nächste besonders wichtige Variable in unserer Arbeit stellt das Alter der Studienteilnehmer*innen dar. Hier sieht man schnell, dass Nicht-Nutzer*innen der Facebook-Angebote und »reine« WhatsApp-Nutzer*innen im Durchschnitt ca. 16 Jahre älter sind als die Nutzer*innen der WhatsApp/Instagram-Angebote. Dies unterstreicht, dass auf Instagram eine andere Generation an Social-Media-Nutzer*innen unterwegs ist (siehe Abbildung 2.6. unten).

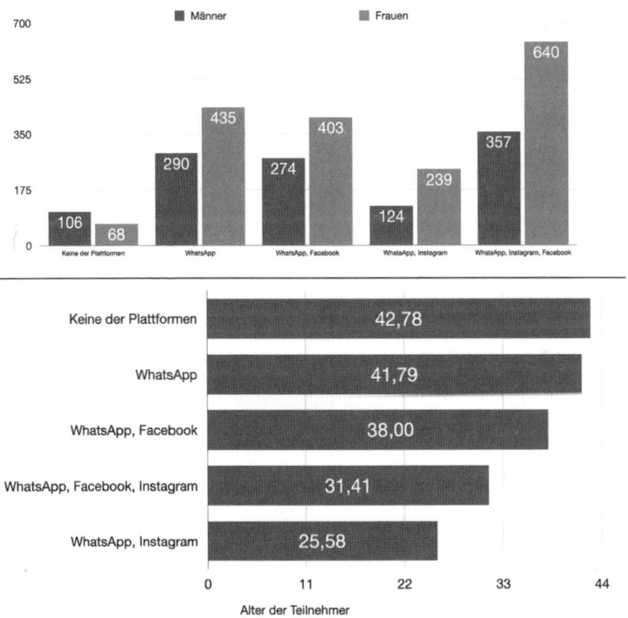


Abbildung 2.6.: Die Abbildung zeigt oben, dass im Verhältnis deutlich mehr Frauen als Männer innerhalb der Nutzenden von Facebooks Social-Media-Angeboten sind als bei den Nicht-Nutzenden, unter denen die Männer überwiegen. Die untere Abbildung deutet darauf hin, dass Instagram-Nutzende deutlich jünger sind, WhatsApp-Nutzung generationsübergreifend stattfindet und Nicht-Nutzer*innen das höchste Alter aufweisen.

Zu guter Letzt schauen wir uns Unterschiede zwischen Nutzer*innen und Nicht-Nutzer*innen von Facebooks Angeboten aus der Perspektive eines Persönlichkeitspsychologen an. Der direkte Kontrast in Abbildung 2.7. zeigt, dass Nicht-Nutzer*innen etwas weniger extravertiert sind als Nutzer*innen der Facebook-Plattformen. Dies unterstreicht auch die Bedeutsamkeit der sozialen Gratifikation durch die Social-Media-Nutzung, die im Rahmen der UGT herausgearbeitet wurde. Extravertierte Personen sind geselliger und lebendiger und haben entsprechend ein höheres Bedürfnis nach sozialen Interaktionen, welches (auch) über die Nutzung von Social-Media-Angeboten befriedigt werden kann.

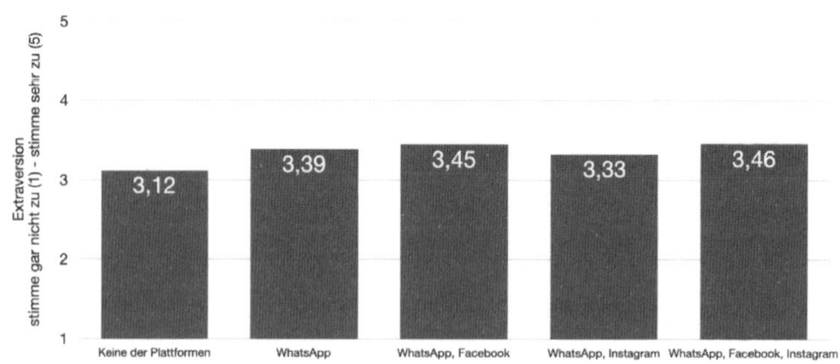


Abbildung 2.7.: Nicht-Nutzer*innen von Facebooks Angeboten berichten die geringsten Extraversionswerte im Selbstreport. Wie sich an den kleinen Unterschieden der Balken zeigt, sind die Unterschiede eher subtiler Natur.

Weitere Ergebnisse unserer Studie lauten: Innerhalb der Nutzenden von Facebooks Social-Media-Angeboten sind die Mehrplattform-Nutzenden im Durchschnitt etwas weniger gewissenhaft und erreichen etwas höhere Neurotizismus-Werte. Die Befunde rund um die Persönlichkeitsdimension Gewissenhaftigkeit sind intuitiv verständlich. Mehr Apps auf dem Telefon oder Social Media auf dem Desktop-Rechner bedeuten mehr Ablenkungspotenzial, und weniger ordentliche Personen lassen sich hier vielleicht nur allzu gerne ablenken. Eher neurotische Personen erleben dagegen mehr negative Gefühle im Alltag. Möglicherweise greifen diese vermehrt zu den Social-Media-Angeboten von Facebook, um zumindest kurzfristig nicht über die eigene negative Gefühlswelt zu sinnieren. Wir werden uns mit diesen Persönlichkeitsbefunden in Kapitel 7 eingehender beschäftigen, wenn es darum geht, suchtähnliche Nutzungsmuster von Social Media besser zu verstehen.

Einige Limitationen müssen an dieser Stelle zur richtigen Einordnung der Ergebnisse genannt werden: Zunächst stammen die berichteten Zahlen aus einer Querschnittsstudie, das heißt, die Daten wurden zu einem einzigen Zeitpunkt erhoben. Theoretisch wäre es also möglich, dass Personen, die weniger gewissenhaft sind, eher dazu neigen, mehrere von Facebooks Social-Media-Apps zu nutzen. Genauso könnte es aber auch sein, dass Social-Media-Plattform-Nutzer*innen aufgrund ihrer Nutzung weniger gewissenhaft werden. Das können nur längsschnittliche Studien aufzeigen. Da Persönlichkeit über die Lebensspanne relativ stabil ist, halte ich im Moment – vor dem Hintergrund der UGT – die Erklärung für sinnvoller, dass Personen mit geringer Gewissenhaftigkeit zu mehreren Social-Media-Apps greifen (im direkten Vergleich der Nutzer*innen und Nicht-Nutzer*innen der Facebook-Plattformen hätten wir hier als Beispiel auch Extraversion erwähnen können). Aber wie gesagt, die Persönlichkeitsunterschiede sind klein, und wir schauen uns hier immer Durchschnittswerte über viele Nutzende an. Logischerweise treffen diese Beschreibungen nicht auf jede*n einzelne*n Nutzer*in zu.

Viele Leser*innen werden sich zudem fragen, wer die Teilnehmenden unserer Studien sind. Sind diese Zahlen repräsentativ?

Nein, die Zahlen sind nicht repräsentativ. Umfassendere Studien sind zumeist nicht finanzierbar. Um das zu illustrieren: Unsere Teilnehmer*innen füllen teilweise ca. 40 Minuten Fragebögen aus. Wenn man 3000 Menschen eine Aufwandsentschädigung von 10 Euro für das Ausfüllen der Fragebögen geben würde, hätte die letzte beschriebene Studie über die Eigenschaften von Nutzenden der Facebook-Angebote alleine 30 000 Euro an Probandengeldern gekostet. Dazu kommen noch enorm hohe Kosten für ein Institut, welches für uns eine repräsentative Stichprobe ziehen könnte.

Ich bin generell sehr skeptisch, ob es so etwas wie eine wirklich repräsentative Stichprobe überhaupt geben kann. Denn dann müsste man auch solche Menschen in der Bevölkerung für eine Studienteilnahme begeistern, die grundsätzlich nie an einer Studie mitmachen würden. Sind unsere Studienergebnisse trotz fehlender Repräsentativität ernst zu nehmen? Nach meiner Überzeugung: ja. Die von uns gemachten Beobachtungen, dass Social-Media-Nutzer*innen beispielsweise im Durchschnitt höhere Extraversionswerte als Nicht-Nutzer*innen haben (hier Facebook-Nutzer*innen versus Nicht-Nutzer*innen), sind auch von anderen Arbeitsgruppen in ähnlicher Weise berichtet worden.[130] Zudem ist unsere Studie mit Hinblick auf die Fallzahlen zumindest aktuell die mit Abstand größte Studie im Feld und die Stichprobe ist in puncto soziodemografische Variablen gut durchmischt. Dies bringt mich zu einem letzten Punkt.

Betrachtet man die Abbildung 2.7. in der die Persönlichkeitsunterschiede für Extraversion zwischen Social-Media-Nutzer*innen von Facebook-Plattformen und Nicht-Nutzer*innen von Facebook-Plattformen dargestellt worden sind, so wird deutlich, dass die Unterschiede subtiler Natur sind. Man muss schon ganz genau hinschauen, um diese Unterschiede zu entdecken.

Während die Variablen Alter und Geschlecht also in einem (relativ) starken Zusammenhang mit den unterschiedlichen Social-Media-(Nicht-)Nutzer*innen-Gruppen standen, wird nur ein kleiner Teil der Unterschiede in Persönlichkeitseigenschaften durch die untersuchten Gruppierungen erklärt (bzw. sagen Persönlichkeitsunterschiede nur in geringem Umfang die untersuchten Social-Media-Gruppierungen vorher). Wenn Sie also wissen, dass eine Person ein Angebot von Facebook nutzt, ist es wahrscheinlicher, dass diese Person weiblich ist. Nutzt diese Person Instagram, so ist sie wahrscheinlich ein wenig jünger. Unterschiede in Persönlichkeitseigenschaften lassen sich dagegen nur mit noch deutlich größerer Ungenauigkeit vorhersagen, sie sind subtiler Natur.

Geringfügige Unterschiede in Persönlichkeitseigenschaften lassen Marktforscher aufatmen. Sie wissen nun, dass ihre Stichproben aus Social-Media-Panels mit einem Fokus auf Facebook-Angebote nur geringfügige Verzerrungen in Persönlichkeitseigenschaften mit sich bringen. Unsere Arbeiten zeigen aber auch, dass Unterschiede in der Variable Alter deutlich ernster zu nehmen sind. Gleiches gilt übrigens auch für das Verhältnis von Männern zu Frauen, wenn man Nutzer*innen von Facebook-Angeboten mit Nicht-Nutzer*innen vergleicht. Zu guter Letzt ist das mit den hier herausgearbeiteten Effektstärken (Stärke der Zusammenhänge) auch so eine Sache: Kleine Effektstärken – wie hier im Persönlichkeitsbereich – können auch eine gewisse Wucht entfalten, wenn das untersuchte Thema eine entsprechende Größe entfaltet. Wir werden darauf im Zusammenhang mit Microtargeting und Demokratieunterwanderung zurückkommen.

## Kapitel 3
## Wie Menschenmassen mit Hilfe von Psychotricks auf den Apps und Webseiten der Tech-Unternehmen gehalten werden

Ich fahre im Zug nach Berlin. Um einen Sitzplatz zu finden, kämpfe ich mich durch mehrere Abteile. Obwohl ich »off peak« fahre, also fernab der Stoßzeit unterwegs bin, ist der Zug gut gefüllt. Einen doppelten Sitzplatz zum Arbeiten werde ich heute wohl nicht ergattern. Während ich mit meinem Gepäck durch den Zug stolpere, der jetzt Köln verlässt und Tempo aufnimmt, blickt kaum jemand zu mir auf. Fast alle starren gebannt auf ihr kleines leuchtendes Rechteck. Die Smartphones und Laptops thronen entweder auf einem blauen heruntergeklappten Tisch, der aus dem Vordersitz ragt, oder liegen in der Hand meiner Mitreisenden. Das Klackern der Finger auf den unzähligen Tastaturen der Laptops schwirrt durch die Luft. Das Geräusch erinnert mich an einen heftigen Monsunregen in China, den ich vor ein paar Jahren erlebte. Dicke Regentropfen trommelten damals gleichförmig auf das Wellblech einer einfachen Hütte auf dem Land. Diejenigen Mitfahrenden, die sich im Zug der Deutschen Bahn nicht an der Kreation des künstlichen Monsunregens beteiligen, wischen geräuschlos über das Display des eigenen Smartphones. Es ist ein eigenartiges Bild. Wie ferngesteuert hängen die Menschen im Abteil an den kleinen Lichtquellen. Ihre Finger krabbeln wie Insekten über die Bildschirme und Tasten.

Die surreale Atmosphäre wird durch einen weißhaarigen Mitreisenden zu meiner linken Seite gestört, der sich lautstark am Smartphone darüber beschwert, dass die Person auf der anderen Seite der Leitung so lange benötigt, um an das Telefon ranzugehen. »Hattest du dein Telefon schon wieder auf lautlos gestellt?«, platzt es ungehalten aus ihm heraus. Dies entspricht der weitverbreiteten Erwartungshaltung, sich bitteschön überall und ständig erreichbar zu halten. Während das Gespräch versiegt, bin ich schon im nächsten Abteil gelandet. Auch hier wird auf den Screens gezockt, gezwitschert, gemailt, geliked und geskyped. Alle leben so nebeneinander vor sich her und sind dabei blind für den Nachbarn oder die Nachbarin. Kein Wunder, dass neue Studien zeigen, dass eingeschaltete Smartphones dafür sorgen, dass fremde Menschen weniger häufig einander zulächeln[131] und die Eltern beim Familienausflug weniger aufmerksam gegenüber ihren Kindern sind.[132] Außerdem hat sich so etwas wie »Digital First« eingebürgert. Egal, wohin wir uns auch gerade bewegen: Wenn es in der Hosentasche brummt, ist die Quelle des Brummens für manche(n) wichtiger als das Gespräch mit den Freund*innen oder Kolleg*innen direkt um sich herum. *Phubbing* heißt das im Fachjargon.[133] Mit anderen Worten stoßen wir unsere Freund*innen durch unser Verhalten am Smartphone vor den Kopf (*phone snubbing*). Das wird von der direkten Umwelt nicht positiv aufgenommen und wirkt sich dementsprechend negativ auf die Güte der sozialen Interaktionen aus.[134] Wer sich tiefer in das Thema Phubbing einarbeiten möchte, dem*der sei eine neue Übersichtsarbeit von Yeslam Al-Saggaf und Sarah B. O'Donnell empfohlen.[135]

Die Folgen des exzessiven Smartphone-Konsums sind übrigens auch in der wissenschaftlichen Literatur mittlerweile omnipräsent. Wenn ich den Begriff »Smartphone Addiction« (»Smartphone-Sucht«) in die Suchmaschine für medizinische Fachliteratur pubmed.gov eingebe, tauchen am 19.07.2021 351 Studien auf. Tatsächlich gibt es aber eine noch deutlich größere Anzahl an Studien zu diesem Themenkomplex, da einige Wissenschaftler*innen den Begriff problematische Smartphone-Nutzung oder auch Smartphone Use Disorder (SmUD) dem Begriff Smartphone Addiction vorziehen. Viele zum Thema wichtige Studien sind zudem nur in anderen Suchmaschinen zu finden. Der begriff SmUD ist in Analogie zu dem neuen Begriff der Computerspiel-Abhängigkeit entstanden (die Weltgesundheitsbehörde spricht von einer Gaming Disorder: Computerspielstörung) und zielt darauf ab, die problematische Nutzung des Smartphones in den Vordergrund zu stellen und nicht das Gerät per se zu verteufeln. Der noch häufig verwendete Suchtbegriff ist im Kontext der Smartphone-Nutzung auch deswegen heftig umstritten, da Wissenschaftler*innen sich davor hüten sollten, vorschnell Alltagshandlungen zu pathologisieren.[136] Gleiches gilt natürlich auch für den Begriff der Störung (*Disorder*).

Einige neue Arbeiten zeigen, dass die exzessive Nutzung des Smartphones häufig mit Tendenzen zu anerkannten psychiatrischen Störungsbildern wie der Depression oder der Angsterkrankung einhergeht.[137] Möglicherweise ist ein solcher Zusammenhang darauf zurückzuführen, dass Personen, denen es gerade psychisch schlecht geht, das eigene Smartphone nutzen, um sich selber von einem traurigen Gemütszustand abzulenken. Vielleicht ist ein junger Mensch gerade am Boden zerstört, weil eine romantische Beziehung zerbrochen ist, und das Smartphone lenkt ihn oder auch sie kurzfristig von den psychischen Schmerzen ab. In diesem Fall würde die Nutzung des Smartphones eine Art Selbstmedikation darstellen, um die Traurigkeit, vielleicht aber auch eine existierende Psychopathologie, in den Griff zu bekommen. Kurzum, ein exzessiver Konsum wäre dann »nur« eine Folge einer anderen zugrunde liegenden Psychopathologie. Das hier beschriebene Muster kennen wir durchaus von substanzgebundenen Süchten. Einige Menschen fangen beispielsweise an täglich Alkohol zu trinken, um ihre Sorgen zu vergessen. Aus Gewohnheitstrinken kann dann eine Sucht werden. Sind diese Erkenntnisse auf die Smartphone-Nutzung zu übertragen? Es wird sicherlich noch ein paar Jahre dauern, bis final geklärt ist, was sich hinter dem Phänomen Smartphone Use Disorder (SmUD) verbirgt. Allerdings kommen wir der Sache so langsam auf die Schliche, dazu ein paar weitere Gedanken.

Schon früh hatte ich den Verdacht, dass das Smartphone in der kontrovers geführten Debatte über den Einfluss des Gerätes auf die Gesellschaft möglicherweise den falschen Beschuldigten darstellt. Ich meine schon lange, dass dringend geklärt werden muss, wonach die Nutzer genau süchtig sind.[138] Ist es das Gerät Smartphone selber, weil es so viele Funktionen hat, auf die man nicht mehr verzichten kann? Oder sind es doch nur eng umgrenzte Inhalte auf dem Smartphone? Um das kurz mit einem anderen Bild zu illustrieren: Alkoholiker*innen sind ja auch nicht abhängig von der Flasche, sondern von deren Inhalt.[139] Insofern müssen wir für ein besseres Verständnis des exzessiven Smartphone-Konsums nun die Apps in den Vordergrund rücken, die auf den Smartphones zumindest von einigen exzessiv, von vielen aber immerhin sehr häufig, genutzt werden. Wie neue Studien nachweisen konnten[140], hängt SmUD – oder wie wir das Kind auch immer nennen wollen – stark mit der Übernutzung der WhatsApp/Facebook-Applikationen oder auch Freemium-Games[141] zusammen. In unserer eigenen Arbeit überlappten die Konzepte SmUD und exzessive WhatsApp-Nutzung sogar zu ungefähr 50 % (siehe Studien unter Anmerkung 140)! In einer Arbeit aus Hongkong zeigte sich ergänzend, dass Tendenzen zur SmUD und Gaming Disorder in etwa zu 13 % überlappen.[142]

Stellen wir uns zunächst vor, dass wir einige Personen darum bitten, einen Fragebogen zum Thema »Smartphone-Sucht«, also SmUD, auszufüllen. Sie werden in dem Fragebogen unter anderem gefragt, ob sie aufgrund ihrer Smartphone-Nutzung andere Aufgaben vernachlässigen oder unruhig sind, wenn sie das Gerät nicht dabeihaben. In Anbetracht unserer Daten zeigt sich, dass einige Personen beim Beantworten einer solchen Frage anscheinend bewusst oder unterbewusst an die auf dem Smartphone installierten Social-Media-Apps – besonders an WhatsApp – denken.

Wenn das Smartphone also nur ein Fahrzeug darstellt, um ein bestimmtes Ziel zu erreichen, stellt sich schnell die Frage, was denn genau so attraktiv an Social-Media- und Freemium-Game-Apps ist? Und warum bleiben rund um den Globus Menschenmassen an den App-Angeboten der Tech-Firmen hängen? Um dies zu verstehen, müssen wir weitere Fragen beantworten: Haben App-Entwickler*innen tatsächlich Plattformen mit dem Ziel entworfen, die Online-Zeiten ihrer Nutzer*innen zu verlängern? Haben die App-Unternehmen dabei in Kauf genommen, dass es negative psychische Nebenwirkungen aufgrund des App-Designs geben kann? Wurden beispielsweise Apps entwickelt, die darauf abzielen, möglichst viel Kapital aus den Spielenden eines Freemium-Games zu schlagen?

Es ist schwer, an offizielle Statements zu kommen, um diese Fragen zu beantworten. Trotzdem finden sich im Internet viele anonyme »Confessions« (Beichten) von Spiele-Entwickler*innen, die wenig Spielraum für Interpretationen lassen. Einer von ihnen fasst es mit den drei Worten zusammen: »We own you.« Du gehörst uns.[143]

Passend zu der Entwickler*innenbeichte nennt sich ein wesentliches Betätigungsfeld in der App-Gestaltung auch *Persuasive Design*. Mit anderen Worten sollen die User*innen eines Online-Angebots durch das App-Design »überzeugt« werden, ein bestimmtes Online-Angebot möglichst oft und lange zu nutzen. Diese kurze Erläuterung ist je nach Auslegung allerdings nicht ganz gerecht, denn Persuasive Design könnte auch von Entwickler*innen eingesetzt werden, um das Gegenteil zu bewirken, also Online-Zeiten zu reduzieren. So etwa die Forest-App: Sie belohnt ihre Nutzer*innen für möglichst kurze Zeiten am Smartphone. Und je länger die Nutzenden es schaffen, nicht an ihr Smartphone zu gehen, desto mehr gedeiht ein virtueller Wald im Smartphone-Display. Ab einer gewissen Größe des virtuellen Walds wird sogar ein echter Baum gepflanzt! Aber Achtung – auch diese App macht viel Werbung …[144]

Leider sind nur wenige Apps mit einem verdienstvollen Ziel ausgestattet. Schauen wir uns deswegen einige sehr bekannte Elemente an, die in Apps verbaut wurden, damit wir immer wieder bei den Angeboten der Tech-Industrie vorbeischauen und dort möglichst viel Zeit vertrödeln.

## Von der Quengelzone im Supermarkt und Doppelhaken bei WhatsApp (Nudging)

Es ist Samstagvormittag, und die Menschenschlange im Supermarkt ist wieder einmal richtig lang, als ich mich mit meiner Tochter an der Kasse anstelle. Leider habe ich es nicht geschafft, unter der Woche meine Einkäufe zu tätigen. Nun stehen wir uns also die Beine in den Bauch, und das gibt meiner Tochter ausreichend Gelegenheit zu beobachten, was um sie herum passiert. Außerdem hat sie natürlich genügend Zeit, die Süßigkeiten an der Kasse zu entdecken und lauthals nach einem Schokoriegel zu fragen.

Obwohl ich mir durchaus darüber im Klaren bin, dass in einem Supermarkt nichts zufällig an einem Ort steht, vergesse ich das gerne im Alltag. Warum sollte ich auch jedes Mal darüber nachdenken, was warum wo platziert wird? Wäre doch viel zu anstrengend. Auf diese Sorglosigkeit bauen natürlich die Marktmanager*innen, die uns immer wieder zu einem Kauf verführen möchten. In der sogenannten »Quengelzone« an der Kasse fällt mir das dann für kurze Zeit immer wieder auf (um es danach sofort wieder zu vergessen).

Das Design eines Systems nimmt enormen Einfluss darauf, wie sich ein Mensch in diesem System verhält bzw. überhaupt verhalten kann. Würde im Supermarkt an der Kasse keine »Quengelzone« existieren – wo einzelne Schokoriegel präsentiert werden – wäre meine Tochter gar nicht auf die Idee gekommen, einen Schokoriegel einzufordern. Übrigens sind die Schokoriegel drei Regale weiter hinten im Fünfer-Pack deutlich günstiger zu erwerben …

Auf der anderen Seite kann man Systeme aber auch so gestalten, dass sie Menschen ermuntern, sich »besser« zu verhalten.

In unserem Beispiel würde das dann so aussehen, entweder die »Quengelzone« ganz abzuschaffen, oder beispielsweise an dieser Stelle Obst statt der Schokoriegel zu platzieren.[145]

Was haben die Kaufanreize im Discounter mit vielen Unternehmen aus dem Silicon Valley zu tun? Die Macht des Systemdesigns haben die Entwickler*innen aus dem Silicon Valley schon lange erkannt. Durch das Gestalten einer App oder einer Plattform können sie steuern, was überhaupt innerhalb der App oder auf der Plattform möglich ist. Die meisten Menschen stellen sich beispielsweise gar nicht die Frage, warum die sogenannte Doppelhaken-Funktion (Lesebestätigung) auf WhatsApp bei der Installation direkt aktiviert ist. Die Doppelhaken zeigen mir nach Versenden einer Nachricht über zwei graue Haken an, dass meine Nachricht erfolgreich übermittelt worden ist. Zwei blaue Haken zeigen dann an, dass mein Freund und/oder meine Freundin, denen ich die Nachricht geschickt habe, die Nachricht bereits geöffnet und damit wahrscheinlich auch gelesen hat. Was macht das mit mir?

Ich warte nach dem Versenden einer Nachricht eine Minute. Keine Antwort. Ich warte zwei Minuten, nachdem die Haken blau geworden sind. Immer noch keine Antwort. Langsam werde ich ungeduldig. Bin ich meinem Freund oder meiner Freundin etwa so unwichtig, dass er oder sie mir nicht sofort eine Antwort schickt?

Das Ausliefern der Applikation WhatsApp mit einer aktivierten Lesebestätigung erzeugt für einige Menschen auf Versender- und Empfänger-Seite sozialen Druck[146], und als Konsequenz wird mit großer Wahrscheinlichkeit schneller kommuniziert. Das ist eigentlich nur für den Facebook-Konzern gewinnbringend, der auf diese Weise mehr Daten über uns erhält, da wir häufiger auf WhatsApp unterwegs sind. Für einige Konsument*innen entsteht vor allen Dingen eines: Stress.[147] Und da stellt sich die Frage, warum die App nicht mit einer deaktivierten Doppelhaken-Funktion ausgeliefert wird? Man spricht hier auch von dem Default-Setting einer App. Dann kann doch jede*r Nutzer*in für sich selber die Entscheidung treffen, diese Funktion einzuschalten.

Tech-Unternehmen wissen aber, dass eine solche Änderung hin zu einer (De-)Aktivierung der Doppelhaken in den Einstellungen der App nur von einem kleinen Kreis an Menschen vorgenommen würde. Zahlen darüber zu bekommen ist natürlich schwer. Einem anekdotenhaften Bericht von Microsoft zufolge ändern aber beispielsweise nur etwa 5 % der Nutzer*innen die Voreinstellungen in dem Schreibprogramm Word.[148]

Das hier beschriebene Prinzip wurde übrigens von Richard H. Thaler und Cass R. Sunstein vorgedacht und ist in der Literatur unter dem Fachbegriff Nudging bekannt.[149] Übersetzt heißt »Nudging«, eine Person zu schubsen. Ohne Zweifel, viele von uns brauchen hier und da einen lieben Mitmenschen, der sie in die richtige Richtung schubst. Ob das bei WhatsApp mit der aktivierten Doppelhaken-Funktion aber auch sein muss?

## Über meine Beziehung zum virtuellen Bauernhof und zu meinem Social-Media-Profil

Es ist bereits ungewöhnlich heiß, als meine Frau Susanne, meine Tochter Hannah und ich im April 2018 eine Woche Urlaub auf der griechischen Insel Rhodos machen. Kurz nachdem wir unser Hotelzimmer bezogen haben, erkunden wir schon ein wenig die Gegend. Zypressen säumen den Weg zur Hauptstraße, wo zahlreiche Nachtklubs zu finden sind, die aber in der Vorsaison noch geschlossen haben. Ich kann mir sehr gut ausmalen, was hier in wenigen Wochen los sein wird. Nach den geschlossenen Nachtklubs gehen wir an kleinen Supermärkten vorbei, die auch Souvenirs verkaufen. Für den Erwerb von Andenken bin ich leider anfällig. Neben Magneten aus aller Welt, die an unserem heimischen Kühlschrank hängen, kaufe ich zum Leidwesen meiner Frau manchmal besonders kitschige Souvenirs, die dann bei mir im Arbeitszimmer Staub ansetzen. Tatsächlich habe ich in dem Urlaub für 2,99 Euro eine Fußmatte für die Dusche gekauft, die mittlerweile in meiner Arbeitswohnung in Ulm liegt. Immerhin recht funktional. Das kann man von dem goldenen Fünf-Euro-Drachen, den ich in Laolongtou (»der alte Drachenkopf«, lǎo lóngtóu, 老龙头) gekauft habe, wo die chinesische Mauer an der Ostküste von China beginnt, nicht behaupten. Dieser Drache, der 1,2 Kilogramm auf die Waage bringt, schlängelt sich um die Chinesische Mauer. Vielleicht kann er als Aschenbecher zweckentfremdet werden. In jedem Fall steht der Drache jetzt in meinem Büro. Meinem Kollegen Benjamin Becker in Chengdu habe ich von der Chinsesischen Mauer auch einen solchen Drachen mitgebracht, über den er sich (anscheinend) gefreut hat. Möglicherweise hätte sich folgendes Szenario ergeben, wenn ich ihm keinen eigenen Drachen mitgebracht hätte.

Ben(jamin) sieht den Drachen und meint: »Wow, was ist das denn für ein cooles Teil?«

Ich: »Habe ich von der Mauer mitgebracht. Ist echt kitschig – hat aber was.«

Ben: »Was hat denn das Teil gekostet?«

Ich: »40 Yuan.«

Ben zieht zwei 20er aus der Tasche und sagt: »Würde ich nehmen.«

Ich: »Kannst du vergessen.«

Ben: »Für wie viel würdest du den Drachen abgeben?«

Ich: »100 Yuan. Aber nur, weil du es bist. Ich will ja eigentlich gar nicht verkaufen.«

Ben: »Was? Mehr als das Doppelte?«

Dieses kurze Intermezzo stellt in der Verhaltensökonomik ein bekanntes Szenario mit dem Namen Besitztumseffekt dar.[150] Wie äußert sich dieser bekannte Effekt aus den Wirtschaftswissenschaften? In der kleinen Geschichte habe ich die Skulptur des goldenen Drachen zunächst an der Chinesischen Mauer erworben. Dann habe ich das schwere Teil ohne Schaden von Laolongtou über Tianjin (Tiānjīn shì, 天津市) nach Chengdu und schließlich nach Deutschland geschafft. Dadurch habe ich nicht nur in Form des Transports und monetär in den Drachen investiert, sondern auch eine emotionale Erinnerung an den Ort, wo ich den Drachen gekauft habe: die mythische Chinesische Mauer. So ist der Drache vielleicht sogar zu einem Teil meiner Identität geworden. Wenn ich mich überhaupt von ihm trennen würde, dann nur noch zu einem deutlich höheren Preis.

Was hat das alles mit dem Silicon Valley zu tun? Der Besitztumseffekt (auch Endowment-Effekt genannt) spielt auf vielen Apps auf unseren Smartphones eine nicht unerhebliche Rolle. Genauer sind es Apps, in denen in irgendeiner Form eine digitale Welt aufgebaut wird. Ein gutes Beispiel sind Freemium-Spiele wie Hayday. Es handelt sich um ein sehr bekanntes Freemium-Spiel, welches die Download-Charts für Spiele im Google Play Store in 122 (!) Ländern angeführt hat.[151] In Hayday verfolgen die spielenden Personen das »unglaublich spannende« Ziel, einen Online-Bauernhof aufzubauen. Damit der Bauernhof florieren kann, müssen die Felder bestellt oder beispielsweise das Vieh gefüttert werden. Um einen Spielfortschritt zu erzielen, benötigt man Münzen, die durch das Abernten von Feldern oder durch andere Tätigkeiten im Spiel verdient werden können. Für die Spielenden wird nach Erstinstallation schnell deutlich, dass der anfänglich relativ schnelle Fortschritt rasch nachlässt. Ohne eigenes monetäres Dazutun geht es nur noch quälend langsam voran. Jeden Tag gibt es ein paar virtuelle Münzen, um *meine* Online-Welt weiter zu gestalten. Sind die ersten Wochen vergangen, hat sich ungeachtet des langsamen Fortschritts einiges getan. Der stete Tropfen höhlt den Stein.

Irgendwann wird das tägliche Wiederkehren auf den digitalen Bauernhof auf dem eigenen Smartphone zur Routine. Es scheint eine normale Alltagshandlung zu sein, um mal kurz abzuschalten. Das getätigte Investment über Wochen hinterlässt natürlich allmählich auch psychische Spuren. Mir wird nämlich meine Online-Welt immer wichtiger. Genauso wie bei meinem Investment in den Drachen von der Chinesischen Mauer, entwickelt der*die Online-Nutzer*in eine emotionale Bindung an den digitalen Bauernhof. Vielleicht wissen Sie aus eigener Erfahrung, wie schwer es ist, die App mit dem Online-Bauernhof vom Smartphone zu löschen. Auch wenn es ein weiter Sprung zu einer Liebesbeziehung ist: Mit jedem Tag, den ich mit meinem Bauernhof länger verbringe, wird es schwerer, die Reißleine zu ziehen. Im Vergleich zu dem chinesischen Drachen wird das getätigte Investment bei dem Online-Bauernhof sogar weiterhin täglich größer. Beim Schreiben des Buches schaue ich gerade von meinem Bildschirm auf, und der Drache schaut mich mittlerweile schon etwas angestaubt an. Der Online-Bauernhof erstrahlt aber jeden Tag aufs Neue in vielen Farben und wird immer größer.

Der Endowment-Effect wirkt aber nicht nur in sehr vielen Freemium-Spielen, sondern auch auf diversen Social-Media-

Plattformen. Die erreichte Anzahl an Follower*innen auf Twitter sind mir doch über die Zeit auch ans Herz gewachsen, oder nicht? Wer will schon mal eben seinen einflussreichen Instagram-Kanal mit zigtausenden Follower*innen löschen? Wie lange würde es dauern, sich wieder eine solche Gefolgschaft aufzubauen? Möglicherweise würden meine Follower*innen gar nicht wieder kommen? Lassen wir Zahlen sprechen, um die Macht des Endowment-Effect im Kontext von Social Media zu illustrieren.

In einer Arbeit von Cass Sunstein[152] lässt sich der Besitztumseffekt eindrücklich durch die unterschiedlichen Antworten von Studienteilnehmer*innen auf die beiden folgende Fragen belegen. Zunächst wurden Personen, die Facebook nutzen, gefragt, wie viel Geld pro Monat sie bereit wären, für die Nutzung dieser Social-Media-Plattform zu zahlen. Danach wurden andere Personen, die Facebook nutzen, gefragt, für wie viel US-Dollar pro Monat sie die Nutzung aufgeben würden. Auf die erste Frage gaben die Studienteilnehmer fünf US-Dollar im Median[153] an (Willingness to Pay). Auf die zweite Frage antworteten die Probanden mit einem Median von 64 US-Dollar (Willingness to Accept). Mit anderen Worten ist den Nutzer*innen das eigene Profil über die Zeit so ans Herz gewachsen, dass man ihnen im Median 64 US-Dollar zahlen müsste, um die Nutzung von Facebook für einen Monat einzustellen. Allerdings wären die Personen, die Facebook nutzen, gerade einmal bereit, fünf US-Dollar im Median für die Nutzung zu zahlen. Verrückt, oder? Sunstein spricht zu Recht von einem *Super-Endowment-Effect*, da bei früheren Untersuchungen mit Gegenständen wie Tassen (oder vielleicht meinem Drachen) lediglich ein Verhältnis von 1:2 beobachtet wurde (Willingness to Pay: Willingness to Accept). Abbildung 3.1. zeigt, dass dieser drastische Besitztumseffekt für viele große Social-Media-Plattformen zu gelten scheint.

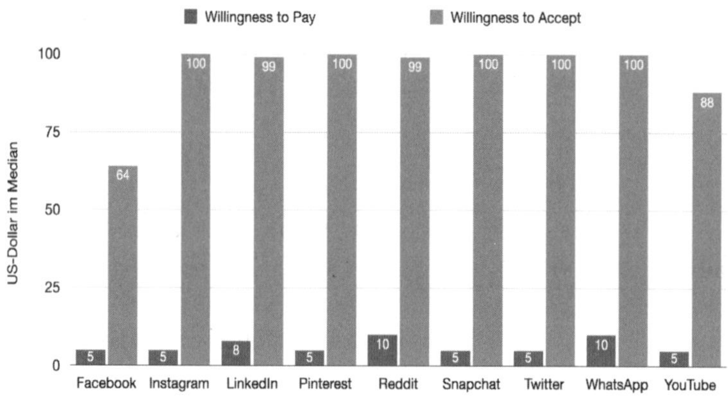


Abbildung 3.1.: Social-Media-Nutzer*innen wurden gefragt, wie viel US-Dollar sie pro Monat für ihr jeweiliges Social-Media-Produkt zahlen würden (*Willingness to Pay*). Zusätzlich wurden andere Nutzer*innen der jeweiligen Social-Media-Plattform gefragt, wie viel Geld man ihnen pro Monat zahlen müsste, damit sie die Plattform dann nicht nutzen (*Willingness to Accept*). Der Besitztumseffekt äußert sich in den dramatisch unterschiedlichen Zahlen der *Willingness to Pay* versus *Willingness to Accept* bei allen untersuchten Plattformen in der Studie von Sunstein (2019); siehe auch Anmerkung 152.

Neben dem Besitztumseffekt spielt mit einiger Wahrscheinlichkeit auch der psychologische *Mere Exposure Effect* auf zahlreichen Apps eine bedeutsame Rolle: In zahlreichen psychologischen Studien wurde nachgewiesen, dass Menschen Dinge mehr mögen, wenn sie ihnen öfter begegnen.[154] Diese Daumenregel gilt übrigens nicht nur für positiv besetzte, sondern auch für neutrale Gegenstände. Der *Mere Exposure Effect* scheint allerdings nicht bei negativ bewerteten Gegenständen zu funktionieren. Wenn ich also etwas überhaupt nicht mag, ist es unwahrscheinlich, dass dies über die Zeit hinweg viel besser wird. Nachdem wir über die beiden Effekte aus der Psychologie/Ökonomie Bescheid wissen, haben Sie nun die einmalige Gelegenheit, die Zeitverschwender auf Ihrem Smartphone zu löschen.

Glauben Sie es mir oder nicht – ich habe nach dem Schreiben dieses Kapitels immerhin alle meine Spiele vom Smartphone gelöscht.

## Über Fleißkärtchen aus meiner Kindheit und Likes auf Twitter: Wie Reinforcement Learning funktioniert

In der Grundschule ging meine Klassenlehrerin immer persönlich durch die Reihen, um sich die Hausaufgaben anzuschauen. Obwohl ich fleißig war, kam ich zu Beginn meiner Schulzeit nur mittelmäßig mit, und meine Hausaufgaben waren mitunter fehlerhaft. Immerhin setzte die Lehrerin mir meist jedoch einen Stempel unter die Arbeit, weil ich die Hausaufgaben ja erledigt hatte. Und wie toll fand ich damals Motive wie beispielsweise das Stempelmotiv mit dem Elefanten von der *Sendung mit der Maus*. Tatsächlich platzte dann bei mir in der elften Klasse lerntechnisch so richtig der Knoten, und ich erhielt für meinen Lerneifer regelmäßig Belohnungen in Form von guten Noten. Positives Feedback ist wichtig für die Lernmotivation.

Schauen wir uns dieses Themenfeld noch etwas genauer aus wissenschaftlicher Perspektive an. Es gilt festzuhalten, dass unsere Spezies nach relativ einfachen Regeln lernt. Diese erforschte vor allem der Behaviorismus, eine Strömung in der Psychologie, die sich zu Beginn des 20. Jahrhunderts entwickelte. Die zentralen Vertreter des Behaviorismus folgten dem Dogma, dass es völlig ausreichend sei, Relationen zwischen Reiz und Reaktion zu verstehen, um ein gewünschtes Verhalten vorherzusagen oder sogar zu erzeugen. Anhand der beschriebenen Episode aus meiner Kindheit lässt sich diese Idee anhand des Prinzips der operanten Konditionierung erläutern. Es handelt sich um eine Lernform, bei der Menschen über Strafe oder Belohnung lernen. Wie gerade geschildert, habe ich als Kind für Hausaufgaben eine Belohnung in Form eines Stempels bekommen. Das Erhalten des Stempels fühlte sich gut an, also habe ich mich bei den nächsten Hausaufgaben erneut angestrengt, um von der Lehrerin wieder einen Stempel zu bekommen. Habe ich mal keinen Stempel bekommen, so fühlte sich das schlecht an. Dadurch habe ich mich bei den Hausaufgaben noch mehr angestrengt, um das nächste Mal endlich wieder die Belohnung zu bekommen. Das Erhalten des Stempels entspricht also der Belohnung und das Ausbleiben einer Belohnung einer Bestrafung.

Der berühmt-berüchtigte Psychologe John Broadus Watson gilt neben Burrhus Frederic Skinner als vielleicht der wichtigste Vertreter des Behaviorismus. Er behauptete sogar, dass er mit Hilfe der genannten behavioristischen Prinzipien aus egal welcher Person einen x-beliebigen Menschen machen könne. In seinem Übermut formulierte er: »Geben Sie mir ein Dutzend gesunde und wohlgeformte Säuglinge und meine eigene Welt, um sie aufzuziehen, und ich garantiere Ihnen, dass ich jeden nach dem Zufallsprinzip nehme und ihn zu einem Spezialisten ausbilde, den ich auswählen könnte – Arzt, Anwalt, Künstler, Kaufmannschef und sogar Bettler und Dieb, unabhängig von seinen Talenten, Vorlieben, Tendenzen, Fähigkeiten, Berufen und der Rasse seiner Vorfahren.«[155] Mittlerweile weiß die moderne Psychologie, dass das nicht so einfach ist und wesentliche Faktoren, wie beispielsweise die Genetik einer Person, auch eine Rolle spielen. Deswegen verwundert es sicher nicht, dass das Weltbild von Watson in der Zunft der Psychologen in seiner Einfachheit als (komplett) überholt gilt.

Aber einige der Prinzipien aus der behavioristischen Tradition können immer noch Gültigkeit beanspruchen. Denn in den Tiefen unseres Gehirns sitzen evolutionär uralte Strukturen, die stark auf Konditionierungsprinzipien ansprechen. Jeder hat sicherlich schon mal vom Pawlow'schen Hund und dem Sprichwort »Da läuft mir das Wasser im Mund zusammen« gehört. In der Erwartung des Lieblingsessens sabbern Menschen und Hund gleichermaßen. Diese physiologische Reaktion hat sich Iwan Pawlow zunutze gemacht, indem er die unkonditionierte Reaktion beim Hund einsetzte, um sein berühmtes Lernexperiment durchzuführen. Unkonditioniert heißt, dass der Hund den Speichelfluss in Erwartung eines Leckerlis nicht erlernen muss, denn es handelt sich um einen angeborenen Reflex. Als Iwan Pawlow seinem Hund nun eine Zeit lang ein Leckerli gepaart mit einem Glockenklang darbot, konnte irgendwann das alleinige Ertönen der Glocke ebenfalls den Speichelfluss auslösen (tatsächlich hat er dieses Experiment nie mit einer Glocke durchgeführt, sondern mit einem Metronom oder einem Harmonium[156]). So gelang es ihm durch das Experiment, die unkonditionierte Reaktion durch einen Lernprozess auf den zuvor neutralen Stimulus (Glockenklang) zu übertragen. In der Psychologie spricht man bei diesem geschilderten Vorgehen auch von einem klassischen Konditionieren. Eine etwas andere Lernform greift bei dem oben genannten Beispiel aus meiner Kindheit. Ein System (hier die Schule) belohnt die Schüler*innen für eine gute Leistung oder bestraft sie für eine schlechte Leistung. Wie das einfache Beispiel aus der Schule zeigt, lernt unser Gehirn auch hier nach sehr einfachen Mechanismen, die in der Literatur auch unter dem schwer verdaulichen Begriff des *Reinforcement Learning* (Verstärkungslernen) bekannt sind. Führt eine Handlung zu positiven Emotionen, werde ich diese Handlung aufrechthalten. Die Handlung wird also durch die positive Emotion verstärkt. Führt eine Handlung zu negativen Emotionen, werde ich diese Handlung im besten Fall nicht erneut zeigen. Diese Handlung wird durch die negativen Emotionen nicht verstärkt.

Was hat das alles mit Social Media und Tech zu tun? Eine der wichtigsten und vielleicht genial-einfachsten Erfindungen von Facebook war die Einführung des Like-Buttons im Jahr 2009. Der Like-Entwickler Justin Rosenstein ist mittlerweile nicht mehr bei Facebook tätig und sieht seine Innovation ziemlich kritisch, da sie zu »time poorly spent« (also armselig verbrachter Zeit) führt.[157] Zunächst wollen wir aber klären, was aus psychologischer Perspektive passiert, wenn ich einen Like auf Facebook bekomme: Ich poste ein Bild oder einen Kommentar auf Facebook. Dies stellt meine Handlung dar. Nun wird mein Kommentar von einer anderen Person mit einem »Daumen hoch« versehen. Ich bekomme also positives Feedback. Ich registriere nun auch, dass das Posten meines Kommentars – genauer: das Erhalten des positiven Feedbacks – zu einem guten Gefühl geführt hat. Ohne meine Handlung »Kommentar posten« hätte es kein positives Feedback in Form eines Like gegeben. Weil sich das Like gut angefühlt hat, poste ich auf Facebook erneut eine Nachricht. Dies geschieht nun in der Hoffnung, die nächste kleine Belohnung – ein Like – zu erhalten. Dadurch, dass mein Posten auf Facebook immer mal wieder mit einer Belohnung versehen wird, schleift sich mein Verhalten sehr schnell ein. Das immer wiederkehrende positive Feedback auf Facebook bestärkt mich darin, häufig auf die Facebook-Plattform zurückzukehren.[158] Wir erinnern uns an die Behavioristen: Was zu einem guten Gefühl führt, wird aufrechterhalten. Was zu einem schlechten Gefühl führt, lasse ich bleiben.

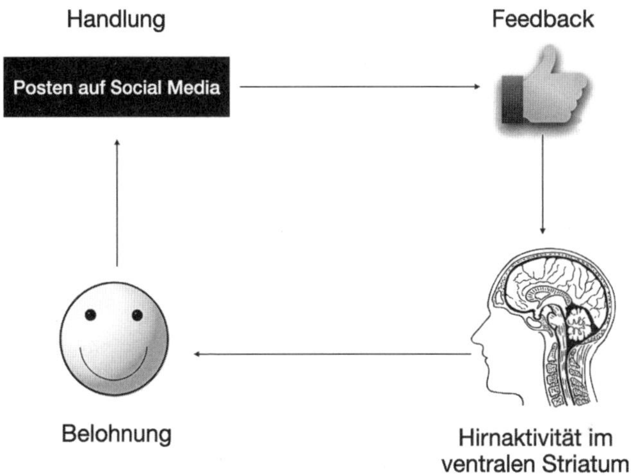


Abbildung 3.2.: Positives Feedback in Form eines Likes führt zu einer erhöhten Hirnaktivität im ventralen Striatum. Diese Hirnaktivität geht mit positiven Emotionen einher und wird von den Social-Media-Nutzer*innen als Belohnung empfunden. Daraus resultiert eine positive Verstärkung. Mit anderen Worten wird das Verhalten, welches zu einer Belohnung geführt hat, in Zukunft wieder gezeigt. Das dargestellte Prinzip geht über eine rein behavioristische Betrachtung hinaus, da auch neuronale Prozesse im Gehirn berücksichtigt werden. Die Symbole in der Abbildung sind lizenzfrei und stammen von pixabay.com.

In meinem Buch *Homo Digitalis* hatte ich bereits erläutert, was im menschlichen Gehirn beim Erwarten bzw. Verarbeiten eines Likes vor sich geht: Eine Studie um Lauren Sherman aus den USA konnte zeigen, dass eigene Bilder-Posts, die im Hirnscanner mit vielen versus weniger Likes versehen wurden (ohne dass der*die Proband*in das vorher wusste), unter anderem zu verstärkten Antwortmustern im ventralen Striatum führten.[159] Das ventrale Striatum stellt eine Region im Gehirn dar, die besonders stark auf das Erwarten einer Belohnung, aber auch auf das direkte Verarbeiten einer Belohnung reagiert. Ich glaube, es ist relativ nachvollziehbar, dass eigene Posts mit mehr Likes (im Vergleich zu weniger Likes) mit einer erhöhten Aktivität im Belohnungssystem assoziiert sind.

Übrigens fühlt es sich nicht nur gut an, Likes zu bekommen, sondern auch sie anderen zu geben! Eine neue Studie aus derselben Arbeitsgruppe konnte kürzlich den Nachweis erbringen, dass das Geben von Likes ebenfalls das Belohnungssystem anregt.[160] Damit ist es für den Facebook-Konzern nicht nur gut, wenn ich Likes bekomme, sondern auch wenn ich anderen Menschen Likes gebe, also hier aktiv unterwegs bin. Denn: Beides resultiert in positiven Emotionen und wird damit meine Zeit auf Social Media verlängern. Die Macht der Likes ist der Social-Media-Konkurrenz von Facebook natürlich nicht verborgen geblieben. Deswegen findet man »Herzen« und »Daumen hoch« überall. Auch bei Twitter, TikTok und WeChat. Den Verstärkungsmechanismus habe ich als Zusammenfassung in Abbildung 3.2. kurz skizziert.

Manche Leser*innen fragen sich möglicherweise, warum ich in diesem Buch noch nicht über Dopamin gesprochen habe. Immer wieder taucht bei der Diskussion über Likes sowie andere App-Elemente der Begriff »Dopamin-Trigger« auf. Damit ist gemeint, dass die Mechanismen auf Social-Media-Apps darauf abzielen, Dopamin auszuschütten. Der Botenstoff Dopamin ist in der Literatur mit Aspekten der Belohnungsverarbeitung assoziiert worden, allerdings spielt Dopamin eine besondere Rolle, um in unserem Gehirn Assoziationen zwischen einer Handlung (Kommentar setzen) und Reaktion (Like bekommen) in unsere neuronalen Pfade einzubrennen.[161] Zumindest gilt dies besonders, wenn wir über eine der vier dopaminergen Bahnen im Gehirn sprechen – hier die mesolimbische Bahn.[162] Dopamin spielt nach aktuellem Verständnis eher beim Wanting (»Haben wollen«) eine wichtige Rolle. Es geht also hier um die Antizipation einer Belohnung, die mit dem Anwerfen unseres »Go-Get-It-Systems« im Gehirn einhergeht.

Wird aber Dopamin nun wirklich bei der Nutzung von Social-Media-Angeboten ausgeschüttet? Der Gedanke ist sicherlich nicht falsch, weil meine Motivation, ein Like zu bekommen (Wanting), mich immer wieder auf die Social-Media-Plattform führt. Auch wenn eine Rolle von Dopamin in diesem Prozess theoretisch sehr plausibel ist, fehlt in der Literatur zum aktuellen Zeitpunkt die direkte Evidenz. Warum? MRT-Bildgebungsstudien des menschlichen Gehirns geben uns nur eine Information darüber, dass bestimmte Hirnareale an der Verarbeitung eines Likes beteiligt sind. Das eben benannte »ventrale Striatum« ist bekannt dafür, dass es stark durch dopaminerge Bahnen innerviert wird und generell bei angenehmen Erfahrungen angeregt wird. In einer Studie konnten wir passenderweise zeigen, dass dieses Hirnareal durch das Hören des eigenen Lieblingslieds stimuliert wird.[163] Von daher ist es naheliegend, dass man aufgrund der MRT-Befunde davon ausgeht, dass Dopamin eine zentrale Rolle spielt. Dies ist allerdings ein indirekter Schluss. Und für einen solchen indirekten Schluss muss auch berücksichtigt werden, dass vom Gehirn produzierte Opioide wie beta-Endorphin in diesem Hirnareal möglicherweise zentral für den psychischen Prozess des »Liking« sind (also das »Gutanfühlen« einer Belohnung).[164] Grundsätzlich gilt, dass vereinfachte Regeln wie *Dopamin = Wanting* und *Opioide = Liking* mit großer Sicherheit für eine adäquate Beschreibung der komplexen molekularen Prozesse im Gehirn zu vereinfachend sind. Molekular sind viele Mechanismen daran beteiligt, um die Nutzung von Social Media zu verstehen. Dopamin und Opioide stellen aber Kandidat*innen für besonders wichtige Protagonisten dar.

Dies führt mich zu den Ergebnissen einer ganz neuen Studie, die mit der Positronen-Emissions-Tomografie gearbeitet hat, um Einblicke in die molekularen Hirnmechanismen der Social-Media-Nutzung zu bekommen.[165] Hier gelang es vor Kurzem zum ersten Mal nachzuweisen, dass eine geringere Dopamin-Synthese-Kapazität in der Gehirnregion Putamen[166] mit einer stärkeren Social-Media-Nutzung auf den Smartphones einherging. Möglicherweise deuten diese Befunde darauf hin, dass Personen mit geringerer striataler Dopamin-Synthese-Kapazität häufiger auf Social-Media-Applikationen zurückgreifen, um überhaupt einen gewissen Dopamin-Kick zu bekommen.

Die besondere Rolle des (ventralen) Striatums wird auch durch Ergebnisse einer eigenen Studie untermauert. Mit Kolleg*innen untersuchte ich die Frage, ob es einen Zusammenhang zwischen dem Hirnvolumen der grauen Substanz im Nucleus Accumbens (ein Teil des ventralen Striatums[167]) und der tatsächlichen Nutzung der Facebook-App bei gesunden Studierenden geben würde.[168] Da in der Literatur bereits geringeres Volumen in diesem Hirnareal mit höheren Suchttendenzen in Bereichen wie Nikotin in Zusammenhang gebracht wurde[169], wollte ich wissen, ob man einen solchen Zusammenhang auch auf die Nutzung von Social Media übertragen könnte. Und tatsächlich zeigte sich bei uns ein ähnliches Bild: Geringere Volumen des Nucleus Accumbens waren eher mit längerer und häufigerer Facebook-Nutzung assoziiert (siehe auch Abbildung 3.3.). Ob das geringere Volumen nun aber eine Folge oder eine Art Disposition für eine bestimmte Social-Media-Nutzung ist, lässt sich leider noch nicht sagen. Geringere Volumen des Nucleus Accumbens und der angrenzenden Hirnareale gehen aber möglicherweise mit Dysfunktionen des dopaminergen Systems einher[170], sodass zumindest indirekt erneut die Brücke zu dem Botenstoff Dopamin geschlagen wird.

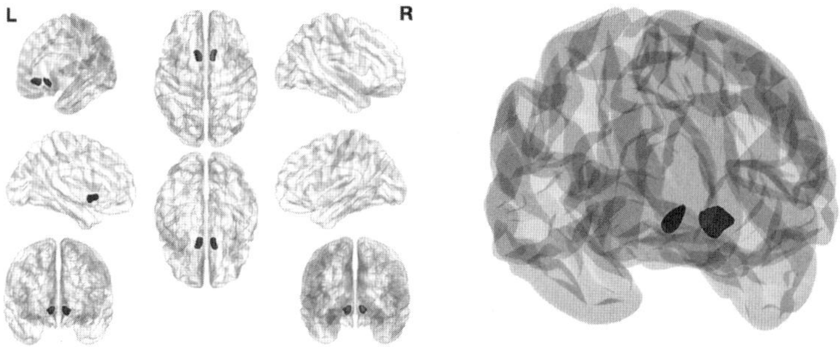


Abbildung 3.3.: Auf dem Bild zeigt sich der Nucleus Accumbens in der linken und rechten Hemisphäre des Gehirns. In einer eigenen Studie konnten wir beobachten, dass geringere Volumen der grauen Substanz des Nucleus Accumbens mit einer längeren und häufigeren Facebook-Nutzung einhergingen (Montag et al., 2017). Die komplexen Vorgänge im Gehirn, die für ein besseres Verständnis der Social-Media-Nutzung relevant sind, lassen sich natürlich nicht nur durch dieses eine Hirnareal erklären. Die menschliche Natur ist deutlich komplexer (Abbildungen von Sebastian Markett).

## Über Zeit- und Raumverluste während der App-Nutzung und was das für unsere Kreativität bedeutet

Ich fahre gerne abends Auto. Wenn es dunkel ist und nur die Scheinwerfer vor mir zwei einsame Kegel auf die Fahrbahn werfen, gerate ich in einen konzentrierten, aber tranceartigen Zustand. Ich muss nicht über das Kuppeln und Schalten nachdenken, es geht wie von selbst. Wie schwer war es dagegen vor vielen Jahren gewesen, Auge, Hand und Beine im Fahrunterricht zu koordinieren? Ich bin total fokussiert auf die Fahrbahn. Das Autofahren macht Spaß. Es fühlt sich gut an zu sehen, wie die dunkle Welt an mir vorbeifliegt, alles wirkt leicht. Das »Gut anfühlen« in diesem Beispiel mit Auflösung des eigenen Selbst würden Wissenschaftler*innen »Flow« nennen. Es ist ein Zustand, in dem wir Raum und Zeit verlieren.

Eine zentrale Voraussetzung für die Entstehung des Flow lautet, dass die eigenen Fähigkeiten dem Schwierigkeitsgrad der Aufgabe entsprechen. Denn ist eine Aufgabe für mich zu leicht, so fühle ich mich schnell unterfordert und langweile mich. Ist mir eine Aufgabe dagegen zu schwer, so gerate ich irgendwann in Stress. Sowohl Langeweile als auch Stress (oder erst recht Angst) sind Flow-Killer. Sie sind aber auch interne psychische Zustände, die von Tech-Unternehmen gern als Anlass genommen werden, um uns auf ihre Plattformen zu lotsen. Mir ist gerade langweilig oder ich bin gestresst? Nichts Schöneres gibt es für die Tech-Unternehmen, wenn wir möglichst schnell lernen, die Ödnis oder unseren Stress im Alltag durch das Nutzen ihrer Applikationen kurzfristig zu beseitigen.

Die Apps haben es geschafft, dass viele von uns in jeder freien Minute auf das Smartphone mit den zahlreichen App-Angeboten zugreifen. Ein Candlelight-Dinner, aber der Partner oder die Partnerin geht kurz aufs Klo? Zack – schnell ein Blick aufs Smartphone. Warten an der Bushaltestelle. Zack – schnell das Smartphone zücken. Anstehen im Supermarkt an der Kasse? Die Vorlesung ist langweilig? Der Fernsehfilm zieht mich nicht in seinen Bann? Zack – geschaut, was gibt's Neues auf dem Smartphone? Mittlerweile antizipieren viele Nutzende von Smartphones (und Social-Media-Applikationen) sogar dauernd im Alltag, wann uns gleich wieder langweilig sein könnte. Um dieses unangenehme Gefühl gar nicht erst aufkommen zu lassen, heißt es dann schnell, das Smartphone in die Hand zu nehmen.

Mittlerweile haben wir es aufgrund der ständigen Berieselung durch die vielen Angebote auf dem Smartphone verlernt, es im Alltag mit uns allein auszuhalten. Tatsächlich wäre es aber hin und wieder sinnvoll, ein wenig über den Alltag und sich selbst nachzudenken, da Mind-Wandering Kreativität erzeugen kann.[171]

Mind-Wandering bedeutet nichts anderes, als seinen Gedanken nachzuhängen und ein wenig tagzuträumen (und den Griff zum Smartphone zu unterbinden). Für einige Menschen mag der Weg von der Arbeit nach Hause eine dafür passende Zeit sein, in der man über den gewesenen Tag reflektiert.[172] Mind-Wandering kann ich persönlich aber genauso gut beim Laufen am Rhein oder beim Spazierengehen im Park erleben. Klar, ein Zuviel an »Gedanken-Wandern« hat durchaus auch Schattenseiten, unter anderem einen negativen Einfluss auf die Leistung von Arbeiten, die die volle Aufmerksamkeit einer Person verlangen.[173] Weiterhin werden negative Effekte des Mind-Wandering auf die Stimmung diskutiert.[174] Unser Gehirn neigt schon mal dazu, aus dem Mind-Wandering heraus in einen grüblerischen Leerlauf zu verfallen, allerdings wohl besonders dann, wenn man vor dem Mindwandering bereits in schlechter Stimmung war.[175] Mind-Wandering sollte also dosiert eingesetzt werden. Dessen ungeachtet glaube ich aber, dass die ständige Daddelei auf dem Smartphone uns ein Stück weit unserer Kreativität beraubt. Es nimmt uns schlichtweg zu viel Zeit für das Entwickeln guter Ideen. Ein wenig Reflexion über den Alltag bringt zumindest mich häufig auf gute Ideen.

Wir halten also fest: Tech-Plattformen werden gern so gestaltet, dass wir dort Flow-Erlebnisse erfahren. Das ist gut für die Tech-Firmen, denn dann erleben wir Zeitverzerrungen auf den Online-Angeboten und hinterlassen mehr digitale Fußabdrücke. Die genannten Zeitverzerrungen sind auch empirisch gut dokumentiert: Smartphone-Nutzende haben tatsächlich Probleme, ihre tatsächliche Verweildauer auf den Geräten gut einzuschätzen. Je nach den zu schätzenden Variablen auf dem Smartphone und Instruktion für die Studienteilnehmer*innen sind sowohl Unter- als auch Überschätzungen der Smartphone-Nutzung beobachtet worden.[176] Interessanterweise berichteten Personen mit Tendenzen zu einer exzessiven Social-Media-Nutzung, dass ihnen die abstinente Social-Media-Zeit länger vorkam als Personen, die nicht zu einer Übernutzung der Social-Media-Kanäle neigten.[177] Manche Personen sind also besonders stark von den besagten Zeitverzerrungen betroffen.

Am Anfang des Flow-Kapitels sprach ich über meine eigenen Flow-Erfahrungen beim Autofahren. Auf den Social-Media-Plattformen fahre ich aber nicht mit dem Auto durch die Nacht. In einer Art Schwerelosigkeit gleite ich durch die unendlichen Weiten des World Wide Webs und durch die vielen Social-Media-Angebote. Immersion ist dabei das Stichwort. Es geht den Tech-Unternehmen immer darum, Online-Welten zu erzeugen, die meine Aufmerksamkeit komplett aufsaugen. Es sind Online-Welten, in denen ich nichts mehr um mich herum wahrnehme. Das Experiment mit dem Affen aus Kapitel 1 lässt grüßen!

## Wie ist es den Tech-Konzernen gelungen, eine solch immersive Erfahrung auf Social Media & Co. zu erzeugen?

Eine wichtige Grundregel lautet, jedes natürliche Ende abzuschaffen. Wenn ich bei YouTube ein Video angeschaut habe, sagen wir ein Video von Johnny Cash, dann wird nach Ablauf des Videos sofort das nächste Video mit Johnny Cash gestartet. Dadurch erhöht YouTube die Wahrscheinlichkeit, dass ich auf dem Portal hängen bleibe. Diese Standardeinstellung ist mittlerweile nicht nur gängige Praxis auf YouTube, sondern findet sich auch auf Netflix oder Amazon Prime. Sobald eine Folge einer Serie zu Ende gegangen ist, springt der Video-Stream sofort zur nächsten Folge. Für mich selbst ist der Abspann, wenn die Namen der Schauspieler*innen und Produzent*innen und sonstigen Mitarbeiter*innen eingeblendet werden, mittlerweile immer das Zeichen, sofort auszumachen, sonst bleibe ich an dem Online-Angebot kleben und schaue immer weiter. Ich habe selber schon mal vier oder fünf Folgen einer Serie hintereinander geschaut und weiß, wovon ich spreche. Die Wissenschaft hat dieses Phänomen mittlerweile übrigens als *Binge Watching* gekennzeichnet.[178] Der Begriff ist an den Begriff *Binge Eating* (Esssucht) angelehnt und wird zunehmend als ernst zu nehmendes Phänomen in wissenschaftlichen Arbeiten erforscht.[179]

Das Prinzip Immersion wird nicht nur durch endlose Video-Streams erzeugt, sondern auch durch das *Pull to refresh*-Element, welches viele Leser*innen sicherlich von ihrem Smartphone kennen. Damit ist gemeint, dass ich im Browser meines Smartphones zunächst den Bildschirm mit meinem Daumen oder anderen Fingern nach unten ziehe (und dann loslasse). Als Resultat bekomme ich immer weitere neue Informationen auf einer Nachrichtenseite oder dem Newsfeed eines Social-Media-Kanals präsentiert. Dazu passt auch, dass man auf vielen Webseiten immer weiter nach unten scrollen kann, um immer neue Inhalte präsentiert zu bekommen. Im wahrsten Sinne des Wortes: ohne Ende.

## Das Konzept Fear of Missing Out (FoMO) und die zeitliche Begrenzung der Verfügbarkeit von Informationen in Apps

Für ein Konzert am Reformationstag (neudeutsch: Halloween) im Jahr 2018 hatte ich eine Karte für das Heimspiel von Niedeckens BAP gekauft. Für mich ist die Band ein Stück kölsche Heimat. Ich verpasse so gut wie keines der BAP-Konzerte im Millionendorf am Rhein.

Wie viele Leser*innen sicherlich schon selber erfahren mussten, beginnt der Vorverkauf für Rock-Konzerte immer früher. Nicht selten kauft man bei bekannten Bands ein Konzertticket bereits ein Jahr vor dem eigentlichen Event. Mit einem so langen zeitlichen Vorlauf kann es natürlich passieren, dass etwas Unvorhergesehenes die ursprüngliche Terminplanung auf den Kopf stellt. Genau das geschah mir an dem besagten Oktobertag, an dem es zu einer Terminkollision kommen sollte – und zwar mit meinem Fußballkalender. Neben der Leidenschaft für Live-Musik bin ich nämlich seit meiner Kindheit Anhänger des »Effzeh«. Ich bin in der Nähe des Müngersdorfer Stadions in Köln aufgewachsen und konnte schon als kleiner Junge Samstag nachmittags bei offenem Fenster aus meinem Kinderzimmer die Tore fallen hören. Wenn es die Zeit zulässt, bin ich regelmäßig im Stadion, wo ich die Geißböcke von der Südkurve aus anfeuere.

Während der Konzerttermin für den letzten Tag im Oktober 2018 also schon lange feststand, wurde dagegen »Last Minute« festgelegt, dass der 1. FC Köln am BAP-Konzertabend gegen Schalke 04 in Müngersdorf antreten würde. Glücklicherweise war die Partie auf 18.30 Uhr angesetzt, sodass ich mir ausmalte, nach Abpfiff mit einer Taxifahrt von Köln-Müngersdorf nach Köln-Mülheim sogar noch knapp rechtzeitig zum Konzertbeginn da zu sein. Aber es sollte anders kommen. Nach 90 Minuten stand es in der zweiten Runde des DFB-Pokals 1:1. Verlängerung! Das BAP-Konzert begann ohne mich. Während Wolfgang Niedecken und Band im Kölner Palladium auf die Bühne eilten, wurde in Köln-Müngersdorf gerade erst die Verlängerung angepfiffen.

Als ich zeitgleich in der rot-weiß eingefärbten Südkurve mit den treuen Effzeh-Anhängern stand, begann ich darüber zu sinnieren, was wohl gerade beim Konzert am anderen Ende der Stadt passierte. Entsprechend konnte ich mich während der

Verlängerung gar nicht mehr so recht auf das Fußballspiel einlassen, da ich gedanklich schon im Kölner Palladium war, in dem das Konzert meiner Lieblingsband stattfand. Welche Songs ich wohl gerade verpasste? Immer wieder ging mein Blick auf die Uhr. Ich versuchte sogar kurz, mich über mein Smartphone in den Live-Stream des Konzertes einzuloggen, denn das Konzert wurde live ins Internet übertragen. Während die Fans um mich herum den Effzeh nach vorne peitschten, schaute ich auf die eingefrorene Online-Schalte zum BAP-Konzert. Ich bekam damals kein ausreichendes Smartphone-Signal, da 50 000 Zuschauer im Stadion mit ihren Social-Media-Aktivitäten die Internetleitung verstopften. Zunehmend mehr war ich hin- und hergerissen. Effzeh oder BAP? Vielleicht passierte beim Konzert noch Größeres als im Stadion und ich würde das verpassen. Undenkbar. Und so unwahrscheinlich erschien mir das in meiner Gedankenwelt an diesem Abend auf einmal nicht mehr, denn jedes Konzert entwickelt – ähnlich wie ein Fußballspiel – eine gewisse Eigendynamik. Welche Setliste wird gespielt? Wie ist das Publikum drauf? Und in welcher Tagesform ist die Band? All das spielt eine große Rolle, um aus einem guten Konzert ein außergewöhnliches Live-Erlebnis zu machen. Jeder BAP-Fan weiß zudem, dass ein Konzert in Köln immer etwas Besonderes darstellt, weil das Publikum hier besonders mitgeht. Ich versuchte immer wieder von meinem Stehplatz im Stadion ein Internet-Signal zu bekommen, um einen Eindruck vom BAP-Konzert zu erhaschen, aber der Bildschirm blieb eingefroren.

Letzlich erlebte ich nur die letzte halbe Stunde des dreistündigen BAP-Konzertes mit und hatte mit ansehen müssen, wie der Effzeh 5:6 nach Elfmeterschießen unterlag.[180] Tja, im Nachhinein ist man immer schlauer.

Um meinen Gemütszustand im Stadion zu charakterisieren, hätte der Autor Patrick J. McGinnis wohl auf den Begriff *Fear of a Better Option* (F-o-B-O) verwiesen. FoBO beschreibt, dass sich Menschen im Angesicht mehrerer attraktiver Optionen möglichst lange alles offenhalten, weil sie Angst davor haben, die falsche Wahl zu treffen. Die alternative Party ist gefühlt immer die bessere. Die aus FoBO resultierende psychische Unentschlossenheit kann ziemlich unhöflich enden, wenn dadurch eine von zwei bestehenden Einladungen im letzten Moment absagt wird.

Auch wenn die FoBO-Idee von Patrick J. McGinnis interessant ist, so litt ich an diesem Abend in der Verlängerungsphase des Fußballspiels eigentlich an etwas anderem. Denn ursprünglich sah es doch ganz danach aus, dass ich nacheinander zum Fußball und zum Konzert hätte gehen können. Ich stand ursprünglich nicht vor der Entscheidung, zum Fußball oder zum Konzert zu gehen, obwohl ich natürlich später am Abend die Optionen in gewisser Weise erneut abwägen musste. Meines Erachtens litt ich nicht an FoBO, sondern vor allen Dingen an der Angst, etwas zu verpassen. Das dazugehörige englischsprachige Akronym ist seit einigen Jahren Untersuchungsgegenstand hunderter psychologischer Studien und lautet F-o-M-O.

Das griffige FoMO-Akronym steht für die englischsprachige Wortfolge *Fear of Missing Out* und geht ebenfalls auf Patrick J. McGinnis zurück, der offiziell als der Wortschöpfer gilt.[181] Das Wort FoMO wurde 2013 aufgrund seiner Prominenz im englischsprachigen Alltag bereits in das Oxford English Dictionary aufgenommen.

In einer sehr bekannten wissenschaftlichen Arbeit um Andrew Przybylski vom *Oxford Internet Institute* wird zusammengefasst, was viele Psycholog*innen aus Academia unter FoMO verstehen.[182] Für ihn stellt FoMO eine allgegenwärtige Besorgnis dar, dass andere Personen eine belohnende Erfahrung machen, bei der man selber nicht dabei ist. In meinem Beispiel handelte es sich um das BAP-Konzert, welches ich zu großen Teilen nicht erleben konnte. Entsprechend schlägt sich FoMO im Dauerchecken des Smartphones bzw. der Social-Media-Apps nieder, da man den Wunsch hat, die ganze Zeit mitzubekommen, was andere aus dem Freundeskreis so machen (oder was gerade auf dem Konzert passiert).

Wie kommt es aber genau zu dem psychischen FoMO-Zustand? Zunächst gilt festzuhalten, dass das FoMO-Konstrukt innerhalb der Self-Determination-Theory (SDT; auf Deutsch: Selbstbestimmungstheorie) verortet werden kann.[183] Es handelt sich bei der SDT unter anderem um eine motivationspsychologische Theorie, mit welcher vorhergesagt werden soll, wie innerhalb einer Person die Motivation entsteht, ein bestimmtes Verhalten an den Tag zu legen, um ein selbst gestecktes Ziel zu erreichen. Unter anderem geht diese psychologische Theorie davon aus, dass eine wesentliche Grundvoraussetzung für solch motiviertes Verhalten zunächst die eigene Zufriedenheit in den Bereichen Kompetenz, Autonomie und soziale Verbundenheit ist (Kompetenz + Autonomie + soziale Verbundenheit = Selbstbestimmtheit). Mit motiviertem Verhalten ist übrigens jedes Verhalten gemeint, das einen schneller an das Ziel seiner Träume bringt, seien es kleinere oder auch größere Ziele im Alltag. Für das Erreichen eines Ziels muss eine Person laut der Selbstbestimmungstheorie also Kompetenz erfahren (Ich besitze die Fähigkeiten, meine Ziele zu erreichen), Autonomie erleben (Ich mache Dinge freiwillig, um mein Ziel zu erreichen), aber auch die Empfindung haben, sozial verbunden zu sein. Die soziale

Verbundenheit strahlt dabei in zwei Richtungen aus. Eine Person sollte im Sinne der Selbstbestimmtheit zufrieden mit der sozialen Unterstützung durch das eigene Umfeld sein, auf der anderen Seite aber ebenfalls das Gefühl haben, dass er*sie von den eigenen Peergruppen gebraucht und geachtet wird.

Sollte eine Person einen Mangel an Zufriedenheit in puncto sozialer Verbundenheit verspüren, kommt FoMO als psychischer Kompensationsprozess ins Spiel. Die psychische FoMO-Energie treibt Menschen in dieser Situation dazu an, das wahrgenommene Defizit im Bereich der sozialen Verbundenheit abzustellen. Dies gelingt, da FoMO eine negative Emotion darstellt und sich deswegen schlecht anfühlt. Wie mehrfach gesagt: Was sich schlecht anfühlt, wollen Menschen möglichst schnell abstellen. In unserem Online-Zeitalter ist es deswegen naheliegend, das unangenehme FoMO-Gefühl loszuwerden, in dem man beispielsweise eine Social-Media-Plattform besucht, um sich dort mit anderen Menschen auszutauschen. Das Checken des Online-Kanals reduziert dann den FoMO-Zustand. Zudem würde durch den Besuch der Online-Plattform zumindest kurzfristig der wahrgenommene Mangel im Bereich der sozialen Verbundenheit reduziert.

Die Tech-Entwickler*innen haben einiges dafür getan, dass der psychische FoMO-Prozess auch durch bestimmte Design-Elemente ausgelöst wird, die auf Social-Media-Plattformen verbaut worden sind. Möglicherweise lösen diese Design-Elemente besonders FoMO bei Personen aus, die gerade unzufrieden mit ihrem Sozialleben sind. Wie könnte man die Personengruppe aber genauer definieren, die möglicherweise eher anfällig für FoMO ist? Bei der Beantwortung dieser Frage helfen uns Forschungsarbeiten aus der Persönlichkeitspsychologie. Erwähnenswert ist hier, dass FoMO nicht nur als psychischer Kompensationsprozess im Rahmen der Selbstbestimmungstheorie verstanden werden kann, sondern auch als eine Facette unserer Persönlichkeit. Dies deutet darauf hin, dass es Personen gibt, die eher häufiger oder stärker FoMO empfinden als andere Personen. Erste wissenschaftliche Arbeiten zeigen, dass dies Personen sind, die weniger gewissenhaft und weniger emotional stabil (also neurotischer) sind. Weiterhin scheinen jüngere Menschen mehr zu FoMO zu neigen als ältere Personen.[184]

In unserer eigenen Arbeit mit 3370 Teilnehmer*innen konnten wir diese Ergebnisse genauso beobachten[185], die im Detail in Tabelle 3.1. in Form von Korrelationen zu finden sind. Wie ist die Tabelle genau zu lesen? Zunächst sind dort Korrelationen abgetragen, die zwischen –1 und +1 liegen können. Je größer die positive Zahl in den einzelnen Tabellenkästchen, desto stärker fällt der positive Zusammenhang zwischen zwei Variablen aus. Einen solchen Zusammenhang finden wir für Neurotizismus und FoMO: Je höher Neurotizismus, desto mehr FoMO. Negative Zusammenhänge lassen sich laut unserer Tabelle wie folgt beschreiben: Je größer FoMO, desto geringer das Alter und die Gewissenhaftigkeit einer Person. Werte um die 0 zeigen, dass es keinen Zusammenhang gibt. Wichtig ist (erneut), darauf hinzuweisen, dass Korrelationen nur etwas über Zusammenhänge aussagen, nicht aber über Ursache-Wirkungsprinzipien. Das heißt, wir wissen aufgrund der Daten in der Tabelle nicht, in welche Wirkrichtung die dargestellten Zusammenhänge zu verstehen sind. Führt weniger Gewissenhaftigkeit zu mehr FoMO oder mehr FoMO zu weniger Gewissenhaftigkeit? Solche Ursache-Wirkungsketten lassen sich nicht mit Daten-Erhebungen zu einem Zeitpunkt abbilden, sondern müssen durch längsschnittliche Studien herausgearbeitet werden. Dies bedeutet, dass Variablen wie FoMO und die Großen Fünf der Persönlichkeit (Big Five) mit einem gewissen zeitlichen Abstand zumindest zweimal gemessen werden. Soviel ich weiß, ist dies im Kontext der Big Five und FoMO bis zum heutigen Tage noch nicht geschehen.

| | **Extraversion** | **Verträglichkeit** | **Gewissenhaftigkeit** | **Neurotizismus** | **Offenheit** | **Alter** |
|---|---|---|---|---|---|---|
| FoMO | r = –.10 | r = –.13 | r = –.21 | r = .32 | r = –.13 | r = –.38 |

Tabelle 3.1.: Der Zusammenhang von FoMO mit den Großen Fünf der Persönlichkeit und Alter

Insgesamt sind in die Analysen 3370 Personen eingegangen. Auch wenn es unterschiedliche Expert*innenmeinungen gibt, könnte man sagen, dass Korrelationen um .10 als kleine Zusammenhänge einzuschätzen sind. Korrelationen ab .30 fallen moderat und ab .50 groß aus. Das heißt, besonders bedeutsam sind die Zusammenhänge zwischen FoMO und Alter, FoMO und Neurotizismus und etwas weniger auch die zwischen FoMO und Gewissenhaftigkeit.

Zum besseren Verständnis habe ich die Persönlichkeits-FoMO-Assoziationen auch auf der linken Seite in einer graphentheoretischen Form in Abbildung 3.4. dargestellt. Dickere Pfade weisen auf stärkere Zusammenhänge hin, dünnere Pfade auf schwächere Assoziationen. Gestrichelte Linien stehen für positive und durchgezogene Linien für negative Zusammenhänge. In unserem Datensatz zeigten sich keine nennenswerten Unterschiede in FoMO zwischen Männern und Frauen.

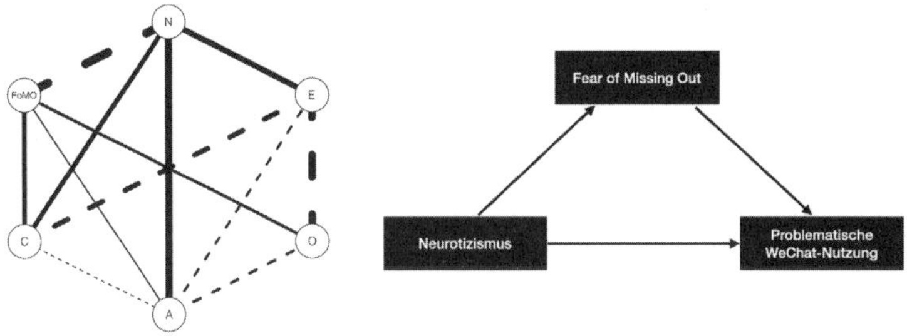


Abbildung 3.4.: Auf der linken Seite zeigt sich graphentheoretisch aufgearbeitet, dass hohe Neurotizismus-Werte (N) eher mit hohen FoMO (*Fear of Missing Out*)-Tendenzen einhergehen. Gewissenhaftigkeit (C = Conscientiousness) ist negativ mit FoMO assoziiert, allerdings fällt dieser Zusammenhang weniger stark aus. Dies illustriert der vergleichsweise dünnere Balken. Weiterhin ist wichtig zu wissen, dass in dem linken Teil der Abbildung die gestrichelten Linien für einen positiven und die durchgezogenen Linien für einen negativen Zusammenhang stehen. Der Zusammenhang zwischen Offenheit für Erfahrung (O) und FoMO fällt nur sehr klein aus. E steht für Extraversion und A (Agreeableness) für Verträglichkeit. (Abbildung von Dmitri Rozgonjuk) Auf der rechten Seite sind Ergebnisse einer weiteren Studie aus meiner Arbeitsgruppe dargestellt. In Tianjin (China) zeigte sich bei Studierenden, dass der positive Zusammenhang zwischen Neurotizismus und einer problematischen oder exzessiven WeChat-Nutzung komplett über FoMO erklärt werden kann (man sagt auch mediiert = vermittelt wird).

Wie ist man zu diesen Einsichten gelangt? Personen wurden mit Hilfe eines Fragebogens darum gebeten, ihre eigene Persönlichkeit im Hinblick auf die Big Five (siehe Kapitel 2) und FoMO einzuschätzen. Personen mit hohen FoMO-Werten würden übrigens Aussagen eines FoMO-Fragebogens klar bejahen, die beispielsweise wie folgt lauten: »Ich sinniere lange darüber, wenn meine Freunde ohne mich Spaß haben« oder »Ich fürchte, dass andere eine bessere Zeit haben als ich.«[186] Dieselbe Vorgehensweise haben wir auch in Tianjin gewählt, einer Stadt im Osten von China (etwas südlich-östlich von Peking). Hier untersuchten wir nicht nur den Zusammenhang zwischen Persönlichkeit und interindividuellen Differenzen in FoMO. Zusätzlich erfassten wir auch interindividuelle Differenzen in problematischer oder exzessiver Nutzung der Social-Media-Applikation WeChat[187] (siehe auch Kapitel 2). Wie sich in Abbildung 2 auf der rechten Seite zeigt, wird der Zusammenhang zwischen Neurotizismus und der problematischen WeChat-Nutzung über die Variable FoMO erläutert, was sehr schön zu den Schilderungen in diesem Kapitel passt. Personen mit hohen Neurotizismus-Werten neigen also eher dazu, »die Angst etwas zu verpassen« zu erleben, und versuchen das unangenehme FoMO-Gefühl dann durch die Nutzung von WeChat oder einer anderen Social-Media-Applikation abzustellen (zumindest ist das eine plausible Erläuterung der querschnittlich erfassten Befunde).

Kehren wir nun zu den zentralen Themen in diesem Buch zurück. Es geht darum herauszuarbeiten, wie es Tech-Unternehmen gelingt, uns möglichst lange auf einer Online-Plattform zu halten oder uns möglichst häufig auf eine solche Plattform zurückzubringen. FoMO stellt dabei ein zentrales Prinzip dar, welches von Tech-Entwickler*innen genutzt wird, um uns zu manipulieren. Dafür möchte ich einige Beispiele nennen.

Beginnen wir mit der Plattform Snapchat, die übersetzt so etwas wie »Spontan-Chat« bedeutet. Der Name ist Programm, denn die geposteten Snapchat-Inhalte – beispielsweise an den eigenen Freundeskreis in Form von Bildern oder Videos – sind als spontane Nachrichten gedacht. Dies spiegelt sich auch darin wider, dass ungeöffnete Nachrichten beispielsweise nach 24 Stunden in einem Gruppenchat von der Snapchat-Plattform verschwinden.[188] Die zeitliche Begrenzung der Verfügbarkeit von Inhalten auf der Online-Plattform sorgt dafür, dass viele Nutzende häufig bei Snapchat vorbeischauen, um die Posts aus dem eigenen Freundeskreis mitzubekommen. Das Prinzip FoMO treibt die Nutzer*innen von Snapchat also immer wieder auf die Plattform. Ich möchte doch nicht verpassen, was meine Freunde gepostet haben und worüber sie gerade sprechen, bevor die Informationen nicht mehr vorhanden sind, oder?

Laut aktueller Angaben nutzen Snapchat-User*innen die Plattform jeden Tag ungefähr 30 Minuten. Insgesamt sind momentan 280 Millionen Menschen täglich auf Snapchat unterwegs.[189] Diese Zahlen unterstreichen eindrucksvoll, dass Snapchat ebenfalls ein Schwergewicht im Universum der Social-Media-Plattformen darstellt. Die Plattform war nach Gründung im Jahr 2011 schnell so erfolgreich, dass Mark Zuckerberg darin eine ernsthafte Gefahr für Facebook erkannte und Snapchat übernehmen wollte.[190] Sowohl das erste Angebot in Höhe von einer Milliarde US-Dollar, als auch das zweite Angebot in Höhe von drei Milliarden US-Dollar wurde von CEO Evan Spiegel im Jahr 2013 abgelehnt. Das Prinzip FoMO in Form zeitlich begrenzt verfügbarer Beiträge erwies sich auf Snapchat allerdings als so bahnbrechend, dass Facebook mit einem ähnlichen Feature auf der Instagram-Plattform reagierte und die »Instagram Stories« einführte.[191] Diese Stories sind maximal 15 Sekunden lang und werden ebenfalls nach 24 Stunden automatisch gelöscht. Hier wird also genauso wie bei Snapchat mit der zeitlichen Verknappung der Verfügbarkeit eines Angebotes gearbeitet, um den psychischen FoMO-Prozess auf Seite der Nutzer*innen auszulösen.

Der psychische FoMO-Zustand kann noch verstärkt werden, wenn ich Push-Notifikationen erhalte, die mich beispielsweise darauf hinweisen, dass eine Person einen Chat bei Snapchat startet. Ähnliches gilt für Push-Notifikationen, die mich über eingehende Nachrichten auf WhatsApp informieren oder mich darauf hinweisen, dass sich in der letzten Woche drei Personen für mein Profil auf LinkedIn interessiert haben. Wer das wohl gewesen sein mag? Was wollten diese Personen von mir? Und schon klicke ich auf meinem Smartphone auf die entsprechende App, um nachzuschauen, was sich hinter dieser Online-Aktivität verbirgt. Hier geht es im engsten Sinn natürlich nicht mehr nur um die Angst, etwas zu verpassen, sondern es wird damit gespielt, dass Menschen sich immer auch in ihrem sozialen Netzwerk verorten wollen. Dazu ist es für mich als Zugehöriger der Sapiens-Spezies immer wieder wichtig zu erfahren, wer sich für mich interessiert, und auch herauszufinden, was andere gerade über mich denken. Als Säugetier war (und ist) Sapiens in Gruppen stärker als alleine und die Zurückweisung der eigenen Person durch die Gruppe stellt eine Gefahr dar. Daher saugen wir alles auf, was über uns irgendwo gepostet und kommentiert wird.

FoMO stellt ohne Zweifel ein mächtiges psychologisches Konstrukt dar, welches durch einige Elemente von Social-Media-Plattformen verstärkt wird, um die Nutzer*innen immer wieder auf die Plattform zurückzubringen. Wie wir gesehen haben, könnte besonders die zeitliche Verknappung eines Angebots FoMO auslösen.

Wie strahlt das FoMO-Konstrukt dann auf unseren Alltag aus? In einer Forschungsarbeit konnte nachgewiesen werden, dass Unterschiede in der FoMO-Ausprägung ein Stück weit vorherzusagen ermöglichen, wer als Fußgänger*in eher auf sein Smartphone schaut, um auf die Social-Media-Apps zuzugreifen.[192] FoMO kann auch als psychischer Prozess gesehen werden, der Menschen am Steuer zum Smartphone greifen lässt, um eben mal eine Nachricht zu checken oder gar zu beantworten. Das kann im Straßenverkehr gefährlich werden. Dazu passt auch, dass ein Team um meinen amerikanischen Kollegen Jon Elhai und mir herausgearbeitet hat, dass hohe FoMO-Werte gute Vorhersagen auf die exzessive oder problematische Nutzung des eigenen Smartphones machen.[193] Wer sich noch tiefer in den FoMO-Themenkomplex einarbeiten möchte, den verweise ich gerne auf eine kostenlos erhältliche Übersichtsarbeit von Jon Elhai, Haibo Yang und mir.[194]

Ich bin davon überzeugt, dass das Wissen um die Fear-of-Missing-Out-Prozesse helfen kann, den Online-Plattformen weniger auf den Leim zu gehen und uns selber zu gesünderem Online-Verhalten zu erziehen. Jenseits der Psychoedukation, also der Aufklärung über die psychologischen Effekte in diesem Kapitel, gehe ich dann in Kapitel 8 und 9 im Detail darauf ein, was jede*r von uns tun kann, aber auch, was gesellschaftlich unternommen werden muss, um sich aus den Fängen der Tech-Plattformen zu befreien.

## Zeige dem*der Nutzer*in nur das, was sie oder ihn interessiert

Gleich und Gleich gesellt sich gern, sagt der Volksmund. Die Befundlage ist meines Erachtens zumindest bei der Partnerwahl nicht ganz so eindeutig, wie es das Sprichwort suggeriert.[195] Wir werden uns in Kapitel 6 bei der Beschäftigung mit Filterblasen und Echokammern deswegen deutlich tiefergehend mit dem wichtigen Konzept » soziale Homophilie« beschäftigen, welches im Kern auf den Wahrheitsgehalt des Sprichwortes abzielt. Für den Moment halte ich lediglich fest, dass wir mehr Zeit und Aufmerksamkeit auf Dinge verwenden, die für uns persönlich bedeutsam sind. Wir verbringen mehr Zeit mit Dingen, die wir mögen. Wenn uns etwas uninteressant und fade erscheint, wenden wir uns ab. Diese einfachen Ideen haben sich Tech-Konzerne zunutze gemacht, um uns möglichst lange auf der eigenen Plattform zu halten. Als bekanntes Beispiel für die Umsetzung dieser Idee wäre der Newsfeed von Facebook zu nennen. Schauen wir uns den Newsfeed näher an: Zunächst zeichnet der Tech-Konzern aus Menlo Park in Kalifornien detailgenau auf, wo die User*innen ein Like setzen, wo er oder sie hin surft, mit wem er oder sie online verbandelt ist und wo die Maus auf dem Bildschirm bzw. der Daumen auf dem Smartphone-Display besonders lange verweilt. Facebook selber beschreibt das wie folgt auf seiner Webseite: »Welche Beiträge du weiter oben im News Feed siehst, hängt von deinen Kontakten und Aktivitäten auf Facebook ab. Es kann auch sein, dass die Anzahl der Kommentare, »Gefällt mir«-Angaben und Reaktionen auf einen Beitrag dazu beitragen, dass er weiter oben im News Feed angezeigt wird. Auch spielt eine Rolle, um welche Art von Beitrag es sich handelt, z. B.: Foto, Video oder Status-Update.«[196] Mithilfe einer mächtigen Künstlichen Intelligenz werden die komplexen digitalen Datenspuren ausgewertet, um allen Nutzenden den bestmöglichen Newsfeed zu präsentierten. Aus der Perspektive von Facebook bedeutet dies, dass der Newsfeed für jede*n einzelne*n Nutzer*in möglichst häufig interessantes Material bereithalten sollte. Es wäre fatal für den Konzern, wenn in dem Newsfeed viele für die Nutzenden uninteressante Nachrichten zu finden wären.

LANGWEILIG! Nichts wäre tödlicher für die Betreiber der Plattform, denn die User*innen würden einfach den Bildschirm schließen, um sich die Zeit mit etwas anderem zu vertreiben. Der Newsfeed ist aber für viele Menschen das Gegenteil von

Langeweile, sodass sie hängen bleiben. Vergessen wir nicht das Prinzip »Endless Scrolling«, welches zusätzlich die Sogwirkung des Newsfeeds verstärkt. Die richtige inhaltliche Passung der Nachrichten im Newsfeed wird also mit der passenden Architektur des Newsfeeds kombiniert, um uns das Schließen der Social-Media-App zu erschweren.

Längere Verweilzeiten aufgrund des ausgeklügelten Newsfeeds stellen nicht das einzige Problem dar, welches durch das Vorfiltern von Nachrichten für die Nutzenden entstehen. Gesellschaftspolitisch wird heftig darüber gestritten, inwieweit die Radikalisierung von Personengruppen durch vorselektierte Informationen befeuert wird. Zunächst wollen wir uns aber weiter mit Prinzipien beschäftigen, die Online-Verweilzeiten erhöhen.

## Fortsetzung folgt, immer dann, wenn es spannend wird

Ich sitze in einem Café in meiner Heimatstadt Köln, trinke eine Cola Light und sehe aus dem Fenster den Leuten bei ihrem Samstagnachmittagseinkäufen zu. Während ich die Menschen so bei ihrem Bummel durch die Stadt beobachte, läuft über meine Kopfhörer ein altes Album von BAP mit dem Titel *Da Capo*. Wolfgang Niedecken singt: »Fortsetzung folgt – ejal, wie schnell singe Puls och schlääät, für dä kleine Sparjeltarzan ess ein Woch Showdown en Ewigkeit. Bess nähxte Woch – ejal, wie schnell singe Puls och schlääät, immer dann, wenn et spannend weed: Fortsetzung folgt«.[197]

Während die Melodie des BAP-Songs in meinem Gehirn weiterläuft, hebt eine junge Frau neben mir am Tisch die Hand, um die Rechnung zu bestellen. Es ist viel zu tun, aber der Kellner kommt rasch, um abzukassieren. Die Frau holt aus ihrer Geldbörse zehn Euro heraus und gibt den Schein an den Kellner. Dieses typische Szenario aus dem Café erinnert mich an eine Anekdote aus der Psychologie, die der Legende nach in etwa wie folgt stattgefunden hat: Genau wie ich an dem Samstagnachmittag, beobachtete der berühmte Psychologe Kurt Lewin Mitmenschen in einem Café im Berlin der 20er-Jahre des letzten Jahrhunderts. Dabei fiel ihm auf, dass die Kellner diverse Bestellungen für die unterschiedlichen Tische gut im Kopf behalten konnten. Allerdings galt dies nur bis zu dem Zeitpunkt, an dem sie die Bestellung am Tisch vorbeigebracht und abkassiert hatten. Danach, so fiel ihm auf, wussten die Kellner schon kurze Zeit später nicht mehr, was sie an die Tische gebracht hatten (bzw. in anderen Schilderungen, wie hoch die Rechnung war). Kurt Lewins Beobachtung veranlasste seine Doktorandin Bluma Zeigarnik dazu, dieses Phänomen empirisch mit einem Experiment zu überprüfen. Genauer ließ sie die Teilnehmenden in ihrem Experiment unterschiedliche Aufgaben lösen. Beispielsweise bekamen sie von Bluma Zeigarnik die Instruktion, Zahlen zu multiplizieren oder rückwärts zu zählen. In einer Versuchsbedingung unterbrach Frau Zeigarnik die Teilnehmenden bei der Bearbeitung dieser Aufgaben, um ihnen eine andere Aufgabe zur Weiterarbeit zu geben. Im Nachgang an das Experiment stellte sich heraus, dass sich die Teilnehmenden besser an die unterbrochenen Handlungen (unvollendete Aufgaben) im Vergleich zu den Aufgaben erinnerten, bei denen sie nicht unterbrochen wurden.[198] Ähnliches hatte sie bzw. Kurt Lewin doch zuvor im Café beobachtet! Aufbauend auf diesen spannenden Ergebnissen, forschte Maria Ovsiankina weiter. Sie stellte allerdings nicht die Gedächtnisleistung der Studienteilnehmer*innen, sondern Handlungswiederaufnahmen von unterbrochenen Tätigkeiten in den Fokus ihrer Forschung. In ihren Experimenten machte sie die Beobachtung, dass unterbrochene bzw. nichtvollendete Handlungen nicht nur besser erinnert werden (das waren die Ergebnisse von Frau Zeigarnik). Nein, laut ihren Beobachtungen war es auch recht wahrscheinlich, dass die unterbrochenen Tätigkeiten nach Ende des »offiziellen Teils« des Experimentes ohne weiteres Zutun noch vollendet wurden.[199] Der psychologischen Theorie nach führt eine Unterbrechung einer Handlung zu Spannung im Gehirn, die erst durch Vollendung dieser Handlung abnimmt.

Auch wenn die Ergebnisse dieser klassischen Experimente in Nachfolge-Arbeiten nicht immer wieder genauso beobachtet werden konnten[200] und von manchen Wissenschaftler*innen teilweise sogar als nicht replizierbar angesehen werden[201], so scheint sich meiner Ansicht nach die grundlegende Idee dieser frühen psychologischen Arbeiten beim Cliffhanger-Effekt in den täglichen Fernsehserien wiederzufinden. Der Cliffhanger am Ende einer Serie erzeugt Spannung. Diese Spannung wird erst dann reduziert, wenn ich in der nächsten Folge der Sendung erfahre, wie sich die Szene des Cliffhangers auflöst. Die Ideen von Zeigarnik und Ovsiankina leben zudem in der modernen Psychologie weiter, allerdings hier eher aus einem persönlichkeitspsychologischen Blickwinkel: Donna M. Webster und Arie W. Kruglanski benennen in ihrer bekannten Arbeit das psychologische Phänomen »Need for Cognitive Closure«, welches als Teil der Persönlichkeit eines Menschen angesehen werden könnte.[202] Nach Ansicht der Wissenschaftler*innen unterscheiden sich Menschen unter anderem in ihrem Bedürfnis nach gesichertem Wissen oder auch darin, wie weit man Zweideutigkeiten erträgt. Menschen mit einem hohen »Need for Cognitive Closure« würden sich möglicherweise in den beschriebenen Experimenten eher an die unterbrochene Handlung erinnern.

Die Erkenntnisse der berühmten Experimente von Zeigarnik und Ovsiankina werden nicht nur bei der Gestaltung von TV-Serien berücksichtigt. Ich bin davon überzeugt, dass sie auch zu einem Teil erklären, warum manche Freemium-Spiele auf dem Smartphone so einen großen Erfolg haben.

Ein solches Spiel ist *Candy Crush*, das Anfang 2021 auch noch in die politischen Schlagzeilen geriet, weil Bodo Ramelow, Ministerpräsident des Freistaates Thüringen, dabei ertappt wurde, sich während einer digitalen Corona-Sitzung mit diesem Spiel die Zeit vertrieben zu haben.[203] Er ist mit seiner Leidenschaft nicht allein. Laut Angabe der Webseite venturebeat.com[204] wurde *Candy Crush* weltweit über 2,7 Milliarden Mal (!) heruntergeladen. In dem Spiel geht es darum, Tetris ähnliche Muster zu finden, was dann dafür sorgt, dass Steine auf dem Bildschirm verschwinden. Jede*r Spieler*in hat nach einer gewissen Abstinenz vom Spiel fünf freie Leben zur Verfügung. Beiße ich mir an einem Level die Zähne aus, sind die fünf Leben schnell verspielt. Jetzt wird es gemein: Ich muss ungefähr dreißig Minuten warten, bis ich das nächste Freileben (nur eines!) bekomme.[205] Die andere Möglichkeit besteht darin, in den eigenen Geldbeutel zu greifen, um mir neue Leben zu kaufen. Als Alternative kann ich auch mit meiner Aufmerksamkeit bezahlen, um damit ein weiteres Leben über das Anschauen von Werbung zu finanzieren.

Wie wirksam ist diese Form des App-Designs? Verleitet es Nutzer*innen tatsächlich zum Kauf von neuer Lebensenergie? Und wie wirksam ist das Anschauen von Werbung in Freemium-Spielen? Es ist nicht leicht an belastbare Zahlen heranzukommen, die beschreiben, wie viele der Nutzenden aufgrund dieser psychologischen Mechanismen zum Geldbeutel greifen. Auf einer Webseite von ibusiness.de habe ich die Information gefunden, dass »nur« 5 % der Smartphone-Nutzer*innen solche Käufe tätigen.[206] Ebenfalls nur wenige Informationen konnte ich über die Wirksamkeit von Werbung in Freemium-Spielen finden. Das berühmte Marktforschungsunternehmen Nielsen schreibt dagegen über den Erfolg von In-Game-Werbung in einer seiner Studien: »Unsere Studie ergab, dass In-Game-Werbung die für Gatorade ausgegebenen Haushaltsdollar um 24 % erhöhte und eine Kapitalrendite von 3,11 USD bot.«[207] Wenn sich solche Ergebnisse verallgemeinern lassen würden, wäre es eine Erklärung dafür, warum viele Unternehmen in Freemium-Spielen gerne Werbung platzieren. Die Nielsen-Studie ist allerdings schon über zehn Jahre alt.

So oder so denke ich, dass die vielen Mechanismen, die ich in diesem Kapitel beschrieben habe, nicht isoliert zu betrachten sind. Erst das Verbauen von vielen Psycho-Designelementen in einem App-Angebot erzielt möglicherweise eine sogartige Wirkung und lenkt das Verhalten des Online-Nutzers oder der Online-Nutzerin. Und neben der Tatsache, dass viele Spieler*innen durch das Spieledesign zu In-App-Käufen verleitet werden sollen, scheint mir auch hier problematisch zu sein, dass es die Spieleentwickler*innen besonders auf die massenhaft anfallenden digitalen Datenspuren abgesehen haben. Für mich gibt es hier keinen Unterschied zu den Social-Media-Apps. Ein anonymer Game-Entwickler beschreibt es auf toucharcade.com wie folgt[208]: »Hier geht es darum, wie wir Dich ansprechen können, weil wir (und unsere Partner) alles über Dich wissen. Wir wissen, wo Du lebst, wir kennen Dein Einkommensniveau, wir kennen Deine Beziehungen, Deine Lieblingssportmannschaften, Deine politischen Vorlieben. Wir wissen, wann Du zur Arbeit gehst und wo Du arbeitest. Wir können eine Veranstaltung für Dich vorschlagen, wenn wir wissen, dass Du ein langes Wochenende vor Dir hast. Du gehörst uns.«

In einem Beitrag zu diesem Original-Artikel wird beschrieben[209], dass bis zu 30 unterschiedliche Tracker in den Freemium-Games eingebaut sind, die riesige Datenberge produzieren. Durch die häufige Verbindung zwischen den Spieleherstellern und Facebook (mal die AGBs lesen!) werden nicht nur Daten aus dem Spiel gesammelt, sondern es wird alles aus dem Spiel an Log-Daten mit den Datenspuren von anderen Plattformen wie Facebook zusammengetragen. Diese Daten werden genutzt, um maßgeschneiderte Werbung an die einzelnen Nutzenden zu versenden, die dann beispielsweise zu einem Kauf verleiten sollen. Wie genau das dann mit der maßgeschneiderten Werbung (durch Microtargeting) funktioniert, wird in den Kapiteln 4 und 5 dargestellt.

## »Alles so schön bunt!« oder über die Macht von Farbwelten

Der Himmel strahlt blau über den Bergen, die noch zum Teil von Schnee bedeckt sind. Gemeinsam mit Frau und Tochter bin ich von Mayrhofen mit dem Auto nach Hintertux im Zillertal gefahren, um zu Fuß zumindest die erste Bergstation des Hintertuxer Gletschers zu erreichen. Ich schnalle mir eine Kraxel auf den Rücken, in der meine Tochter sitzt. Wir brechen zu einer Wanderung auf. Der Weg über Waldwurzeln, Bäche, Sumpfgelände bis hin zu kargen Steinböden fordert meine ganze Konzentration. Bloß nicht abrutschen! Von der Talstation bis zur Bergstation sind es in etwa 600 Meter Höhenunterschied, die es zu überwinden gilt. Umgerechnet entspricht das nach den iHealth-Angaben auf meinem IPhone an diesem Tag ca. 50 Stockwerken, die wir zu bewältigen haben. Den Weg durch das steinige Gelände zu finden ist nicht immer ganz einfach. Nach kurzer Zeit wird mir klar, dass auf Baumstämmen und Steinen regelmäßig die rot-weiß-rote Flagge aufgemalt ist, um uns den Weg zur Bergstation zu weisen. Selbst im schattigen Wald, wo sich das Sonnenlicht nur mit Mühe zwischen dem dichten Laub- und Nadelwald durchsetzt, erkenne ich immer wieder die österreichische Flagge, die auf die Babenberger, ein österreichisches Herzogsgeschlecht, zurückzuführen ist. Warum leitet mich das leuchtende Rot im Wald aber so gut zum Ziel?

Rot gilt seit jeher als Signalfarbe. In der Natur ist das Feuer (orange-)rot, wie das Blut. Auf meiner Wanderung zum Hintertuxer Gletscher entdeckten wir immer wieder Beerenarten, die rot sind. Diese heben sich deutlich von den grünen Blättern ab. Eine rote Färbung signalisiert bei einigen Früchten oder Gemüsearten, dass sich die Frucht von einem unreifen in einen reifen Zustand verändert hat. Beispielsweise lockt erst die rote Tomate Tiere an, diese zu fressen, um dann die Samen der Frucht zu verbreiten. Der Reifegrad der Samen geht mit einer stärkeren Rotfärbung einher.[210]

Wenig überraschend ist es, dass auch Menschen stark auf rote Farbe reagieren. Dies ist sicherlich auch der Grund, warum Frauen sich die Lippen rot schminken. Allerdings zeigt die experimentelle Forschung in der Psychologie, dass die Wahrnehmung der Farbe Rot kontextabhängig ist. Männer würden bei Frauen mit rot geschminkten Lippen vielleicht zu flirten anfangen.[211] In einem anderen Kontext kann die Farbe Rot aber auch eine ganz andere Wirkung entfalten. In einem Experiment reagierten die Studienteilnehmer*innen besonders aggressiv auf ein rotes Auto (Renault Clio), welches an der Ampel nicht losfahren wollte.[212] Der deutliche Unterschied des nicht losfahrenden roten Autos zu den Autos mit anderen Farben zeigt sich auch in Abbildung 3.5.

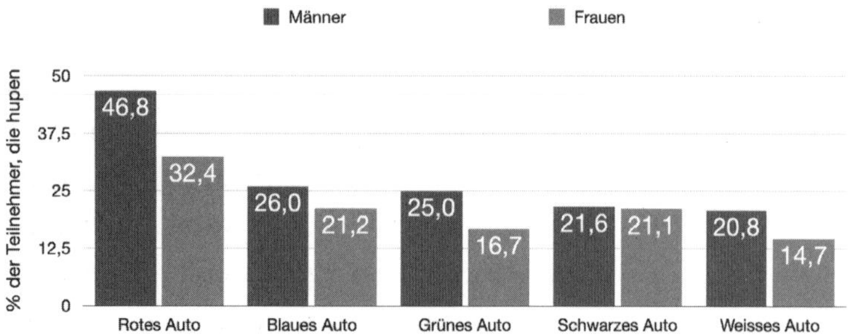


Abbildung 3.5.: Männer und Frauen hupen deutlich häufiger, wenn an der Ampel vor ihnen ein rotes Auto im Vergleich zu anders farbigen Autos nicht losfährt. Es handelte sich bei allen Autos um einen Renault Clio (Zahlen aus Guéguen et al., 2012; siehe Anmerkung 212).

Die Bedeutsamkeit der Wirkung von Farben hat auch das Silicon Valley entdeckt. Dafür möchte ich ein paar Beispiele geben. Als ich gerade an diesem Text schreibe, kommt eine neue E-Mail rein. Leider habe ich mal wieder vergessen, mein E-Mail-Postfach zu schließen, um nicht abgelenkt zu werden. Nun wird in der oberen rechten Ecke des Betriebssystems nacheinander angezeigt, welche Mails gerade wieder reingekommen sind. Selbst wenn dieser offenkundige Hinweis im Betriebssystem meines Rechners ausbleiben würde, so wird doch im Icon für das E-Mail-Postfach durch einen kleinen roten Kreis mit einer Nummer angezeigt, wie viele Mails ich mittlerweile schon erhalten habe. Obwohl dieser Kreis auf meinem Bildschirm nicht größer als zwei-drei Millimeter ausfällt, so springt er doch sofort ins Auge, genau wie mir die kleine rote Beere auf dem Weg zum Hintertuxer Gletscher aufgefallen ist.

Die grellen Farben, die in Social Media und in vielen Freemium-Games verwendet werden, zielen natürlich darauf ab, unsere Aufmerksamkeit zu absorbieren. Lässt sich dagegen etwas tun? In der englischsprachigen Tageszeitung *Guardian* hat Redakteur Alex Hern einen Selbsttest gemacht, indem er die Funktionen im iOS bzw. Android Betriebssystem nutzte, um die Oberfläche des Smartphones in Grautönen darzustellen.[213] Damit schreit nicht mehr jede App durch Leuchtfarben nach Aufmerksamkeit, sondern die Welt auf dem Gerät erscheint deutlich fader. Diese Idee geht wohl auf Tristan Harris, einem ehemaligen Google-Mitarbeiter, zurück, der sich zunehmend mehr auf die Gestaltung gesunder Online-Umgebungen spezialisiert hat. Der Selbsttest im *Guardian* hatte laut dem Redakteur Alex Hern allerdings nur bedingt Erfolg: »Schließlich entschied ich, dass der Verlust dieser Dinge nicht den kleinen Schub für meine Aufmerksamkeit wert war, den ich gewonnen hatte.« Allerdings wünschte er sich nach Rückschalten in den Farbmodus, dass mehr Pastellfarben eingesetzt würden, die nicht so grell daherkommen. Andere Nutzer*innen der Graufarbwelten berichteten nach einer Woche deutlich positivere Effekte.[214]

Grundsätzlich erscheint es mir aus wahrnehmungspsychologischer Sicht einleuchtend, dass diese einfache Intervention die Nutzung des Smartphones reduzieren kann. Und tatsächlich wurde die Wirksamkeit einer solch einfachen Intervention gerade durch eine empirische wissenschaftliche Arbeit untermauert.[215] Alex J. Holte und F. Richard Ferraro teilten insgesamt 161 Personen in zwei Gruppen auf. 73 Proband*innen schalteten nun für ungefähr acht Tage ihr Smartphone in einen Graumodus um, und 88 Proband*innen nutzten ihr Smartphone weiterhin im Farbmodus. Ohne die hellen und gesättigten

Farbwelten reduzierte sich die Smartphone-Nutzung in der Gruppe mit dem Gerät ohne Farbwelten um ca. 37 Minuten pro Tag! Davon entfiel mit über zwanzig Minuten ein großer Teil auf Social-Media-Anwendungen (siehe Abbildung 3.6.). Die Studie belegt damit eindrücklich die Macht der Farbwelten für das Erlebnis der Nutzenden. Wer das selbst einmal ausprobieren möchte, kann entsprechende Einstellungsänderungen in seinem oder ihrem Android oder Apple-Smartphone vornehmen.[216]

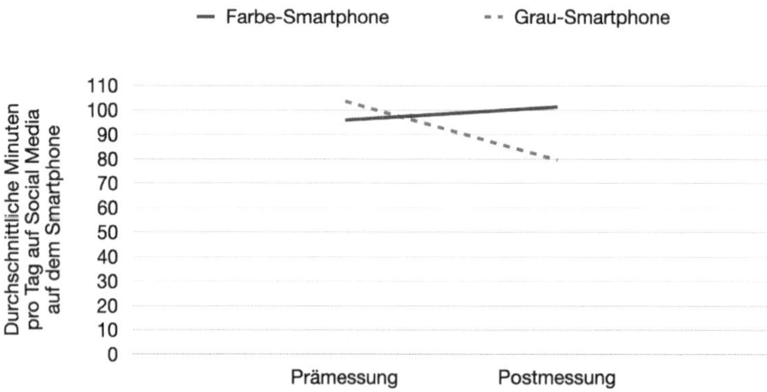


Abbildung 3.6.: Das Nutzen des Smartphones im Graumodus anstatt im Farbmodus führt zu einer deutlichen Reduktion der Social-Media-Nutzung. In der Studie von Holte & Ferraro (2020) waren es über zwanzig Minuten pro Tag (siehe Anmerkung 215). Zur Information: Die Farbe-Smartphone-Gruppe ist dadurch gekennzeichnet, dass zu beiden Messungen (und dazwischen) das Smartphone im Farbmodus genutzt wurde. Die Grau-Smartphone-Gruppe schaltete nach der ersten Messung für ungefähr acht Tage in den Graumodus um.

## Aloha – komm auf unsere App! Als Gegenleistung reduzieren wir deine Produktivität.

»Aloha« erschallt es von überall freundlich, wenn sich Leute in Hawaii begrüßen. Das hawaiianische Grußwort hat viele Bedeutungen und umfasst die Begriffe Liebe ebenso wie Zuneigung und Sympathie. Während die polynesischen Worte »Aloha« und »Mahalo« (Danke) in meinen Ohren nachklingen, bricht das Sonnenlicht durch die Palmen am weltberühmten Waikiki-Strand. Der Himmel ist strahlend blau, und das Meer glitzert wie ein Smaragd, als sich dort die Sonnenstrahlen brechen. Es ist so schön, dass es fast kitschig wirkt.

Während es im März in Deutschland gerade kalt und regnerisch ist, gehe ich im T-Shirt und im Urlaubsmodus an einem der berühmtesten Strände der Welt spazieren. Auf meinem T-Shirt prangt »Life is better at Napali Coast«, ein Mitbringsel vom Ausflug an die Nordwestküste Kauais. Ein warmer Wind weht. »Geht es mir gut«, denke ich mir und beginne meinen Spaziergang am Moana Surfrider Hotel, welches 1901 eröffnete und damit das erste Hotel in Honolulu darstellte. Von diesem strahlend weißen Prachtbau im alten Kolonialstil aus wandere ich südlich über die Kalakaua Avenue zu der Statue von Duke Paoa Kahanamoku (1890–1968). In Hawaii ist er immer noch ein Volksheld, da er als Schwimmer mehrere Medaillen bei den Olympischen Spielen zwischen 1912 und 1932 errang. Vor allen Dingen gilt er aber als Vater der internationalen Surfszene.

Der Wellengang am Waikiki-Strand ist heute sehr gemächlich, was aber auch an den Wellenbrechern liegt, die den Strand in Honolulu zu einem Familienparadies machen. Die richtigen Surfer-Dudes begeben sich nicht an den Waikiki-Beach, sondern zu den Stränden im Norden der hawaiianische Insel Oahu, wo die meterhohen Wellen brechen. Und das geschieht bevorzugt in den Wintermonaten, wenn die Stürme im Pazifik die berühmten Big Waves erzeugen. Für viele Surfer*innen entsteht beim Ritt durch diese blauen Riesentunnel ein tiefes Flow-Erlebnis, in dem sie voll fokussiert auf die tosenden Wellen alles um sich herum vergessen und auf ihrem Board durch die Pipeline fliegen. Unkonzentriertheit beim Wellenreiten wird in diesen lebensgefährlichen Pipelines nicht verziehen. Der hawaiianische Surfer Mason Ho formuliert es so: »Bist du auch nur einen Wimpernschlag zu früh oder zu spät dran, packt dich die Welle und zerschmettert dich«.[217]

Während Unaufmerksamkeit im Pazifik vor der Nordküste der Insel Oahu mit dem Leben bezahlt wird, gibt es auf der Insel Oahu laut dem *Law Enforcement* eine andere große Gefahr, die auch etwas mit Wellenreiten zu tun hat. Es handelt sich um das Surfen unserer Aufmerksamkeit durch die virtuellen Welten auf den Smartphone-Boards im Straßenverkehr. Während in unseren Breitengraden das Nutzen des Smartphones auf dem Fahrrad oder im Auto geahndet wird, hat man sich im Jahr 2017 in Honolulu dazu entschlossen, eine noch härtere Gangart einzulegen. Fußgänger*innen bekommen einen Strafzettel, wenn sie beim Gehen über eine Kreuzung auf das Smartphone schauen. Das Bußgeld beginnt bei $15, im Wiederholungsfall werden zwischen $75 und $99 fällig.[218] Ich bin froh, dass ich bei Ankunft in Honolulu von einer freundlichen Taxifahrerin über diesen Sachverhalt aufgeklärt wurde. Ohne deren Vorwarnung hätte ich mir womöglich einen teuren Strafzettel eingehandelt. Denn leider bin ich Smartphone-technisch auch nicht immer das Vorbild, das ich gerne wäre.

Man kann darüber streiten, ob die Maßnahme des City Council von Honolulu übertrieben ist. Die Zahlen des Honolulu Police

Department untermauern aber, dass die Maßnahme auf einen wirklichen Missstand reagiert. Im Jahr 2016 wurden in Hawaii zehntausend Knöllchen wegen Nutzung von Smartphones im Straßenverkehr geschrieben. In den ersten acht Monaten von 2019 waren es übrigens im bevölkerungsreichsten deutschen Bundesland Nordrhein-Westfalen in etwa 110 000 Handy-Verstöße im Straßenverkehr.[219] Und Menschen, die auf dem Smartphone tippend über die Kreuzung spazieren, um eine WhatsApp-Nachricht zu schreiben, sind ohne Zweifel in ihrem eigenen Flow gefangen, der tödlich enden kann, wenn die rote Ampel übersehen wird.

Ein Erinnerungsfoto mit dem Smartphone vor dem Duke und der schönen Waikiki-Strandszene haben meine Frau, Tochter und ich dann aber trotzdem mit dem Smartphone gemacht. Einen Strafzettel gibt es ja nur beim »distracted walking« über eine Verkehrskreuzung.

Während die Probleme im Straßenverkehr durch Smartphones offenkundig sind, beschäftigen sich die Wissenschaftler*innen erst seit relativ kurzer Zeit mit der Frage, wie sich die ständigen Unterbrechungen durch das Smartphone auf unsere Produktivität auswirken. Selbst im Urlaub gelingt es gar nicht so richtig, die neue Umgebung zu genießen, wenn man alle paar Minuten durch Nachrichten von einem Social-Media-Kanal oder Arbeits-E-Mails unterbrochen wird.

Die Dauerunterbrechungen durch die Apps auf dem Smartphone stellen tatsächlich ein Problem für unsere Produktivität, aber auch für unser Verhalten im Straßenverkehr dar, weil dadurch zunehmend konzentriertes Arbeiten/Fahren verhindert wird. Besonders problematisch sind die entstehenden Wechselkosten, wenn man von Aufgabe A – beispielsweise das Lesen eines Buches – zu Aufgabe B wechselt, um eine Nachricht auf dem Smartphone zu beantworten. Beim Wechsel zurück von Aufgabe B zu Aufgabe A fange ich in unserem Beispiel an zu suchen, wo ich auf der Seite mit dem Lesen aufgehört habe, und brauche eine Weile, um wieder in einem vertieften Lesemodus zu sein. Experimentell wird dieses Phänomen in der Literatur mit Hilfe von Task-Switching-Aufgaben untersucht. Task Switching wird als zentraler Bereich menschlicher kognitiver Leistungen angesehen[220] und scheint besonders im Zeitalter der Aufmerksamkeitsökonomie Kosten zu erzeugen.

Meines Wissens war ich einer der ersten Wissenschaftler weltweit, der in Fachartikeln auf das Thema Smartphone-Nutzung und Produktivität im beruflichen Kontext aufmerksam gemacht hat. Zunächst wies ich in einer konzeptionellen Arbeit darauf hin, dass nicht jede Form der Smartphone-Nutzung ein Problem darstellt.[221] Wenn ich beispielsweise einen Kartendienst auf dem Smartphone nutze, komme ich schneller von A nach B. Ohne Zweifel könnte man das als einen Produktivitätsgewinn bezeichnen. Ich gehe aber davon aus, dass der Zusammenhang zwischen der Smartphone-Nutzung und Produktivität einer umgekehrten U-Funktion gleicht. Damit wären Smartphones nicht per se gut oder schlecht. Für eine solche Einschätzung gilt zu berücksichtigen, dass das richtige Maß der Nutzung uns produktiver machen kann und ab dem Scheitelpunkt des umgedrehten U Einbußen aufgrund einer problematischen Nutzung des Geräts zu erwarten sind. Meines Erachtens ist dieser Scheitelpunkt auch durch die vielen eintrudelnden Nachrichten im Alltag definiert, die unser Tagesgeschehen fragmentieren. Ich spreche in diesem Zusammenhang sehr gerne von der Fragmentierung des Alltags, soll heißen: Unser Alltag ist durch die Tech-Unternehmen in viele kurze Zeiteinheiten zerstückelt worden (siehe Abbildung 3.7.).

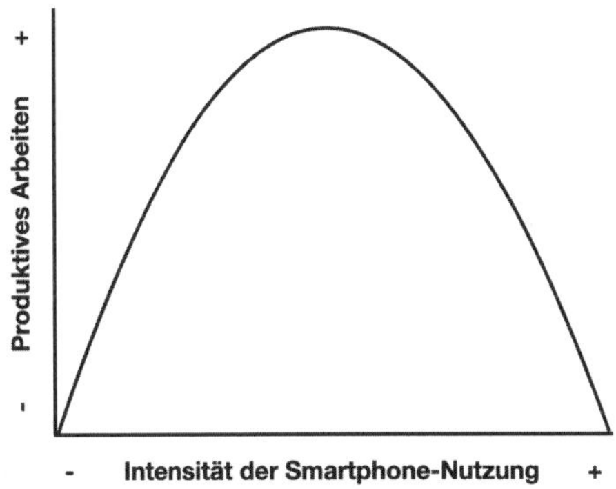


Abbildung 3.7.: Der Zusammenhang zwischen den Variablen *produktives Arbeiten* und *Intensität der Smartphone-Nutzung* könnte einer umgekehrten U-Funktion gleichen. Nutze ich mein Smartphone smart, macht es mich produktiver. Nach dem Scheitelpunkt des umgekehrten U sinkt aber die Produktivität, weil unser Alltag durch eine problematische Nutzung des Smartphones immer mehr fragmentiert wird.

Nach dieser ersten theoretischen Arbeit zu dem Thema führten meine Kollegin Éilish Duke von der Goldsmiths, University of London, und ich eine Fragebogenstudie durch, in der wir den Zusammenhang zwischen Smartphone-Nutzung und Produktivität detaillierter untersuchten.[222] In unserer Arbeit zeigte sich, dass Personen mit höheren berichteten Problemen im Umgang mit dem eigenen Smartphone eher angaben, mehr Produktivitätseinbußen bei der Arbeit durch das Smartphone zu verspüren. Der Zusammenhang wurde in unseren Daten durch die Variable »Arbeitsstunden verloren durch die Smartphone-Nutzung« zum Teil mediiert. Einfacher gesagt: Personen mit erhöhten Tendenzen zur problematischen Smartphone-Nutzung verlieren mehr Arbeitsstunden im Alltag, und das reduziert ihre Produktivität. Ich bin mir allerdings ziemlich sicher, dass die Produktivitätseinbußen nicht allein auf die reduzierten Arbeitsstunden zurückzuführen sind, sondern vor allen Dingen durch die hohe Anzahl an Unterbrechungen durch das Smartphone entstehen. Diese lassen sich naturgemäß in einem Fragebogen nur unzureichend schätzen, sodass neben dem Erfassen von Schätzvariablen über einen Fragebogen auch echte Verhaltensbeobachtungen mit Hilfe von Tracking-Technologien in diesem Bereich durchgeführt werden müssen.

Um meine Argumentation zu untermauern, dass es nicht nur die reine Anzahl an Arbeitsstunden ist, die für die Produktivitätseinbußen durch das Smartphone verantwortlich sind, möchte ich neue Zahlen aus meiner Forschung präsentieren. In einem Konferenzbeitrag berichteten wir Daten, in denen wir das Smartphone-Verhalten mit Hilfe einer eigenen App aufgezeichnet haben.[223] Dadurch gelang es uns, objektive Einblicke in die Nutzung des Smartphones unserer Studienteilnehmer*innen zu erhalten. Unter anderem interessierten wir uns bei etwa hundert Studierenden dafür, wie häufig sie jeden Tag ihr Smartphone anschalteten. Dies geschah etwa hundertmal pro Tag (aufgerundet)! Gehen wir in einem einfachen Rechenmodell nun davon aus, dass von 24 Stunden des Tages 8 Stunden auf Schlafen entfallen, so würde dies bedeuten, dass sich die untersuchten Personen bei einer Gleichverteilung der Unterbrechungen alle zehn Minuten im Alltag durch den Griff zum Smartphone ablenken! Dieses Zahlenbeispiel stellt natürlich eine grobe Vereinfachung der Daten dar, und es kann hier auch nicht davon ausgegangen werden, dass die Stichprobe repräsentativ ist. In einem früheren gemeinsamen Projekt mit Alexander Markowetz (beschrieben in seinem Buch *Digitaler Burnout)* kam er mit 88 Unterbrechungen pro Tag aber auf ähnliche Ergebnisse.[224] Die Fragmentierung des Alltags durch die schöne bunte App-Welt stellt also eine große Herausforderung für Aufmerksamkeit, Lernen und Begreifen in unserer Gesellschaft dar.[225] Ein tiefes Verarbeiten von

Informationen wird zumindest erschwert. Dmitri Rozgonjuk hat in einer Arbeit aus Estland nachweisen können, dass die Übernutzung des Smartphones in Schulen eher mit oberflächlichen Lernstrategien, nicht aber mit vertieftem Lernen einhergeht.[226]

Es gibt natürlich viele und gute Gründe, auf das eigene Smartphone zuzugreifen. Wie ich aber schon mehrfach habe anklingen lassen, scheinen es vor allen Dingen die Social-Media-Apps zu sein, die für einen Großteil der Nutzungszeiten auf den Geräten verantwortlich sind. In einer Studie mit über 2400 Teilnehmer*innen konnten wir zeigen, dass im Durchschnitt ein Drittel der täglichen Smartphone-Nutzung auf WhatsApp und Facebook zurückgingen.[227] Der Anteil an Social Media fällt für viele Personen aber sicher noch größer aus, da es zahlreiche andere Apps in diesem Bereich gibt, die um unsere Aufmerksamkeit buhlen und uns immer wieder zurück auf die Apps lotsen wollen. Dies geschieht unter anderem durch Push-Notifikationen, die regelmäßig sagen: »Aloha – du warst doch schon so lange nicht mehr bei uns, schau doch mal wieder vorbei«. Wir kennen doch alle die nervigen Hinweise in Gruppenchats, die immer wieder akustisch und visuell durchgestellt werden, um uns auf eine neu eingegangene Nachricht hinzuweisen. Diese Push-Notifikationen erzeugen das nun bekannte FoMO. Viele von uns schauen nach Eingehen der Push-Notifikation dann eben mal kurz vorbei, um bloß nicht zu verpassen, welche Belanglosigkeiten gerade wieder ausgetauscht worden sind. Damit wird insgesamt deutlich, dass das Smartphone selbst nicht das Problem für unsere Produktivität darstellt, sondern unter anderem die Unterbrechungen, zum Beispiel eben durch Push-Notifikationen, die uns von Social-Media-Konzernen zugestellt werden. Auf das relevante Thema E-Mails (auch auf den Smartphones) und die Fragmentierung des Alltags komme ich in Kapitel 8 zu sprechen.

Die Konditionierungsmechanismen durch Social Media, E-Mails und Co. sind auf dem Smartphone so stark, dass sogar die physische Anwesenheit des Smartphones auf dem Schreibtisch ausreichen kann, um für Ablenkung zu sorgen.[228] Deswegen habe ich kürzlich mit meiner Arbeitsgruppe unsere ältere Arbeit von Duke & Montag (2017) neu aufgelegt, in der wir nun anstatt der problematischen Smartphone-Nutzung untersucht haben, ob eine exzessive Nutzung von Social-Media-Apps mit reduzierter Produktivität im Arbeitsleben assoziiert ist. In einer Studie mit über 700 Teilnehmer*innen konnten wir zunächst beobachten, dass Personen mit höherer FoMO-Neigung eher von stärkeren Produktivitätseinbußen durch Social Media berichten. Weiterhin wurde dieser Zusammenhang durch die problematische Social-Media-Nutzung diverser Social-Media-Plattformen teilweise mediiert (siehe auch Abbildung 3.8.). Bedeutsamer ist aber vielleicht noch unsere Analyse, die darauf hinweist, welche der Plattformen besonders »süchtig« machend und damit zeitgleich produktivitätsreduzierend sind. In unseren Daten war das vor allen Dingen WhatsApp gefolgt von Instagram.[229] Wir gehen auf diesen Sachverhalt erneut in Kapitel 7 ein.

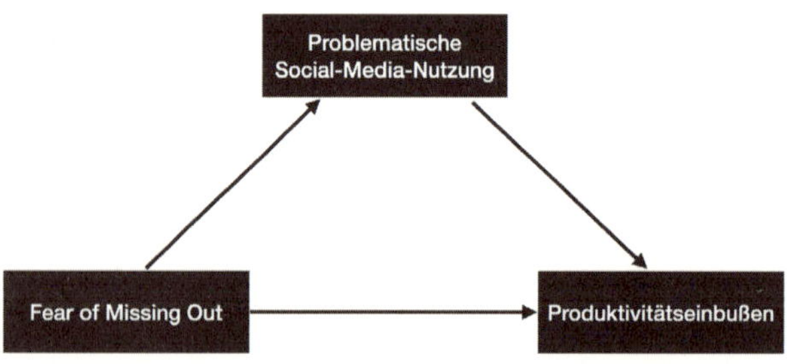


Abbildung 3.8.: Personen mit höherer FoMO-Neigung berichten eher von stärkeren Produktivitätseinbußen aufgrund ihrer Social-Media-Nutzung. Dieser Zusammenhang wird durch die problematische Social-Media-Nutzung mehrerer Plattformen teilweise mediiert.

Am Ende des Kapitels möchte ich darüber nachdenken, wie die in diesem Kapitel vorgestellte Sammlung an unterschiedlichen psychologischen Mechanismen untereinander genau Einfluss auf die Nutzungszeiten oder das Online-Verhalten der Nutzer*innen nehmen könnten. Ich schreibe »könnten«, weil dies tatsächlich für unabhängige Wissenschaftler wie mich noch in vielerlei Hinsicht unklar ist. Es ist momentan beispielsweise schwer einzuschätzen, wie stark der Einfluss der Lesebestätigung bei WhatsApp genau auf die Nutzungszeit ausfällt. Zwar zeigt eine erste Studie von Nicole Blabst und Sarah Diefenbach, dass innerhalb von Personen mit aktivierter Lesebestätigung bei WhatsApp die sogenannten aktiven Nutzer*innen der WhatsApp-Lesebestätigung im Vergleich zu den passiven Nutzer*innen mehr Stress berichten.[230] Aber es wäre nun wichtig, die genauen Online-Zeiten der unterschiedlichen WhatsApp-Nutzer*innen-Gruppen aufzuzeichnen. Aktive Nutzer*innen sind im Gegensatz zu passiven Nutzer*innen in dieser Studie dadurch gekennzeichnet, dass sie von sich angeben, auf die Lesebestätigung zu reagieren. Passive Nutzer*innen haben die Lesebestätigung aktiviert, berichten aber, dass ihnen diese nicht viel bedeutet. Zumindest hier zeigt sich also, dass besonders ein bestimmter Personenkreis durch die Lesebestätigung gestresst wird. Da es sich um eine Korrelationsstudie handelt, geben die Ergebnisse allerdings keine Einblicke in die Wirkrichtung. Zudem wird durch die wenigen Studienergebnisse nicht deutlich, wie sich die Lesebestätigung (versus Ausschalten der Lesebestätigung) jenseits der theoretischen Annahmen auf die tatsächliche Nutzungszeit auswirkt. Facebook wird diese Daten haben, an die unabhängige Wissenschaftler*innen aber nicht herankommen. In diesem Kapitel habe ich die psychologischen Theorien und Mechanismen hinter vielen Elementen erläutert, eine stärkere empirische Erforschung der tatsächlichen Wirkweisen ist aber an einigen Stellen noch dringend nötig.

Als Abrundung möchte ich den sehr bekannten Hooked-Zyklus präsentieren, der von Nir Eyal in seinem Buch *Hooked* beschrieben wurde.[231] Nir Eyal beschreibt in seinem Buch – allerdings aus einer Unternehmer*innen-Sicht – wie es gelingen kann, »suchterzeugende« Apps zu entwickeln. Er unterscheidet seinen Hooked-Zyklus in vier Phasen, die mit den Begriffen *Trigger, Action, Reward* und *Investment* gekennzeichnet sind (siehe Abbildung 3.9.). Diese vier Phasen können wir nun auch heranziehen, um die in diesem Kapitel beschriebenen Mechanismen besser einzusortieren und zusammenzuführen.

In der Trigger-Phase erlebe ich beispielsweise Langeweile, ich bin gestresst oder verspüre FoMO, also Angst, etwas zu verpassen. Dies wäre ein Beispiel für einen internen Auslöser, der sich nicht gut anfühlt. Um den negativen Affekt loszuwerden, nehme ich eine Handlung vor, die mir verspricht, aus dem negativen Befinden herauszukommen. Vielleicht denke ich mir: Wenn ich gleich Twitter öffne, finde ich bestimmt etwas Interessantes, was mich ablenkt! Ich greife also zum Smartphone, mache schnell die Twitter-App auf und bin schon am Scrollen. Ich scrolle, scrolle, scrolle und bin damit mitten in der Action-Phase (Endless-Scrolling). Im Sog verliere ich Zeit und Raum und lese auf einmal im Feed, dass Bob Dylan einen neuen Song aufgenommen hat (interessant) und das Neil Young in der Corona-Krise seine Fans mit Live-Footage beglückt (cool). Außerdem habe ich einige Likes auf meinen letzten Tweet bekommen, in dem ich auf unser neuestes wissenschaftliches Paper über überbordende Social-Media-Nutzung hingewiesen habe (freu). Twitter zeigt mir an, dass zwei weitere Wissenschaftler*innen mir nun folgen – interessante Forschungsprofile haben die beiden. Ich folge zurück, feuere noch einen neuen Tweet raus und like einen Tweet, der das Badezimmer von dem Graffiti-Sprayer Banksy zeigt. Damit bin ich dann einmal durch den Hooked-Zyklus durchgekommen, in dem ich sogar am Ende noch mit meinem Verhalten in die Twitter-Plattform investiert habe (Feedback gegeben, Leuten folgen), was möglicherweise mein Engagement zu Twitter stärkt. Wir erinnern uns daran, dass eine Bildgebungsstudie des Gehirns Hinweise darauf fand, dass das Vergeben von Likes auch das Belohnungssystem des Gehirns aktiviert.

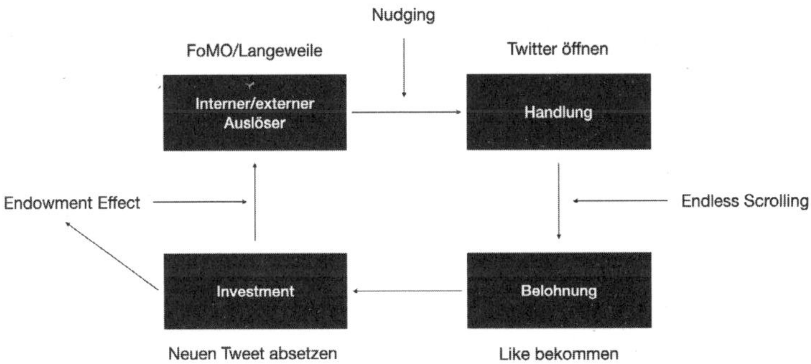


Abbildung 3.9.: Der modifizierte Hooked-Zyklus nach Nir Eyal (2014). Siehe Anmerkung 231. Exemplarisch habe ich angeführt, welche Beispiele aus dem vorliegenden Kapitel zu welcher Begrifflichkeit aus dem Hooked-Zyklus passen. Weiterhin ist beispielhaft in der Abbildung angeführt, an welcher Stelle einige der psychologischen Mechanismen greifen. Eine Push-Notifikation (externer Auslöser) könnte eine Person dahingehend schubsen, auf die Social-Media-Plattform zu gehen. Das unendliche Scrollen ist eine Handlung, die dabei hilft, immer noch neue interessante Nachrichten zu finden. Diese neuen Nachrichten sind ebenso sehr eine Belohnung wie ein Like. Das Endless Scrolling könnte übrigens als Handlung selbst angenehm wahrgenommen werden. Im Sinne des Verstärkungslernen zeige ich nach Erhalt einer Belohnung weiteres Investment auf Twitter. Ich schicke einen neuen Tweet raus (in der Hoffnung auf neue Likes und Follower*innen Durch mein weiteres Investment auf Twitter wird auch der Endowment Effect stärker greifen.

Ich kenne die psychologischen Mechanismen natürlich schon etwas länger, die mich immer wieder auf die Plattform zurückbringen. Push-Notifikationen weisen mich darauf hin, dass mich neue Nachrichten bei Twitter erwarten. Diese habe ich ausgemacht, weil sie als externe Trigger (die gibt es auch), in mir FoMO auslösen können und mich auf die Plattform bringen. Ich könnte Twitter natürlich auch ganz löschen. Da ich mir aber über einen langen Zeitraum eine schöne Gefolgschaft zugelegt habe (Follower*innen, die sich für meine wissenschaftlichen Arbeiten interessieren), habe ich da wenig Lust zu (Endowment Effect). So, ich muss nun kurz aufhören mit dem Schreiben, da mich meine Tochter zum Abendessen holt …

Wie war das noch mit den Unterbrechungen? Jetzt habe ich doch direkt nach dem Essen noch diesen Satz zu Ende geschrieben, damit das Kapitel ein vernünftiges Ende hat.

# Kapitel 4
# Zeig mir deinen digitalen Fußabdruck, und ich weiß, wer du bist

Sie kennen sicherlich die Situation, eine Google-Anfrage starten zu wollen. Doch statt sofort auf die Suchmaske zugreifen zu können, erscheint vor Ihnen auf dem Computerbildschirm ein Fenster mit geänderten Allgemeinen Geschäftsbedingungen (AGBs), um dem Tech-Unternehmen Ihrer Wahl eine noch umfangreichere Daten-Spionage auf dem eigenen Smartphone oder Computer zu erlauben. Die meisten von uns haben schlichtweg nicht die Zeit, sich die vielen Seiten voller Kleingedrucktem durchzulesen. Wir stimmen einfach zu, um schnell einer wichtigen Suchanfrage nachkommen zu können.

Zahlreiche Initiativen im Internet veranschaulichen das geschilderte Problem. In einem YouTube-Video der Initiative choice.com.au von 2017 liest der Protagonist die Nutzungsbedingung des Amazon Kindles laut vor. Für die 73 198 Worte benötigt er acht Stunden und neunundfünfzig Minuten.[232] Wer hat die Zeit, das alles zu lesen, und wer versteht überhaupt im Detail die juristische Sprache der AGBs?

Die geschilderten Szenarien sind stellvertretend für die vielen AGBs, die uns von Tech-Konzernen jeden Tag aufs Neue untergejubelt werden. Das geschieht immer mit dem Ziel, uns auszuspionieren, um unsere Gedanken und Interessen bestmöglich vorherzusagen. Es geht um die Aufmerksamkeit und den Geldbeutel aller, die online unterwegs sind. Durch eine groß angelegte Kampagne soll jede*r Einzelne von uns Bedürfnisse entwickeln, die er sonst vielleicht gar nicht hätte. In dem Film *Fight Club* fällt dazu das sagenhafte Bekenntnis: »Werbung macht uns heiß auf Autos und Klamotten, wir arbeiten in Jobs, die wir hassen, nur damit wir Scheiße kaufen können, die wir nicht brauchen.«[233] Ich gehe so weit zu behaupten, dass wir mit Hilfe der AGBs um Erlaubnis gebeten werden, uns von den Tech-Riesen an der Nase rumführen und manipulieren zu lassen.

In einer Studie, die der Datenrechtsforscher Robert Rothmann 2018 in Österreich veröffentlichte, gaben 78 % der Facebook-Nutzer*innen bezeichnenderweise an, die AGBs nicht oder nur auszugsweise gelesen zu haben.[234] Nur 37 % wussten, dass sie Facebook die Erlaubnis gegeben hatten, über sie Daten zu sammeln. Kurzum, wir füttern trotz eines vagen unguten Gefühls immer weiter Daten in den großen Schlund der Tech-Riesen. Was aber können die Tech-Giganten von den Datenspuren über uns ablesen? Was genau können die Tech-Konzerne mit diesen Daten anfangen? Mit diesen Fragen wollen wir uns in diesem Kapitel genauer auseinandersetzen. Zunächst machen wir aber eine Zeitreise in das viktorianische England. Dort nahm der Vermessungswahnsinn mit einem wissbegierigen Intellektuellen seinen Anfang. Es handelte sich um Sir Francis Galton.[235]

Für mich ist es rätselhaft, dass Galton nicht berühmter geworden ist. Er stammte aus einer berühmten Gelehrtenfamilie, Charles Darwin war sein Halbcousin (sie hatten denselben Großvater: Erasmus Darwin).[236] Viel entscheidender für meine Verwunderung über seine relative Unbekanntheit im 21. Jahrhundert sind aber die vielen Ideen und Errungenschaften, die auf ihn zurückzuführen sind. Mit den ihm damals zur Verfügung stehenden Mitteln machte sich Galton daran, so gut wie alles in seiner Umgebung zu vermessen. So gilt er als Mitentwickler des Fingerabdruckverfahrens (»Daktyloskopie«), und er erkannte früh, dass Fingerabdrücke die von Alphonse Bertillon entwickelten Steckbrieffotos zwecks Identifikation von Verbrechern gut ergänzen bzw. vervollständigen würden.[237] Zur Einschätzung seiner Lebensleistung gilt es leider festzuhalten, dass Galton Rassist war und Auswüchsen des Hasses auf andere Ethnien im 20. Jahrhundert den Boden bereitet hat.[238] Es ist einfach traurig, dass uns das gleiche Thema im 21. Jahrhundert immer noch umtreibt. Die »Black Lives Matter«-Debatte zeigt, wie wenig die Menschheit dabei vorangekommen ist, den Hass auf andere Ethnien ein für alle Mal zu verbannen. Wir beschäftigen uns hier aber mit Galton im Kontext der Vermessung des Menschen in einem digitalen Zeitalter, um die Anfänge der psychischen Vermessung des Menschen besser zu verorten.

Wie versessen Galton darauf war, sein Umfeld zu vermessen, wurde mir bewusst, als ich das Galton-Archiv am University College London (UCL) aufsuchte. Mir persönlich geht es so, dass ich historische Begebenheiten besser verstehe, wenn ich mir an Ort und Stelle einen Überblick, in diesem Fall von Originalexponanten aus Galtons Forschung, verschaffen kann. Mit der Tube fuhr ich bis zum Euston Square im Norden von London, um zur UCL zu gelangen. An einem sonnigen Maitag im Jahr 2017 hatte ich mich dort mit Subhadra Das verabredet. Sie war zu dem damaligen Zeitpunkt Kuratorin des Galton-Archivs und ich wollte mir einige Originalexponate aus Galtons Leben anschauen. Subhadra holte mich am Eingang der UCL ab. Sie führte mich in zwei kleine Zimmer, wo in zahlreichen Kartons Dokumente aus Galtons Leben aufbewahrt sind. Vorab hatte ich bereits per E-Mail darum gebeten, einige Exponate anschauen zu dürfen, mit denen es Galton beispielsweise gelang, das statistische Prinzip »Regression zur Mitte« sichtbar zu machen. Galton gilt übrigens auch als ein Vordenker des Korrelationkonzeptes und hat für die statistisch arbeitenden Wissenschaftsdisziplinen – wie die Psychologie – wichtige Impulse gegeben. Auf den Korrelationskoeffizienten sind wir in diesem Buch bereits eingegangen, und er wird auch in diesem Kapitel eine Rolle spielen.

Als Subhadra und ich die beiden Räume des Galton-Archivs betraten, fielen mir zunächst einige Kopfskulpturen auf. Das Archiv ähnelte in Teilen einem Gruselkabinett, in dem mich schneeweiße Schädel (Lebens- und Todesmasken) aus dem Nachlass des britischen Phrenologen Robert Noel anstarrten.[239] Zu Galtons Lebzeiten versuchten sich die beiden Wissenschaftler Franz Joseph Gall und Johann Spurzheim daran[240], anhand der Schädelform einer Person Vorhersagen auf Persönlichkeitseigenschaften zu machen. Diese Pseudowissenschaft ist als Phrenologie bekannt geworden. Phrenologie bedeutet übersetzt die Lehre des Geistes oder die Lehre der Seele. Heute wissen wir, dass die Schädelform eines Menschen kein indirektes Abbild des darunter befindlichen Gehirns darstellt. Mithin lässt die Schädelform auch keine Vorhersagen auf psychische Eigenschaften einer Person zu. Damals sah man das aber anders. Mit einem Schädelkabinett von verstorbenen Verbrechern und Geisteskranken fuhr Franz Joseph Gall durch die europäischen Lande, um in Privatvorlesungen seine fragwürdigen Erkenntnisse zu verbreiten. Das Ganze ähnelte wohl einer Jahrmarktsattraktion. Wie ich später im *London Science Museum* an der Kensington Road erfuhr, war es anscheinend üblich, mit Hilfe der Kopfskulpturen Psychodiagnostik zu betreiben. Aus einer Schädelsammlung in einer Kiste konnte man sogar den Kopf aussuchen, der in der

Form am ehesten dem eigenen Schädel entsprach. Der Beipackzettel half dann dabei, das eigene Ich entschlüsseln.[241] Nun denn.

Trotz dieser eher skurrilen Forschung haben Gall und sein Zögling Spurzheim einen Platz in der Wissenschaftsgeschichte. Denn sie wussten immerhin, dass psychische Eigenschaften einer Person im Gehirn zu verorten sind (aber gingen fälschlicherweise davon aus, dass die Verformungen des Schädels Einblicke in das darunter befindliche Gehirn geben würde). Trotzdem: Gall und Spurzheim lagen nicht mit allem in ihrer Forschung falsch – ein Übersichtsartikel von Donald Simpson eignet sich hier für eine weiterführende Lektüre.[242]

Heute wird immer mal wieder behauptet, dass wir in einem Zeitalter der Neophrenologie leben.[243] Wir nutzen nun moderne Verfahren wie die Magnetresonanztomografie (MRT), um nicht von Schädeln, sondern jetzt den darunter befindlichen Hirnvolumen und Hirnfunktionen Vorhersagen auf Persönlichkeit und Intelligenz vorzunehmen. Die eingesetzten MRT-Verfahren ermöglichen dabei zweifelsohne neue faszinierende Einsichten in unsere Psyche. Aber auch das MRT-Verfahren hat seine Grenzen. Beispielsweise ist die Auflösung der Hirnbilder aktuell noch unzureichend, um Einblicke in die kleinteiligen Prozesse zu bekommen, die dem MRT-Signal unterliegen. Im Vergleich zu anderen bildgebenden Verfahren wie die Elektroenzephalografie (EEG) ist das Verfahren zudem weniger geeignet, um die Reaktion des Gehirns auf äußere Stimuli in Millisekunden-Bereichen aufzunehmen. Wer sich für eine Geschichte als auch für die Grenzen des MRTs interessiert, dem sei das Buch von Russell A. Poldrack *The Mind Readers* empfohlen.[244] Wissenschaftsgeschichtlich empfehle ich das neue Buch von Matthew Cobb, in welchem die Ideen über das Gehirn seit der Antike vorgestellt werden.[245]

Während meines halbstündigen Besuchs im Galton-Archiv zeigte Subhadra mir einige interessante Exponate. Neben einer skurrilen Fotografie, in welcher Galton wie ein Verbrecher auf einem Steckbrieffoto zu sehen ist, empfand ich ein Objekt als besonders bizarr: ein abgegriffener brauner Handschuh, den Galton an dem Zeigefinger mit Dornen besetzt hatte, um verdeckte Beobachtungen im Alltag durchführen zu können. Verdeckte bzw. nicht-teilnehmende Beobachtungen stellen eine wichtige Methode in der Psychologie dar. Ist der Psychologe nämlich ein Bestandteil der zu beobachtenden Gruppe, so kann seine Anwesenheit Einfluss auf die Dynamik des Gruppenverhaltens nehmen. Ähnliches gilt natürlich auch, wenn die zu beobachtende Person weiß, dass er oder sie von einer psychologischen Fachkraft beobachtet wird, etwa durch eine blickdichte Dunkelwand.

Was hatte Galton nun mit seinem Handschuh vor? Galton wollte »wissenschaftlich« beantworten, ob Frauen aus unterschiedlichen englischen Städten unterschiedlich schön sein würden. Für diesen Zweck führte Galton den mit Dornen besetzten Handschuh gemeinsam mit einem Blatt Papier in seiner Tasche mit sich. Für schöne Frauen und weniger schöne Frauen machte er an unterschiedlichen Stellen des Papiers entsprechende Einkerbungen. Nach Abschluss seiner Datenerhebung wertete er, der nun seinerseits wahrlich kein Adonis war, diese Einkerbungen mit wenig schmeichelhaften Kategorien aus, die er als »attractive« (attraktiv), »indifferent« (durchschnittlich) oder »repellent« (abstoßend) benannte.[246] Es ist wenig verwunderlich, dass die Ergebnisse von Galtons Beobachtungen massiv durch sein subjektives Schönheitsempfinden beeinflusst worden waren. Die Erforschung von Schönheit ist aber immer noch ein relevantes Thema und ist seit Galton nicht aus der Forschungslandschaft verschwunden: Heute wird Schönheit von Männern und Frauen mit aufwändigen Computer-Verfahren vermessen, wobei sich herausgestellt hat, dass besonders symmetrische Gesichter als schön gelten.[247] Wen es übrigens noch interessiert: Galtons Daten ergaben, dass die Frauen aus London zu seinen Lebzeiten am schönsten waren, und in Aberdeen auf dem untersten Rang landeten (siehe auch Abbildung 4.1.).

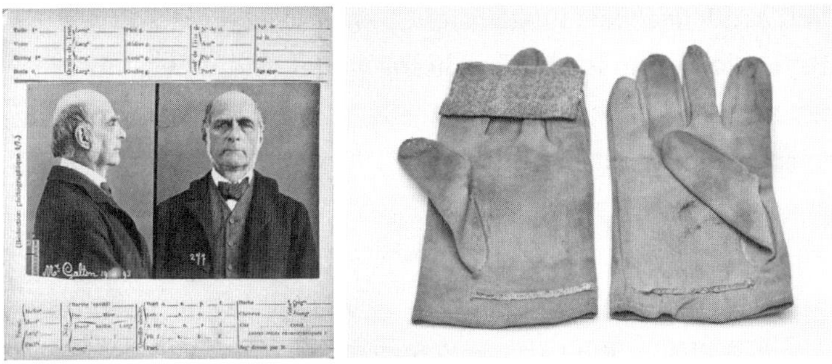

Abbildung 4.1.:Auf der linken Seite sieht man Sir Francis Galton auf einem Steckbrieffoto, welches von Alphonse Bertillon aufgenommen wurde. Bertillon gilt als der Entwickler des Steckbrieffotos. Galton arbeitete selber an ähnlichen Fragestellungen wie Bertillon, unter anderem an der Erforschung von Gesichtsmerkmalen von Verbrechern. Im Kontext von Bertillons Arbeit erkannte Galton, dass es sinnvoll ist, das Steckbrieffoto – zwecks besserer Identifikation – um die Fingerabdrücke einer Person zu erweitern. Das führte zu einer Verbesserung von Bertillons System. Auf der rechten Seite sieht man Galtons Handschuhtechnik mit Dornen, welche er zur Messung der Schönheit von Frauen einsetzte (beide Fotos mit freundlicher Genehmigung von Subhadra Das, Galton Archiv).

Die Geschichte um den Dornenhandschuh verdeutlicht, dass er vor keiner Variablen haltmachte, um sie in irgendeiner Form zu vermessen. Dieser Vermessungs- und Aufzeichnungswahnsinn hat im 21. Jahrhundert einen vorläufigen Höhepunkt erreicht. Im Zeitalter des Überwachungskapitalismus wird alles aufgezeichnet und ausgewertet, was an menschlichen Verhalten direkt und an psychischen Eigenschaften indirekt zu beobachten ist. Dass »direkte« Daten bzw. Beobachtungen sehr schnell viel über uns preisgeben, mag wenig überraschen. Dies ist sicherlich auch ein Grund dafür, warum in Kaufhäusern oder an öffentlichen Plätzen immer mehr Überwachungskameras zum Einsatz kommen. Eine direkte Beobachtung unseres Verhaltens ist aber nicht nur den Überwachungskameras vorbehalten, sondern findet auch auf den Social-Media-Plattformen sowie anderen Online-Angeboten statt. Auch wenn wir in der virtuellen Welt nicht als physische Person wie auf einer Videokameraaufzeichnung zu sehen sind, wird an vielerlei Stellen im World Wide Web feingranular aufgezeichnet, wohin wir uns bewegen und was uns gerade umtreibt.

Durch das Beobachten von Personen, sei es über Videoaufzeichnungen oder Online-Spuren im Netz, lässt sich unterschiedlich gut vorhersagen, was im Kopf einer Person vorgeht. Wenn ich möglichst viel über die Gedanken einer Person in Erfahrung bringen möchte, würde ich mich wohl eher für die digitalen Online-Spuren als für die Videoaufzeichnung einer Person entscheiden. Um dies zu illustrieren: Sehe ich auf einem Video, wie eine Frau in einem Buchladen einen Reiseführer über China in die Hand nimmt, so weiß ich als Beobachter nicht, ob sie sich selber für das Reich der Mitte interessiert, oder ob sie das Buch vielleicht als Geschenk für ihre Eltern kaufen möchte. Auch weiß ich als Beobachter nicht, ob die Kundin in der Buchhandlung plant; eventuell aus privaten oder beruflichen Gründen nach China zu reisen. Nach einem genauen Studium der Verhaltensdaten aus der Online-Welt würde das mit großer Wahrscheinlichkeit leichter ersichtlich sein. Möglicherweise hätte die Frau bereits Suchanfragen wie *Ferien in China* oder *Arbeiten in China* in einer Suchmaschine hinterlassen. Vielleicht tauscht sie sich sogar aktiv über einen Social-Media-Kanal mit anderen Personen über das Thema aus. Weiterhin stellt sich durch eine weitere Auswertung ihrer digitalen Fußabdrücke heraus, dass sie mit großer Regelmäßigkeit Reiseblogs über China verfolgt. Das Gesamtbild der Online-Spuren könnte dann schnell ergeben, dass die Frau Urlaub in China machen möchte. Mit Hilfe solcher Informationen aus der Online-Welt vervollständigt sich unser Verständnis über die tatsächlichen Absichten der Frau also deutlich besser, als dies durch die Videoaufzeichnung je möglich wäre.

Der Historiker Yasha Levine geht in seinen Gedanken sogar noch weiter. Er vergleicht die Datenkrake Google – synonym für einen der Protagonisten der Überwachungsmaschinerie – mit einem Seismografen der fast in Echtzeit Auskunft darüber geben kann, was Menschen rund um den Globus umtreibt.[248] Dies illustrieren auch die folgenden Zahlen eindrücklich: Pro Minute kam es laut einem Bericht im Jahr 2018 zu 3,8 Millionen Google-Anfragen.[249] Auf eine Stunde gerechnet sind das schon sagenhafte 228 Millionen Anfragen, in denen sich Menschen Google mitteilen. Dadurch bekommt Google gottgleiche Einsichten. Google weiß ziemlich genau darüber Bescheid, was in Echtzeit weltweit in den Köpfen von Millionen Menschen vor sich geht. Damit ist es aber noch nicht genug. Google hat nicht nur Zugriff auf die Informationen aus den hauseigenen Suchmaschinenanfragen, sondern kann Nutzer*innen auch über das hauseigene Android-System auf den Smartphones ausspionieren. Fairerweise sei erwähnt, dass die dies auch für andere Firmen wie Apple gilt. Ein iOS-Betriebssystem nutzten im Jahr 2020 laut einer Prognose in etwa 769 Millionen Menschen.[250] Andere Firmen, wie das chinesische Huawei, holen dramatisch schnell auf. Aus diesem Grund möchte ich mich zunächst mit dem Smartphone als Datenschleuder beschäftigen.

## Mein Smartphone und ich

In dem neuen interdisziplinären Forschungsvorhaben Psychoinformatik werden Methoden aus der Informatik eingesetzt, um von Smartphone-Quellen oder anderen digitalen Spuren des Internet der Dinge (*Internet of Things*: *IoT*) Vorhersagen auf psychische Zustände machen zu können. Die Verschmelzung der Computerwissenschaften mit der Psychologie birgt gewaltiges Potenzial, aber auch Missbrauchsgefahren.

Im Jahr 2011 publizierte die Arbeitsgruppe um Gokul Chittaranjan die erste mir bekannte Studie[251], in der von Log-Dateien des Smartphones Persönlichkeitsmerkmale vorhergesagt wurden. Eine Log-Datei führt darüber Protokoll, was auf einem Gerät wie dem Smartphone genau passiert ist. Wann wurde das Gerät angemacht? Welche App wurde wann geöffnet und wieder geschlossen? Welche Person hat mich gestern um 16.03 Uhr angerufen? Und an welcher Straßenecke in Köln habe ich mich vorgestern um 14.14 Uhr genau befunden? Um Zusammenhänge zwischen den Informationen der Log-Dateien auf dem Smartphone und Persönlichkeitseigenschaften herstellen zu können, erklärten sich die Teilnehmer*innen aus der Studie von 2011 damit einverstanden, dass ihre Interaktion mit dem Smartphone mittels einer eigens dafür entwickelten App aufgezeichnet werden durfte. Zusätzlich machten alle Teilnehmer*innen Angaben zu ihrer eigenen Persönlichkeitsstruktur in Form eines Selbstberichts.

In der Studie von Gokul Chittaranjan zeigte sich, dass viele der aufgezeichneten Variablen in der Log-Datei wie beispielsweise *Anzahl an erhaltenen Anrufen* mit der Persönlichkeitseigenschaft Extraversion assoziiert waren. Die Arbeitsgruppe beobachtete für die beiden genannten Variablen einen positiven

Zusammenhang in Höhe von 0.13. Mit anderen Worten: Je höher die Anzahl der eingehenden Anrufe auf den Smartphones der Teilnehmer*innen ausfiel, desto höher fiel auch der Wert für die selbstberichtete Extraversion der Teilnehmer*innen aus. Nun war dies nicht das einzige Ergebnis dieser Studie. Tatsächlich wurden in dieser wissenschaftlichen Arbeit sehr viele solcher Zusammenhänge berichtet, die ich aufgrund der hohen Anzahl nicht alle erwähnen kann. Nur so viel sei gesagt: Auch wenn die Zusammenhänge zwischen Einzelvariablen des Smartphones und Persönlichkeitseigenschaften in dieser Arbeit häufig statistisch bedeutsam ausfielen[252], so waren die beobachteten Zusammenhänge von geringerer Bedeutung. Das Thema der Korrelationshöhen (»Effektstärke«) habe ich in diesem Buch bereits erläutert (Ausführungen rund um Tabelle 3.1. in Kapitel 3). Sie wissen also schon, dass eine Korrelationshöhe in Höhe von .13 als klein eingestuft wird. Damit gelingt es uns nicht, von einer einzelnen Log-Variable zuverlässige Vorhersagen auf die selbstberichteten Persönlichkeitsangaben einer einzelnen Person zu machen. Es ist lediglich für eine Gruppe an Personen, die in dieser Studie untersucht worden sind (hier 83 Personen), ein kleines bisschen wahrscheinlicher, dass sie ein wenig extravertierter sind, wenn sie viele Anrufe auf dem Smartphone erhalten haben. Rechnen wir das ergänzend gemeinsam durch. Wenn ich in Erfahrung gebracht hätte, wie viele Anrufe im Durchschnitt über die letzten Tage auf dem Telefon von den Studienteilnehmer*innen eingegangen sind, hätte ich auf die untersuchte Population in etwa 1,69 % der Persönlichkeitseigenschaft Extraversion verstanden.[253] Dieses Ergebnis wird Sie vielleicht zunächst beruhigen. Ist das aber alles, was an Vorhersagen möglich ist? Oder gelingt es im Rahmen der Psychoinformatik mittlerweile, diese Prozentzahl und damit die diagnostische

Kraft der digitalen Datenspuren zu erhöhen? Tatsächlich ist eine Verbesserung der Schätzung Ihrer Persönlichkeit aufgrund Ihrer digitalen Datenspuren schon heute über mehrere Wege möglich.

Eine Erhöhung der diagnostischen Kraft kann unter anderem durch den Einsatz einer besseren Persönlichkeitsdiagnostik erreicht werden. In der Arbeit der Forschungsgruppe um Gokul Chittaranjan wurde ein sehr kurzer Fragebogen (TIPI) eingesetzt[254], um Persönlichkeit zu messen. Mit einem solchen Kurz-Fragebogen ist nur ein sehr oberflächliches Screening der Persönlichkeit möglich, sodass man nur eine sehr vage Idee von der Persönlichkeitsstruktur eines Menschen gewinnt. Nutzt man detailliertere Fragebögen, die naturgemäß auch deutlich länger ausfallen, so gelingt es tatsächlich, höhere Zusammenhänge zwischen einzelnen Smartphone-Variablen und der selbstberichteten Persönlichkeit auszumachen. Unter Verwendung von besseren Persönlichkeitsfragebögen erhöhten sich die Korrelationen in Arbeiten teilweise auf über .30.[255] Die Log-Variable *Anzahl an eingehenden Anrufen auf dem Smartphone* war in der Arbeit aus meiner Arbeitsgruppe beispielsweise in Höhe von .36 mit der Persönlichkeitseigenschaft Extraversion assoziiert (.36 x .36 = 0,1296 x 100 = 12,96 % Varianzaufklärung). Der Sprung von 1,69 % auf ungefähr 13 % Varianzaufklärung ist schon sehr ordentlich, allerdings lässt sich damit immer noch keine gute Vorhersage von den digitalen Markern auf die selbstberichtete Persönlichkeit auf Individualebene machen. Es ist zwar nun noch etwas wahrscheinlicher, dass eine Person, die viel angerufen wird, etwas eher extravertiert ist (möglicherweise ein sozialer Knotenpunkt!), aber es handelt sich nach wie vor um Wahrscheinlichkeitszusammenhänge, die für die Beschreibung der untersuchten Stichprobe eine gewisse Gültigkeit hat. Können wir die Vorhersagekraft mit weiteren Maßnahmen nach oben schrauben? Ja.

Noch besser wird die Prognose, wenn viele Variablen des Smartphones gleichzeitig in den statistischen Analysen berücksichtigt werden. In den Log-Dateien gibt es allein in Bezug auf das Telefonierverhalten einer Person unzählige Variablen, die ausgewertet werden und dann gemeinsam in die Analysen fließen können. Um ein paar Beispiele zu nennen: Länge der Telefonanrufe, Anzahl der einkommenden Anrufe, Anzahl der ausgehenden Anrufe, Anzahl der unterschiedlichen Personen, mit denen man in Kontakt tritt bzw. die Größe des aktiven und passiven sozialen Netzwerks. Der Begriff »aktives soziales Netzwerk« zielt hier auf die Personen ab, mit denen man im Alltag regelmäßig in Kontakt tritt. Diese Information ist insofern interessant, da viele von uns Telefonnummern auf dem Smartphone eingespeichert haben, die teilweise gar nicht mehr angerufen werden.

Nun können mit statistischen Verfahren diese vielen unterschiedlichen Variablen gleichzeitig in den statistischen Analysen berücksichtigt werden, um die Persönlichkeit einer Person oder andere psychische Variablen vorherzusagen. Unter anderem ermöglicht ein statistisches Verfahren mit dem Namen »Maschinelles Lernen«, viele solcher Datenquellen in einem einzigen statistischen Modell unterzubringen. Deswegen finde ich es erwähnenswert, dass trotz der eher »oberflächlichen« Persönlichkeitsdiagnostik in der Arbeit um Gokul Chittaranjan mit Hilfe von Maschinellem Lernen die Genauigkeit der Vorhersagen auf die selbst berichteten Persönlichkeitseigenschaften der Studienteilnehmer*innen ordentlich erhöht werden könnten, wenn alle Datenquellen des Smartphones in einem statistischen Modell berücksichtigt wurden. Nach einem Mediansplit der Persönlichkeitsvariablen (beispielsweise Einteilung in zwei Gruppen extravertiert versus introvertiert[256]) konnte die Persönlichkeitseigenschaft mit einer Genauigkeit von 75,9 % und die Persönlichkeitseigenschaft Gewissenhaftigkeit mit einer Genauigkeit in Höhe von 74,4 % vorhergesagt werden. Damit liegt die Trefferrate deutlich über dem Münzwurf, was die Persönlichkeitsschätzungen einer Person aufgrund der eigenen Smartphone-Daten betrifft. Ohne einen solchen Mediansplit, aber unter Verwendung modernster statistischer Verfahren und dem Einbezug einiger Datenquellen des Smartphones (Kommunikation, Musik hören, Mobilität, etc.) bei 624 Studienteilnehmer*innen scheint momentan die Grenze bei etwa .40 zu liegen.[257]

Was können wir nun abschließend über das Smartphone als Werkzeug für Persönlichkeitsdiagnostik sagen? In der Psychologie wird in vielen wissenschaftlichen Arbeiten gerne das Bild aus der indischen Folklore verwendet, in dem sich blinde Männer aufmachen, um zu verstehen, was es mit dem legendären Tier, dem Elefanten, auf sich hat. Der erste Blinde ertastet den Rüssel und sagt, dass dieser einer Schlange ähnele. Die zweite blinde Person an der Seite des Elefanten ertastet dagegen eine gigantische Wand. Die dritte blinde Person steht am Schwanz des Elefanten und berichtet, dass das Tier doch eher einem Speer gleiche. Diese klassische Geschichte verweist auf eine einfache Wahrheit: Das Studium von einzelnen Elementen täuscht häufig über die tatsächliche Natur eines untersuchten Gegenstandes hinweg. Im Kontext der Smartphone-Datenquellen zeigt sich entsprechend, dass auch das Nutzungsverhalten von vielen Seiten abgetastet werden muss, um ein möglichst gutes Abbild von der Person dahinter zu bekommen. Ebenso ist es wichtig, die interessierende Zielvariable (hier Persönlichkeit) psychometrisch möglichst sauber zu erfassen. Ein solches Vorhaben kann nur dann erfolgreich sein, wenn psychometrisch valide und reliable Fragebögen zur Messung einer psychologischen Variablen wie Persönlichkeit eingesetzt werden. Weiterhin könnte man als Fehlerquelle in dem wissenschaftlichen Vorhaben anmerken, dass es Unterschiede in der Fähigkeit von Menschen gibt, die eigene Persönlichkeit korrekt einzuschätzen. Daher könnte man diskutieren, wie gut oder umfassend ein Persönlichkeitstest überhaupt der tatsächlichen komplexen Persönlichkeit eines Menschen gerecht wird.

Zusammenfassend lässt sich festhalten, dass das Smartphone eine sehr vielseitige und mächtige Datenquelle darstellt. Es überrascht deswegen nicht, dass immer mehr psychologische Studien Smartphones einsetzen und unter Berücksichtigung der Log-Dateien erfolgreiche Vorhersagen auf zahlreiche Psycho-Variablen wie Persönlichkeit, aber auch psychopathologische Zustände erzielen. Bereits 2012 wurde das *Smartphone-Psychology-Manifesto* ausgerufen[258], welches die zu erwartenden Veränderungen in der psychologischen Forschung durch die weite Verbreitung des Smartphones vorhergesagte.

Denkt man kurz darüber nach, wie viele Sensoren in den kleinen Geräten verbaut sind, stehen wir wohl erst am Anfang, die Smartphone-Datenquellen in ihrer Vielfalt und Menge richtig auszuwerten. Zumal viele der Sensoren in einem Smartphone bis jetzt nur unzureichend in den vorhandenen Psychodiagnostik-Studien berücksichtigt worden sind.[259] Beispielsweise wäre es denkbar, den Einfluss von Umgebungsvariablen wie Helligkeit oder Informationen über das Wetter in der Psychodiagnostik zu berücksichtigen, um die Stimmung einer Person vorherzusagen. Wenn die Sensoren aufzeichnen, dass in der Umgebung des Smartphones hohe Lux-Zahlen gemessen werden und die Sonne scheint, so haben die untersuchten Proband*innen vielleicht weniger schlechte Laune.[260]

Big Data kommt nach der Lehrbuchdefinition in den drei großen Vs vor: in unterschiedlicher Menge (*Volume*), in unterschiedlichen Datenformaten (*Variety*) und in unterschiedlicher Geschwindigkeit (*Velocity*). Mit diesen drei Vs sinnvoll umzugehen ist eine der Herausforderungen der Zukunft in der Psychoinformatik.

## Social Media und ich

Ich hatte am Anfang des Kapitels von *zwei* Arbeiten gesprochen, die das Feld der Psychoinformatik mitbegründet haben. Neben der nun ausführlich diskutierten ersten Smartphone-Studie und einigen Nachfolgern ist meines Erachtens die Arbeit von Michal Kosfeld aus dem Jahr 2013 zu nennen.[261] Diese spielte auch eine wichtige Rolle im Cambridge-Analytica-Datenskandal: Angeblich sollen mit Hilfe des Unternehmens sowohl bei der »Leave.EU«-Kampagne als auch bei der amerikanischen Präsidentschaftswahl »Hillary Clinton versus Donald Trump« Millionen von Wählern via Social Media manipuliert worden sein. Ich habe sehr viele Artikel über diesen bedenklichen Datenskandal bei Facebook gelesen. Allerdings scheint mir, dass einiges für immer im Dunkeln bleiben wird. Trotz der detailreichen Einblicke in dem Buch *Mindf*ck* des Whistleblowers Christopher Wylie[262], ist es nach wie vor unglaublich schwer einzuschätzen, wie viele Leute aufgrund der zweifelsohne getätigten Manipulationen via Social Media nicht zur Wahl gegangen sind (englisch: *voter suppression*) oder auf dem Wahlzettel für den Austritt gestimmt haben.[263] Aus diesem Grund möchte ich im Folgenden mehr Gewicht darauf legen, aus Sicht eines Psychoinformatikers zu erläutern, wie überhaupt eine Manipulation der Online-Nutzer*innen über Social Media vonstattengehen kann.

Der Startpunkt meiner weiteren Ausführungen ist die wissenschaftliche Arbeit von Michal Kosinski und Kollegen, die als Blaupause für einen Teil der eingesetzten Methoden von Cambridge Analytica gelten kann. Wichtig ist an dieser Stelle direkt festzuhalten, dass Kosinski selber nicht am Cambridge-Analytica-Datenskandal beteiligt war. Trotzdem scheint er sich durchaus der Tragweite seiner Forschung bewusst zu sein. Gegenüber der Schweizer Zeitung *Das Magazin* äußerte er sich in den Nachwehen des Skandals wie folgt: »Ich habe nur gezeigt, dass es die Bombe gibt.«[264] Wie funktioniert diese genau?

Ich persönlich verstehe wissenschaftliche Arbeiten aus der Psychologie und den Neurowissenschaften immer am besten, wenn ich mich zunächst kurz in die Rolle der Studienteilnehmer*innen hineinversetze. Dies wollen wir auch im Hinblick auf Kosinskis prominente Arbeit tun. Als Teilnehmer bei seiner Studie wäre mir womöglich Folgendes passiert: Zunächst hätte mich von der Arbeitsgruppe um Michal Kosinski eine Nachricht über Facebook erreicht, in der für eine Studie mit dem Namen *MyPersonality* Werbung gemacht worden wäre. Da mich die Persönlichkeit von Menschen sehr interessiert, hätte ich an dem Persönlichkeitstest gerne teilgenommen und dafür einen Online-Fragebogen ausgefüllt. Ein guter Weg, möglichst viele Menschen für eine solche Studienteilnahme zu bewegen, besteht darin, den interessierten Personen anzubieten, nach dem Ausfüllen des Fragebogens ein Feedback über die von ihnen gemachten Angaben zu geben, sodass sie etwas über sich selbst erfahren. Das klingt trivial, aber ein Persönlichkeitsfragebogen muss nach bestimmten Vorgaben ausgewertet werden. Mir wäre also in diesem Falle als Dankeschön vielleicht meine Persönlichkeitsstruktur rückgemeldet worden. Ein solches Feedback kann so aussehen, dass ich die Information bekomme, zehn von zwanzig möglichen Extraversionspunkten erreicht zu haben. Da es bei Persönlichkeitsskalen keine Cut-Off-Punkte gibt, ab denen man zuverlässig besonders extravertiert (oder im Gegenteil besonders introvertiert) ist, ging meine Arbeitsgruppe dazu über, den Studienteilnehmer*innen im Feedback Vergleichswerte von großen Stichproben zu präsentieren.

Eine andere Möglichkeit, viele Proband*innen für eine Studie zu gewinnen, besteht darin, jedem Teilnehmer und jeder Teilnehmerin Geld für das Ausfüllen der Fragebögen zu bezahlen. Dies ist aber meines Erachtens die schlechtere Variante, nicht nur, weil es deutlich teurer für den Wissenschaftler oder die Wissenschaftlerin ist, sondern weil auch die Datengüte unter dieser Strategie leiden kann. Vielleicht machen einige Personen dann nur bei der Studie mit, um Geld zu kassieren?

Tatsächlich konnten für eine wissenschaftliche Arbeit um Michal Kosinksi 58 466 Personen gewonnen werden, die nicht nur die Online-Fragebögen ausgefüllt, sondern es der Arbeitsgruppe auch erlaubt haben, die Angaben aus dem Selbsttest mit den Daten ihrer Facebook-Profile in den Zusammenhang zu bringen. Die hohe Teilnehmer*innenzahl in der Studie ist erwähnenswert, da viele Studien in der Psychologie damit zu kämpfen haben, nur auf kleine Stichproben rückgreifen zu können, die dann häufig auch noch aus WEIRD-Stichproben bestehen – die Teilnehmer und Teilnehmerinnen haben also folgenden Hintergrund: *western* (westlich), *educated* (gebildet), *industrialized* (industrialisiert), *rich* (wohlhabend, reich) und *democratic* (demokratisch).[265] Die Psychoinformatik scheint hier endlich Lösungen bereitzuhalten, um zum einen auf belastbare Stichprobengrößen in der psychologischen Forschung zu kommen als zum anderen auch Personengruppen zu gewinnen, die nicht ausschließlich der WEIRD-Gruppierung angehören.[266]

Nach der sehr erfolgreichen Datenerhebung fokussierten Michal Kosinski und Kollegen sich zunächst auf das Studium der *Facebook*-Likes, um von diesen digitalen Fußabdrücken Vorhersagen auf die Angaben im Selbsttest machen zu können. Die Wissenschaftler wollten dabei nicht nur ermitteln, wie gut die Vorhersagekraft durch die Facebook-Likes auf soziodemografische Variablen wie Alter und Geschlecht ausfallen würde, sondern auch auf psychologische Variablen wie Persönlichkeit oder Intelligenz.

Warum sind besonders Facebook-Likes so interessant? Likes beinhalten relevante Informationen über die Nutzenden von Facebook, da man zumeist nur Dinge mit einem »Gefällt mir« versieht, die man tatsächlich gut findet. Damit zeigen die Facebook-Nutzer*innen den Plattform-Betreibern freiwillig, was sie toll finden und was nicht. Mit diesen Informationen ist Facebook reich geworden. In der Arbeit von Kosinski u.a. wurde aufgrund der vielen Themengebiete, zu denen Likes gesetzt wurden, zunächst Komponenten gebildet, mit denen die Modellierung der interessierenden Variablen stattgefunden hat. Ein Beispiel außerhalb dieser Arbeit, das illustriert, wie solche Kategorien/Komponenten inhaltlich aussehen könnten: Über einen Facebook-Kommentar hätte ich erfahren, dass Neil Young bald in Europa Konzerte spielt. Über einen anderen Kommentar erfahre ich, dass Taylor Swift ein neues Album herausbringt. Beide Meldungen hätte ich nun mit einem Like versehen. Diese Likes könnte man zusammenfassen, indem man eine Kategorie mit dem Namen »Fan von Musik« bildet. Diese Kategorisierung ist natürlich eine Datenreduktion, hilft aber, die Daten besser analysieren zu können.

Wenig überraschend ergab sich in der Kosinksi-Arbeit durch die statistischen Analysen, dass größere Mengen an verfügbaren

»Likes« zu besseren Vorhersagen auf die Zielvariablen führten. Je mehr digitale Spuren vorhanden waren, desto besser fiel die Vorhersagekraft der zahlreichen Psycho-Variablen in der Studie aus. Wie gut lassen sich aber nun soziodemographische und psychologische Eigenschaften einer Person von diesen simplen Daumen-Hoch-Informationen vorhersagen?

Festzuhalten ist zunächst, dass im Schnitt pro Nutzer*in 170 Like-Angaben in den statistischen Analysen zur Verfügung standen. Diese Menge an Like-Angaben reichte schon aus, um dichotome Variablen einzelner Personen gut (und zwar wenn zwei Personengruppen mit entgegengesetzten Attributen direkt verglichen werden, z. B. Like-Profile von Männern vs. Like-Profile von Frauen). Was ist eine dichotome Variable? Dichotome Variablen bestehen aus zwei Kategorien. Unter eine dichotome Variable fällt somit auch das Geschlecht einer Person (Mann/Frau).[267] In den USA würde es sich auch bei der politischen Ausrichtung um eine dichotome Variable handeln, da dort im Gegensatz zu uns in Deutschland ein Zweiparteiensystem vorherrscht (Demokraten versus Republikanern). Ähnliches gilt für Variablen wie Alkoholkonsum (ja/nein).

Nun aber zur tatsächlichen Vorhersagekraft durch die Facebook-Likes: Männliche versus weibliche Personen konnten aufgrund der Likes mit einer Genauigkeit von 93% richtig eingeschätzt werden. Es gelang dem Algorithmus liberale versus konservative Personen mit einer Genauigkeit von 85% korrekt einzuordnen. Homosexuelle versus heterosexuelle Männer konnten aufgrund ihrer Like-Angaben mit einer Genauigkeit von 88% richtig klassifiziert werden, bei Frauen zeigte sich für diese Fragestellung eine Genauigkeit von 75%. Das heißt, im Kontext dichotomer Variablen beobachteten Kosinski und seine Kollegen hohe Trefferquoten.

Genauso wie in der Arbeit um Gokul Chittaranjan versuchten die Wissenschaftler um Kosinski auch die Persönlichkeitsstruktur einer Person vorherzusagen. Im besten Fall lag die Vorhersagekraft von den Like-Informationen der Studienteilnehmer*innen bei .40 für Extraversion und bei .43 für die Persönlichkeitseigenschaft Offenheit für Erfahrung. Die Trefferquoten fallen hier deutlich ab, da es sich nicht um dichotome Variablen handelt, sondern um metrische Konstrukte. Ein metrisches Konstrukt ist unter anderem die Größe und das Gewicht einer Person, aber auch die Persönlichkeit, die nicht in zwei Ausprägungen, sondern als dimensionales Konstrukt gemessen wird.

Trotz der schlechteren Vorhersagekraft zeigten sich immerhin moderate Zusammenhänge zwischen Likes und Persönlichkeitseigenschaften. Um diese Ergebnisse etwas greifbarer zu machen, möchte ich konkrete Beispiele aus einer Folgearbeit von Wu YouYou und Kollegen nennen, in welcher sogar untersucht wurde, inwieweit Like-Informationen besser als Freund*innen und Ehepartner*innen abschneiden, wenn es darum geht, die Persönlichkeit der Studienteilnehmer*innen vorherzusagen.[268] Falls ausreichend Likes vorhanden sind, ist der Algorithmus darin tatsächlich besser!

In der Studie von Wu YouYou und Kollegen zeichneten sich extravertierte Personen unter anderem dadurch aus, vermehrt Likes bei Themen wie Partys, Tanzen oder Snooki (einem weiblichen Reality-Star in den USA) zu setzen. Personen mit hohen Offenheitswerten setzten den Daumen-Hoch eher bei Online-Inhalten über Salvador Dali, Meditationstechniken und TED-Talks. Bei einem TED-Talk handelt es sich um einen wissenschaftlichen Vortrag, über welchen der oder die Interessierte in etwa 18 Minuten die Essenz eines Themas von einem*einer Expert*in via YouTube-Video präsentiert bekommt.

Ich denke, dass die hier genannten Beispiele intuitiv erläutern, warum Likes eine gewisse prädiktive Kraft für Persönlichkeitseigenschaften von Menschen mit sich bringen. Allerdings halten wir erneut fest, dass es sich bei der Vorhersage von Persönlichkeitseigenschaften von Facebook-Likes um rein korrelative Zusammenhänge mit moderaten Effektstärken handelt, die damit lediglich Vorhersagen auf Gruppenebene zulassen. Wie in der Chittaranjan-Studie (die eben genannte Smartphone-Studie) ist es also etwas wahrscheinlicher, dass das Setzen von einem »Daumen Hoch« zu bestimmten Themen mit ein wenig mehr oder weniger Extraversion bei den entsprechenden Nutzer*innen einhergeht. Die Irrtumswahrscheinlichkeit der Psychodiagnostik auf Ebene einer Individualperson ist hier aber noch relativ groß. Warum das Werbetreibende trotzdem keine schlaflosen Nächte beschert, sehen wir gleich.

Mittlerweile gibt es unzählige Studien, die Zusammenhänge zwischen Online-Spuren auf Facebook und Persönlichkeitseigenschaften hergestellt haben. Hilfreich wäre es nun, eine meta-analytische Betrachtungsweise einzunehmen. Eine Meta-Analyse analysiert über viele existierende Arbeiten einer wissenschaftlichen Fragestellung hinweg, wie der Zusammenhang zwischen interessierenden Variablen ausfällt.

In dem vorliegenden Fall würden wir nun fragen, wie gut die statistische Vorhersagekraft einer Reihe von digitalen Facebook-Spuren auf Personenmerkmale wie Persönlichkeit ausfällt.[269] Damit erweitert sich die Fragestellung schon ein wenig über die Arbeit von Kosinski und Kollegen hinaus, denn in vielen Studien wurden nicht nur Like-Informationen untersucht, um Vorhersagen auf Personenmerkmale zu machen. In der psychoinformatischen Literatur wurde für eine solche Vorhersage auf psychologische Variablen auch untersucht, wie häufig Nutzende einen Beitrag posten, wie häufig sie ihre Statusmeldungen ändern oder mit wie vielen Personen ein*e Nutzer*in im Kontakt steht. Dies sind tatsächlich nur wenige Beispiele für die unzähligen Variablen, die mittlerweile herangezogen werden, um Persönlichkeitsdiagnostik zu betreiben.

Zu meiner Freude bewarb sich mein italienischer Kollege Davide Marengo von der Universität Turin erfolgreich auf ein Stipendium und konnte so ein paar Monate in meinem Labor in Ulm arbeiten.

Da die Wintermonate in Ulm immer etwas düster und sehr nebelig sind, hatten wir genügend Zeit, uns ganz auf unsere Forschungsprojekte zu konzentrieren.

Im November 2019 machten wir uns daran, eine entsprechende Meta-Analyse fertigzustellen, die wir schon seit einigen Monaten vorbereitet hatten. In dieser Meta-Analyse fokussierten wir uns auf die Facebook-Literatur. Zwar hätte man eine solche Arbeit auch unter Einbezug anderer Social-Media-Plattformen durchführen können, um damit zu beantworten, wie gut die Vorhersagekraft generell von Social-Media-Daten auf psychologische Merkmale gelingt. Ich denke aber, dass unser Studienfokus gerechtfertigt ist, da Facebook das soziale Netzwerk mit der größten Nutzer*innenzahl darstellt.

Nach einer aufwendigen Literaturrecherche schälte sich aus insgesamt über 900 Arbeiten ein Kern von 21 Arbeiten heraus, die tatsächlich von Facebook-Datenspuren Vorhersagen auf Persönlichkeitseigenschaften unternommen haben. Diese gingen dann in die finale Auswertung ein. Wir konnten in unserer Meta-Analyse nun mehrere Dinge beobachten.[270] Die Korrelationshöhe zwischen den digitalen Fußabdrücken auf Facebook und den Persönlichkeitseigenschaften lag über alle Persönlichkeitseigenschaften des Big-Five-Modells bei .34 (.34 x .34 = 0.115, also in etwa 12 % Varianzüberlappung) und die Zusammenhänge mit Extraversion waren am stärksten. Alle Ergebnisse werden in Tabelle 4.2. präsentiert.

Unsere Meta-Analyse zeigte übrigens weiterhin, dass die Vorhersage auf die Persönlichkeitseigenschaften besser wird, wenn möglichst unterschiedliche Formen digitaler Fußabdrücke berücksichtigt werden.

Da sich unsere Meta-Analyse »nur« mit Facebook-Spuren beschäftigt hat, weise ich auf eine weitere Meta-Analyse hin, die sich mit der Prädiktionskraft von digitalen Spuren über Facebook hinaus beschäftigt hat.[271] Diese Meta-Analyse um Danny Azucar (und Davide) lieferte ähnliche Ergebnisse wie unsere Arbeit.

| | **Extraversion** | **Offenheit** | **Gewissenhaftigkeit** | **Neurotizismus** | **Verträglichkeit** |
|---|---|---|---|---|---|
| Digitale Fußabdrücke auf Facebook | r = .39 | r = .38 | r = .34 | r = .33 | r = .28 |

Tabelle 4.2.: Die Zusammenhänge zwischen den Großen Fünf der Persönlichkeit und Facebook-Daten in der Meta-Analyse von Marengo & Montag (2020), siehe Anmerkung 270

## Nun kann ich also für Gruppen von Online-Nutzenden psychische Merkmale wie Persönlichkeit schätzen – aber was bringt mir das?

Die Arbeit von Michal Kosinski hat eine wahre Welle an Diskussionen in und außerhalb von Akademia nach sich gezogen. Ein Hauptgrund dafür ist sicherlich die Nähe dieser Arbeit zum Cambridge-Analytica-Datenskandal (CADS), da man die Kosinski-Arbeit als eine Art Blaupause für den Methodenbaukasten des zwielichtigen Unternehmens Cambridge Analytica (CA) sehen könnte. Ich bin allerdings davon überzeugt, dass diese Studie auch ohne diesen Bezug große Wellen geschlagen hätte, da sie meines Erachtens einen wesentlichen Meilenstein in der psychoinformatischen Diagnostik darstellt. Ihre Ergebnisse zeigen in bedeutsamer Art und Weise, welche Informationen von einer »simplen« digitalen Datenquelle – wie dem Like auf Facebook – geschätzt werden können.

Nun wissen wir, dass sich einige dichotome Variablen wie das Geschlecht einer Person gut und metrische Variablen wie Persönlichkeit mit Abstrichen ordentlich von digitalen Datenquellen schätzen lassen (jedenfalls für große Stichproben und dem entsprechenden Studiendesign). Wie kann dieses Wissen aber nun genutzt werden, um sogar Wahlkämpfe zu manipulieren?

Wenn ich weiß, welche Art von digitalen Fußabdrücken Schätzungen auf soziodemografische und psychische Variablen ermöglichen, stellt dieses Wissen eine Art Code-Schlüssel dar, den ich nutzen kann, um sprichwörtlich viele andere Schlösser zu knacken. Ist einmal der Zusammenhang zwischen bestimmten Mustern von Online-Spuren und selbstberichteten Variablen hergestellt worden, so kann dieser Schlüssel natürlich auch auf Daten von Stichproben angewendet werden, bei denen von den Online-Nutzer*innen lediglich digitale Fußabdrücke ohne Selbstreportangaben vorliegen. Genau das wollte Cambridge Analytica (CA) nun tun. Dafür musste das Datenanalyse-Unternehmen allerdings erst einmal an den besagten Code-Schlüssel herankommen. Dies stellte sich als schwierig heraus. Denn es gelang CA unter Führung von Alexander Nix nicht, eine Einigung mit Kosinski zu erzielen, um an den herausgearbeiteten

Code-Schlüssel zu kommen. Laut Aussagen des ehemaligen CA-Mitarbeiters Christopher Wylie scheiterte es wohl am Geld. »Kosinski schickte Kogan eine E-Mail, in der er sagte, sie wollten eine halbe Million Dollar im Voraus plus 50 Prozent aller Royalities (Lizenzgebühren) für die Nutzung ihrer Facebook-Daten.«[272] An dieser Stelle verweise ich auch auf die Darstellungen auf Kosinskis Webseite und möchte hier nicht Partei ergreifen.[273] Aleksandr Kogan selber arbeitete übrigens an derselben Universität wie Kosinski und trat wohl als Vermittler zwischen CA und der Kosinski-Gruppe auf.

Nach der gescheiterten Einigung zwischen CA und der Kosinski-Gruppe bot nun Aleksandr Kogan dem Unternehmen CA seine Dienste an, um das Problem zu lösen. Beide Parteien einigten sich auf eine Zusammenarbeit. Kogan rief eine eigene App mit dem Namen *This-is-your-digital-life* ins Leben, die wie das *mypersonality*-Projekt ebenfalls sehr erfolgreich wurde. Die Voraussetzungen für ein gutes Gelingen des App-Projekts von Kogan standen unter einem guten Stern, denn Cambridge Analytica hatte eine enorme Finanzspritze von dem Milliardär Robert Mercer bekommen und damit genügend Geld (ca. 800 000 US-Dollar[274]), um jedem der 270 000 Teilnehmer ein paar Dollar zu zahlen. Im Gegenzug für die Teilnahme an dem *This-is-your-digital-life*-Projekt gaben die Proband*innen Kogan die Erlaubnis, die im Fragebogen getätigten Angaben mit den Facebook-Daten verknüpfen zu lassen. Kogan hatte also schnell einen ähnlichen Schlüssel wie die Kosinski-Gruppe in den Händen und gab diesen an das Unternehmen CA weiter.[275]

Inwiefern ist ein solcher Code-Schlüssel hilfreich, um Einfluss auf das Entscheidungsverhalten von Menschen nehmen zu können? Hierzu gibt es bis jetzt leider wenig unabhängige empirische Forschung. Eine relativ neue Arbeit um Sandra Matz ist aber als Startpunkt zur Beantwortung der Frage aufschlussreich.[276] In dieser Studie konnte gezeigt werden, dass es möglich ist, (a) aufgrund vorhandener Online-Spuren einer Person die Persönlichkeit zu schätzen (das wissen wir schon), und (b) diese Schätzung erfolgreich einzusetzen, um mit Hilfe von maßgeschneiderten Werbebotschaften das Verhalten eines Nutzers oder einer Nutzerin zu manipulieren. Wie funktioniert das genau?

Die Idee hinter einer maßgeschneiderten Werbung ist, eine Werbebotschaft an die Vorlieben und Persönlichkeitsstruktur eines Online-Nutzers oder einer Online-Nutzerin anzupassen. Wird aufgrund der digitalen Fußabdrücke geschätzt, dass eine Person extravertiert ist, so würde man dieser Person eine Werbebotschaft präsentieren, die besonders diese Personengruppe anspricht. Da extravertierte Personen besonders gesellig und lebendig sind, würde man beispielsweise eine Werbung mit tanzenden Menschen präsentieren. Ergibt die Analyse der digitalen Fußabdrücke, dass der*die Online-Nutzer*in eher introvertiert ist, so würde man hier eine Werbung einsetzen, die auf das Zurückhaltende bei introvertierten Menschen abzielt. Also eher leise sein, die Ruhe oder Stille mögen. In der Studie von Sandra Matz wurde für die Gruppe der Introvertierten passenderweise eine Werbebotschaft mit dem Titel »Beauty doesn't have to shout« eingesetzt. Die extravertieren Personen bekamen übrigens tatsächlich tanzende Menschen in ihrer Werbung zu sehen.

Wie man an den Beispielen leicht sehen kann, geht es im Bereich des *Psychological Targeting* oder *Microtargeting*[277] darum, kongruente Werbebotschaft zu schaffen. Und tatsächlich scheint die Kongruenz zwischen Online-Nutzer*in und einer Werbebotschaft die Klickraten und Kaufraten zu erhöhen. Werbebotschaften, die an die Persönlichkeitsdimensionen Extraversion und Offenheit für Erfahrungen angepasst wurden, erzeugten in der Studie um Sandra Matz eine deutliche Steigerung der Klickraten (bis zu 40 %) und Käufe (bis zu 50 %) im Vergleich zu inkongruenter Werbung bzw. unpersonalisierter Werbung. Diese Zahlen untermauern das Potenzial von *Psychological Targeting*, aber auch die Gefahren, wenn eine solche Strategie beispielsweise in Wahlkämpfen eingesetzt wird. Ich persönlich empfinde es wenig nachvollziehbar, dass sich Facebook im Jahr 2020 erneut dagegen entschieden hat, *Microtargeting* im Bereich von Wahlkämpfen auf der eigenen Plattform zu untersagen. Mark Zuckerberg ist wohl klar, dass er damit auf deutlichen Widerstand stößt. Das Festhalten an Prinzipien der Meinungsfreiheit (wie er es drastisch formuliert) »wird einige Leute anpissen«.[278] Auch wenn wir deutlich mehr Forschung in diesem Bereich brauchen, erscheint mir *Psychological Targeting/Microtargeting* im Kontext von Wahlkämpfen und politischer Debatten Gefahren für die Demokratie mit sich zu bringen.[279] Damit ich nicht falsch verstanden werde: Ich erachte Wahlwerbung als wichtig, um die Wähler*innen über Inhalte ihres Wahlprogramms zu informieren. Eine Manipulation der Wähler*innen durch maßgeschneiderte Werbebotschaften auf Social-Media-Kanälen ist für mich aber unhaltbar.

## Warum es trotzdem fraglich ist, wie gut Psychological Targeting wirklich funktioniert

Wenn man die Zahlen von der Studie um Sandra Matz betrachtet, scheint maßgeschneiderte Werbung tatsächlich Einfluss auf Entscheidungen von Menschen auf Social-Media-Plattformen auszuüben. Für eine richtige Einschätzung muss allerdings auch das Kleingedruckte in der Studie gelesen werden. Dort findet sich der wichtige Hinweis, dass die Zahl der getätigten Käufe in der Studie sehr gering ausfiel: 3129993 Nutzer*innen wurden erreicht, 10346 Klicks wurden verzeichnet, aber nur 390 Einkäufe gemacht.[280] Die Werbeintervention war also längst nicht so erfolgreich, wie die Steigerung der Klick- und Kaufraten suggeriert. Umgerechnet wurden nämlich nur ca. 0,01 % aller Teilnehmer*innen in der Studie durch die Kampagne zu einem Kauf verleitet.[281] Fraglich ist, ob sich diese Erkenntnisse ohne Weiteres auf Wahlkampf-Kampagnen übertragen lassen.

Ein wenig Aufschluss gibt eine experimentelle Arbeit, die Hinweise darauf fand, dass die Intention, eine bestimmte Partei zu wählen, durch eine Microtargeting-Maßnahme beeinflusst werden kann. Brahim Zarouali und Kollegen luden in ihrer Studie Teilnehmer*innen ein, die eine neue Social-Media-Plattform testen sollten.[282] Die zu testende Plattform sah so ähnlich aus wie Facebook, und die Proband*innen bekamen weiterhin die Aufgabe, einige Angaben über sich auf der Social-Media-Plattform zu machen und sich in einem Text vorzustellen. Mit Hilfe automatisierter Textanalysen schätzten die Wissenschaftler im Nachgang die Persönlichkeitseigenschaft Extraversion der Studienteilnehmer*innen ein. Zwei Wochen später wurden die Studienteilnehmer*innen erneut eingeladen, die Social-Media-Plattform zu besuchen. Dort wurde ihnen entsprechend ihrer geschätzten Introversion/Extraversion entweder eine kongruente politische Werbebotschaft, eine inkongruente politische Werbebotschaft oder eine neutrale Werbebotschaft präsentiert. Wie sah das genauer aus? Die Werbung für die Partei »GroenLinks« (GrünLinks) aus Holland zeigte ein Bild mit einer Straße, die von Windrädern gesäumt ist. Die das Bild begleitende extravertierte Werbebotschaft lautete in etwa wie folgt: »GroenLinks garantiert ein faireres und grüneres Holland. Für uns gilt, dass jede(r) ein Maximum an Aufmerksamkeit verdient, und wir stellen das Wohl jedes und jeder Einzelnen in den Fokus. Hol den Helden aus dir raus und unterstütze unser tolles Programm.« Die introvertierte Werbebotschaft unterschied sich unter anderem in den letzten beiden Sätzen, wo es dann hieß: »In aller Bescheidenheit, wir kümmern uns darum, das Wohl von jedem Bürger und jeder Bürgerin schrittweise zu verbessern. Möchtest du einen kleinen Beitrag leisten? Unterstütze unser Programm.« Alle englischsprachigen Originalformulierungen genauso wie die Werbebotschaft der Kontrollbedingung finden sich in der Anmerkung. [283]

Kommen wir zu den Ergebnissen, die auch in Abbildung 4.2. illustriert sind. Es zeigt sich in der Studie, dass Personen, denen eine kongruente Werbebotschaft präsentiert wurde, eine höhere Wahrscheinlichkeit angaben, die Partei GroenLinks zu wählen, als Personen, denen eine inkongruente Werbebotschaft gezeigt wurde oder sich in der Kontrollbedingung befanden. Dies äußert sich auch in den sichtbar höheren Balken in den kongruenten Gruppen. Zur Erinnerung: Diese Gruppen waren entweder gekennzeichnet durch eine geschätzte Introversion der Person und introvertierte Werbung oder eine geschätzte Extraversion der Person und extravertierte Werbung.

Meiner Meinung nach brauchen wir in Zukunft mehr solche Forschungen, um die Auswirkungen des Microtargetings auf das Wahlverhalten besser zu verstehen. Als Limitation der Studie sei darauf hingewiesen, dass dieses Experiment lediglich ein fiktives Szenario darstellte und die Wahrschlichkeitsangaben bezüglich der Wahlintention bei beiden kongruenten Gruppen »nur« im *eher wahrscheinlichen* bis *wahrscheinlichen* Bereich angesiedelt waren, nicht aber *sehr wahrscheinlich* ausfielen. Zusätzlich ist weiterhin unklar, wie eine Person wirklich in der

Wahlkabine entscheidet und ob die hier beobachteten Ergebnisse für das ganze politische Spektrum gelten. Das Experiment wurde schließlich mit einer Werbung für eine links-progressive Partei durchgeführt.

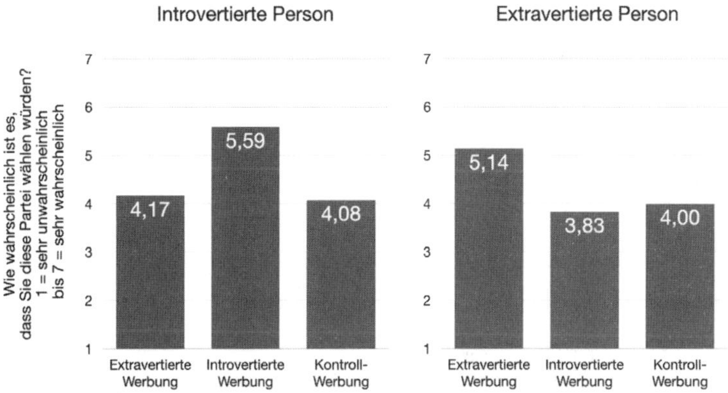


Abbildung 4.2.: Personen, denen eine kongruente Werbebotschaft präsentiert wurde, berichteten eine höhere Wahrscheinlichkeit, die Partei aus der Werbung zu wählen, als Personen in der inkongruenten Bedingung oder Kontrollbedingung. Die Kongruenz bezieht sich hier auf die Kongruenz zwischen dem Persönlichkeitsspektrum Introversion/Extraversion und der entsprechenden Werbebotschaft.

Trotz dieser ersten Arbeit, die sich mit Microtargeting und Wahlintentionen beschäftigt, gibt es über das Gesagte hinaus weitere Gründe, Skepsis gegenüber dem Erfolg von Microtargeting-Maßnahmen zu hegen. Wie wir gesehen haben, ist es nicht leicht, an einen Code-Schlüssel heranzukommen, der verrät, welche Kombinationen von digitalen Fußabdrücken Rückschlüsse auf psychische Eigenschaften einer Person ermöglichen. Da Facebook in den Nachwehen des Cambridge-Analytica-Datenskandals seine Programmierschnittstelle (englisch: API)[284] für psychologische Test-Apps dicht gemacht hat, ist es zudem zumindest für den Moment für Personen außerhalb der Social-Media-Konzerne deutlich schwieriger geworden, neue derartige Code-Schlüssel zu generieren. Auch wenn das ganz beruhigend erscheint, so ergeben sich für Grundlagenforscher*innen aktuell kaum Möglichkeiten, empirische Studien auf Social-Media-Plattformen durchzuführen. Dies wäre aber wichtig, um weiterhin auf die Probleme im Bereich des *Psychological Targeting* aufmerksam machen zu können. Denn: Facebook und andere Tech-Konzerne verfügen intern weiterhin über Daten, die zur Manipulation der Nutzer*innen eingesetzt werden können. Aus diesem Grund sollten meines Erachtens die APIs zumindest für unabhängige, universitäre Grundlagenforscher*innen wieder geöffnet werden, um überprüfen zu können, ob und wie Nutzer*innen auf Facebook & Co durch unterschiedliche Interessengruppen manipuliert werden.

Es gibt noch weitere Faktoren, die den Erfolg von *Psychological Targeting* erschweren. Zur Ilustration unternehmen wir einen kurzen Abstecher in die Intelligenzforschung. Den Begründer der Intelligenzforschung, Sir Francis Galton, haben wir in diesem Kapitel bereits kennengelernt. Seit den Anfängen der Intelligenzforschung im viktorianischen England wird bis zum heutigen Tag kontrovers diskutiert, wie genau Intelligenz zu definieren sei. Edwin G. Boring formulierte lapidar, dass Intelligenz das sei, was ein Intelligenztest messe.[285] Für mich persönlich spiegelt sich Intelligenz in dem erfolgreichen Umgang mit der eigenen Umwelt wider. Wer sich gut im Leben gegen alle Widrigkeiten durchsetzt und seinen Weg erfolgreich bestreitet, scheint die richtige Mischung an geistigen Fähigkeiten zu besitzen. Durch die Erforschung von Künstlicher Intelligenz ist diese Debatte in den letzten Jahren wieder intensiver geworden. Ist Intelligenz etwas, was nur unserer Spezies und vielleicht einigen wenigen höher entwickelten Tieren zu eigen ist? Oder können Maschinen auch intelligent sein?[286]

Im letzten Jahrhundert zeigte sich ein erstaunlicher Befund, der als Flynn-Effekt in der wissenschaftlichen Literatur über Intelligenz bekannt geworden ist.[287] Der Politologe James R. Flynn beobachtete, dass besonders unter Verwendung kulturfreier IQ-Tests ein Anstieg des IQs über mehrere Generationen in vielen Ländern zu beobachten war. Kulturfrei bedeutet, dass die Aufgaben des IQ-Tests Menschen aus einem anderen Kulturkreis nicht benachteiligen. In einem kulturfreien IQ-Test werden also keine Aufgaben verwendet, die nur von Personen beantwortet werden können, die in einer bestimmten Kultur aufgewachsen sind. Stellen Sie sich vor, Sie müssten nun einen Test über chinesische Kultur in chinesischen Schriftzeichen ablegen. Da wären wir als europäische Teilnehmer*innen wohl sehr benachteiligt.

Der Grund für den Anstieg des IQs im letzten Jahrhundert lässt sich wahrscheinlich auf viele mögliche Ursachen zurückführen: verbesserte Umweltbedingungen durch ausgewogenere Ernährung, der medizinische Fortschritt und höhere Bildung.[288] Psychodiagnostiker*innen ziehen aus dem Flynn-Effekt die Lehre, dass Intelligenztests immer wieder neu normiert werden müssen. Die Forscher*innen müssen in gewissen zeitlichen Abständen neue Referenzstichproben sammeln. Ohne neue Normstichproben würde eine jugendliche Person, die 1995 geboren wurde, womöglich erstaunlich gut abschneiden, wenn ihre Leistung in einem IQ-Test mit Referenzstichproben aus den 1960er-Jahren verglichen wird, während sie sich im direkten Vergleich von Gleichaltrigen ihrer Generation vielleicht gar nicht besonders abhebt.

Ich bin davon überzeugt, dass diese Art der Normierung auch im Bereich des *Microtargetings* unerlässlich wäre. Um dies zu illustrieren, beschäftigen wir uns im Folgenden mit einer Technik, die in der Psychoinformatik als *Textmining* bekannt ist. Unter Verwendung von Textmining-Analysen können Wissenschaftler*innen herausarbeiten, inwiefern der verwendete Wortschatz einer Person Aufschluss über psychologische Merkmale gibt. Die Idee ist plausibel, wenn Sie sich an die Großen Fünf der Persönlichkeit erinnern, die vor dem Hintergrund eines lexikalischen Ansatzes entstanden sind (siehe Kapitel 2). Wenn jemand über sich in einem Online-Blog schreiben würde, dass er*sie durchsetzungsstark und gesellig ist, würde das logischerweise auf eine extravertierte Person schließen lassen.

Ein schon länger existierender Ansatz für derartige Sprachanalysen stellt der *Linguistic Inquiry and Word Count* (LIWC)-Ansatz dar. Hier gibt man zunächst einen elektronischen Text in ein Software-Tool ein. Anschließend erhält man Informationen darüber, welche Worte in dem Text wie häufig verwendet worden sind. Zusätzlich sind in dieser Software mittlerweile mehrere tausend Wörter tiefergehend verschlagwortet.[289] Damit kann auch analysiert werden, wie viele negative oder positive Worte eine Person in einem elektronischen Text gebraucht. Mit Hilfe der Sprachschatzanalysen lassen sich naturgemäß auch Vorhersagen auf psychische Variablen machen. Forscher um Matthias Mehl konnten bereits 2006 zeigen[290], dass extravertierte Personen eine höhere Anzahl an Wörtern (die »rohe« Zahl an Wörtern, *raw word count*) verwenden. Mithin lassen sich nicht nur aus dem Inhalt der verwendeten Wörter, sondern auch von anderen Sprachvariablen Vorhersagen auf psychologische Eigenschaften vornehmen.

Obwohl der LIWC-Ansatz ganz neue Möglichkeiten für Psychoinformatiker*innen eröffnet, hat dieser Ansatz seine Grenzen. Unter anderem wird der Wortschatz einer Person beim LIWC-Ansatz lediglich auf Einzelwortebene untersucht. Durch die Fokussierung auf einzelne Worte in der Sprachanalyse kann so etwas Komplexes wie Ironie oder Sarkasmus in einem Satz kaum verstanden werden. Überdies können für eine Emotionsanalyse des Wortschatzes nur solche Worte berücksichtigt werden, die zuvor auch in den Software-Katalog aufgenommen worden sind. Abhilfe schafft hier der neue *Open Vocabulary Approach* (OVA), in dem sogar Wort-Phrasen berücksichtigt werden können. Es besteht bei Verwendung des OVA zudem keine Notwendigkeit, Wörter vor der Analyse zu verschlagworten. Margaret L. Kern und Kolleg*innen schreiben: »Die neue Methode untersucht die dominanten Unterscheidungswörter und -phrasen anhand eines offenen Wortschatzes, der Emoticons, Rechtschreibfehler und Phrasen enthält.«[291] Das Ergebnis einer solchen Sprachanalyse kann – wenig überraschend – auch mit selbstberichteten Persönlichkeitsausprägungen einer Person in den Zusammenhang gebracht werden.

Auch wenn die Entwicklungen in der Sprachanalyse in der Psychoinformatik atemberaubend sind, bin ich davon überzeugt, dass in Zukunft regelmäßig Normstichproben gezogen werden müssen, um mit Hilfe von Textmining sinnvolle Ergebnisse erzielen zu können. Andernfalls wird sich ein veralteter Code-Schlüssel nur mit äußerster Vorsicht auf einen neuen Datensatz anwenden lassen. Wie sich die Verwendung veralteter Referenzstichproben negativ auf die IQ-Diagnostik auswirken kann, habe ich bereits anhand des Flynn-Effekts veranschaulicht.

Zur Illustration des Problems, welches durch Verwendung eines veralteten Code-Schlüssels im Bereich des Textmining entsteht, möchte ich ein weiteres Beispiel anführen: In der Arbeit um Margaret L. Kern konnte unter anderem ein Zusammenhang zwischen dem Verwenden des Wortes Pokémon in Facebook-Einträgen und der Persönlichkeitseigenschaft Gewissenhaftigkeit hergestellt werden.[292] Personen, die auf ihrem Facebook-Profil häufig von Pokémon sprachen, berichteten in der Studie, eher weniger gewissenhaft zu sein. Möglicherweise vertrödeln weniger gewissenhafte Personen also mehr ihrer Zeit, indem sie sich mit Pokémon beschäftigen. Interessant! Was passiert aber, wenn das Pokémon-Spiel irgendwann total out ist? Nach dem Hype im Jahr 2016 spricht in Deutschland heute doch kaum noch jemand von Pokémon Go. In diesem Fall bringt mir als Psychoinformatiker die Information gar nichts. Sprachanalysen sind also abhängig von dem Zeitalter, in welchem wir leben.

Dieses Problem entsteht übrigens nicht nur bei Textmining-Analysen, sondern auch bei der Auswertung von Facebook-Likes. Was bringt es mir zu wissen, dass ein Like zum Thema Pokémon eine diagnostische Kraft hat, wenn niemand mehr über Pokémon spricht? Auch gilt es zu beachten, dass in unterschiedlichen Kulturen über unterschiedliche Themen diskutiert wird. Gesellschaften unterscheiden sich zudem auch in ihren politischen Systemen. Während in der Facebook-Like-Studie von Michal Kosinski relativ gute Vorhersagen auf die politische Parteipräferenz in den USA gemacht werden konnten, wird dies in Deutschland deutlich schwieriger sein, da wir kein Zwei-Parteien-System haben. Zusätzlich bringt es dem*der deutschen Psychoinformatiker*in wahrscheinlich ziemlich wenig, wenn er*sie Vorhersagen über politische Präferenzen in Deutschland machen möchte, und dafür den Code-Schlüssel einsetzt, der anhand von digitalen Datenspuren aus den USA gewonnen wurde.

Bis jetzt haben wir lediglich über psychoinformatische Auswertungen von Smartphone- und Social-Media-Variablen gesprochen. Reisen wir nun nach China, um uns anzuschauen, was schon jetzt aus digital aufgezeichneten Alltagshandlungen von Studierenden auf einem Universitätscampus herausgelesen werden kann.

## Über den Zusammenhang von täglichem Duschen und akademischer Leistung in China

Es ist ein bewölkter, aber warmer Tag, als ich einen chinesischen Kollegen auf dem Campus der University of Electronic Science and Technology of China (UESTC) treffe. Die UESTC ist eine angesehene Universität in Chengdu, einer Vierzehn-Millionen-Metropole im Herzen der Provinz Sichuan. Da ich seit mehreren Jahren auch an der UESTC arbeite, kennen wir uns gegenseitig schon länger, und ich bin mit seiner Arbeit vertraut. Mein Kollege beschäftigt sich mit der Frage, welche Informationen von digitalen Spuren abgeleitet werden können.

Wir haben uns zum Mittagessen verabredet, bei dem wir über eine neue wissenschaftliche Arbeit sprechen wollen, die auf dem Campus durchgeführt worden ist. In einem einfachen Nudelrestaurant, drei Minuten vom Campus entfernt, bestellen wir beide eine Portion *gān miàn* (干面, trockene Nudeln), und schon sind wir mitten in der Diskussion. In der spektakulären Arbeit analysierte das Forscherteam die Campus-Daten von 18 960 Studierenden.[293] Um was für Daten handelt es sich genau?

Zunächst ist es wichtig zu wissen, dass chinesische Studierende nur selten den Campus verlassen und sehr konzentriert ihr Studium verfolgen. Eine der Abwechslungen zum studentischen Alltag ist sicherlich das chinesische Neujahrsfest, wo Studierende in alle Richtungen Chinas entschwinden, um zu ihren Familien zu reisen. Ich weiß, dass in unserer Arbeitsgruppe Studierende bis zu zwei Tage mit Bahn und Bus nach Hause reisen. China ist nun einmal unermesslich groß. Ansonsten findet das Leben der chinesischen Studierenden im Wesentlichen auf dem Campus statt, wo es vom Friseur über den Supermarkt bis hin zu Sportplätzen so ziemlich alles gibt, was Studierende in ihrem Alltag brauchen.

Um im chinesischen Campus-Alltag zurechtzukommen, sind zwei Dinge geradezu unabdingbar: die chinesische App *WeChat* auf dem eigenen Smartphone, mit der man überall zahlen kann[294] und die Smartcard der chinesischen Universität. Mit dieser Karte bezahlen die Studierenden nicht nur das Essen beim Mittagstisch in der Uni-Mensa, sondern erhalten auch Zutritt zu der Bibliothek. Selbst um die Dusche nutzen zu können, wird sie benötigt. Der Gebrauch der Smartcard im Alltag hinterlässt nun über den ganzen Campus digitale Spuren und gewährt Einblick in den Alltag jedes*jeder einzelnen Student*in. Eine Gruppe um Yi Cao hat die digitalen Daten der Studierenden analysiert und die Studierenden dahingehend charakterisiert, ob sie sich eher durch einen regel- oder unregelmäßigen Lebensstil auszeichnen. Regelmäßig würde beispielsweise bedeuten, jeden Tag um die gleiche Uhrzeit unter der Dusche zu stehen oder um dieselbe Uhrzeit in die Mensa zu gehen. Die Forschergruppe um Yi Cao hatte die einzigartige Möglichkeit, diese Daten mit den Leistungen der Studierenden abzugleichen. Die statistischen Auswertungen ergaben, dass Studierende mit einem regelmäßigeren Rhythmus auf dem Campus eher die besseren Studienleistungen erbrachten. Die Ergebnisse der Studie sind interessant, müssten meines Erachtens aber auch vor dem Hintergrund des National Reputation System (NPS) in China diskutiert werden. Mit dem NPS, auch Social Credit System (SCS) genannt, belohnt die chinesische Regierung seit dem Jahr 2020 positives (Online-)Verhalten und sanktioniert sogenannte negative Verhaltensweisen. In Wahrheit ist der aktuelle Zustand des Vorhabens aber deutlich komplexer, denn es muss zumindest aktuell zwischen einem kommerziellen SCS und einem von der Regierung gesteuerten SCS unterschieden werden[295], die vielleicht irgendwann in ein einheitliches System zusammenfließen werden. Auch wenn es schwierig ist, an zuverlässige Daten heranzukommen, so scheinen in den unterschiedlichen Provinzen Chinas unterschiedliche Verhaltensweisen belohnt und bestraft zu werden. Eine gute Übersicht über den aktuellen Stand des Social Credit System (SCS) findet sich auf der dazugehörigen Wikipedia-Seite.[296] Dort kann man die Bandbreite der Verhaltensweisen ermessen, die sanktioniert werden. Die nicht gewünschten Verhaltensweisen reichen von bei roter Ampel die Straße zu überqueren bis hin zu lautem Musikhören in der Öffentlichkeit. Überwacht wird das Verhalten der Menschen über die höchste Dichte an Videokameras, die aktuell auf der Welt zu verzeichnen ist. 2020 sollen einer Projektion nach bereits 626 Millionen Videokameras aufgestellt sein[297], das heißt, eine Kamera kommt in etwa auf zwei chinesische Bürger*innen. Weiterhin werden im Rahmen des SCS digitale Datenspuren des World Wide Webs ausgewertet. Es wird niemanden überraschen, dass auch eine Auswertung der Aktivitäten auf Social-Media-Apps wie WeChat von der Kommunistischen Partei Chinas vorgenommen wird. Das chinesische Internet wird so minuziös überwacht, dass kritische Bürger*innen sehr kreativ werden müssen, um in den Weiten des World Wide Webs überhaupt Gehör zu finden.

Beispielsweise wurde aufgrund der (vermeintlich) optischen Ähnlichkeit zwischen Xi Jinping und Winnie The Pooh von vielen Nutzern der kleine Bär als Symbol im Internet genutzt, um kritische Botschaften über den Präsidenten zu versenden.[298] Einem Katz-und-Maus-Spiel gleich wurden Nachrichten mit Winnie the Pooh im chinesischen Internet dann aber schnell von der Kommunistischen Partei eingedämmt.

Fehlverhalten im Überwachungsstaat China wird mit einem umfangreichen Strafkatalog geahndet. Unter anderem wird es bei manchen Vergehen Personen verboten, Reisen im Schnellzug oder Flugzeug zu unternehmen. Weitere Sanktionen reichen vom öffentlichen Pranger mit Bild der beschuldigten Person auf riesigen LED-Leinwänden an Hochhäusern bis zur Präsentation des Bilds der Person vor einem Kinofilm. Für die meisten von uns stellt diese Art der Überwachung ein Horrorszenario dar, was wohl die kühnsten Albträume von George Orwell überstiegen hätte. Trotzdem wird längst auch unter Wissenschaftler*innen im Westen darüber diskutiert, ob und in welchem Umfang das chinesische SCS nicht auch ein Modell für andere Länder sein könnte.[299]

Tatsächlich scheint mir aber für eine Einordnung des SCS wichtig zu sein, darauf hinzuweisen, dass China eine zutiefst konfuzianische Tradition über Tausende von Jahren besitzt. Ein Grundpfeiler der Philosophie des Lehrmeisters Kǒng Fūzǐ (孔夫子) besteht darin, die Harmonie in der Gesellschaft durch Gehorsam aufrechtzuerhalten. Aus chinesischer Sicht ergeben sich aus dieser Philosophie aber nicht nur Pflichten des Bürgers gegenüber dem kaiserlichen Herrscher, sondern auch andersherum. Der Herrscher muss aus konfuzianischer Sicht seinerseits als gütiger Vater für sein Volk sorgen. Kommt er dieser Tugend nicht nach, so kann ihm das Himmelsmandat entzogen werden. Dieses Einverständnis besteht in gewisser Weise auch heute noch: Die Kommunistische Partei Chinas (KPC) schafft die Bedingungen für das Wirtschaftswachstum, und im Gegenzug wird die KPC nicht als kaiserlicher Herrscher infrage gestellt. Und zweifelsohne ist es beeindruckend zu sehen, wie viele hunderte Millionen Menschen in China sich in den letzten Jahrzehnten aus bitterster Armut auf ein höheres Lebensniveau hinaufarbeiten konnten.[300] Die konfuzianische Philosophie hat sich über die vielen Jahrhunderte als sehr wandlungsfähig gezeigt, und die Jahrhunderte haben unterschiedliche Lesarten des Konfuzius hervorgebracht. Wie allgegenwärtig der alte Weise von vor ca. 2500 Jahren im heutigen China noch immer oder besser gesagt wieder ist, wird anschaulich in dem Buch *Konfuzius* von Michael Schuman beschrieben.[301]

Für manchen im Westen ist es unerklärlich, dass es zumindest in großen Teilen der chinesischen Bevölkerung einen starken Rückhalt für das Social Credit System gibt. In einer an der TU Berlin durchgeführten Studie zeigte sich, dass 80 % von in China befragten Internetnutzern in einer repräsentativen Erhebung angaben, eine positive Haltung gegenüber dem Social Credit System zu haben.[302] Die Wissenschaftlerin Genia Kostka weist darauf hin, dass sich ein ähnliches Bild abzeichnete, als man vertrauliche Gespräche führte und die Studienteilnehmer*innen nicht fürchten mussten, dass ihre Einstellung publik werden würde. Besonders hohe Akzeptanz zeigte sich unter Teilnehmer*innen, die mehr Geld verdienten, besser ausgebildet waren und in der Stadt wohnten. Erklärungen für dieses Muster in den Daten finden sich laut der Autorin möglicherweise darin, dass diese Gruppe von Befragten besonders von den Vorteilen des SCS profitieren könnte. Unter anderem müssen chinesische »Modellbürger*innen« kein Pfand hinterlegen, wenn sie öffentliche Fahrräder oder Autoshare-Systeme nutzen. Auch kommen sie eher an gute Bankkonditionen. Weiterhin scheinen die Befürwortenden das SCS nicht unbedingt unter Aspekten der Privatsphäre zu evaluieren, sondern sehen das SCS eher als ein System, welches die Lebensqualität erhöht und zu einer gerechteren Gesellschaft führt. Lebensmittelskandale und andere Vergehen aus der jüngeren Vergangenheit dürften eine gewichtige Rolle spielen, um die Unterstützung für das SCS zu verstehen. Gründe für die Akzeptanz der chinesischen Bürger*innen hinsichtlich ihrer Überwachung sind meiner Ansicht nach aber auch zu einem gewissen Grad in der gerade erwähnten konfuzianischen Tradition zu verorten.

Wir werden in den nächsten Jahren sehen, wie sich das Social Credit System in China entwickelt. Auch wenn die meisten Deutschen ein solches Überwachungssystem zum aktuellen Zeitpunkt sicherlich ablehnen, sollte uns klar sein, dass wir doch selbst bereits im Zeitalter der Überwachung leben. Nur werden wir gegenwärtig wohl eher von Tech-Konzernen anstatt von Regierungen überwacht, und damit leben wir nach Shoshana Zuboff im Zeitalter des Überwachungskapitalismus.[303] Sicher können wir über diesen lapidar dahingesagten Sachverhalt allerdings spätestens seit den Enthüllungen von Edward Snowden nicht mehr sein, der ja eindrücklich zeigte, dass auch westliche Regierungen sehr wohl großes Interesse an unseren Daten zeigen.[304] Zudem sollten wir nicht vergessen, dass unsere Wirtschaft in Teilen von Exporten nach China abhängig ist. Zusätzlich drängt China im Zuge der *Road and Belt Initiative* (moderne Seidenstraße) via Land- und Seeweg massiv Richtung Europa. Wenn sich zunehmend deutsche Unternehmen dem SCS unterwerfen müssen und zeitgleich immer mehr chinesische Konzerne in Deutschland operieren, ist es meines Erachtens nur eine Frage der Zeit, dass wir zumindest in Teilen auch dem chinesischen SCS unterliegen werden. Der »Westen« muss Antworten auf die Strategie Chinas finden, und die G7 wollen nun mit einem globalen Infrastruktur-Plan ihrerseits reagieren.[305]

Das Beispiel vom chinesischen Campus in Chengdu veranschaulicht, dass eine Abkehr von der Nutzung digitaler Dienstleistungen keine Lösung darstellt, um sich nachhaltig vor einer Überwachung zu schützen. In der nahen Zukunft wird es de facto kein Gerät mehr geben, welches nicht mit dem Internet verbunden wäre. Im *Internet der Dinge* wird alles von der Kaffeemaschine bis zum Kühlschrank digital verbunden sein.[306] Viele Leser*innen werden möglicherweise denken, dass sie sich niemals einen Kühlschrank mit einem Zugang zum Internet und integrierter Webcam kaufen würden. Denn zumindest theoretisch besteht die Gefahr, dass sich eine fremde Person in den hauseigenen Kühlschrank einhacken und beispielsweise öffentlich machen kann, dass eine bestimmte Person sehr viel Alkohol verbraucht. Was aber tun, wenn eines Tages nur noch Kühlschränke mit Webcams angeboten werden? Dann stehen wir vor der gleichen Situation wie mit den aktuellen Standard-Laptops. Es bleibt uns nichts anderes übrig, als die Webcam im Kühlschrank abzukleben.

Berücksichtigt man die Ergebnisse von der chinesischen Studie um Yi Cao, wird klar, dass es keine Datenquellen gibt, die nicht in irgendeiner Form Einblicke in unseren Alltag zulassen. Und der Erfolg von Geräten wie Amazons Echo (Alexa!) hat den Überwachungsapparat in den eigenen vier Wänden salonfähig gemacht. Viele von uns steuern über den »Echo« von Amazon nicht nur die Rollläden der eigenen Wohnung oder machen das Licht an oder aus (alles interessante Informationen für eine*n Psychoinformatiker*in!). Nein, wir teilen Alexa auch mit, was wir auf die Einkaufsliste setzen.

Beunruhigend sind in diesem Zusammenhang Meldungen, wie die von NPR.org, die von einem Daten-Leck bei Amazon berichtete.[307] Ein Kunde verlangte von Amazon, Einblicke in seine vom Konzern gespeicherten Daten zu bekommen. Versehentlich schickte ihm Amazon 1700 Soundschnipsel, die von dem Echo in einem anderen Haushalt aufgezeichnet worden sind. Auf den Soundschnipseln war zu hören, wie jemand in der Dusche singt, nach dem Wetter fragt, und auch andere Informationen zu dem Arbeitsalltag und Privatleben dieses Haushaltes wurden preisgegeben. Gepaart mit Daten von Twitter und Amazon, konnte diese Person komplett identifiziert werden. 1984 lässt grüßen.[308]

# Kapitel 5
# Der*die gläserne Patient*in? Digital Phenotyping, elektronische Patientenakte, Maschinelles Lernen und Künstliche Intelligenz

Als ich die Büroräume von Mindstrong Health in Palo Alto betrete, bin ich verwundert über die Größe des Unternehmens. Ich hätte nicht gedacht, dass es sich um eine so stattliche Firma handelt. Mit dem Gründer des Unternehmens, Paul Dagum, bin ich ein Jahr zuvor in Kontakt getreten. Ich bat ihn in einer E-Mail darum, ein Kapitel für ein wissenschaftliches Buch mit dem Titel *Digital Phenotyping and Mobile Sensing*[309] zu verfassen. Der Begriff *Digital Phenotyping* klingt kompliziert, beschreibt aber nichts anderes als den Versuch, von digitalen Fußabdrücken Vorhersagen auf (psychische) Eigenschaften einer Person zu machen. Der Begriff *Mobile Sensing* zielt darauf ab, aus den Log-Daten eines mobilen Endgerätes wie dem Smartphone »zu erspüren«, wie der*die Nutzer*in des Smartphones tickt.

Monate zuvor hatte ich ein wissenschaftliches Paper über digitale Biomarker von Paul gelesen[310] und fand die Passung seiner Forschung zu dem oben genannten Sammelband hervorragend. Er erklärte sich nicht nur bereit, ein Kapitel für das genannte Buch zu schreiben. Er ließ mich auch wissen, dass ich, wann immer ich in der Bay-Area sei, doch mal vorbeischauen sollte. Und so sitze ich pünktlich am Montag um 16 Uhr im Eingangsbereich von Mindstrong Health. In der Hand habe ich eine Diet Coke, die mir Pauls Sekretärin netterweise gegeben hat, um meine Wartezeit zu überbrücken. Paul meinte schon in seiner letzten E-Mail am Vorabend, dass ich eventuell ein wenig warten müsse.

In den folgenden zwanzig Minuten Wartezeit fange ich an, mich richtig mit Mindstrong Health zu beschäftigen. Die Grundgeschäftsidee von Mindstrong Health sieht vor, dass über die Daten der Mensch-Smartphone-Interaktion der Krankheitsverlauf von psychiatrischen Erkrankungen überwacht werden kann. Entwickelt sich der Gesundheitszustand ungünstig, so wird der*die Patient*in aufgrund der Smartphone-Daten kontaktiert.

Hätte ich die Webseite im Vorzimmer von Mindstrong Health detaillierter überflogen, wäre ich auch über die Information gestolpert, dass Thomas R. Insel der Vizepräsident von Mindstrong Health (gewesen) ist. Er lenkte zunächst als Direktor die Geschicke des *National Institute of Menthal Health* (NIMH) in den USA, bevor er die Medizin-Sparte von Google mit dem Namen *Verily Life Sciences* betreut und schließlich bei Mindstrong Health angeheuert hat. Im Vorzimmer schwant mir, dass mir »nur Kaffee trinken« eine große Chance nehmen würde. Ich beginne in Windeseile einen Pitch vorzubereiten, also eine kurze Präsentation einer knackigen Idee.

Als Paul mich schließlich abholt, habe ich eine Minute zuvor mein Notebook geschlossen. Punktlandung. Ich schätze Paul auf etwas über 50. Er schaut mich neugierig durch eine kleine eckige schwarze Brille an. Dann entspinnt sich in etwa die folgende Szene.

»Hi, nice to meet you. Coffee?«

Ich sage, dass ich bereits netterweise eine Diet Coke bekommen habe. Statt Kaffee würde ich ihm aber gerne meine Präsentation zeigen, die ich vorbereitet habe.

»Of course, I have booked a meeting room for us.«

Wir betreten einen kleinen Raum, in dem wir uns nebeneinander an einen Tisch setzen. Ich bedanke mich persönlich für das Schreiben seines Kapitels[311]; und dann sind wir auch schon schnell bei der Sache. Ich erkläre kurz, dass ich Biomarker aus der Hirnforschung mit digitalen Markern in meinen Arbeiten zusammenbringe. So sei es meiner Gruppe unter anderem gelungen, von strukturellen Hirnaufnahmen »Vorhersagen« (eigentlich eine Korrelation) auf die tatsächliche Facebook-Nutzung auf Smartphones zu machen[312], oder auch einen genetischen Marker mit der aktiven Größe des sozialen Netzwerkes zusammenzubringen.[313] Über den Zusammenhang zwischen Hirnvolumina des Nucleus Accumbens und der tatsächlichen Nutzung von Facebook auf Smartphones habe ich in Kapitel 3 berichtet. In unserer molekulargenetischen Arbeit zeigte sich, dass die Gruppe der TT-Träger einer bestimmten genetischen Variante auf dem Gen für den Oxytocin-Rezeptor ein größeres aktives Netzwerk verzeichneten als die Gruppen der Personen mit den Genotypen CT und CC (Kennung der untersuchten genetischen Variante rs2268498).[314] Genetische Variablen könnten also auch eine Rolle spielen, um die Größe des sozialen Netzwerkes zu erklären.

Als ich mit meinen Ausführungen fertig bin, merke ich, dass die Vibes zwischen Paul und mir stimmen. Er scheint begeistert von meinen Arbeiten zu sein. Zwei Minuten später sind wir schon bei der Planung einer gemeinsamen Studie.

Wie oben kurz angedeutet, hat Pauls (mittlerweile ehemaliges) Unternehmen eine App mit dem Namen *Discovery* entwickelt, mit welcher Mindstrong Health über wenige digitale Marker des Smartphones Vorhersagen auf den mentalen Zustand einer Person bzw. eines*einer Patient*in macht.[315] Wie funktioniert das, vereinfacht dargestellt? Nachdem der*die Patient*in die Discovery-App auf dem Smartphone installiert hat, werden unter anderem Reaktionszeiten auf dem Smartphone gemessen, und zwar in Situationen, wo der*die Proband*in oder Patient*in über das Smartphone tippt und wischt. Daraus lassen sich »digitale Biomarker« berechnen, die Einblicke in emotionale und kognitive Zustände des*der Patient*in geben. Einige dieser Zustände sind indikativ für eine sich entwickelnde Psychopathologie. Mit diesen Daten versucht Mindstrong Health unter anderem Patient*innen mit bipolaren Störungen zu helfen. Es handelt sich bei der bipolaren Störung um eine Psychopathologie, in der Betroffene zwischen dem Erleben von manischen und depressiven Phasen wechseln. Das geflügelte Wort von himmelhoch jauchzend zu Tode betrübt kennzeichnet das Stimmungsbild dieser Menschen in Phasen der Erkrankung sehr treffend.

Die Discovery-App von Mindstrong Health kann man vereinfacht mit einem Frühwarnsystem vergleichen. Es meldet dem*der Patient*in, wenn Auffälligkeiten in den Smartphone-Datenquellen zu beobachten sind. Dann wird umgehend mit dem oder der Betroffenen abgeklärt, ob er*sie vergessen hat, die Psychopharmaka zu nehmen. Zusätzlich wird das Angebot gemacht, sofort mit einem Psychotherapeuten oder einer Psychotherapeutin sprechen zu können oder – wenn nötig – auch stationär eine Behandlung zu suchen.

Mein Mitarbeiter Christopher Kannen und ich haben über die letzten Jahre mit Kolleg*innen ein eigenes Produkt mit dem Namen *Insights* entwickelt.[316] *Insights* fokussiert bei der Aufzeichnung des Smartphones-Verhaltens im Vergleich zu der

Discovery-App mehr auf Aspekte des Sozialverhaltens. Einblicke in das Sozialverhalten einer Person sind im Kontext der Psychologie und Psychiatrie von großer Bedeutung, da eine affektive Erkrankung wie die Depression auch mit sozialem Rückzug und starkem negativen Affekt (Traurigkeit) einhergeht. Passend dazu haben wissenschaftliche Arbeiten bereits zeigen können, dass depressive Personen mehr zu Hause bleiben, das heißt, sie haben einen kleineren Bewegungsradius im Sinne des *Global Positioning Signals* (GPS) auf dem Smartphone.[317] Weiterhin konnte kürzlich nachgewiesen werden, dass Textmining-Analysen von Facebook-Posts bis zu drei Monate vor der tatsächlichen Diagnosestellung durch eine*n Psychiater*in bereits eine Depressionsdiagnose ermöglichen könnten[318]: Mithilfe des Open Vocabulary Approach (OVA), den wir in dem letzten Kapitel schon kennengelernt haben, konnte herausgearbeitet werden, dass die Verwendung von bestimmten Worten in den Facebook-Posts der Patient*innen Aufschluss über eine mögliche depressive Verstimmung gab. So hängt eine depressive Verstimmung in dieser Studie um Johannes C. Eichstaedt mit der häufigen Verwendung von Worten wie »Tränen« (tears) oder »Weinen« (cry) zusammen. Ein interessante Übersichtsarbeit von der Gruppe um Sharath Chandra Guntuku[319] sei allen Leser*innen empfohlen, die sich noch tiefer über die aktuellen Möglichkeiten der Diagnostik von Psychopathologien vermittels digitaler Fußabdrücke auf Social Media einarbeiten wollen.

Logischerweise können Textmining-Analysen auch auf Smartphones eingesetzt werden, um SMS- oder Messenger-Nachrichten auszuwerten. Auf den Smartphones ist die Textanalyse von Messenger/Social-Media-Inhalten allerdings nur begrenzt möglich. Das *Sandboxing-Prinzip*[320] verhindert in der Regel, dass von außen innerhalb einer App aufgezeichnet werden kann, was eine Person dort genau kommuniziert oder macht. Die von uns entwickelte Insights-App bildet deswegen beispielsweise »nur« ab, wann und wie lange ein Person WhatsApp nutzt, nicht aber, was genau über WhatsApp kommuniziert wird.

Datenschutz ist ein sehr sensibles Thema im Bereich psychoinformatischer Analysen. Und das gilt nicht nur im Bereich von Psychopathologien, sondern auch für andere Bereiche der Psychologie. Hohe datenschutzrechtliche Vorkehrungen aufseiten solcher Tracking-Apps sind also äußerst wichtig. Darum untersuchen wir beispielsweise mit unserer Insights-App nicht, was Personen in ihrem Alltag genau am Telefon sagen, wohin sie surfen oder was innerhalb von E-Mails kommuniziert wird. Uns interessiert dagegen aus einer Vogelperspektive, welches Verhalten ein*e Proband*in oder Patient*in auf dem Smartphone zeigt. Das könnte dann so aussehen: Eine Person mit dem Proband*innencode »12476« hat heute sechs unterschiedliche Personen angerufen und WhatsApp dreimal aufgemacht. Die durchschnittliche Verweildauer auf WhatsApp lag dabei bei 73 Sekunden. Bezüglich des aktiven Lebensstils ergab sich für heute eine zurückgelegte Distanz in Höhe von 6,3 Kilometern, ohne dabei aber Informationen über die tatsächlichen GPS-Koordinaten auf den Server weiterzuleiten. Um die Privatsphäre der Studienteilnehmer*innen zu schützen, nutzt die Insights-App jedes Smartphone als eigenen Computer, um bereits auf den Telefonen die Statistiken zu rechnen. Damit können von den Daten auf dem Server nicht mehr rückwirkend detailliertere Analysen vorgenommen werden. Verschickt das Smartphone die Information zum Server, dass der*die Smartphone-Nutzer*in gestern in den Nachrichten zehn negative Wörter verwendet hat, so kann im Nachgang nicht mehr ermittelt werden, welche Worte das genau waren.

Wieder zurück zu meinem Meeting mit Paul Dagum in Palo Alto. Wir kommen gemeinsam auf eine schöne Forschungsidee. Während wir so planen, gehen mir die Kosten für die Studie durch den Kopf, die sich schnell auf eine erkleckliche Summe belaufen. Nun mache ich einen Anfängerfehler im Valley. Ich eröffne Paul, gerne die Studie mit ihm machen zu wollen, aber nun dafür Geld einwerben zu wollen.

»I'm gonna write a research proposal and submit at an agency, which hopefully fund our work.«

Paul schaut mich irritiert an. Worauf will das Greenhorn aus Deutschland hinaus?

Paul sagt dann: »I pay for this work. What would it cost to do it?« Puh, Herr Montag, sehr blamabel.

Ich mache eine grobe Auflistung, die schnell länger und länger wird, ohne dass Paul eine Regung zeigt.

Nur: »Okay, no problem.«

Schließlich meine ich, dass ich das Projekt aus Zeitgründen natürlich nicht komplett alleine machen könne. Und damit kommt man schnell zum teuersten Posten. Personal.

»Of course you need someone to support you.«

Ich bin wie vom Donner gerührt. Während in Deutschland Forschungsförderungen (*Funding*) sehr zäh und langsam fließen, gehe ich hier nach dreißig Minuten mit einem virtuellen »Koffer voll Geld« für meine Studie hinaus. Natürlich mit rechtlichen Auflagen, aber dafür unglaublich schnell. Für mich war das geradezu ein Erlebnis der dritten Art, da der Begutachtungsprozess in Deutschland oftmals zwischen ein und zwei Jahren läuft, bis endlich mal Geld fließt. Bei wirklich aktuellen Fragestellungen ist das Thema bei einer tatsächlichen Förderung dann oft schon wieder out.

Die Tür geht hinter mir auf.

Paul schaut mich an und meint: »You know, Tom?«

Mein Hirn versucht zu verstehen, welcher Tom da wohl stehen könnte. Ich drehe mich um, und Thomas Insel stellt sich mir vor. Ich kann es nicht fassen. Ich wollte Tom Insel seit einem halben Jahr anschreiben, um ihn darum zu bitten, ein Vorwort für das besagte wissenschaftliche Fachbuch *Digital Phenotyping and Mobile Sensing* zu schreiben. Tom, ehemaliger NIMH-Direktor, hatte sich in den letzten Jahren als Speerspitze der neuen Digital-Phenotyping-Bewegung hervorgetan.[321]

Auch wenn ich mein Glück vielleicht ein wenig zu viel herausfordern würde, frage ich ihn freiheraus, ob er besagtes Vorwort schreiben könne. Tom kann mit mir logischerweise nicht viel anfangen, aber Paul ermuntert ihn schnell mit einem Daumen hoch. Nach einer Kurzeinführung in meine Arbeit sagt Tom einfach: »Okay, I do it.«

Das Vorwort kann nun jeder lesen.[322]

Diese Episode aus meinem Leben illustriert vielleicht, warum das Silicon Valley so erfolgreich ist. Viele kluge Köpfe aus unterschiedlichsten Disziplinen hängen auf engem Raum zusammen. Gepaart mit einer entsprechenden Investmentkultur fliegen schnell viele Ideen, die dann in kreativen und neuartigen Produkten resultieren. Die Discovery-App zählt sicher auch dazu. Jeff Bezos scheint daran zu glauben und hat zig Millionen in Mindstrong Health investiert. Das habe ich aber erst später in einer Pressemeldung gelesen.[323] Und Paul ist auch nicht mehr bei Mindstrong. Das Geschäft im Valley ist schnelllebig.

Ich bin trotzdem davon überzeugt, dass wir uns in Deutschland dringend mehr von dieser Kultur abschneiden müssen, wenn wir zwischen USA und China bestehen möchten.[324]

## Digital Phenotyping in der gesamten Medizin?

Auch jenseits der Psychologie und Psychiatrie findet *Digital Phenotyping* Anwendung, um beispielsweise bessere Einblicke in neurodegenerative Erkrankungen wie Parkinson[325] und Demenzen[326] zu erlangen. Oder in der (Früh-)Diagnostik für Alzheimer-Demenz.[327] Wenn die aktuellen Generationen der Smartphone-Nutzer*innen in ein betagteres Alter kommen, so wäre es sicherlich sehr interessant, Wortschatzeinschränkungen mit Hilfe von Textmining-Analysen sichtbar zu machen. Dies scheint mir ein wichtiges Forschungsvorhaben zu sein, weil bei dementen Patient*innen häufig auch Sprachprobleme beobachtet werden.[328]

Weitere Einblicke in den Abbau kognitiver Fähigkeiten bei Demenzerkrankten könnten mit Hilfe experimenteller Testungen über das Smartphone von Patient*innen gewonnen werden. So wäre es denkbar, beim Log-in das Smartphone anstatt des »Wischvorgangs« oder der Code-Eingabe eine kurze kognitive Aufgabe einzubauen. Bei 50 Smartphone-Checks pro Tag ergäben sich pro Jahr 18 250 Datenpunkte (365 Tage x 50 Log-ins)[329], die im Längsschnitt Veränderungen von Hirnprozessen abbilden können. Eine beachtliche Zahl, bedenkt man, dass solche Tests kognitiver Funktionen sonst nur wenige Male im Jahr vor Ort beim Arzt erfolgen. Die Smartphone-Technologie kann also ein großes Potenzial für eine Verbesserung der Frühdiagnostik von Demenzerkrankungen haben.

## Argumente für oder gegen eine elektronische Patientenakte

Ich habe den Ausflug in die Welt der klinischen Psychologie und Psychiatrie unternommen, um auch auf die positiven Seiten der *Digital Phenotyping*-Forschung hinzuweisen. Der Großteil der Themen in diesem Buch zeigt klar die schädlichen Nebenwirkungen des Daten-Geschäftsmodells aus dem Silicon Valley auf. Ich denke aber, dass der richtige Einsatz von *Digital Phenotyping* helfen kann, unser Gesundheitssystem zu verbessern. Allerdings müssen datenschutzrechtliche Probleme mitgedacht und gelöst werden. Vor diesem Hintergrund scheint mir auch die aktuelle Diskussion über die elektronische (digitale) Patientenakte (ePA) in Deutschland besonders relevant zu sein. Bundesgesundheitsminister Jens Spahn möchte mit dem Digitalen-Versorgungs-Gesetz (DVG) bewirken, dass Patient*inneninformationen zentral digital gesammelt werden, um diese Daten in Zukunft auch Wissenschaftler*innen zur Verfügung zu stellen. Eine Datenspende soll an die Forschung übrigens ab dem Jahr 2023 freiwillig geschehen können.[330] Vorteile für die behandelnde Ärzteschaft und die Patient*innen entstehen durch eine ePA, wenn alle Daten eines Patienten oder einer Patientin zentral verfügbar wären und diese selbst entscheiden könnten, welche Informationen sie welcher Person zukommen lassen möchten. Auch digitale Rezepte für Apotheken könnten dann endlich Normalität werden. Spannend wäre meines Erachtens, der Diskussion um die ePA nun eine weitere Ebene hinzuzufügen: Sollten nicht auch die Ergebnisse der Analyse von den digitalen Fußabdrücken einer Person auf freiwilliger Basis Einzug in eine solche ePA finden? Damit könnte man den behandelnden Mediziner*innen oder psychologischen Psychotherapeut*innen eine deutlich bessere Datenlage zur Behandlung einer Krankheit zur Verfügung zu stellen.

Egal ob man für oder gegen eine solche Patient*innenenakte ist, die Bürger und Bürgerinnen müssen die Tragweite einer solchen ePA verstehen. Ich denke, dass dieses Kapitel anschaulich zeigt, welche Informationen – über die tatsächlichen von einem Arzt oder einer Ärztin gemachten Befunde hinausgehend – bereits heute aus den Online-Spuren von Menschen herausgearbeitet werden können.

In einigen Ländern gibt es die digitale Patient*innenakte übrigens längst. In Europa ist Estland ein Vorreiter.[331] Dort haben mehr als 20 % der Bevölkerung sogar Bioproben abgegeben, sodass viele Est*innen bereits genetisch und hormonell vermessen sind. Als ich kürzlich als mündlicher Prüfer für ein Promotionsverfahren in Tartu war, bekam ich auch die Gelegenheit, das Biodatenbank-Zentrum in Estland zu besichtigen.[332] Tartu liegt ca. zwei Stunden südlich von der Hauptstadt Tallinn und ist eine gemütliche Studentenstadt mit großer kreativer Digitalszene in Estland.

Ein wesentliches Ziel der Biodatenbank-Initiative (Estonian Genome Center) in Estland besteht darin, das Forschungsfeld der personalisierten Medizin zu verbessern. Ziel der personalisierten Medizin ist es, die Behandlung der Patient*innen unter anderem an ihre genomischen Informationen anzupassen. Jede*r kann sich ausmalen, welcher Datenschatz entsteht, wenn nun die Biomarker von hunderttausenden Personen aus der Bevölkerung mit den Daten aus der ePA – und irgendwann auch mit den sonst verfügbaren Datenspuren im Internet der Dinge – zusammengeführt werden.

Um aber Missbrauchsszenarien zu vermeiden, muss vor Verwendung solcher Daten unwiderruflich klargemacht werden, dass diese in einigen Bereichen unserer Gesellschaft, beispielsweise

Vergabe von Versicherungspolicen, nicht eingesetzt werden dürfen. Dies gilt übrigens nicht nur für die in der ePA direkt erfassten Befunde, sondern meines Erachtens auch für die psychischen Profile, die heutzutage schon von vielen Social-Media-Profilen geschätzt werden können. Verwehren wir uns aber in Deutschland auf Dauer gegen eine solche ePA und/oder groß angelegte Gesundheitsdatenbank, so wird meiner Ansicht nach der Forschungsstandort Deutschland darunter leiden.

## Garbage in – Garbage out?

Anfang Juli 2019 war ich, wie jedes Jahr, mit meiner Arbeitsgruppe für ein paar Tage in einem wissenschaftlichen Retreat. Das, was im Alltag gern mal liegen bleibt, können wir dort in entspannter Atmosphäre gemeinsam abarbeiten, und wir haben Gelegenheit, Wichtiges für die Gruppe zu erörtern. Wir hatten uns dafür in Oy-Mittelberg im Allgäu einquartiert. Inhaltlich stand unser Retreat unter dem Zeichen der rapiden Entwicklungen im Bereich Künstlicher Intelligenz (KI). Ohne Zweifel steht eine Zeitenwende bevor, in der Maschinelles Lernen großen Einfluss auf viele Bereiche unserer Gesellschaft nehmen wird. Maschinelles Lernen stellt eine wesentliche Methode der Künstlichen Intelligenz dar. Für alle Wissenschaftler*innen und Personen im Datengeschäft ist es unverzichtbar, sich damit auseinanderzusetzen.

Zweifelsohne birgt Maschinelles Lernen großes Potenzial. Um zu illustrieren, was es damit auf sich hat, stellen wir uns folgendes Beispiel vor, welches eine Variante des Maschinellen Lernens erläutert.[333] Ein Computer soll erkennen, welche Computer-Tomografie-Bilder einen Tumor beinhalten, und welche

CT-Bilder von gesunden Patient*innen stammen. Dafür füttert man den Computer zunächst mit einem Trainingsset von Bildern inklusive Informationen, die dem Computer sagen, welche Art der Diagnose bei welchem der gezeigten Bilder vorliegt. Versorgt man den Computer mit einer ausreichenden Menge an zuverlässig klassifizierten Bildern, so kann die Maschine selbstständig lernen, Muster in den Bildern zu entdecken. Es handelt sich häufig um Muster, die dem menschlichen Auge entgehen. Nachdem der Computer eine ausreichende Anzahl gekennzeichneter Bilder studiert hat (Bild A: Tumor, Bild B: kein Tumor, Bild C: kein Tumor, etc.), kann er das erarbeitete Wissen auf Bilder anwenden, die nicht in dem Trainingsset enthalten waren.

Es handelt sich bei dem gerade genannten Beispiel nicht um eine Science-Fiction-Geschichte. Mehrere Arbeitsgruppen haben kürzlich tatsächlich nachweisen können, dass die eigene KI besser bei der Erkennung von Brustkrebs abschneidet als renommierte Ärzte.[334] Schlechte Zeiten für Radiolog*innen.

Mittlerweile gibt es sehr mächtige Algorithmen, die im Bereich des Maschinellen Lernens von unterschiedlichen Datenquellen (Bilder, Text, usw.) gute Vorhersagen auf die unterschiedlichsten Variablen machen können. Daher wird Maschinelles Lernen, jenseits der Standardstatistik, auch psychodiagnostisch zu großen Veränderungen führen. Ich möchte das damit einhergehende Potenzial, aber auch die damit einhergehenden Gefahren illustrieren.

Digitale Spuren fallen bekanntlich nicht nur durch das Tippen auf dem Smartphone oder auf einer Tastatur an, sondern auch, wenn wir unser Gesicht in eine Kamera halten. Beispielsweise machen das mittlerweile viele von uns, um das Smartphone freizuschalten. Denn in der Gesichtserkennung wurden in den letzten

Jahren durch den Einsatz von Künstlicher Intelligenz große Fortschritte erzielt. Ist das ein Segen?

Vor drei Jahren wurde in einer wissenschaftlichen Arbeit aus den USA behauptet, dass eine KI gelernt habe, von dem Gesicht bzw. Gesichtsmerkmalen wie Form der Nase oder des Kiefers einer Person die sexuelle Orientierung vorherzusagen. Wenn dem so wäre, würde es für homosexuelle Männer lebensgefährlich sein, nach Saudi-Arabien zu reisen und dort an der Einreisekontrolle freundlich in eine Kamera zu lächeln.

Vereinfacht wurde in der Arbeit von Yilun Wang und Michal Kosinski (ja, genau, wieder er) das Studien-Set-up aus dem CT-Beispiel auf den Bereich der menschlichen Sexualität übertragen.[335] Dafür untersuchten die beiden Wissenschaftler nach einer Vorselektion 35 326 Bilder, die sie auf Datingportalen gefunden hatten. Zusätzlich entnahmen sie den Datingportalen nicht nur die Bilder der Personen, sondern auch die eigens gemachten Angaben, von welchem Geschlecht die jeweilige Person einen Partner suchte (und natürlich das eigene Geschlecht). In der Arbeit gelang es den beiden Wissenschaftlern, mit Hilfe der Künstlichen Intelligenz eine relative hohe Genauigkeit (81 %) bei der Vorhersage der sexuellen Orientierung durch die Gesichter bei Männern zu erreichen (und 71 % bei Frauen).Die Genauigkeit bezieht sich übrigens hier darauf, dass der Computer zwei Bilder von Personen vorgelegt bekommt, ein Bild mit homosexueller und ein Bild mit heterosexueller Orientierung. Darauf hin wird von der KI die Entscheidung über die Zugehörigkeit getroffen. Mit anderen Worten: Die KI lag bei ihrer Entscheidung deutlich über dem Zufallsniveau; allerdings bedeutet dies nicht, dass man ohne ein solches Vergleichssetup die gleichen Genauigkeitswerte erzielt.[336]

Diese Studie hat die Gemüter rund um den Globus erhitzt.

Yilun Wang und Michal Kosinski schreiben in ihrer Arbeit, dass sie mit ihrer Studie explizit auf das Missbrauchspotenzial hinweisen wollen, da man im Vergleich zu Likes oder anderen Datenspuren, das eigene Gesicht nicht verändern kann.

Was ist aber an den Ergebnissen der kontroversen Studie dran? Eine Einschätzung wagt Blaise Agüera y Arcas in seinem lesenswerten Blog. Er verweist darauf, dass das Erscheinungsbild des Gesichts einer Person auch einem Zeitgeist oder einem Modetrend unterliegt, welcher in der Studie wiederum Aufschluss über die sexuelle Orientierung gegeben haben könnte. Hat die Maschine also wirklich Vorhersagen von der Gesichtsform auf die sexuelle Orientierung einer Person vorgenommen? Agüera y Arcas schreibt über die Composite-Bilder (also gemittelten Bilder) aus der Wang-Kosinski Arbeit: »Die ›durchschnittlich‹ heterosexuelle Frau trägt Lidschatten, während die ›durchschnittlich‹ lesbische Frau das nicht tut. Brillen werden bei homosexuellen Männern klar gesehen und nur in einem geringeren Ausmaß bei homosexuellen Frauen, wobei sie bei heterosexuellen Männern und Frauen auf den Bildern nicht zu finden ist. Kann es nun sein, dass die Künstliche Intelligenz (der Algorithmus) die sexuelle Orientierung nicht anhand der Gesichtsform vorhersagen konnte, sondern eher aufgrund von Mustern, die mit Körperpflege, Ausdruck der Person und Lebensstil zu tun haben?« Es ist übrigens hilfreich für ein besseres Verständnis der Aussage, sich die Composite-Bilder selber anzuschauen (siehe Link oder die Originalarbeit).[337]

Tatsächlich ergibt sich bei Maschinellem Lernen das Problem, dass wir nicht exakt wissen, was der Computer genau lernt. Diese Unsicherheit kann ein Stück weit eingegrenzt werden, indem der Fokus der Untersuchung auf bestimmte Merkmale eingegrenzt wird, die der Computer untersucht. Mein Kollege Jon D. Elhai von der

University of Toledo (USA) und ich haben uns kürzlich darüber Gedanken gemacht, wie man den in der Psychologie wichtigen theoretischen Überbau in Forschungsprojekten mit Maschinellen Lernen berücksichtigen kann.[338] Eine Möglichkeit besteht darin, dem Computer nur solche Daten zur Verfügung zu stellen, die auch vor einem theoretischen Hintergrund eine diagnostische Kraft für einen bestimmten Phänotyp – wie hier sexuelle Orientierung – haben sollte. Man hätte dann tatsächlich den eben genannten äußeren modischen oder dem Zeitgeist unterliegenden Merkmalen mehr Beachtung in den Analysen schenken können.

Zu Beginn des Jahres 2021 wurde das Prinzip aus den hier beschriebenen Arbeiten dann – fast wenig überraschend – auf den politischen Bereich übertragen. Michal Kosinski[339] veröffentlichte die nächste Arbeit, in welcher er nun zeigte, dass von Bildern mit Gesichtern nicht nur auf die sexuelle Orientierung einer Person mit einer gewissen Wahrscheinlichkeit geschlossen werden kann, sondern auch auf die politische Orientierung, genauer gesagt auf eine liberale oder konservative Grundhaltung. Bekannt ist, dass in den USA weiße Personen, ältere Personen und Männer eher zu konservativem Gedankengut neigen.[340] Selbst nachdem Kosinski für diese Faktoren in seinen Analysen kontrolliert hat, gelang es der KI interessanterweise immer noch, Vorhersagen auf die politische Orientierung jenseits der Münzwurf-Wahrscheinlichkeit zu machen (je nach Stichprobe zwischen 65 % und 71 %). Das heißt, auch jenseits dieser offenkundigen Merkmale wie Geschlecht, Alter oder ethnische Zugehörigkeit gibt es Informationen in den Bildern mit Gesichtern von Personen, die relevante Informationen für die Vorhersage der politischen Orientierung bereithalten. Was könnte das sein? Kosinski beobachtete beispielsweise, dass Personen mit einer liberalen Grundhaltung eher direkt in die Kamera schauten. Weiterhin zeigten sie eher einen überraschten und weniger angeekelten Gesichtsausdruck. Um die Ergebnisse zusammenzufassen, habe ich aus den Informationen in Kosinskis Paper eine Abbildung angefertigt, in welcher dargestellt wird, wie gut Menschen im Vergleich zu der KI (»der Algorithmus«) Vorhersagen auf die Eigenschaften politische Orientierung, sexuelle Orientierung und Persönlichkeit vornehmen können. Insgesamt schneiden Menschen etwas besser als der Münzwurf ab. Die KI ist bei der Aufgabenstellung deutlich besser als eine Entscheidung per Münzwurf, aber immer noch fernab von einer perfekten Vorhersage.

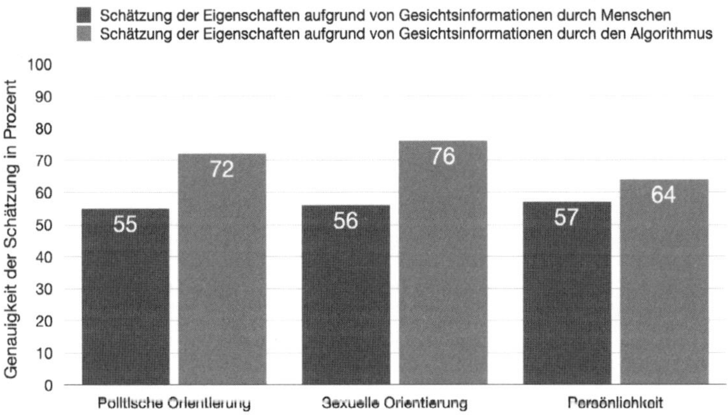


Abbildung 5.1.: Menschen sind etwas besser als die Münzwurfentscheidung, wenn sie aufgrund von Gesichtern Vorhersagen auf die Merkmale politische und sexuelle Orientierung, aber auch Persönlichkeit einer Person vornehmen. Die Genauigkeit der Schätzung steigt deutlich an, wenn Maschinelles Lernen zum Einsatz kommt (hier mit Algorithmus beschrieben). Die Zahlen stammen von Kosinski (2012); siehe auch Anmerkung 339.

Damit gehen wir zum Schluss des Kapitels auch auf den einfachen Grundsatz »Garbage in – Garbage out« aus der Informatik ein, um zu erläutern, wie die Grenzen der Künstlichen Intelligenz (KI) im Hinblick auf die Auswertung digitaler Datenspuren aussehen. Das geflügelte Wort weist auf den einfachen Sachverhalt hin, dass das Sammeln und das Auswerten »schlechter« Daten (*garbage* bedeutet Müll/Ausschuss) zu schlechten Ergebnissen führen. Das heißt, eine gute Datenqualität stellt die Mindestanforderung an eine erfolgreiche KI-Strategie dar. In dem Beispiel von Yilun Wang und Michal Kosinski könnte man grundsätzlich die Frage stellen, ob überhaupt Evidenz dafür existiert, dass Gesichter etwas über die sexuelle Orientierung einer Person aussagen könnten.

Generell ist aber auch die Struktur von Daten ein wesentliches Thema in der KI-Forschung, was genauso von Dr. Kai-Fu Lee in seinem Buch *AI Superpowers* diskutiert wird.[341] Dr. Kai-Fu Lee ist ein Vordenker im KI-Bereich und hat sich kürzlich mit der Frage auseinandergesetzt, welche der beiden Supermächte – USA oder China – das Wettrennen um die beste Künstliche Intelligenz gewinnen wird. Vereinfacht gesagt, argumentiert er damit, dass China in puncto Datenmenge die Nase vorne haben werde. 1,4 Milliarden Menschen in China produzieren schlichtweg mehr Daten als ca. 330 Millionen Amerikaner, besonders wenn man berücksichtigt, wie viele Videokameras im Reich der Mitte aufgestellt sind und wie massiv China digitalisiert ist. Wer mehr (gute) Daten hat, so der Gedanke, kann die KI besser trainieren. Wir haben in diesem Buch in mehreren Studien beobachten können, dass das Studium oder die Analyse von größeren Datenmengen häufig zu robusteren Ergebnissen führt. Jenseits der gewaltigen Mengen an Daten wird China wahrscheinlich die Nase in zukünftigen KI-Entwicklungen vorne haben, da es die benötigten Unterstützungen durch die chinesische Regierung gibt, eine große Menge an KI-Wissenschaftlern in China arbeitet und nicht zuletzt die entsprechende Unternehmerkultur vorhanden ist.[342]

## Kapitel 6
## Werden wir durch die Vorselektion von Informationen durch die Tech-Konzerne manipuliert?

Nicht nur in den Bergen kann uns ein Echo entgegenschallen, sondern auch in der täglichen Nachrichtenlandschaft. Die viel diskutierte Echokammer ist kein neues Phänomen, sondern hat auch schon vor dem digitalen Zeitalter eine Rolle gespielt.

Die einfache Idee hinter der Echokammer lautet, dass Menschen sich in einer Umwelt befinden, in der sie von Informationen umgeben werden, die den eigenen Weltanschauungen entsprechen. Eine Möglichkeit, in eine solche Echokammer zu gelangen, wäre beispielsweise in der Entscheidung begründet, eine bestimmte Nachrichtenquelle zu bevorzugen, sei es die *taz* oder die *Bild*-Zeitung, und dies könnte logischerweise zu einer Bestätigung des eigenen Weltbildes führen. Einen Perspektivwechsel zu wagen ist dagegen anstrengend.

Eine Echokammer entsteht aber nicht nur, wenn wir regelmäßig und ausschließlich die gleiche Tageszeitung zu lesen. Auch der eigene Stammtisch, bei dem Gleichgesinnte sich über Angela Merkels Corona-Politik aufregen, kann zur Echokammer werden. Vor diesem Hintergrund überrascht es nicht, dass seit vielen Jahren in den Medien- und Politikwissenschaften über schädliche Effekte der Echokammer auf den politischen Diskurs nachgedacht wird.

Bevor wir mögliche schädliche Effekte näher in Augenschein nehmen, sprechen wir über ein verwandtes Konzept: die Filterblase. Dieser Begriff wurde durch Eli Parisers Buch *Filter Bubble* bekannt gemacht[343] und stellt sicherlich die extremste Folge der Vorfilterung von Informationen durch Tech-Konzerne dar. Eine solche Filterblase entsteht, wenn Tech-Unternehmen den Nutzer*innen auf ihren Plattformen jeweils nur solche Informationen zeigen, die zu den digitalen Spuren dieser Person passen. Ähnlich wie bei der Echokammer würden die Nutzer*innen dann auf den diversen Social-Media-Angeboten und Suchmaschinen nur noch mit Inhalten konfrontiert, die den eigenen Weltanschauungen entsprechen. Eine solche Vorfilterung von Nachrichten seitens der Tech-Industrie ist gängige Praxis. Leider ist manchen Nutzenden nicht bewusst, dass die gezeigten Nachrichten algorithmisch entsprechend der eigenen digitalen Datenspuren aufbereitet werden.

Wie lassen sich die Begriffe Filterblase und Echokammer zusammenbringen? Zunächst ist festzuhalten, dass es die Echokammer im Vergleich zur Filterblase schon viel länger gibt. Wie eben bereits angeführt, entscheidet sich ein*e Leser*in beispielsweise aufgrund eigener Vorlieben *aktiv* dafür, immer dieselbe Tageszeitung zu lesen. In den Newsfeeds von den Social-Media-Angeboten findet dagegen die Vorselektion von Nachrichten durch die Algorithmen der Konzerne statt.

Ein*e Nutzer*in kann *aktiv* gestalten, was er*sie auf Social Media unternimmt, und auch entscheiden, was er*sie postet und liked. Allerdings befindet er*sie sich in einer *passiven* Rolle im Hinblick auf das, was ihm oder ihr algorithmisch in dem eigenen Newsfeed präsentiert wird. Die Trennung der Begriffe Filterblasen und Echokammern ist trotzdem ein wenig künstlich[344]: Auf Twitter kann ich als Nutzer oder als Nutzerin beispielsweise auch selber entscheiden (und damit aktiv vorfiltern), welchen Konten ich folgen möchte. Damit ist meine eigene Aktivität auf einem Social-Media-Angebot auch eine Voraussetzung für das Entstehen einer Filterblase (sonst wüssten die Tech-Konzerne gar nicht, was mich interessiert). Schlussendlich beeinflussen sich mein eigenes Verhalten auf Social Media und die Algorithmen der Tech-Konzerne aber gegenseitig. Deswegen und um es einfach zu halten: Die Begriffe überlappen in mancher Hinsicht. Deswegen möchte ich es auch im Folgenden mit einer Unterscheidung nicht so genau halten.

Wir erinnern uns daran, dass der Einsatz eines personalisierten Newsfeeds aus Sicht der Tech-Konzerne durchaus sinnvoll ist, da dadurch die Verweilzeiten auf dem Online-Angebot erhöht werden können (siehe Kapitel 3). Letztlich hören wir aber sowohl in der Filterblase als auch in der Echokammer das Echo unserer eigenen Weltanschauung. Sei es, weil wir die Echokammer selber aufgebaut haben, Freunde haben, die gleiche Interessen haben wie wir (über die soziale Homophilie sprechen wir noch), oder die Echokammer von den Tech-Konzernen um uns herum errichtet wurde.[345] Ich bin davon überzeugt, dass unter anderem das Wissen und Reflektieren über die Echokammer und die Filterblasen dabei helfen kann, sie zum Einsturz zu bringen.

Das Vorfiltern von Informationen aufseiten der Tech-Konzerne findet noch gar nicht so lange statt. In dem Buch *Chaos Monkeys* beschreibt der ehemalige Facebook-Mitarbeiter Antonio García Martínez anschaulich, wie er beim Onboarding[346] bei Facebook erst im April 2011 mit der Idee in Kontakt kam, dass die heute so übermächtige Social-Media-Plattform sich immer mehr in Richtung einer personalisierten Zeitung entwickeln sollte. Zu diesem Zeitpunkt war der Prozess bei Facebook voll im Gange, sich von einem reinen Online-Verzeichnis über die eigenen Freunde im Jahr 2004, über die Einführung des Mini-Feed im Jahr 2006 bis hin zur Einführung der Timeline im Jahr 2011, die die Geschichte des eigenen Lebens erzählt, genau dorthin zu entwickeln (siehe Artikel von Luke Munn und Informationen von Facebook[347]). Antonio García Martínez beschreibt die Idee in seinem Buch anschaulich als eine »*New York Times* for You«. In dieser individualisierten Zeitung werden dem Nutzer oder der Nutzerin aufgrund der eigenen digitalen Spuren unter anderem solche Informationen präsentiert, die er oder sie aufgrund des Ergebnisses des Facebook-Algorithmus unbedingt lesen sollte, um in der eigenen Peergroup mitsprechen zu können.[348] Die persönliche Digitalhistorie auf Facebook spielt damit eine große Rolle, um zu verstehen, welche Nachrichten tatsächlich in dem eigenen Newsfeed erscheinen. Der Journalist Josh Constine erläutert in einem Artikel auf techcrunch.com anhand einer einfachen Formel, nach welchen Kriterien die Künstliche Intelligenz (KI) von Facebook Nachrichten für den eigenen Newsfeed aussucht.[349] Wie in den Erläuterungen der Formel gleich klar wird, spielt die eigene Nutzungsvergangenheit eine gewichtige Rolle.

> Sichtbarkeit eines Kommentars entsteht im Newsfeed durch:
> Absender*in der Nachricht x Erfolg der Nachricht x Art der Nachricht x Neuheit der Nachricht

Was verbirgt sich nun hinter den Begriffen dieser Formel?

Die Variable »Absender*in der Nachricht« berücksichtigt die Bedeutung und Nähe jener Person, die die Nachricht versendet hat. Wie oft steht der Absender oder die Absenderin einer Nachricht mit dem Newsfeed-Inhaber bei Facebook miteinander im Kontakt? Logischerweise werden Posts von engeren Facebook-Beziehungen eher im Newsfeed landen.

Anhand der Variable »Erfolg der Nachricht« wird in der oben dargestellten Formel einkalkuliert, wie gut ein Post/Kommentar bereits bei anderen Personen angekommen ist: Erfolgreich geteilte oder gelikte Posts werden mit höherer Wahrscheinlichkeit im Newsfeed präsentiert.

Die Variable »Art der Nachricht« zielt wie die Absender-Variable auf die eigene Nutzungsvergangenheit ab. Durch die Verwendung dieser Variable in der Formel wird berücksichtigt, ob man in der eigenen Facebook-Historie bestimmte Arten von Posts bevorzugt hat (Bilder gegenüber Text gegenüber Video, politische Nachrichten gegenüber Entertainment, etc.).

Die Variable »Neuheit der Nachricht« beschreibt, dass neuere Posts eher als ältere Posts im Newsfeed gezeigt werden.

Der hier stark vereinfacht dargestellte Algorithmus wird übrigens immer wieder von Facebook angepasst, sodass bei Erscheinen des vorliegenden Buches möglicherweise eine andere Mathematik hinter der Newsfeed-Wissenschaft bei Facebook steht. Ähnliche Algorithmen finden sich hinter den Newsfeeds von anderen Social-Media-Angeboten: LinkedIn, TikTok, Twitter, etc. Die hier vorgestellte Formel soll also nur eine mögliche Zusammensetzung des Newsfeeds illustrieren.

Das Vorfiltern von Informationen muss an sich nichts Schlechtes sein. Jeden Tag passiert so unglaublich viel auf dem Globus, natürlich auch in dem eigenen sozialen Netzwerk. Es ist schlichtweg unmöglich, diese Massen an Nachrichten selbst zu verarbeiten. Daher ist es zu einem gewissen Grad gut, wenn Nachrichten nach ihrer Bedeutsamkeit für uns aufbereitet werden. Dies stellt auch einen Unterschied zu den Anfängen von Facebook dar, als die Nachrichten aus dem Freundeskreis einfach zeitchronologisch dargeboten wurden. Allerdings ist es bei der aktuellen Personalisierung unter Verwendung von Algorithmen (wie oben beschrieben) wichtig, Kenntnis zu erlangen, in welchen thematischen Bereichen eine Vorselektion größere oder kleinere Probleme mit sich bringt. Weiterhin zielt der Newsfeed bei Facebook auf »Engagement« ab. Das heißt, die Nutzer*innen sollen möglichst zu einer Online-Partizipation ermutigt werden. Warum? Wieder sind wir beim Thema mehr Daten über die Nutzer*innen für das Tech-Unternehmen. Das große Problem der letzten Jahre ist, dass durch die Algorithmen von Facebook polarisierende, ja aufhetzende Beiträge im Newsfeed in besonderem Maße hochgespült worden sind. Diese Nachrichten sind sehr erfolgreich, denn ihnen gelingt es besonders, die Aufmerksamkeit der Nutzenden zu erregen und das von Facebook gewünschte Engagement zu erzeugen. Das liegt daran, dass polarisierende Botschaften Menschen schnell emotionalisieren, indem sie beispielsweise Empörung auslösen. Je stärker eine Nachricht emotionalisiert, desto wahrscheinlicher ist es, dass die User*innen sie impulsiv teilen. Das ist gefährlich. Luke Munn schreibt in dem oben bereits zitierten wissenschaftlichen Artikel: »Es ist nicht so, dass die Empörung bei einem*r einzelnen Nutzer*in bleibt. Die Empörung gedeiht und springt über zu anderen Nutzer*innen, um diese zu provozieren, um dann auch in anderen Online-Umwelten aufzutauchen.«[350] Mit anderen Worten: Die Empörung und Emotionalisierung der Online-Nutzenden ist ansteckend. Ich denke, dass es für alle, die sich auf Social-Media-Plattformen aufhalten, bedeutsam ist, über die Selektions-Algorithmen genaue Kenntnis zu erlangen und diese immer wieder zu hinterfragen. Nur so kann ich als Nutzer oder als Nutzerin einer Plattform einschätzen, wie es zu der Zusammenstellung von Nachrichten in meinem Newsfeed kommt (bzw. was mir nicht gezeigt wird) und welche emotionalen Mechanismen bestimmte Nachrichten in mir auslösen können. Schließlich werden wir im Folgenden auch sehen, dass die Ausgewogenheit des Selektionsprozesses bedeutsam ist, um uns möglichst objektiv über die Realität zu informieren.

## Über politische Filterblasen

Filterblasen können in unterschiedlichen Themenbereichen unterschiedlich großen Schaden anrichten. Wenn ein*e Nutzer*in in der Bundesliga-Blase oder Mode-Blase auf Facebook oder Instagram versinkt, sind die Auswirkungen für die Gesellschaft mit Sicherheit unbedeutender, als wenn Filterblasen bei großen Bevölkerungsgruppen im extremen politischen Spektrum entstehen. Deswegen möchte ich ein kurzes fiktives Beispiel präsentieren, welches nun auf Mechanismen der Filterblase im politischen Kontext fokussiert. Dafür wenden wir uns dem Nachrichten-Feed auf Twitter zu. Damit es nicht zu langweilig wird, wechseln wir also mal die Plattform. Die Probleme sind auf diesem Kurznachrichtendienst durchaus ähnlicher Natur wie auf Facebook.

Der Twitter-Feed stellt das Eingangstor zu jedem Twitter-Account dar. Hier wird ein Strom an Nachrichten präsentiert, die den jeweiligen Twitter-Nutzer oder die Twitter-Nutzerin mit großer Wahrscheinlichkeit interessieren könnten. Nach dem Klicken auf das Logo mit dem zwitschernden Vogel erscheinen in meinem Twitter-Feed auf meinem Smartphone üblicherweise zahlreiche Ergebnisse aktueller wissenschaftlicher Studien aus der Psychologie und Hirnforschung. Jetzt kennen Sie also meine Blase!

Anhand meiner Blase lässt sich zeigen, dass viele Filterblasen nur auf den ersten Blick politisch »ungefährlich« aussehen. Warum sollte meine Blase von Akademikern und Akademikerinnen ein Problem darstellen? Was sollte meine Blase mit den zahlreichen Kommentaren von Psycholog*innen und Hirnforscher*innen überhaupt mit dem politischen Tagesgeschehen zu tun haben? Eine prominente Studie legt nahe, dass Psycholog*innen aus den Bereichen der Persönlichkeits- und Sozialpsychologie deutlich mehr liberale als konservative politische Einstellungen vertreten.[351] Dieser politische Bias (Verzerrung) könnte logischerweise in meinen Feed auf der Twitter-Plattform überschwappen, sodass ich in meiner Psycholog*innen-Blase eher mit liberalem als konservativem Gedankengut in Berührung komme. Entsprechend wichtig ist es für mich, meine politische Meinungsbildung nicht nur auf Nachrichten (und Meinungen) aus meinem Feed bei Twitter aufzubauen. Was tue ich dagegen? Ein Perspektivwechsel gelingt durch den Konsum von unterschiedlichen Nachrichtenorganen: Ich lese beispielsweise gerne den englischsprachigen *Economist*, aber parallel dazu auch deutschsprachige Wochenmagazine wie den SPIEGEL und *DIE ZEIT*, um den Blick von außen und von innen auf Deutschland zu bekommen. Zugleich schaue ich unterschiedliche Nachrichtensendungen der öffentlich-rechtlichen TV-Stationen, höre den Deutschlandfunk und lese ab und an die *Bild*-Zeitung. Spannend finde ich es auch, im Ausland die Tageszeitung zu studieren, um einen anderen Blickwinkel auf die Welt zu bekommen. Im Flieger zu meinen chinesischen Kooperationspartner*innen lese ich die *China Daily*, wohl wissend, dass dort eine sehr sinozentrische Perspektive auf das Weltgeschehen aufgezeigt wird, was zuvor von der Kommunistischen Partei Chinas abgesegnet worden ist. Insgesamt versuche ich mich also über viele Nachrichtenmagazine zu informieren, damit meine eigene Weltanschauung nicht zu sehr von einem einzigen Absender beeinflusst wird. Das Vermeiden der Filterblase kostet damit aber auch jede Menge Zeit.

Wir halten also fest, dass politische Filterblasen sich auf die politische Meinungsbildung auswirken könnten. Besonders gefährlich wäre dies, wenn es um Standpunkte in diesen Blasen ginge, die nicht mit dem Grundgesetz in Deutschland zu vereinbaren wären. Nun sind uns die Arbeitsweisen der Social-Media-Algorithmen also einigermaßen klar. Trotzdem bleibt die folgende Frage, die in der Überschrift des nächsten Abschnitts formuliert ist.

## Wie gefährlich sind Filterblasen wirklich?

Beginnen wir zunächst mit empirischen Arbeiten, die sich mit der Möglichkeit von Filterblasen auf Google beschäftigt haben. Kann ich bei Google eine Personalisierung von Suchergebnissen beobachten, wenn ich den Konzern aus Mountain View jeden Tag mit meinen Interessen füttere?

Tatsächlich ist die Datenlage hier etwas weniger beunruhigend, als man vielleicht erwarten würde. In einer Arbeit von Cedric Courtois u.a.[352] konnte kein Hinweis darauf gefunden werden, dass die eigene Suchhistorie die Ergebnisse von Google-Anfragen im Bereich sozio-politischer Themen Richtung Personalisierung beeinflussen würde.[353] Eine Studie aus Deutschland um Mario Haim und Kollegen gab für den Google Nachrichtendienst (Google News) ebenfalls ein Stück weit Entwarnung.[354] *Google News* stellt ein Angebot dar, welches Online-Nutzer*innen Nachrichten aus unterschiedlichen Quellen und zu verschiedenen

Bereichen wie Politik, Sport oder Unterhaltung zusammenstellt. Richtet man sich dort ein Konto ein, scheint man trotz unterschiedlicher Google-Suchhistorien ähnliche Nachrichtenergebnisse zu bekommen, wenn man einen Inhalt zu einem vorgegebenen Thema sucht. Bei 1200 Vergleichen zwischen vier fiktiven Suchern ergaben sich nur bei 30 angezeigten Artikeln Unterschiede (also in 2,5 % der Fälle). Durchaus interessant war allerdings in dieser Studie, dass *Google News* Meldungen von Nachrichtendiensten aus Deutschland präsentierte, die im täglichen Diskurs eher unterrepräsentiert waren. In diesem Fall wurden vor allen Dingen Meldungen von der Tageszeitung *Welt* oder *Focus Online* präsentiert, nicht aber von Seiten wie *bild.de*, die in Deutschland eine deutliche höhere Verbreitung haben.

In puncto Radikalisierung streiten sich die Gelehrten seit ein paar Jahren über das Ausmaß der Probleme, welche durch die (politische) Filterblase entstehen. Wie groß sind die Effekte, wenn durch die Vorfilterung Gleichdenkende eher zusammenfinden und Andersdenkende auseinanderdriften können? Auch wenn Filterblasen durchaus Gruppen von Online-Nutzer*innen ideologisch auseinanderbringen können (siehe beispielsweise eine Studie aus Polen[355]), scheint das Ausmaß der Effekte der Filterblase auf die ideologische Distanzierung – wie in den USA untersucht wurde – klein bis moderat auszufallen.[356]

Die Ergebnisse aus einer Studie um Manoel Horta Ribeiro[357] klingen da schon dramatischer. In der Analyse von mehr als 72 Millionen Kommentaren zu über 330 000 Videos auf 349 unterschiedlichen Kanälen kamen sie zu dem Schluss, dass die untersuchten Nutzer*innen dazu neigten, von dem Anschauen von milderen Video-Inhalten mit der Zeit zu extremeren Inhalten überzugehen (allerdings ist unklar, ob und wie dadurch auch Einstellungsänderungen hervorgerufen werden). Besonders auffällig war dabei, dass dies besonders für Nutzer*innen im rechten politischen Spektrum zu beobachten war. Die »Recommendation-Engine« von YouTube scheint hier besonders toxisch zu wirken. Diese Empfehlungsmaschine von YouTube nutzt die »Schwäche« der menschlichen Natur aus, immer wieder neugierig hinter den nächsten Vorhang des nächsten extremeren Videos zu schauen.[358]

Um mögliche Probleme durch Filterblasen in Deutschland einzuschätzen, hat sich auch meine Arbeitsgruppe diesem Thema gewidmet. Wir haben die Filterblase allerdings aus einem etwas anderen Blickwinkel beforscht: Cornelia Sindermann und ich sind der Auffassung[359], dass Filterblasen auf Social-Media-Plattformen vor allen Dingen dann eine große Wucht entfalten können, wenn die Nutzer*innen sich über das Tagesgeschehen *ausschließlich* über Newsfeeds bei Social Media informieren. Social Media hat hier eine besondere Stellung inne, da dort meine persönlichen Vorlieben, die Vorlieben meiner Freunde (die oftmals ähnlich sind) und die algorithmische Filterung interagieren und sich gegenseitig verstärken. Sollte allerdings kein ausschließlicher Nachrichtenkonsum über Social Media stattfinden, so ist unseres Erachtens die Wirkung der Filterblase deutlich geringer, da die Social-Media-Nutzer*innen über Fernsehen, Radio oder andere Medien mit anders lautenden Weltanschauungen konfrontiert werden. Ich erwähnte bereits, dass das Lesen von unterschiedlichen renommierten Nachrichtenquellen auch meine Strategie ist, mögliche Effekte einer politischen Filterblase in meinem Leben zu reduzieren. Vor dem Hintergrund dieser Gedanken wollten Cornelia Sindermann und ich verstehen, wie viele Menschen sich denn ausschließlich über Social-Media-Plattformen über das Tagesgeschehen informieren. Für unsere Studie in Deutschland konnten wir mehr als 1600 Leute befragen, die wir durch Werbung via Online- und Offline-Medien für unsere Forschung gewinnen konnten. Auch wenn es sich um eine Gelegenheitsstichprobe ohne repräsentativen Anspruch handelt, erscheinen mir die von uns herausgearbeiteten Zahlen bedeutsam zu sein, da wir keine rein studentische Stichprobe untersucht haben und durch Werbung über unterschiedliche Kanäle unter anderem ein weites Altersspektrum erreichen konnten.

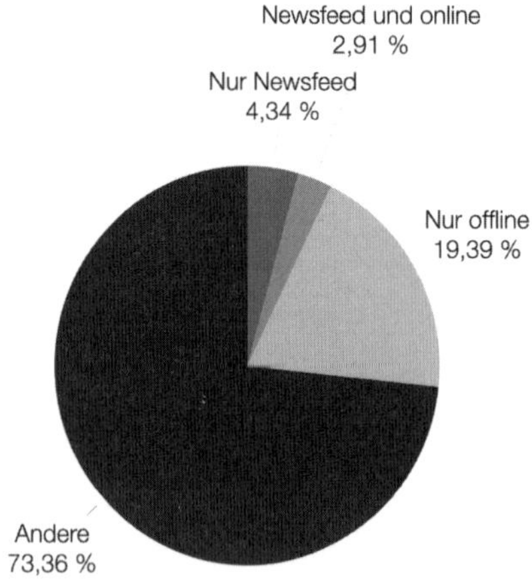


Abbildung 6.1.: Wer ist besonders anfällig für Filterblasen? Wahrscheinlich handelt es sich um Personen, die sich über das tägliche Nachrichtengeschehen ausschließlich auf Social Media (Newsfeed auf Facebook / Newsfeed anderer Social-Media-Kanäle) und/oder anderen Online-Nachrichten-Kanälen informieren. In unserer nicht repräsentativen Stichprobe waren das zusammengenommen 7,25 % (Zahlen aus Sindermann et al., 2020); siehe Anmerkung 359

Wie in der Abbildung 6.1. ersichtlich ist, berichten gerade einmal 4,34 % der von uns untersuchten Stichprobe, sich ausschließlich über Social Media über das Tagesgeschehen zu informieren. Zusätzlich berichten weitere 2,91 % der Befragten, neben dem Newsfeed auch weitere Online-Nachrichten-Webseiten zu berücksichtigen. Ich gehe davon aus, dass diese ca. sieben Prozent der untersuchten Stichprobe aller Wahrscheinlichkeit nur weniger mit nicht ihren Ansichten entsprechenden Weltanschauungen konfrontiert werden, wobei wir in Zukunft den Nachrichtenkonsum noch genauer erfassen müssen, da wir beispielsweise nicht den Konsum von Podcasts erfasst haben (und was die Menschen da tatsächlich sehen und hören). Menschen, die sich ausschließlich über das Tagesgeschehen über ihren Newsfeed informieren, unterliegen übrigens nicht nur den schädlichen Effekten durch die Vorfilterung von Nachrichten, sondern sind auch einem erhöhten Risiko ausgesetzt, mit Fake News konfrontiert zu werden.[360] Bei dieser Personengruppe ist das besonders problematisch, da keine Korrektur durch andere Medien stattfindet. Knapp sieben Prozent klingt zunächst nicht nach einer so besorgniserregenden Zahl. Bedenkt man aber, dass im März 2021 61,17 Millionen der Deutschen ab 16 Jahren das Internet nutzen[361], dann würden bei einer Übertragbarkeit unserer Daten auf diese Zahlen in etwa 4,43 Millionen der deutschen Internetnutzer*innen Gefahr laufen können, in einer Filterblase zu landen.

Die bisher dargestellte Perspektive muss für ein besseres Verständnis der Wirkungen von Echokammern/Filterblasen noch um den Aspekt des Konzeptes der »sozialen Homophilie« erweitert werden. Wie in Kapitel 3 kurz skizziert, versteckt sich dahinter die einfache Idee, dass Gleich und Gleich sich gerne gesellt. Tatsächlich konnte mit einer neuen Twitter-Studie genau diese Idee mit Daten ein Stück weit bestätigt werden. Die Wissenschaftler um Mohsen Mosleh[362] untersuchten in dieser Studie das Online-Verhalten von 1901 Twitter-Nutzer*innen vor dem Hintergrund interindividueller Differenzen in kognitiver Reflexion. Was hat es mit diesem psychologischen Konstrukt auf sich?

Ich stelle Ihnen einfach folgende Frage, um das Konstrukt ein wenig besser verständlich zu machen: Stellen Sie sich vor, Sie sind Teilnehmer oder Teilnehmerin bei einem Stadtlauf über 10 Kilometer. Auf dem letzten Kilometer werden Ihnen die Beine schwer, aber mit letzter Anstrengung schaffen Sie es, kurz vor dem Ziel die Person auf Platz 2 des Rennens zu überholen. Auf welchem Platz liegen Sie nun? Die richtige Antwort ist natürlich Platz 2. Manche Leser*innen hatten möglicherweise gerade »Platz 1« auf der Zunge liegen. Grämen Sie sich nicht, es geht vielen Leuten so! Werden diese und ähnliche Aufgaben von Personen gut gelöst, spricht man von reflektierenden Personen; das Gegenteil wären die eher intuitiven Denker. Interessanterweise zeigte sich anhand von Netzwerkanalysen der 1901 Twitter-Nutzer*innen in der Studie um Mohsen Mosleh, dass Personen mit geringerer kognitiver Reflexion eher solchen Twitter-Konten folgten, die hingegen von Personen mit hoher kognitiver Reflexion eher vermieden werden. Dazu gehörten Konten mit Namen wie *ukmagicfreebies* und *top_cashback*, also Twitterkonten, die unter anderem auf Rabattaktionen aufmerksam machen. Damit könnten sich die mehr intuitiv und die mehr reflektierenden Menschen einen unterschiedlichen Online-Kosmos zu schaffen, obwohl die hier dargestellten Konten mit Rabattaktionen wahrscheinlich nicht zu politischen Problemen führen. Jenseits dieser Beobachtungen zeigt eine ganz neue Arbeit von Roée Levy[363], dass Algorithmen hinter Social-Media-Angeboten tatsächlich über ihre Vorfilterung die Exposition mit Inhalten verringerten, die nicht dem Weltbild eines Nutzers oder einer Nutzerin entsprechen. Gerade die Auseinandersetzung mit solchen Inhalten könnte aber nach Ergebnissen dieser Studie die negative Meinung gegenüber der politischen Gegenpartei reduzieren.

Zu einer weiteren Einschätzung, ob Filterblasen und Echokammern negative Auswirkungen haben, möchte ich nun noch in das Konzept der starken und schwachen Verbindungen (*strong/weak ties*) beim Studium sozialer Netzwerke einführen. Auch wenn sich Gleich und Gleich gerne zusammentut, ist es doch so, dass wir auf unseren Social-Media-Konten häufig auch mit Personen verbandelt sind, die mitunter eher der Kategorie von schwachen Verbindungen im Netzwerkjargon zuzurechnen sind. Während die engen Verbindungen vor allen Dingen unsere eigene Familie, Partner*innen und engsten Freund*innen darstellen, sind schwache Verbindungen beispielsweise Arbeitskolleg*innen oder Personen, die man nur flüchtig kennt. Obwohl wir mit den *weak ties* nur sporadisch im Kontakt stehen, bekommen wir in unseren Newsfeeds aber trotzdem auch deren Nachrichten und Weltansichten präsentiert. Unterschiedlichen Weltanschauungen wird man sich also in dem eigenen Newsfeed niemals ganz entziehen können. Die Schwierigkeit, die Wirkung von Echokammern und Filterblasen auf die politische Polarisierung exakt schätzen zu können, wird in dem hervorragenden Artikel von Pablo Barberá auch über hier dargestellte Ideen hinaus dargelegt und sei allen interessierten Lesern und Leserinnen empfohlen.[364]

Zurück zu unserer eigenen wissenschaftlichen Arbeit über Filterblasen: Wir schätzten in unserer Arbeit nicht nur die Größe der Gruppe, die möglicherweise besonders anfällig für Filterblasen sein würde, sondern konnten auch interessante Einsichten über diese einfachen Prozentschätzungen hinaus gewinnen. Die Personen, die von sich berichteten, das Tagesgeschehen ausschließlich über den Newsfeed bzw. online zu verfolgen, gaben im Durchschnitt an, etwas weniger gewissenhaft und mehr neurotisch als solche Personen zu sein, die sich nur über traditionelle Offline-Medien informierten. Damit ergibt sich für den aufmerksamen

Leser oder die Leserin ein spannendes Bild. In Kapitel 2 berichtete ich bereits über Ergebnisse aus einer Studie meiner Arbeitsgruppe, in welcher wir beobachteten, dass Personen, die alle Angebote aus dem Haus Facebook nutzten, durchschnittlich (und im Vergleich zu den anderen untersuchten Social-Media-Gruppierungen) durch die gleiche Persönlichkeitskonstellation gekennzeichnet waren:[365] Erhöhte Neurotizismus- und geringere Gewissenhaftigkeitswerte könnten also nicht nur vorhersagen (allerdings in geringem Umfang), ob Personengruppen eher viele Social-Media-Kanäle wie Instagram, Facebook und WhatsApp nutzen, sondern auch, ob sie sich über das tägliche Nachrichtengeschehen ausschließlich über Social Media informieren. Ich möchte zur Einschätzung der Befunde darauf hinweisen, dass die von uns untersuchten Stichproben sehr groß waren. Ansonsten hätten wir die insgesamt kleinen Unterschiede in Persönlichkeitseigenschaften zwischen den Gruppen nicht herausarbeiten können. Daher sprechen wir nun auch über weitere Faktoren, die eine Rolle spielen, um die Anfälligkeit für die möglichen Effekte einer Filterblase zu verstehen.

Neben den Nutzer*innen-Gruppierungen, wie sie in der Abbildung 6.1. dargestellt sind, haben wir die Teilnehmer*innen unserer Studie auch nach der tatsächlichen Anzahl an Nachrichtenquellen gefragt, die sie im Alltag nutzen. Damit geht es nicht mehr um die Einteilung der Studienteilnehmer in Gruppen wie »Nutzer*innen von Online- versus Offline-Nachrichtenquellen«, sondern um eine Erfassung der Anzahl unterschiedlicher Nachrichtenquellen, die eine Person im Alltag berücksichtigt. In diesem Zusammenhang stellte sich für die von uns untersuchte Stichprobe heraus, dass eher junge und weibliche Personen sowie Personen mit erhöhten Werten auf der *Right-Wing-Authoritarian*-Orientierung (RWA-Orientierung) und geringeren Offenheitswerten etwas weniger unterschiedliche Nachrichtenquellen konsumierten als solche Personen, die älter und männlich waren sowie weniger RWA-Orientation und mehr Offenheit berichteten. Zur Erläuterung: Personen mit höheren Ausprägungen auf der RWA-Orientierung fügen sich eher gegenüber anerkannten Autoritätspersonen und neigen eher zu Aggression gegenüber außenstehenden Personen, besonders wenn dies »von oben« abgesegnet wird.[366] Personen mit höheren Ausprägungen befürworten zudem eher traditionelle Rollenbilder und haben eher konservative Einstellungen. Die Persönlichkeitsdimension Offenheit für Erfahrung wurde bereits vorgestellt und beschreibt Personen, die eher intellektuell sind, ästhetische Ansprüche haben und gerne zu neuen Ufern aufbrechen. Es überrascht vor dem Hintergrund dieser Erkenntnisse nicht, dass Nicht-Wähler*innen in unserer Studie durchschnittlich nicht nur die geringste Anzahl an Nachrichtenquellen berichteten, sondern zeitgleich im Fragebogen nach den AfD-Wählern im Durchschnitt die höchste RWA-Orientierung angaben. Offenheit für Erfahrung war in der Gruppe der Nicht-Wähler*innen gemessen an der Gesamtstichprobe unterdurchschnittlich ausgeprägt.

Wie sich an diesen ersten Studienergebnissen zeigt, beginnt die Wissenschaft erst jetzt zu verstehen, wie sich Filterblasen auf den politischen Diskurs und die Gesellschaft auswirken. Gleiches gilt für die Frage, welche Personengruppen besonders anfällig für die Effekte einer Filterblase sind. Solche Filterblasen können übrigens nicht nur Wirkungen in politischen Themenbereichen erzielen. Dies illustriert der folgende Fallbericht: Der Tod der 14-jährigen Molly Russell sorgte vor wenigen Jahren für mediales Entsetzen. Es stellte sich heraus, dass Molly Russell bei Instagram zuvor nach Informationen über Selbstverletzungen und Suizid gesucht hatte. Auch bei Instagram gilt: Der Algorithmus präsentiert dem Nutzer oder der Nutzerin beim aktuellen Besuch der Plattform im Newsfeed vor allen Dingen solche Inhalte, die den Suchanfragen aus der Vergangenheit und weiteren digitalen Fußabdrücken entsprechen. Es ist also nicht unwahrscheinlich, dass die ständige Konfrontation mit den Themen Suizid und Selbstverletzung im Newsfeed bei Instagram das junge Mädchen (zusätzlich) darin bestärkte, sich das Leben zu nehmen. Tatsächlich beging Molly Russell mit 14 Jahren Selbstmord. Ihre Eltern gaben Instagram zumindest eine Mitschuld.[367]

Ähnliche Mechanismen können übrigens greifen, wenn Menschen ständig mit »gephotoshopten« – also geschönten – Bildern von Models auf Instagram & Co. konfrontiert werden. Besonders junge Menschen können durch diese Art von Bildmaterial stark unter Druck geraten, weil sie als Heranwachsende häufig noch nicht die psychische Stabilität besitzen, sich von den auf Social Media propagierten Schönheitsidealen frei zu machen. Vor diesem Hintergrund wird unter Wissenschaftler*innen zunehmend diskutiert, inwieweit auch Tendenzen zu Essstörungen durch die ständige Konfrontation mit Schönheitsidealen auf Instagram verstärkt werden. Eine Übersichtsarbeit von Jasmine Fardouly und Lenny Vartanian zeigte, dass mit einer erhöhten Social-Media-Nutzung auch Unzufriedenheit mit dem eigenen Körper einhergeht.[368] Allerdings werden diese Zusammenhänge wohl erst nach längerer Nutzung von Social Media stärker sichtbar.

Wie die genannten Beispiele zeigen, spielen Filterblasen nicht nur im Kontext von politischen Nachrichten eine Rolle, sondern können auch bei anderen Themen wie Körper(un-)zufriedenheit eine prominente Rolle spielen. Der geschilderte Suizid von Molly Russell ist sicherlich ein trauriges Extrem, welches sich hoffentlich nicht wiederholt. Trotzdem sollte allen klar sein, dass Social Media mehr Einfluss auf das Leben entfalten kann, als es den Nutzer*innen dieser Plattformen vielleicht auf den ersten Blick bewusst ist.

Die bisherigen Schilderungen mögen suggerieren, dass Filterblasen nur auf Suchmaschinen oder Social Media ihre schädlichen Wirkungen entfalten können. Dies ist jedoch nicht der Fall. Filterblasen können auch dann eine Rolle spielen, wenn Amazons Alexa lernt, welche Musik ich mag und dort eine Vorauswahl für mich trifft. Die hier entstehende Blase mag weniger problematisch erscheinen, wenn Alexa mir aufgrund meiner in der Vergangenheit geäußerten Musikwünsche in Zukunft nur Rock-/Folk- und Country-Musik präsentieren würde. Tatsächlich kann aber auch via Amazons Alexa eine Filterblase im politischen Kontext entstehen: Wenn ich Alexa frage, was es heute für neue Tagesnachrichten gibt, entscheidet doch schließlich der Amazon-Konzern für mich, welche Nachrichten mir akustisch präsentiert werden! Auch hier erscheint mir eine Debatte notwendig, nach welcher transparent gemacht wird, welche Nachrichten von wem für wen über die unterschiedlichsten Digitalanbieter vorgefiltert werden.

## Von der Normalität der Schlangenbeschwörer*innen und das Konzept der Basisrate

Der Atlas spannt sich mit seinen schneeverhangenen Gipfeln über den Horizont. Die Sonne strahlt deutlich intensiver als in Deutschland. Nach einer Stunde habe ich mir bereits einen leichten Sonnenbrand im Gesicht eingefangen.

Vor dem Gebirge weitet sich die gewaltige Agafay-Wüste aus. Ein paar hundert Meter vor mir sehe ich ein kleines Berberzelt, vor dem alte Koffer aufgebaut sind. Ein Mann liegt im Zelt und schaut auf sein Smartphone. Selbst in diesem ruhigen Winkel des Globus hat die moderne Technologie Einzug gehalten. Windstill ist es hier, und es entspannt mich, meine kleine Tochter Hannah mit Steinen spielen zu sehen.

Nach dem Ausflug in die Agafay-Wüste unternehmen wir einen Spaziergang durch Marrakesch. Neben dem prächtigen Jardin Majorelle und dem Bahia-Palast besuchen wir die prachtvollen Saadiergräber, wo einige Emire und Sultan Abu I-Hasan bestattet wurden. Zwischendurch kämpfen meine Frau und ich uns mit dem Kinderwagen durch die engen Suks. Händler preisen lauthals ihre farbigen Teppiche, Gewürze und andere fernöstliche Spezialitäten an. In den engen Straßen ist es laut, und es riecht nach Kebab und Benzin.

Als Höhepunkt des Ausflugs in den mittelalterlich anmutenden Stadtteil Marrakeschs gehört für viele der Platz Djemaa el Fna (auch Henkerplatz genannt), der einem wildgewordenen Jahrmarkt ähnelt. Hier beobachte ich auch zum ersten Mal in meinem Leben Schlangenbeschwörer (es waren tatsächlich nur männliche Schlangenbeschwörer). Zum schrillen Klang der Flöte beginnen die Schlangen zu tanzen. Ich schaue einen Moment lang auf die Schlangenbeschwörer und habe einen Augenblick später schon ungewollt eine Schlange um den Hals hängen. Zu allem Überfluss soll ich ordentlich Geld für dieses einmalige Erlebnis zahlen. Nichts wie weg!

Die Geschichte um die Schlangenbeschwörer vom Henkerplatz eignet sich gut, um über den Begriff der Basisrate aus der Statistik nachzudenken. Die Basisrate beschreibt das tatsächliche Aufkommen eines Merkmals in einer untersuchten Bevölkerung. Wenn ich als Unternehmer oder Unternehmerin beispielsweise eine neue Stelle zu besetzen hätte, ist es wichtig zu wissen, wie groß die Anzahl der Personen in einer Bevölkerung ausfällt, die den Job machen können und bereit wären, sich auf die Stelle zu bewerben. Basisraten spielen nicht nur für Personalabteilungen eine wichtige Rolle, sondern auch, um die Auswirkungen von Filterblasen zu verstehen. Kehren wir zurück zum Henkerplatz in Marrakesch, um das besser einzuordnen.

Nehmen wir an, mich hätte die Beschwörung der Schlangen im Urlaub so sehr fasziniert, dass ich diese Tätigkeit als Hobby in Deutschland für mich entdecken wollte. Üblicherweise macht es mir mehr Spaß, einem Hobby mit Gleichgesinnten nachzugehen. Deswegen würde ich mich nach meiner Reise nach Marrakesch nun gerne mit Expert*innen über Schlangenbeschwörung in Deutschland austauschen. Wie viele Personen in Deutschland haben überhaupt dieses exotische Hobby? In den Zeiten vor der Existenz des World Wide Web hätte ich nach meiner Reise wahrscheinlich vergeblich nach Gleichgesinnten gesucht. Mit Glück hätte ich vielleicht eine*n einzige*n Schlangenbeschwörer*in in meiner Heimatstadt Köln gefunden. Damit wäre ich jeden Tag aufs Neue mit der Information konfrontiert worden, dass ich einem sehr ausgefallenen Hobby nachgehe. Kurzum, ich wäre ein »Freak« gewesen, der einem seltenen Hobby abseits des Mainstreams frönt. Die tatsächlich niedrige Basisrate an Schlangenbeschwörer*innen wäre mir tagtäglich vor Augen geführt geworden. Durch das Internet hat sich das geändert. Ich kann nun nach Gruppen von Schlangenbeschwörer*innen online suchen und über diesen Weg vielleicht ein paar Leute ausfindig machen, die ebenfalls gerne diesem Hobby nachgehen. Durch den täglichen Kontakt mit Gleichgesinnten im Netz komme ich mir mit meinem Hobby nicht mehr so einsam vor. Im Gegenteil: Ich empfinde es zunehmend als völlig normal, mich mit Schlangenbeschwörer*innen im Alltag zu umgeben. Mein täglicher Austausch mit Gleichgesinnten führt irgendwann zu einer Verschiebung meiner Wahrnehmung der Basisrate über die tatsächliche Zahl der Schlangenbeschwörer*innen in Deutschland. Das sind doch gar nicht so wenige! So langsam habe ich es mir also in meiner Blase oder Kammer von Schlangenbeschwörer*innen gemütlich gemacht.

Nun ist das Thema der Schlangenbeschwörung nicht so heikel wie der Umgang mit Flüchtlingen in Deutschland. Jeder kann sich aber nun vorstellen, was passiert, wenn Basisraten-Verschiebungen stattfinden, die mir suggerieren, dass viel mehr meiner Mitbürger*innen gegen eine Aufnahme von Flüchtlingen in Deutschland sind, als dies tatsächlich der Situation in Deutschland entspricht. In entsprechenden Foren mit wenigen Gleichgesinnten können sich Personen gegenseitig heißmachen und aufstacheln. Negative Emotionen sind hier kein guter Berater, um mit kühlem Kopf über einen solch wichtigen politischen Sachverhalt nachzudenken. Es kann dann zu einer Radikalisierung kommen, zumal wenn von außen kein Regulativ Einfluss nimmt. Dieser Prozess findet dabei Schritt für Schritt, ja schleichend statt. Beispielsweise wird auf der YouTube-Plattform mit jedem etwas extremeren Video der Schritt zu ein wenig mehr Radikalisierung gemacht. Luke Munn beschreibt das in seinem bereits erwähnten wissenschaftlichen Artikel wie folgt: »… da gibt es ein langsames Fortschreiten, welches es Nutzer*innen erlaubt, sich an diese Sichtweisen zu akklimatisieren, bis man den nächsten Schritt auf der eigenen Reise antritt.«[369]

Es ist schwer, sich von solchen Basisratenverschiebungen frei zu machen. Dafür möchte ich ein weiteres Beispiel anführen: Wie viele im Kinofilm *The Cleaners* gesehen haben, werden sogenannte »Content Moderator*innen« von den großen Social-Media-Plattformen angestellt, die sich tagtäglich die schlimmsten

Auswüchse menschlicher Phantasien und Verhaltensweisen anschauen müssen. Es geht dabei um die ganze Spannweite von Propaganda-Videos von IS-Milizen über sexuellen Missbrauch zu anderen Gewaltakten. Die Content-Moderator*innen müssen jeden Tag tausende Male entscheiden, welches Bild- und Videomaterial aufgrund der Vorgaben der Social-Media-Konzerne auf den Social-Media-Profilen der Nutzer*innen erscheinen dürfen. Die ständige Konfrontation mit Bildern von Gewalt und Obszönität belastet die »Säuberer*innen« der Social-Media-Kanäle so sehr, dass sie mitunter Symptome von posttraumatischen Stressbelastungen (PTSB) entwickeln.[370] Ähnlich wie Soldat*innen nach dem Krieg. Auch hier finden Basisraten-Verschiebungen statt. Der *Guardian* berichtet, dass »die Verschwörungsvideos und Memes, die die Säuber*innen jeden Tag sehen, sie allmählich dazu verleiten, randständige Weltanschauungen zu übernehmen.«[371] Mit anderen Worten: Die permanente Auseinandersetzung mit extremen Inhalten führte bei einigen der Content-Moderator*innen nicht nur zu PTSB-ähnlichen Symptomen, sondern auch zu einer Übernahme obskurer Ideologien. Leider ist davon auszugehen, dass eine Verschiebung der eigenen Wahrnehmung von Basisraten nicht nur durch die ständige Bestätigung des eigenen Weltbildes auf Social-Media-Kanälen stattfindet. Auch die Beschallung mit Fake News kann zu solchen Veränderungen führen.

## Wer fällt auf Fake News rein?

Fake News stellen ein großes Problem auf den unterschiedlichen Social-Media-Angeboten dar. Besonders alarmierend scheinen mir Erkenntnisse zu sein, wonach sich Fake News deutlich schneller verbreiten als wahre Nachrichten. Wahre Nachrichten brauchen auf Twitter in etwa sechsmal so lange wie Fake News, um 1500 Leser*innen zu erreichen, wie Soroush Vosoughi und Kollegen in einer Studie herausfanden.[372] Trump und Co. sprachen bei Fake News von alternativen Fakten. Ich spreche hier von dem dreisten Versuch, Menschen mit Lügen zu manipulieren.

Was aber genau sind Fake News? Es reicht nicht aus, Fake News einfach als falsche Nachrichten zu kennzeichnen. Wenn man Fake News als Genre definieren möchte, gibt es mehrere Kriterien, die beobachtet werden müssen, um von Fake News zu sprechen: Fake News zeichnen sich erstens durch eine geringe Faktenlage aus. Zweitens werden Fake News erstellt, um andere Menschen zu täuschen. Drittens haben Fake News üblicherweise ein journalistisches Format.[373]

In der gerade genannten Studie um Soroush Vosoughi wurde erklärt, dass die schnelle Verbreitung von Fake News möglicherweise auch auf evolutionär alte Mechanismen zurückzuführen ist: Fake News beinhalten oftmals Sensationsmeldungen, und unser Gehirn reagiert besonders auf Neuigkeiten, da diese im Steinzeitalter oft überlebensnotwendig waren. Die Wissenschaftler schreiben dazu in ihrer Studie (verkürzt übersetzt): »Wenn Informationen neu sind, sind diese nicht nur mehr überraschend, sondern auch von größerem Wert. Dies gilt aus einer informationstheoretischen Perspektive – wenn die Information selber hilfreich ist oder Insiderwissen ermöglicht.«

Weitere Gründe für die zu beobachtende Diskrepanz bei der Verbreitung von Fake News gegenüber verifizierten Nachrichten sind auch in den Algorithmen der Social-Media-Konzerne zu suchen, die auf den Plattformen der Social-Media-Anbieter*innen – wie bereits erwähnt – besonders solche Nachrichten an die Oberfläche spülen, die maximal emotionalisieren, indem sie politisch extreme Inhhalte bereithalten.[374] Eine neue Studie weist darauf hin, dass Fake News, die Zorn und Wut auslösen, besonders häufig geteilt werden.[375] Anhand von Twitterdaten aus der Präsidentschaftswahl 2016 in den USA konnte herausgearbeitet werden, dass besonders Personen, die älter, eher konservativ und mit großem Interesse an politischen Themen ausgestattet waren, sich wahrscheinlicher mit Fake News beschäftigten.[376] Diese Studie sagt aber noch nichts darüber aus, ob diese Personengruppe die Fake News auch als solche erkannt hat oder nicht. Tatsächlich ist bis jetzt immer noch relativ wenig darüber bekannt, wer besonders anfällig ist, auf Fake News hereinzufallen. In einer neuen Übersichtsarbeit von Cornelia Sindermann, Andrew Cooper und mir haben wir die Literatur zu diesem Thema zusammengetragen und konnten ein paar wenige gesicherte Erkenntnisse über das Themengebiet aus der Literatur vorstellen.[377] Zunächst zeigt sich, dass Fake News (aber auch wahre Nachrichten) eher als wahr eingestuft werden, wenn diese Nachrichten das eigene (politische) Weltbild bestätigen. Es scheint für unser Gehirn weniger anstrengend zu sein, Informationen zu verarbeiten, die nicht im Widerspruch zu den bestehenden Anschauungen stehen. Das erklärt auch, warum wir uns wohl mit der Echokammer anfreunden. Besonders analytisch denkende und bedacht agierende Personen scheinen etwas weniger anfällig für Fake News zu sein. Es hilft also, den eigenen Kopf anzustrengen, um nicht auf Fake News hereinzufallen. Aufgrund dessen wäre es naheliegend, Personen vor dem »Retweeten« zu fragen, ob man die Nachricht wirklich weiterleiten möchte und ob man sich sicher ist, dass es sich bei der vorliegenden Nachricht nicht um eine Fake News handelt. Eine empirische Arbeit um Gordon Pennycook konnte zumindest nachweisen, dass eine kurze Erinnerung über den Wahrheitsgehalt von einer Nachricht auf Social Media nachzudenken, das Weiterleiten von richtigen Nachrichten erhöht.[378] Ein solches kurzes Innehalten könnte auch die Wirkung von besonders emotionalisierenden Nachrichten reduzieren. Vielleicht haben die Tech-Konzerne schon ausprobiert, ob eine solche Intervention hilft. Wir werden sehen, ob neue Designelemente bald auf Social Media Einzug halten, um die Probleme der Fake-News-Weiterleitung zu reduzieren.

Eine neue empirische Arbeit aus der eigenen Gruppe untermauert ein Stück weit die Beobachtung, dass analytisches Denken dabei helfen kann, Fake News zu entdecken.[379] Bevor ich auf die Hauptergebnisse der Studie zu sprechen komme, ist es bedeutsam, auf die guten Leistungen der Proband*innen in unserer experimentellen Arbeit hinzuweisen: Insgesamt gelang es den Teilnehmer*innen unserer Studie gut, die von uns erstellten falschen von den echten Nachrichten zu unterscheiden. Das ist erst einmal prima. Trotz der insgesamt guten Leistungen konnten wir in unseren Daten beobachten, dass eine geringere fluide Intelligenz ein wenig mehr mit einer erhöhten Anfälligkeit für Fake News einhergeht (Fake News als wahr einzuschätzen), und höhere kristalline Intelligenz dabei helfen könnte, wahre Nachrichten nicht als Fake News abzustempeln. Richtig ist aber auch, dass die Zusammenhänge in unserer Studie sehr klein ausfielen.

Zum besseren Verständnis der Intelligenz-Begrifflichkeiten: *Fluide Intelligenz* beschreibt den Anteil der Intelligenz, der rasch neue Sachverhalte durchdringt. In diesem Fall sind dies besonders neue Nachrichten, die aber nicht wahr sind. Klassische Aufgaben, um fluide Intelligenz in einem IQ-Test zu messen, sind beispielsweise sogenannte Matrizentests, in denen man Regeln in einer Reihe von Bildern entdecken soll. Ein Beispiel für ein solche Aufgabe findet sich in Abbildung 6.2. Eine weitere mögliche Aufgabenart wäre die Buchstabenreihenfolge in Abbildung 6.3., die richtig zu Ende geführt werden soll. In unserer Studie war es vor allen Dingen das richtige Beantworten der Buchstabenaufgabe die geringfügig damit einherging, Fake News weniger als wahr zu erachten (Anmerkung: Die Aufgaben in 6.2. und 6.3. haben einen unterschiedlichen Schwierigkeitsgrad und dienen nur der Illustration).

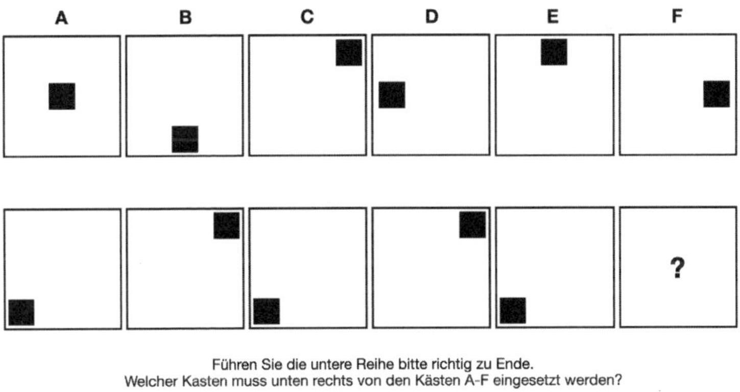


Abbildung 6.2.: Ein Beispiel für eine Matrizenaufgabe, die einen Aspekt fluider Intelligenz misst (richtige Antwort: C).

Schauen Sie die Buchstabenreihenfolge an und entscheiden Sie welcher Buchstabe als Nächstes kommt!

B C E H L _

Lösungsmöglichkeiten: (1) P (2) Q (3) X (4) S (5) = Z

Abbildung 6.3.: Ein Beispiel für eine Buchstabenreihenfolgen-Aufgabe, die einen Aspekt fluider Intelligenz misst. Die richtige Antwort ist 2.

*Kristalline Intelligenz* beschreibt im Gegensatz zu der fluiden Intelligenz das Wissen, welches Menschen über ihr Leben hinweg ansammeln. Dazu gehört auch, Wissen über unterschiedliche Lebensbereiche und Faktenwissen anzusammeln.[380] Was ist die Hauptstadt von Italien? Wie hieß der erste Bundespräsident Deutschlands? Und wer war vor George Bush Senior US-Präsident? Kristalline Intelligenz ist übrigens das, wofür man lang gediente Mitarbeiter*innen besonders schätzt. Sie kennen sich hervorragend in einem Unternehmen aus und kompensieren damit den Abfall ihrer fluiden Intelligenz, die schon mit Beginn der 20er-Lebensjahre sinkt: Tatsächlich zeigen viele Menschen bei einigen Facetten der Intelligenz bereits mit zwanzig Jahren die Peak-Performanz (fluide Intelligenz), für andere Facetten – besonders der kristallinen Intelligenz – sieht man eine solche Peak-Performanz bei vielen Personen erst mit ca. 50 Jahren.[381] Fluide und kristalline Intelligenz sind übrigens nicht nur getrennt zu betrachten. Laut der Investmenthypothese der fluiden Intelligenz investieren wir im Alltag unsere fluide Intelligenz, um kristalline Intelligenz aufzubauen.[382]

Persönlichkeitseigenschaften im Sinne der Großen Fünf der Persönlichkeit spielen in unserer neuen Arbeit übrigens kaum eine Rolle, um Vorhersagen machen zu können, ob Personen gut darin sind, Fake News oder verifizierte Nachrichten als solche richtig zu klassifizieren. Als Ausnahme könnte man Extraversion erwähnen, wobei höhere Extraversionwerte mit geringeren Fähigkeiten bei der Klassifikation von richtigen und falschen Nachrichten einhergingen. Dieser Zusammenhang kam aber auch eher geringfügig zum Vorschein. Unabhängig von diesem Ergebnis wissen wir bereits aus Kapitel 2, dass die Persönlichkeitsstruktur eines Menschen eine gewisse Rolle dabei spielt, sich für oder gegen die Nutzung von Social-Media-Angeboten zu entscheiden. Auch die Intensität der Nutzung von Social Media wird durch Persönlichkeitseigenschaften beeinflusst (siehe Kapitel 7). Ob eine Person aber dafür anfällig ist, auf Fake News hereinzufallen, scheint insgesamt eher etwas mit den eigenen kognitiven Fähigkeiten und dem Unterschied zwischen analytischen und kognitiven Denkstilen zu tun zu haben.[383] Weiterhin ist erwähnenswert, dass in unserer Arbeit Personen mit weniger interpersonellem Vertrauen eher Probleme hatten, Fake News und richtige Nachrichten richtig zu klassifizieren. Die Vertrauensvariable war sogar eine der bedeutsamsten Faktoren in unserer Arbeit! Was können wir daraus ableiten? Möglicherweise bedeutet dies, dass, wenn es unseren Politiker*innen gelingt, Vertrauen in die Gesellschaft und Regierung aufrechtzuerhalten oder wiederherzustellen, dies möglicherweise auch positive Effekte auf die Klassifikation von Fake News und richtigen Nachrichten hat!

Genauso wie in unserer Arbeit, stellten sich übrigens kognitive Fähigkeiten auch als bedeutsam heraus, um zu verstehen, warum Personen für den Brexit gestimmt haben. Dies ergab eine Studie aus UK[384]: Brexit-Anhänger*innen schnitten in einem neuropsychologischen Test mit dem sperrigen Namen Wisconsin Card Sorting Test (WCST) im Vergleich zu Anhänger*innen der EU-Stay-Kampagne im Durchschnitt schlechter ab. In der WCST werden Proband*innen darum gebeten, Gesetzmäßigkeiten beim Legen von Karten auf unterschiedlichen Stapeln zu erkennen. Im Wesentlichen bildet dieser Test die Fähigkeit der kognitiven Flexibilität ab. Es wäre interessant zu wissen, ob die Leistung im WCST auch vorhersagt, ob man auf Fake News hereinfällt oder nicht – zumal die Brexit-Kampagne auch von Fake News dominiert worden ist.

# Kapitel 7
# Internetnutzungsstörungen oder suchtähnliches Verhalten

Einhundertzweiundachtzigtausendfünfhundertsechsundachtzig. Ich kann es nicht fassen: 182586 Teilnehmer*innen haben uns unterstützt. Mithilfe von Silicon-Valley-Mechanismen haben wir eine der größten Datenerhebungen zum Thema Computerspiel-Abhängigkeit (offizieller Begriff: Gaming Disorder = Computerspielstörung) in der Geschichte der Wissenschaft durchführen können. Wie kam es dazu?

Mit meinem Kollegen Halley Pontes schmiedete ich im April 2018 auf der *International Conference on Behavioral Addictions* einen Plan. Zu diesem Zeitpunkt war die Weltgesundheitsbehörde (World Health Organisation, WHO) gerade dabei, Gaming Disorder als eigenständige Diagnose in den Entwurf des ICD-11 aufzunehmen. ICD-11 steht für das *International Classification of Diseases-11* und gilt als die weltweite Leitlinie, um körperliche und psychische Erkrankungen zu diagnostizieren.

Durch die Diskussion um die Aufnahme der Gaming Disorder in den Entwurf des ICD-11 der Weltgesundheitsbehörde wussten Halley und ich, dass nun ein großer Bedarf nach einem neuen Selbsttest-Verfahren für ein Gaming-Disorder-Screening entstehen würde. Wir begannen umgehend mit der Arbeit und entwickelten Items für den Fragebogen. Die so entstandene Fragebogen-Batterie testeten wir dann in Stichproben in Großbritannien und China. Tatsächlich stellte sich unser Fragebogen in diesen ersten Datensätzen als ein gutes psychologisches Screening-Tool heraus.[385] Und es gelang uns sogar, ihn als ersten Gaming-Disorder-Test nach den neuen WHO-Kriterien zu veröffentlichen.[386] Mission accomplished – könnte man denken. Dies sollte aber erst der Auftakt zu etwas viel »Größerem« sein.

Ich schlug Halley bereits im April 2018 in Köln vor, dass wir eine Online-Plattform entwerfen sollten, auf welcher der von uns entwickelte Gaming-Disorder-Test (GDT) der interessierten breiten Öffentlichkeit und Gamer-Community zugänglich gemacht wird. Ähnlich wie die Tech-Unternehmen und ihre diversen App-Services würden wir den Service »kostenlos«, aber im Austausch für die eigenen anonymen Fragebogendaten anbieten. Durch den anonymen Charakter der Datenspende aufseiten der Studienteilnehmer*innen würden wir uns natürlich deutlich von den hier im Buch dargestellten Social-Media-Projekten im Zeitalter des Überwachungskapitalismus unterscheiden. Als zusätzlichen Anreiz schlug ich vor, dass jedem Nutzer und jeder Nutzerin die eigenen Gaming-Disorder-Werte im Vergleich zu allen anderen Teilnehmer*innen rückgemeldet werden. Eine solche Information kann eine Reflexion des eigenen Verhaltens in Gang setzen. Auch dieser Vergleich würde natürlich anonym geschehen.[387] Hier zielte ich auf die sozialen Vergleichsmechanismen ab, die auf Social-Media-Kanälen so mächtige Wirkungen entfalten. Zusätzlich würden wir es den Nutzer*innen auf unserer Plattform ermöglichen, den Link zu der eigenen Feedback-Seite abzuspeichern, um die eigenen Werte mit dem zu einem späteren Zeitpunkt noch größeren Datensatz aller anderen Teilnehmer*innen zu vergleichen. So wären die

Teilnehmer*innen zu Beginn der Studie nicht benachteiligt. Gesagt, getan!

Unsere Pressestellen an den Universitäten in Großbritannien, Australien und Deutschland brachten im Jahr 2019 fast zeitgleich die Neuigkeiten über unsere Pilotstudie gemeinsam mit dem Hinweis auf unsere Selbsttestplattform www.do-i-play-too-much.com heraus. In wenigen Stunden griffen große Medien wie Forbes.com unsere Story auf, und unsere Plattform verbreitete sich über Twitter. Ich war gerade in China, als mich mein Informatiker Christopher Kannen in Chengdu anrief und mir etwas beunruhigt mitteilte, dass unser Server schlappmache. Christopher kümmert sich in meiner Gruppe um die IT-Architektur. Ich gab ihm freie Hand, die Serverkapazitäten schnellstens aufzurüsten.

In wenigen Stunden hatten bereits über 50 000 Personen an dem Test teilgenommen. Nach wenigen Tagen waren es fast 170 000 Teilnehmer*innen. Noch heute erstaunt es mich immer wieder, dass uns so viele Menschen ihre wertvolle Zeit und ihre Daten im Austausch für unseren Online-Service gegeben haben. Danke, danke, danke! Auf der anderen Seite bin ich davon überzeugt, dass wir mit unserer Plattform einen guten und sinnvollen Service anbieten, der die Teilnehmer*innen zum Denken anregt.

Auch wenn das Beispiel unserer Plattform aufzeigt, wie mächtig Daten-Geschäftsmodelle wirken können, möchte ich in diesem Kapitel das Thema wechseln und nun tiefere Einblicke in das Thema Online-Sucht geben. Eine Facette des Themas ist die Beschäftigung mit der Computerspiel-Abhängigkeit, also in der offiziellen Nomenklatur Gaming Disorder. Die Beschäftigung mit der Gaming Disorder kann möglicherweise auch stellvertretend für angrenzende Themen wie die problematische Nutzung von Social Media sein. Auch aus dieser Perspektive lohnt sich also eine Beschäftigung mit diesem Thema. Im Gegensatz zur Gaming Disorder ist die problematische Nutzung von Social Media aber noch nicht von der WHO offiziell anerkannt.

Bereits zu Beginn des Buches habe ich darauf verwiesen, dass eine wesentliche unerwünschte Nebenwirkung der digitalen Manipulation die Befeuerung von Online-Sucht durch entsprechendes App-Design der Social-Media- und Freemium-Apps sein könnte. Auch wenn der Suchtbegriff im Kontext von problematischer Social-Media-Nutzung wissenschaftlich noch stark umstritten ist, haben zumindest die vielen Beispiele in Kapitel 3 gezeigt, dass einige Elemente der Social-Media-Apps und Freemium-Spiele darauf abzielen, Online-Zeiten zu verlängern. Damit wird meiner Meinung nach von vielen App-Entwickler*innen in Kauf genommen, dass besonders vulnerable Personengruppen (beispielsweise einsame Menschen oder eher neurotische/weniger gewissenhafte Personen) einen Hang zur exzessiven Nutzung von Social Media und Computerspielen entwickeln. Was wissen wir aber wissenschaftlich abgesichert über den aktuellen Stand der Forschung über den Themenkomplex Online-Sucht?

Die Erforschung der Internetsucht ist mittlerweile immerhin 25 Jahre alt. Im Jahr 1996 tauchte einer der ersten Berichte in der wissenschaftlichen Literatur auf – Kimberly Young beschrieb den Fall einer scheinbar onlinesüchtigen Patientin.[388] Mittlerweile gibt es hunderte wissenschaftliche Arbeiten, die sich mit dem Themengebiet Online-Sucht beschäftigen. Besonders kontrovers wird diskutiert, ob es sich a) überhaupt um eine eigenständige Diagnose handelt und b) ein solches mögliches Störungsbild tatsächlich Ähnlichkeiten zu anerkannten Süchten hat.

Viele Studien stellen Zusammenhänge zwischen der Internetsucht und anerkannten Psychopathologien wie Angsterkrankungen[389], Depressionen und ADHS her.[390] Wie so häufig handelt es sich bei diesen Ergebnissen aber »lediglich« um Zusammenhänge. Die Wirkrichtung zwischen den untersuchten Variablen bleibt unklar. Führt nun eine Depression eher zu einer Internetsucht, oder ist es doch umgekehrt? Wenn eine Depression zu einer Internetsucht führt, könnte das für eine Selbstmedikationshypothese sprechen: Eine Person mit einem Hang zu depressiven Verstimmungen ist gerade einsam, ihr geht es schlecht. Durch verstärkte Internetnutzung kann sich diese Person ablenken und kurzfristig auf andere Gedanken kommen. Wenn der oder die Entsprechende immer häufiger das Internet nutzt, um sich selber zu therapieren, kann aus der häufigen Internetnutzung irgendwann ein suchtähnliches Phänomen werden. Auch wenn man das Beispiel vielleicht anders interpretieren könnte, illustriert die Argumentation doch, warum Internetsucht für Forscher wie Daniel Kardefelt-Winther kein eigenes Störungsbild darstellt. Stattdessen schlägt er vor, Internetsucht eher als einen Bewältigungsstil für Probleme anzusehen.[391] Ich denke, dass diese Argumentation durchaus nachvollziehbar ist. Allerdings kann ein problematischer Alkoholkonsum zu Beginn auch nur eine Reaktion auf den Verlust eines geliebten Menschen sein. Und schließlich wird hier aus einem ungünstigen Bewältigungsstil eine Sucht.

Nun gibt es glücklicherweise schon längsschnittliche Studien in diesem Feld, die tatsächlich beide Wirkrichtungen zwischen Internetsucht und Depression plausibel erscheinen lassen. Eine Depression kann in bestimmten Symptomen einer Internetsucht münden, genauso gilt aber auch, dass bestimmte Symptome einer Internetsucht – vielleicht über sozialen Rückzug – in erhöhten depressiven Symptomen enden kann.[392] Eine neue längsschnittliche Studie legt nahe, dass eine Konsequenz der Computerspielstörung ein Selbstwertverlust und niedrigere Lebenszufriedenheit sein kann.[393] Dass die exzessive Nutzung des Internets einen Bewältigungsstil darstellen könnte, zeigen auch neue Befunde aus meiner Arbeitsgruppe, in der wir uns auf die exzessive Nutzung von Social-Media-Applikationen während der COVID-19-Pandemie konzentrierten. Ich komme auf diese neuen Befunde gleich zu sprechen.

Kommen wir zunächst zu einer Taxonomie der Internetsucht[394], mit welcher etwas Ordnung in die vielen Facetten der Internetsucht gebracht werden kann. Zunächst gilt festzuhalten, dass wir aktuell in der deutschsprachigen Literatur nicht mehr von einer Internetsucht sprechen (der Suchtbegriff ist nach wie vor zu kontrovers), sondern nach der Meinung einiger Wissenschaftler*innen von Internetnutzungsstörungen (INS).[395] Bei der INS handelt es sich nach aktuellem Verständnis um eine Art Überbegriff, der die problematische Nutzung von ganz unterschiedlichen Online-Inhalten berücksichtigt.[396] Momentan werden besonders fünf Bereiche stark diskutiert. Neben der Gaming und Gambling Disorder (also pathologisches Glücksspiel) werden die Bereiche der problematischen Pornografie- und Social-Media-Nutzung im Online-Bereich diskutiert. Bei anderen Studien steht das pathologische Kaufen im Vordergrund.

In der Psychodiagnostik ist es nun sehr wichtig herauszuarbeiten, ob ein Patient oder eine Patientin nur in einem der genannten Bereiche Problemverhalten zeigt, oder ob mehrere Online-Bereiche betroffen sind. Wenn eine Person berichtet, Probleme im Bereich der Computerspiel- und Social-Media-Nutzung zu haben, wäre vielleicht der Begriff der *unspezifischen* Internetnutzungsstörung als Zusammenfassung zutreffend. In diesem Fall erstreckt sich das Problemverhalten ja über mehrere Bereiche.

Wo ist eigentlich die so häufig diskutierte »Smartphone-Sucht« in dem großen Themengebiet der Internetnutzungsstörungen anzusiedeln? Zunächst: Der Begriff Smartphone-Sucht wird zunehmend stark kritisiert, da das Gerät nur ein Vehikel darstellt, um auf unterschiedliche Applikationen zuzugreifen. Tayana Panova und Xavier Carbonell weisen zu Recht darauf hin, dass Alkoholiker auch nicht abhängig von Flaschen, sondern vom alkoholischen Getränk sind.[397] Also muss der Blick bei der Untersuchung der problematischen Smartphone-Nutzung auf die unterschiedlichen Apps auf dem Gerät fallen. Wenn eine Person nun ausschließlich Probleme bei der Nutzung von Social-Media-Apps entwickeln würde, könnte man eventuell von einer Internetnutzungsstörung im Bereich der Social-Media-Nutzung sprechen (englisch: Social Networks Use Disorder, SNUD). Insofern könnte es aber auch Menschen geben, die ausschließlich eine Computerspielstörung auf dem Smartphone entwickeln. Damit würde diese Person am besten durch eine Gaming Disorder, nicht aber durch eine Smartphone-Sucht gekennzeichnet sein. Fällt damit der Smartphone-Suchtbegriff komplett flach? Nicht ganz. Wie gesagt, mag es bei manchen Patient*innen Sinn machen, eine *unspezifische mobile* Form der Internetnutzungsstörungen zu diagnostizieren. Dies wäre als Sammelbegriff dann zutreffend, wenn eine Person Problemverhalten auf unterschiedlichen App-Kategorien auf dem Smartphone entwickelt. Somit ergibt sich für die komplexe Psychodiagnostik im Bereich der INS die grafische Aufstellung wie in Abbildung 7.1. Diese Abbildung will ich näher erläutern: Neben den fünf großen inhaltlichen Bereichen der INS lässt sich auch eine Aufteilung in einen mobilen und nicht-mobilen Anteil der

INS vornehmen. Eine solche Einteilung ist sinnvoll, da davon auszugehen ist, dass durch mobile Geräte wie das Smartphone die ständige Verfügbarkeit von Online-Inhalten drastisch erhöht wird. Jede*r kennt das Sprichwort »Gelegenheit macht Diebe«. Entsprechend könnte mit der ständigen Verfügbarkeit von Online-Inhalten das Problemverhalten in Bereichen wie Social Media befeuert werden. Eine solche Unterscheidung ist darüber hinaus wichtig, weil bestimmte Applikationen fast ausschließlich mobil bzw. nicht mobil genutzt werden. Ein Beispiel: Den Messenger WhatsApp gibt es zwar für den Desktop-Rechner. Trotzdem stellt WhatsApp eine App dar, die von den meisten Anwender*innen im Wesentlichen auf dem Smartphone genutzt wird.

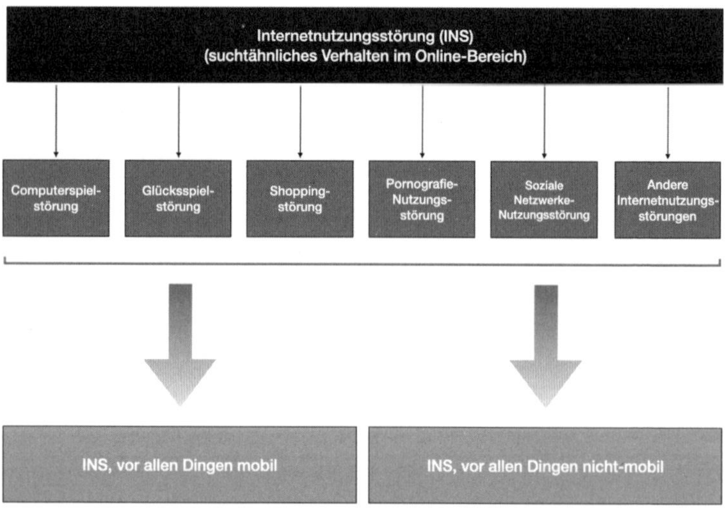


Abbildung 7.1.: Internetnutzungsstörungen (INS) können in unterschiedlichen Themenbereichen beobachtet werden. Momentan werden besonders INS in den Bereichen Computerspielen, Glückspiel, Kaufen, Pornografie, und Social Media diskutiert. Eine problematische Nutzung dieser Inhalte kann sich sowohl mobil (Smartphone, Tablets …) als auch nicht-mobil (Desktop-Rechner, Konsolen) entwickeln. Abbildung adaptiert nach Montag et al. (2021); siehe auch Anmerkung 394.

Grundsätzlich sollte die Wissenschaft sich davor hüten, normale Alltagshandlungen vorschnell zu pathologisieren.[398] Vor allem, wenn es um die Charakterisierung von Verhaltensweisen geht, die in den Bereich der Nutzung von Online-Plattformen fallen. Vielleicht ist es einfach das neue »Normal«, wenn zig Milliarden Menschen mit fiebrigen Augen auf das Smartphone starren?

Ein wesentliches Kriterium für eine zutreffende Abschätzung darüber, ob ein bestimmtes Online-Verhalten tatsächlich ein Problem darstellt, ist die Frage, ob eine Schwere festzustellen ist, mit der sich das eigene Verhalten negativ auf den Alltag auswirkt. Neben der klinischen Relevanz sollte vor dem Hintergrund der psychologischen Theorien und der empirischen Beweislage deutlich werden, dass es sich bei dem untersuchten Online-Verhalten tatsächlich um ein gesundheitsschädliches Phänomen handelt (z. B. unter Einbezug biologischer Variablen).[399] Diese wichtigen Kriterien will ich nun anhand des Störungsbildes Gaming Disorder mit Leben füllen.

## Normales Zocken oder schon abhängig?

Die Computerspiel-Abhängigkeit ist seit Mai 2019 offiziell als eigenständige Erkrankung von der Weltgesundheitsbehörde anerkannt. Die Entscheidung der WHO, die Gaming Disorder als eigenständige Diagnose/Erkrankung anzuerkennen, löste sofort lebhafte Reaktionen aus. Besonders lautstark beklagte sich die Gaming-Industrie, die in einem Schreiben gegen diese Entscheidung wetterte.[400] Darin wurde behauptet, dass die empirische Evidenz für Gaming Disorder hoch umstritten und uneindeutig sei. Außerdem befürchte man, dass eine Diagnose Gaming

Disorder moralische Panik erzeuge. Dies wollten viele mit diesem Thema befassten Wissenschaftler*innen so nicht stehen lassen. Daniel King verfasste einen Antwortbrief, der von vielen Wissenschaftler*innen (auch von mir) unterschrieben wurde.[401] Zwar ist es richtig, dass auch einige Forscher*innen meinen, die Diagnose komme vielleicht zu früh.[402] Es gibt aber keinen Zweifel daran, dass zumindest hierzulande ein zum Glück (noch) relativ kleiner Teil der männlichen und weiblichen Gamer deutliche Beeinträchtigungen im Alltag aufgrund ihrer exzessiven Gaming-Aktivität erfahren. Wir antworteten auf den Brief der Computerspiel-Industrie in der Fachzeitschrift *Addiction* wie folgt: »In der Branchenerklärung werden klinische und gesundheitliche Bedürfnisse und Belege für die nachteiligen Auswirkungen problematischen Spielens nicht berücksichtigt (zum Beispiel soziale Isolation, Schlafstörungen, körperliche Inaktivität und Ernährungsprobleme, vermindertes psychisches Wohlbefinden, akademische oder berufliche Beeinträchtigungen und zwischenmenschliche Konflikte).« Diese Probleme anzuerkennen ist aber wichtig, um beispielsweise endlich über verantwortungsvolles Spieldesign zu diskutieren. Gleiches gilt für das Umsetzen von präventiven Maßnahmen, welche die Gamer-Community vor den negativen Aspekten der Computerspiel-Abhängigkeit schützen könnte. Und nein, es geht uns Wissenschaftler*innen nicht darum, Millionen von Spielern und Spielerinnen fälschlicherweise ein schweres Label wie Sucht um den Hals zu hängen.

Wie groß ist das Problem denn nun wirklich? Um diese Frage zu beantworten, möchte ich zunächst erläutern, ab wann ein männlicher oder weiblicher Gamer überhaupt als computerspielabhängig im Sinne der Kriterien der Weltgesundheitsbehörde gelten würde. Dafür hat die WHO genaue Vorgaben gemacht, die Halley Pontes und ich bereits in besagtem Selbstreporttest berücksichtigt haben. Um eine Gaming Disorder zu diagnostizieren, müssen mehrere Symptome beobachtet werden. Dazu gehört der Kontrollverlust über die Computerspieltätigkeit. Eine Person kann ihre eigene Computerspieltätigkeit nicht mehr regulieren. Obwohl sie weniger lange spielen möchte, gelingt ihr das nicht (1). Und sie widmet sich weiterhin fortwährend dem Computerspiel, obwohl sie bereits negative Folgen für ihr Leben wahrnimmt (2). Von außen wirkt es dann so, als sei sie unbelehrbar. Beispielsweise setzt sie das Computerspielen fort, obwohl sie im Zuge ihrer Spielleidenschaft verschlafen und dadurch eine wichtige Klausurprüfung verpasst hat. Die Weltgesundheitsbehörde erwartet zudem, dass für eine Diagnose Gaming Disorder früher bedeutsame Tätigkeiten aufgrund der Computerspieltätigkeit in den Hintergrund geraten (3). Die betroffene Person geht früheren Hobbys wie Fußball spielen, ein Musikinstrument spielen, sich mit Freunden fürs Kino zu verabreden etc. nicht mehr nach, für sie gibt es nur noch das Computerspielen. Die Diagnose Gaming Disorder wird laut WHO erst vergeben, wenn *alle* genannten Kriterien (1–3) erfüllt werden, und zwar über einen Zeitraum von zwölf Monaten. In besonderen Schwerefällen kann aber von dieser Zwölf-Monate-Regel abgesehen werden. Damit nicht vorschnell Alltagshandlungen pathologisiert werden, scheint mir der Sachverhalt besonders wichtig zu sein, dass die Diagnose Gaming Disorder außerdem nur dann vergeben werden kann, wenn es zusätzlich zu den genannten Symptomen zu starken Beeinträchtigungen im Alltag im privaten und/oder beruflichen Bereich aufgrund des exzessiven Computerspielens gekommen ist. Eine solche starke Beeinträchtigung kann das Zerbrechen einer Liebesbeziehung oder der Verlust eines Ausbildungsplatzes sein. Damit steht bei einer Diagnosestellung der notwendige Schweregrad der Beeinträchtigungen deutlich im Vordergrund.

Halley und ich gingen in einer weiteren Studie der Frage nach, wie häufig die Gaming Disorder in der deutschsprachigen Gamer*innen-Szene verbreitet ist.[403] Für eine große Gelegenheitsstichprobe konnten wir 1429 Gamer*innen gewinnen. Die überwältigende Mehrheit von ihnen war männlich (1229 Männer), und das durchschnittliche Alter der männlichen und weiblichen Gamer betrug ungefähr 30 Jahre. Diese Zahlen belegen ein Stück weit, dass es immer noch deutlich mehr Männer als Frauen sind, die sich für Computerspiele interessieren (zumindest für bestimmte Spielgenres). Allerdings verändert sich diese Aufteilung gegenwärtig durch das große Spieleangebot mit unterschiedlichen Inhalten. Das relativ hohe Alter unserer Stichprobe untermauert, dass Gaming kein reines Jugendphänomen mehr darstellt, sondern mitten in der Gesellschaft angekommen ist. Das passt auch zu neuen Zahlen, die von 34,3 Millionen Computerspieler*innen in Deutschland im Jahr 2020 ausgehen.[404] Damit zockt über ein Drittel der Deutschen! Sicherlich ist für die hohe Zahl an Computerspieler*innen in Deutschland auch die Smartphone-Technologie mitverantwortlich.

Kommen wir zu den Prävalenzschätzungen[405] der Gaming Disorder: Unter Verwendung unseres Screening-Tools ergab sich in unserer Arbeit, dass etwas über drei Prozent der Spielenden im Selbstbericht das komplette Störungsbild der Gaming Disorder erfüllten. 47 von 1429 Personen gaben damit an, ein großes Problem aufgrund der eigenen Computerspielaktivität zu haben, das sind ca. 3,3 %. Dieser Anteil zeigt, dass unsere

Gesellschaft wegen der Gaming Disorder nicht in Panik geraten, das Phänomen aber dennoch ernst nehmen sollte.

Immer wieder werde ich nach einer guten Richtlinie gefragt, die Aufschluss für verträgliche Spielzeiten am Computer gibt. Wie sich anhand der Diagnoserichtlinien der Gesundheitsbehörde zeigt, ist die Computerspielzeit selbst kein Kriterium, um die Gaming-Disorder-Diagnose zu stellen. Das heißt, um das Problemverhalten im Kontext von Computerspielen herauszuarbeiten, sollte man sich besonders auf die eben vorgestellten Kriterien einlassen. Trotzdem versteht sich von selber, dass eine Gaming Disorder mit hohen Computerspielzeiten einhergeht. Deswegen haben Halley Pontes und ich versucht, hier datenbasiert ein wenig Licht in das Dunkel zu bringen: Aus dem eingangs erwähnten riesigen Datensatz, den wir über unsere do-i-play-too-much.com-Plattform sammeln konnten, errechneten wir für Personen, die alle Kriterien der Gaming-Disorder-Diagnose erfüllten, eine durchschnittliche Spielzeit von in etwa 40 Stunden pro Woche. Das wären also über fünf Stunden am Tag.[406] Wer sich darüber hinaus über den Zusammenhang zwischen Computerspielzeiten und Persönlichkeitseigenschaften der Computerspieler interessiert, sei auf eine weitere Studie aus meiner Arbeitgruppe verwiesen[407]: Hier ergaben unsere Analysen in aller Kürze, dass längere Computerspielzeiten mit geringeren Extraversionswerten sowie mit geringeren Gewissenhaftigkeits- und Verträglichkeitswerten assoziiert waren. Und damit sind wir schon bei dem nächsten Thema in diesem Kapitel, welches sich mit Risikomerkmalen für die Anfälligkeit einer Gaming Disorder beschäftigt.

## Gibt es Merkmale von Personen, die eher mit einer Gaming Disorder einhergehen?

Wie wir im vorherigen Abschnitt gesehen haben, stellt das männliche Geschlecht eines der vielleicht relevantesten Risikomerkmale für eine Gaming Disorder dar.[408] Es werden aber in der wissenschaftlichen Literatur auch weitere Merkmale einer Person in Betracht gezogen, um besser zu verstehen, wer eher dazu neigt, Symptome einer Gaming Disorder zu entwickeln. Unter anderem ist es interessant, die Spielmotivation der Gamer*innen näher zu beleuchten. Einen Einblick in die unterschiedlichsten Gaming-Motive gibt ein weit verbreitetes Messverfahren von Zsolt Demetrovics und Kolleg*innen[409], welches Halley und ich auch in unserer großen Studie berücksichtigt haben. Das Messinstrument erfasst soziale Aspekte des Gamings (… um mit jemandem zusammen zu sein), Wettkampfaspekte (… weil es Freude macht, andere in einem Spiel zu besiegen), das Entwickeln von Fähigkeiten (… weil es die Konzentration oder Reaktionsgeschwindigkeit erhöht) und das Ausleben von Fantasien (… weil man Dinge machen kann, die im »echten« Leben nicht erlaubt sind). Zusätzlich gibt es Gaming-Motive, die mit den Begriffen Coping (Bewältigung) und Eskapismus (Flucht) gekennzeichnet sind. Hohe Ausprägungen auf dem Coping-Motiv beschreiben Gamer*innen, die zocken, um Stress abzubauen und ihre Stimmung zu verbessern. Wie man sich denken kann, ist dieses Motiv bereits mehrfach mit höheren Tendenzen zur Gaming Disorder in Zusammenhang gebracht worden. Besonders robust über viele Studien hinweg zeigt sich aber, dass das Eskapismus-Motiv mit der Gaming Disorder assoziiert ist.[410] Personen mit hohen Werten auf Eskapismus neigen besonders dazu, viel Zeit mit Computerspielen zu verbringen, um aus ihrem Alltag zu flüchten. Diese Realitätsflucht führt nicht nur zur Abschottung, sondern auch dazu, dass die Probleme im Alltag nicht gelöst, sondern mit der Zeit immer größer werden.

Neben Gaming-Motiven werden auch Persönlichkeitseigenschaften in Betracht gezogen, um Unterschiede in der Anfälligkeit für eine Gaming Disorder besser zu verstehen. Wichtig für ein volles Verständnis für viele Studien in diesem Forschungsfeld ist es zu wissen, dass statistisch nicht immer nur Personen untersucht werden, die die Kriterien für eine volle Diagnose »Gaming Disorder« komplett erfüllen.[411] Eine solche Diagnose ist zweifelsohne für die behandelnden psychologischen Psychotherapeut*innen und Psychiater*innen wichtig, um eine entsprechende Therapie einleiten zu können. Tatsächlich handelt es sich aber bei der Gaming Disorder wie bei den Persönlichkeitseigenschaften eher um ein dimensionales Konstrukt. Gamer*innen neigen also mehr oder weniger in eine der Richtungen zwischen den Polen »gesundes versus pathologisches Computerspielen«.

Einen solchen dimensionalen Ansatz zur Untersuchung der Zusammenhänge zwischen Persönlichkeit und einer Internetnutzungsstörung bei Spielenden verfolgte ich bereits 2011. Damals lagen noch nicht die finalen Kriterien für die Diagnose der Gaming Disorder nach den WHO-Statuten vor. In einer Arbeit von einigen Kolleg*innen und mir untersuchten wir 592 männliche und 18 weibliche Ego-Shooter-Spieler.[412] Es stellte sich heraus, dass höhere Neurotizismus- und geringere Gewissenhaftigkeitswerte mit höheren Tendenzen zur Internetnutzungsstörung einhergingen.[413] Es fällt auf, dass in den bis hier hin berichteten Studien lediglich geringere Gewissenhaftigkeit von den Großen Fünf der Persönlichkeit sowohl mit erhöhten Computerspielzeiten als auch mit erhöhten Tendenzen zur Computerspielstörung robust assoziiert ist.

Nun werden viele Leser*innen denken, dass Ego-Shooter-Spieler vielleicht eine besondere Gruppierung von Computerspieler*innen darstellt und in der Arbeit nach generellen Tendenzen zur Internetnutzungsstörung gefragt wurde. Deswegen sind auch ganz neue Befunde aus meiner Arbeitsgruppe von Bedeutung, wo wir insgesamt 50 925 Gamer*innen aus 150 Ländern nach ihrer Persönlichkeit und Tendenzen zur Gaming Disorder befragt haben.[414] Wie sich auch in der Tabelle 7.1. zeigt, wird erneut deutlich, dass höhere Neurotizismus- und geringere Gewissenhaftigkeitswerte mit erhöhten Tendenzen zur Gaming Disorder einhergingen. Im Übrigen möchte ich festhalten, dass die von mir beobachteten Zusammenhänge zwischen Persönlichkeit und der Gaming Disorder sehr gut in die generelle Literatur über Internetnutzungsstörungen passen. Dies wird auch gleich deutlich, wenn wir uns mit den Zusammenhängen zwischen Persönlichkeitseigenschaften und der Anfälligkeit für die problematische Social-Media-Nutzung beschäftigen.

| | **Offenheit** | **Gewissenhaftigkeit** | **Extraversion** | **Verträglichkeit** | **Neurotizismus** |
|---|---|---|---|---|---|
| Gaming Disorder | –.11 | –.37 | –.16 | –.19 | .27 |

Tabelle 7.1.: Vor allen Dingen höhere Neurotizismus- und geringere Gewissenhaftigkeitswerte gehen in einer Studie mit 50 925 Gamer*innen aus 150 Ländern mit höheren Tendenzen zur Gaming Disorder einher

## Was ist nun mit exzessiver Social-Media-Nutzung?

Unklar ist aktuell, inwieweit die dargestellten WHO-Kriterien für die Diagnose der Gaming Disorder einfach auf die problematische Nutzung von Social-Media-Angeboten übertragen werden können. Bei Sichtung der Literatur wird deutlich, dass in vielen wissenschaftlichen Arbeiten ein Suchtrahmenwerk angelegt wird, um die negativen Auswirkungen einer problematischen Nutzung von Social-Media-Angeboten auf die Psyche von Menschen besser zu verstehen. Auch wir haben in einigen unserer Forschungsarbeiten ein solches Suchtrahmenwerk angelegt. Entsprechend wurden Proband*innen in unseren Studien danach gefragt, ob sie es aufgrund ihrer Instagram-Nutzung regelmäßig versäumen, geplante Aufgaben zu erledigen. Wir fragten unsere Studienteilnehmer*innen des Weiteren, ob sie sich aufgrund der eigenen Nutzung von WhatsApp häufig nur schlecht auf die Arbeit oder das Studium konzentrieren können. Und hielten sie sich in der letzten Zeit länger als ursprünglich beabsichtigt auf Facebook auf? Schließlich fragten wir die Studienteilnehmer*innen, ob sie Social Media weiter ausgiebig nutzten, obwohl sie gemerkt hatten, dass ihr Alltag dadurch bereits beeinträchtigt war. Und werden sie unruhig und ungeduldig, wenn sie Angebote von Social Media mal nicht nutzen können?

Kommen wir zu den Ergebnissen einer Studie von meiner Post-Doktorandin Cornelia Sindermann, in der wir unter anderem die Antworten von über 2600 Facebook-Nutzer*innen[415] untersuchten, denen in ähnlicher Weise zehn Fragen gestellt wurden. Jede der Fragen konnte mit einem Antwortformat von 1 (stimme überhaupt nicht zu) bis 6 (stimme sehr zu) beantwortet werden. Dadurch konnten alle Teilnehmenden einen

Summen-Wert zwischen 10 und 60 Punkten erreichen, wobei 10 Punkte die geringsten und 60 Punkte die höchsten Probleme durch die Facebook-Nutzung in unserer Studie darstellten. Nach den statistischen Analysen ergab sich, dass die befragten Facebook-Nutzer*innen im Durchschnitt einen Wert von 16,16 (von den maximal 60 möglichen) Punkten erreichten. Damit wird schon deutlich, dass insgesamt geringe Problemwerte durch die Nutzung der Facebook-Plattform von den Studienteilnehmer*innen berichtet wurde. Es lohnt sich allerdings, einen genaueren Blick auf die Daten zu werfen. Dann zeigt sich, dass nicht alle Aussagen des Fragebogens den gleichen Umfang an Ablehnung oder Zustimmung erhielten. Interessanterweise berichteten die Teilnehmenden am ehesten, mehr Zeit auf der Plattform verbracht zu haben, als sie eigentlich ursprünglich geplant hatten (es handelt sich hier um Nachanalysen der Daten, die nicht in der Arbeit zu finden sind).[416] Dies unterstreicht die Wirksamkeit des Plattform-Designs, welches darauf abzielt, Zeitverzerrungen aufseiten der Nutzenden zu erzeugen. Weiterhin weise ich darauf hin, dass es bei den über 2600 befragten Studienteilnehmer*innen durchaus Personen gab, die hohe Werte in den Gesamtwerten des Fragebogens erreichten. Momentan gibt es leider noch keine offiziellen Richtlinien, die definieren, ab wie vielen Punkten man definitiv von einem Problemverhalten in Bezug auf die Nutzung eines oder mehrerer Social-Media-Angebote sprechen könnte. Zumal auch noch gar nicht klar ist, welche Kombination an Symptomen genau beobachtet werden müssten, um von einer INS mit Fokus auf Social Media sprechen zu können. Um aber trotzdem eine Idee zu bekommen, wie viele Personen in unserer großen Stichprobe durch die eigene Facebook-Nutzung eine wirkliche Belastung verspürten, habe ich weitere statistische Analysen der Daten vorgenommen. Genauer habe ich mir angeschaut, wie viele der untersuchten Personen eine Punktzahl von 40 oder höher auf den Fragebogen-Items angegeben haben. Dies wären dann vereinfacht gesagt alle Personen in unserer Umfrage, die auf die Aussagen in dem Facebook-Fragebogen im Durchschnitt mit einer Zustimmung geantwortet haben (obwohl es natürlich sein kann, dass die Teilnehmenden auch bei manchen Items eine 3 und dann eine 5 angekreuzt haben, das würde im Durchschnitt auch eine 4 ergeben). Zur Erinnerung: Die Fragen waren alle so formuliert, dass eine Zustimmung zu jeder Frage auf Problemnutzung von Facebook hindeutete. 40 von 2629 Studienteilnehmer*innen (1,5 %) berichteten nach dieser Form der Datenauswertung von relativ großen Problemwerten bzw. Beeinträchtigungen durch die eigene Facebook-Nutzung im Alltag. Diese Prozentzahl passt interessanterweise gut zu den Ergebnissen zweier Studien, in denen repräsentativ für Deutschland die Prävalenz der INS geschätzt wurde. Dort kam man in etwa auf Zahlen von ca. 1 bis 2 %.[417] Bei 12 bis 19-jährigen Personen wurde übrigens erst vor wenigen Jahren repräsentativ untersucht, wie hoch möglicherweise das Problemverhalten der INS mit einem Fokus auf die Nutzung von Social-Media-Angeboten in Deutschland ausfiel.[418] In dieser Studie um Kai Müller waren Jungen mit 4.1 % und Mädchen mit 3.6 % von einer INS betroffen. Die höheren Zahlen bei jüngeren Menschen werden verständlich, wenn man bedenkt, dass junge Menschen aufgrund des sich noch entwickelnden Gehirns häufig schlechtere Selbstregulationsfähigkeiten besitzen als ältere Menschen.[419] Junge Menschen sind damit vermutlich auch eher anfällig für einen Kontrollverlust über die eigene Nutzung von Social-Media-Angeboten. Damit sind sie meines Erachtens auch besonders vor den Angeboten der Tech-Konzerne zu schützen. Wenn der Facebook-Konzern ein Angebot wie Facebook-Messenger-Kids für Sechs- bis Zwölfjährige auf den Markt bringt, kann ich nur mit dem Kopf schütteln.[420] Mir ist es da ziemlich gleichgültig, ob die App besonders kindgerecht gestaltet ist und von den Eltern überwacht werden kann. Die eigentliche Frage lautet, ob junge Kinder überhaupt Social-Media-Angebote brauchen. Dieses Thema habe ich an anderer Stelle in meinen bereits erwähnten Büchern *Homo Digitalis* und *Animal Emotions* beleuchtet.

Nun gilt aber auch festzuhalten, dass Facebook – unabhängig von dem Messenger Kids – im Vergleich zu anderen Social-Media-Angeboten weniger von Jugendlichen genutzt wird. Wie wir in Kapitel 2 gesehen haben, stellen besonders Instagram und WhatsApp die Plattformen des Facebook-Konzerns dar, die Jugendliche anziehen (und natürlich aktuell Byte Dances TikTok und Googles YouTube). Vor diesem Hintergrund ist es wichtig zu wissen, ob die Belastungswerte aufgrund der Nutzung von anderen Social-Media-Plattformen höher ausfallen würden. In einer weiteren Studie aus meiner Arbeitsgruppe gingen wir genau dieser Frage nach und untersuchten neben der problematischen Nutzung von Facebook auch eine solche problematische Nutzung von Instagram, WhatsApp und Snapchat.[421] Wichtig zu wissen ist, dass wir in dieser Studie Personen untersuchten, die angaben, alle der genannten vier Social-Media-Plattformen zu nutzen. Und nun ändert sich das gerade gezeichnete Bild ein wenig, welches unsere Social-Media-Studie mit einem reinen Fokus auf Facebook zeigte. Die Facebook-Problemwerte sind zwar in unserer Folgestudie auch eher gering, fallen allerdings für andere Social-Media-Angebote deutlich höher aus. Die höchsten Problemwerte ergeben sich in unserer Arbeit im Durchschnitt durch die Nutzung von WhatsApp und Instagram. Logischerweise wird insgesamt die Belastung durch das

Smartphone am allerhöchsten angegeben, da darauf alle Apps genutzt werden.

Insgesamt gilt es auch hier, nicht in Panik zu verfallen, da die durchschnittlichen Werte über alle Nutzer*innen hinweg gesehen für die untersuchten Plattformen eher im niedrigeren Bereich anzusiedeln waren. Für WhatsApp und Instagram wurden aber von den Studienteilnehmer*innen größere Probleme berichtet als für Facebook und Snapchat. Methodisch anzumerken ist, dass in unserer Studie immer der gleiche Fragebogen verwendet wurde, nur dass bei einem Satz wie »Ich fühle mich ungeduldig und unruhig, wenn ich mein Smartphone nicht habe« in den unterschiedlichen Varianten des Fragebogens mit den Begriffen Smartphone, Instagram, WhatsApp, Facebook und Snapchat gearbeitet wurde. Die jeweilige Version des Fragebogens wurde logischerweise nur präsentiert, wenn man zuvor angegeben hatte, die entsprechende Plattform auch zu nutzen. Dies war aber bei allen Teilnehmer*innen an dieser Studie der Fall.

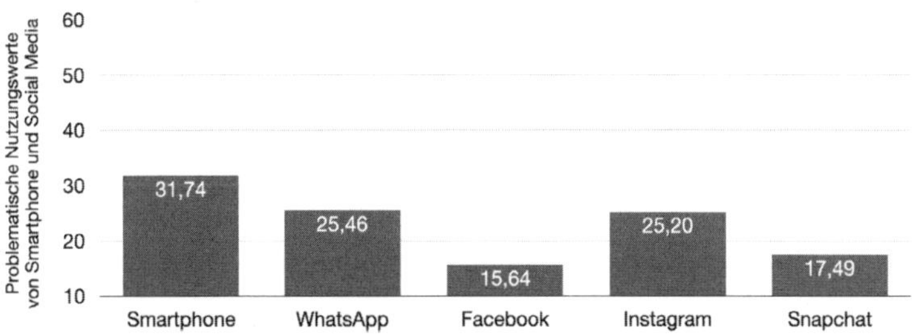


Abbildung 7.2.: In unserer Studie zeigte sich, dass die durchschnittliche Problemnutzung von Instagram und WhatsApp deutlich höher ausfiel als für Facebook und Snapchat. Da alle Apps auf dem Smartphone genutzt werden können, ist es logisch, dass die Problemwerte aufgrund der Smartphone-Nutzung am höchsten ausfallen. Besonders ist, dass in dieser Studie nur Personen untersucht wurden, die auch jedes der hier dargestellten Angebote nutzten (Rozgonjuk et al., 2021), siehe Anmerkung 421.

## Gibt es Merkmale von Personen, die eher mit Problemen aufgrund der eigenen Social-Media-Nutzung einhergehen?

Zum Schluss wollen wir uns natürlich auch kurz mit der Frage beschäftigen, welche Nutzer*innengruppen besonders anfällig für die Übernutzung der unterschiedlichen Social-Media-Plattformen sind. Während bei der Computerspielstörung vor allen Dingen Männer eher Gefahr laufen, Problemverhalten zu entwickeln, sehen wir zumindest für einige Social-Media-Angebote, dass Frauen im Durchschnitt eher Probleme berichten. In einer eigenen Studie mit englischsprachigen Teilnehmer*innen zeigten sich bei Frauen im Vergleich zu Männern besonders für Instagram und WhatsApp im Durchschnitt höhere Problemwerte; ein solcher Geschlechterunterschied wurde für Facebook nicht gefunden.[422] Während besonders höhere Ausprägungen des Neurotizismus und geringere Ausprägungen der Gewissenhaftigkeit mit erhöhten Problemen durch Facebook im Zusammenhang standen (siehe die bereits oben diskutierte Facebook-Studie), scheinen aufgrund von Ergebnissen einer weiteren Studie von meiner Arbeitsgruppe auch erhöhte Extraversionswerte eine gewisse Rolle für die problematische Instagram-, Facebook- und WhatsApp-Nutzung spielen zu können. Wie in Kapitel 2 ausführlich erläutert wurde, haben extravertierte Personen ein größeres Bedürfnis nach sozialen Interaktionen, und das scheinen sie im Kontext von Facebook, Instagram und WhatsApp besonders gut ausleben zu können; für die ein oder andere Nutzer*in kann dies aber auch zu exzessivem Verhalten auf der Plattform führen. Trotzdem sei auch vor dem Hintergrund der *Uses and Gratification Theory* aus Kapitel 2 daran erinnert, dass die Nutzung von Social Media aus Gründen der sozialen

Gratifikation nicht per se pathologisch ist, sondern von evolutionär uralten Bedürfnissen des Menschen herrührt. Insgesamt scheinen mir in der Literatur die Persönlichkeitskonstellationen hoch N/niedrig G[423] als wesentlich bedeutsamer zu erscheinen, um Problemverhalten im Kontext der Internetnutzungsstörungen vorherzusagen. Zumindest haben wir in diesem Buch gesehen, dass diese Konstellation der Persönlichkeitseigenschaften als Risikokonstellation sowohl für die Gaming Disorder als auch für die INS mit Fokus auf Social Media eine gewisse Gültigkeit hat. Allerdings sehen wir auch an dem Vergleich der Ergebnisse über die Social-Media-Plattformen hinweg, dass nicht vorschnell Verallgemeinerungen gemacht werden sollten. Dafür sind die Angebote der Social-Media-Plattformen zu unterschiedlich und scheinen auch unterschiedliche Nutzer*innengruppen anzusprechen.

Werfen wir noch einen Blick auf zentrale Forschungsfragen für die nächsten Jahre. Es wird sehr wichtig sein, genau herauszuarbeiten, welche Art der Nutzung von Social Media mit besonderen psychischen Belastungen einhergeht. Momentan wird diskutiert, dass eine aktive Nutzung von Social Media eher wenige Probleme verursacht, zumal Menschen über bedeutsame Kommunikationen via Social Media durchaus ihrem Grundbedürfnis nach sozialem Austausch nachkommen. Passives Browsen durch andere Social-Media-Profile sowie soziale Aufwärtsvergleichsprozesse scheinen dagegen mit geringerem Selbstwert und weniger Wohlbefinden assoziiert zu sein.[424] Da sprichwörtlich das Gras woanders immer grüner ist, könnte ein solcher Aufwärtsvergleich über Neid sogar zu depressionsähnlichen Symptomen führen.[425]

## Über die COVID-19-Pandemie und Social-Media-Nutzung

Fast während des gesamten Schreibprozesses an diesem Buch dominiert die COVID-19-Pandemie das Leben in unserer Gesellschaft. Insofern ist es fast logisch, dass COVID-19 als der »Elefant im Raum« in dem vorliegenden Buch zumindest weitere Erwähnung finden sollte. Ich möchte der Pandemie aber nicht auf eine künstliche Weise ein wenig Platz in diesem Buch einräumen, sondern mache dies an dieser Stelle, um den Themenkomplex der problematischen Social-Media-Nutzung vor dem Hintergrund des bereits Gesagten weiter zu illustrieren.

Die Kindertagesstätten werden immer mal wieder geschlossen, und auch die Regeln, wer was wann wie darf, ändern sich gefühlt stündlich. Zu Beginn des Jahres 2021 sind die Kitas im Lockdown zwar offen, aber die Regierung bittet ihre Bürger*innen darum, nur in wirklichen Notfällen die eigenen Kinder in die Kita zu bringen. Aber was heißt das schon? Zwei berufstätige Erwachsene im Homeoffice? Ist das ein Notfall? In der ersten Januarwoche entscheiden sich meine Frau und ich dazu, unsere Tochter zu Hause zu lassen. Als Konsequenz bleibt abends das Licht deutlich länger an, weil einer immer noch im Job etwas nachzuarbeiten hat. Ich will aber nicht klagen. Mir ist bewusst, dass ich zu den privilegierten Menschen während der Pandemie gehöre, da sowohl meine Frau als auch ich ein gesichertes Einkommen haben und lediglich unser Arbeitspensum mit der Beschäftigung unserer Tochter in Einklang bringen müssen. Wie für viele Eltern ist das durchaus auch für uns eine Herausforderung, besonders weil es sich nicht immer vermeiden lässt, dass beide Elternteile im Homeoffice zeitgleich wichtige Termine wahrzunehmen haben. Wir haben es bis jetzt gut geschafft, den digitalen Babysitter in Form von Fernsehen oder *Die-Sendung-mit-der-Maus*-Schauen nur in sehr geringem Umfang einzusetzen. Trotzdem wird es zunehmend digital um uns herum. Und dies gilt unabhängig von der aktuellen Pandemie von frühester Kindheit an. Dem Thema Bildschirmzeit in der Kindheit könnte man in einem digitalen Zeitalter ein eigenes Kapitel, wenn nicht sogar Buch, widmen.[426] Als bedeutsam in der Debatte empfinde ich besonders die indirekten Medieneffekte der Bildschirmzeit, die sich in weniger echter Spielzeit vor der Haustür mit anderen Kindern niederschlagen kann. Da der menschliche Spieltrieb wichtige Funktionen für die Entwicklung sozialer Kompetenzen und für die Schulung der Grobmotorik hat, zeigt sich, dass ausreichende Spielzeit auch in einem digitalen Zeitalter von großer Bedeutung ist. Und hier geht es natürlich nicht um das Training der Daumen auf einem Game-Pad.

Für das vorliegende Buch möchte ich aber eigentlich ein anderes bedeutsames Thema der COVID-Pandemie in den Vordergrund stellen, obwohl die Beschäftigung mit dem kindlichen Spieltrieb im COVID-Zeitalter zweifelsohne einen wichtigen entwicklungspsychologischen Forschungsbereich darstellt. Neue Zahlen legen dar, wie sich die Online-Nutzung im Bereich Social Media und Gaming während der Pandemie verändert hat. In der DAK-Studie zum Thema »Mediensucht 2020«[427] zeigte sich unter anderem, dass sich die Nutzungszeiten für Social Media in einer Messung vier Wochen nach dem ersten Lockdown in Deutschland (Erhebung im April 2020) im Vergleich zu einer Messung im September 2019 bei regelmäßigen Nutzer*innen dieser Dienste deutlich erhöht haben. Kinder und Jugendliche verbrachten beispielsweise in etwa 77 Minuten an Werktagen länger auf den Plattformen der Social-Media-Konzerne; bei den Erwachsenen waren es ca. 46 Minuten mehr (siehe auch Abbildung 7.3.).

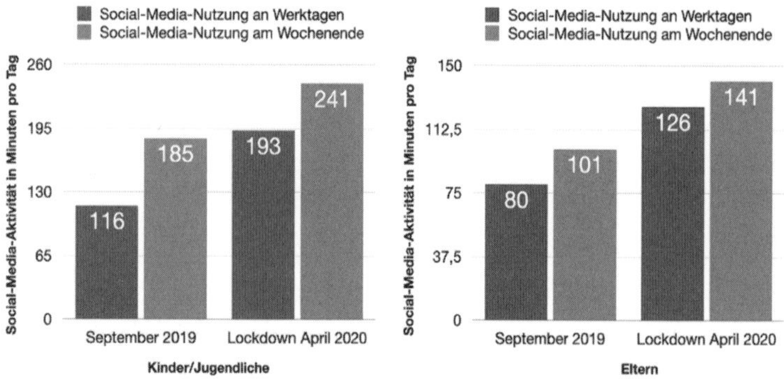


Abbildung 7.3.: Bei regelmäßigen Social Media Nutzer*innen zeigt sich sowohl für Kinder/Jugendliche als auch für Eltern, dass sich die Social-Media-Nutzungsdauer bei einer Erhebung im April 2020 vier Wochen nach dem ersten Lockdown im Vergleich zu einer Messung im September 2019 deutlich erhöht hat (nach DAK Studie »Mediensucht 2021«); siehe Anmerkung 427

In einer Studie aus China zeigte sich auch ein Anstieg der Internetnutzungsstörung und damit nicht nur ein Anstieg der Nutzungszeiten.[428] Eine weitere Studie bestätigte gerade den Anstieg der Gaming Disorder bei Jugendlichen in China während der Pandemie.[429] Gegenwärtig wird diskutiert, ob der Anstieg der Internetnutzung bzw. Internetnutzungsstörung Anzeichen einer Bewältigungsstrategie der COVID-19-Pandemie ist (Ablenkung vom tristen Alltag oder der Furcht vor COVID-19) oder gar suchtähnlichem Verhalten gleicht.[430] Tatsächlich zeigte sich in einer eigenen Studie mit Daten aus Tianjin in China, dass die Furcht vor COVID-19 und Internetnutzungsstörung mit einem Fokus auf die Social-Media-Nutzung in einem positiven Zusammenhang standen.[431] Genauer berichteten Personen mit höherer Furcht vor dem Virus auch eher höhere Werte im Kontext der problematischen Social-Media-Nutzung. Tatsächlich ist aber auch durch diesen Befund nicht klar, ob die untersuchten Personen

Social Media in China als psychisches Bewältigungsmittel gegen die Pandemie einsetzten, oder ob höhere Werte der problematischen Social-Media-Nutzung nicht eher zu einer höheren Furcht vor COVID-19 führte, weil gerade bei Social Media das Thema COVID-19 allgegenwärtig ist und auch Missinformationskampagnen zu verzeichnen waren. Eine neue Arbeit von Verolien Cauberghe und Kolleg*innen bringt hier ein wenig Licht ins Dunkel.[432] Die Wissenschaftler*innen berichten unter anderem in ihrer Arbeit, dass ängstliche Personen eher dazu neigten, Social-Media-Angebote zu nutzen, um sich besser an die COVID-19-Lage anzupassen (spricht für die Bewältigungshypothese), allerdings weniger, um über die Social-Media-Angebote mit Familien und Freunden in Kontakt zu bleiben.

Im Übrigen zeigte sich während der Pandemie nicht nur ein Anstieg des Online-Nutzungsverhalten (und dann haben wir noch gar nicht über die ganzen Zoom-, Skype- und WebEx-Meetings im beruflichen Kontext gesprochen). In einer Übersichtsarbeit von der Gruppe um Anne Koopmann[433] wurde berichtet, dass 34,7 % der Befragten angaben, seit Beginn des ersten Lockdowns mehr Alkohol zu trinken. 19,4 % berichteten hingegen, weniger Alkohol zu konsumieren. Eine deutlich größer angelegte Arbeit um Jakob Manthey[434] mit über 40 000 Teilnehmern in Europa zeigte sogar, dass von Anbeginn der Pandemie weniger Alkohol getrunken wurde. Der Rückgang war in Deutschland im Vergleich zu anderen Ländern aber weniger deutlich, was auf einen Anstieg des Alkoholkonsums in Teilgruppen zurückzuführen war. Als Gründe geben die Wissenschaftler*innen an, dass Frauen in Deutschland seit Beginn der Pandemie im Durchschnitt leicht mehr Alkohol als zuvor konsumierten. Gleiches gilt für die Studienteilnehmer*innen, die durch die Pandemie in berufliche und finanzielle Probleme gerutscht sind.

# Kapitel 8
# Strategien gegen die Fragmentierung des Alltags und Einblicke in das Quantified-Self-Movement

Der Wind weht leicht von westwärts. Das hypnotische Brummen aus dem Schiffsbauch vermischt sich mit dem gleichmäßigen Rauschen der Wellen. Es entsteht eine einzigartige Geräuschkulisse, die ich sehr bald nicht mehr bewusst wahrnehme. Die See zischt, und das Schiff rumpelt, als es seinen Weg mit 18 Knoten durch den Pazifik schneidet. Es hinterlässt eine Fahrrinne, die einer weißen Autobahn auf blauem Grund ähnelt.

Vor Tagen bin ich von den haiwaiianischen Inseln aus nach Puerto Vallarta gestartet. Eigentlich sollte das Schiff vorher noch Maui mit der fantastischen »Road to Hana« und danach Big Island mit den Vulkanen Mauna Loa und Kilauea ansteuern. Leider ist es anders gekommen, da momentan das Corona-Virus die Welt in Atem hält. Donald Trump hat das Anlegen an weiteren Häfen in den USA für Kreuzfahrtschiffe untersagt.

Trotz dieses kleinen Wermuttropfens liegen schöne Tage hinter meiner Familie und mir. Besonders die Napali-Küste hat es mir angetan. Als ich wenige Tage zuvor mit einem kleinen Schiff vor der tiefgrünen Felsenküste lagerte, brachte der Anblick der schroffen Felsen sofort Erinnerungen an meine Jugend zurück.

Ich war 16 Jahre alt, als ich im Kino diese gigantische Küstenlandschaft zum ersten Mal sah. Die meisten Leser*innen kennen sicherlich auch die berühmte Szene, als in dem Saurier-Blockbuster *Jurassic Park* der Helikopter auf die Isla Nublar zusteuert. Nur dass es sich bei der Isla Nubla in dem Film eigentlich um die Nordküste von Kauai handelt.

Ich empfinde einen seltsamen Frieden, als ich auf den Pazifik hinausschaue. Bis zum Horizont erstreckt sich die blaue See. Unendliche Weiten. Wie sich früher die Seefahrer gefühlt haben müssen? War es ein Gefühl von Freiheit oder von Eingeschlossen-Sein auf dem Meer? Egal in welche Richtung ich schaue, sehe ich nur Wellen, Wellen und nochmals Wellen. Die Sonne bricht sich im Pazifik und erzeugt ein so starkes Gleißen, dass ich meine Augen zusammenkneifen muss. Als ich die Augen schließe, spüre ich deutlich die Bewegungen des Schiffs unter mir. Das Schiff senkt und hebt sich einem präzisen Uhrwerk gleich. Auf und ab. Nirgendwo Land in Sicht. Die Wellen, das Meer. Auf und ab. Die Wellen und das tiefblaue Meer. Der Kreuzer knarzt und knackt, und es klingt kurz so, als ob ein Stück Holz bricht. Der Pazifik schaukelt das große Schiff sacht durch. Auf und ab geht das Schiff. Mein Blick wandert wieder bis zum Horizont. Das Panorama vor mir wirkt wie ein ewiges Stillleben eines niederländischen Altmeisters. Die Pinselstriche verlieren sich im Detail. Das Stillleben entwickelt schließlich ein Eigenleben. Von Moment zu Moment verwandelt es sich, wenn auch nur unmerklich. Die See verändert ihr Antlitz, je nachdem, wie die Sonne einfällt oder wie sich die Wellen am Bug des Schiffes brechen. Welle um Welle zieht vorbei, wie die Landschaft im Zug an einem vorbeirauscht. Der Wind und das Meer. Der Ozean entfacht ein gebetartiges Rauschen. Das Gebet klingt mal laut und mal leise. Das Salz des Pazifiks liegt in der Luft. Ich denke an nichts mehr und schaue nur aufs Meer. Ich löse mich auf in den Wellen, bin für einen Moment nicht mehr da. Dann tönt der Dampfer ohrenbetäubend laut. Der Schlag der Glasenuhr teilt der Besatzung des Schiffes mit, dass es 12 Uhr Mittag ist.

Vielleicht mag es für manche Leser*innen ein weit hergeholtes Beispiel sein. Aber der Sog, den der Anblick des Meeres in mir erzeugte, ist durchaus mit dem Sog vergleichbar, der auf vielen Apps entfacht wird. Wie wir aus Kapitel 3 wissen, geht es einigen App-Entwickler*innen darum, Zeitverzerrungen auf Nutzer*innenseite zu erzeugen, sodass wir mehr Zeit auf den Apps verbringen, als uns lieb ist. Was kann ich als Individuum schon tun, um mich gegen die süchtig-machenden Apps und gegen die Datenspionage zu wehren? Können wir uns vor der großen Manipulation und dem Datenraub schützen?

Tatsächlich kann jede*r von uns etwas tun, um den großen Tech-Konzernen die Stirn zu bieten. Dazu gehört nicht nur das Ändern der eigenen Mediennutzungsgewohnheiten, sondern auch das Verändern der Systemeinstellungen von Apps, die wir nutzen. Oft unterschätzen wir die Macht des Einzelnen. Tech-Konzerne wie Facebook rühmen sich damit, jedem Menschen eine Stimme zu geben. Lasst uns alle diese Stimme nutzen, um lautstark gegen das aktuelle Daten-Geschäftsmodell vorzugehen und Alternativen zu den bestehenden Social-Media-Plattformen zu schaffen.

Bevor ich in Kapitel 9 mögliche Alternativen zu dem Daten-Geschäftsmodell diskutiere, möchte ich zunächst im Detail auf unsere Mediennutzungsgewohnheiten zu sprechen kommen. Wie unzählige Studien zeigen, hat das Silicon Valley es geschafft, unseren Alltag auf den Kopf zu stellen. Das Daten-Geschäftsmodell im Zeitalter der Aufmerksamkeitsökonomie und des Überwachungskapitalismus hat dazu geführt, dass die Struktur unseres Alltags zerlöchert worden ist. Da die Tech-Konzerne jederzeit um unsere Aufmerksamkeit buhlen (kommt vorbei, hier ist was Super-Interessantes für euch), klopfen sie andauernd in Form von Push-Notifikationen und anderen Psycho-Tricks an unsere Tür. Dies fragmentiert so sehr unseren Alltag, dass wir uns mit nichts mehr vertieft auseinandersetzen können. Ich bin davon überzeugt, dass explizit nicht nur die Nutzer*innen von Social-Media-Applikationen von dieser Fragmentierung betroffen sind, sondern jede Person in unserer Gesellschaft, die E-Mails nutzt. Tag für Tag werden wir von früh morgens bis spät abends mit unzähligen Nachrichten bombardiert und kommen nicht mehr zur Ruhe. In einer Arbeit aus meiner Arbeitsgruppe mit Daten aus China und Deutschland konnten wir auch nachweisen, dass es sogar einen robusten Zusammenhang zwischen einer problematischen Nutzung des Internets und Burnout gibt (vor allem die Facette emotionale Erschöpfung von Burnout ist mit einer problematischen Internetnutzung assoziiert).[435] Möglicherweise sind die vielen E-Mails und das Gezwitscher über zahlreiche andere Online-Kanäle mit schuld an der emotionalen Erschöpfung vieler Angestellter. Im Folgenden möchte ich ein paar Strategien vorstellen, mit denen wir uns die Struktur in unserem Alltag zurückerobern können.

## Wenn der Postbote oder die Postbotin nur einmal klingelt und von der Fülle der direkten menschlichen Kommunikation

Ich stamme mit Baujahr 1977 immer noch aus dem Zeitalter der zumeist rein physisch zugestellten Nachrichten. Der Postbote oder die Postbotin kam in meiner Kindheit meistens am

Vormittag vorbei, um Briefe in unserem Briefkasten zu hinterlassen. Wenn eine Nachricht ausnahmsweise mal wirklich schnell befördert werden musste, gab es das Telegramm. Dann konnte es gut sein, dass der*die Briefträger*in ein zweites Mal erschien. Eine weitere Möglichkeit jemanden schnell zu erreichen, bestand in der Nutzung des Telefons. Vielleicht erinnern sich einige Leser*innen auch noch daran, wie schwierig und teuer es war, international zu telefonieren oder überhaupt jemanden zu erreichen. Es gab ja kaum Mobiltelefone. Insgesamt dauerte die Übermittlung von Nachrichten deutlich länger als heute, und damit war auch die Erwartungshaltung aufseiten des Absenders oder der Absenderin, eine sofortige Antwort zu bekommen, viel geringer. Jeder wusste doch, dass aufgrund der bestehenden Kommunikationsmittel einige Tage vergehen konnten, bevor man eine Antwort auf die eigene Nachricht erhalten würde.

Meine Erwartungshaltung gegenüber E-Mails war in den 1990er-Jahren kaum anders, außer dass die langwierige Reisezeit des physischen Briefs wegfiel. Auch wenn ich das nicht empirisch beweisen kann, bin ich davon überzeugt, dass der Druck, sofort auf E-Mails zu antworten, auch durch Elemente wie die Lesebestätigung (Doppelhaken-Funktionen) in Apps wie WhatsApp zusätzlich befeuert wurde (»zusätzlich«, da WhatsApp erst 2009 gegründet wurde). Mit anderen Worten: Wir wenden nun das Prinzip »Doppelhaken« auf E-Mails an, obwohl es dort keinen Doppelhaken gibt.[436] Wenn meine Erklärung stimmt, ist die hohe Erwartungshaltung, auf jede Nachricht sofort eine Antwort zu bekommen, irgendwann auch von Applikationen wie WhatsApp zu den E-Mails rübergeschwappt. Es gibt aber auch andere Erklärungen: Cal Newport schreibt in seinem Buch *A World without Email*[437] über den sogenannten Kreislauf der Ansprechbarkeit (»Circle of Responsiveness«), der von Leslie

A. Perlow in der Literatur berichtet worden ist. Dieser Teufelskreis beschreibt, dass unsere Antwortgeschwindigkeit auf eintrudelnde E-Mails beim ursprünglichen Versender oder der Versenderin Erwartungen erweckt. Antworte ich schnell, so geht mein Kommunikationspartner oder Kommunikationspartnerin davon aus, dass ich das nächste Mal wahrscheinlich wieder so schnell bin. Gerade nach ein paar E-Mail-Interaktionen erhärtet sich in der Regel ein Muster.

Viele von uns wollen zudem durch schnelles Antworten einen positiven Eindruck erwecken und vermeiden, dass der*die Kommunikationspartner*in auf der anderen Seite der E-Mail bloß nicht denkt, ich sei faul und antworte (gerade im beruflichen Kontext) nicht zügig. Schließlich verlieren wir uns in einem Dauerfeuer an E-Mails. In ihrem Buch *Sleeping with your smartphone*[438] schreibt Leslie A. Perlow (frei übersetzt): »Der Druck, die ganze Zeit online zu sein, hat einen scheinbar legitimen Hintergrund – beispielweise sind das Anfragen von Klient*innen, Kund*innen oder Kolleg*innen aus unterschiedlichen Zeitzonen. Menschen beginnen sich an diese Anforderungen anzupassen, auch im Sinne der eigenen Technologienutzung ... um auf die steigenden zeitlichen Anforderungen zu reagieren. Sobald die Kollegen das erhöhte Antwortverhalten registrieren, erhöhen sie die E-Mail-Taktrate.«

Letztendlich müssen wir das Problem des Dauernachrichtenstroms systemisch angehen. Das heißt, ohne grundlegende Änderungen der Arbeitsprozesse unter Einbezug von Projektmanagement-Werkzeugen wie Trello wird es dauerhaft keine Änderungen geben. Bei Trello werden Projekte mit Online-Karten genau strukturiert und Aufgaben verteilt, ohne dass diese im generellen E-Mail-Postfach landen müssen. Diese strukturellen Änderungen umzusetzen dauert aber seine Zeit, und ein Erfolg ist sicherlich auch abhängig von der Art der Tätigkeit. Was können wir also darüber hinaus tun?

In meiner Arbeitsgruppe von ungefähr 15 Personen habe ich eine Kultur des Telefonierens und direkten Miteinandersprechens (wieder-)eingeführt. Wenn meine Mitarbeiter*innen einen Raum weiter an ihren Projekten arbeiten, macht es für mich keinen Sinn, eine E-Mail zu schreiben, deren Sachverhalt wir auch sofort besprechen können. Allerdings bin ich oft beruflich unterwegs und kann deswegen nicht immer mal schnell mit meinen Kolleg*innen im Nebenzimmer sprechen. Statt E-Mails zu schreiben, telefoniere ich dann deutlich lieber oder kommuniziere – noch besser – via Skype, Zoom, Facetime und was es noch so alles gibt. Warum? Zunächst empfinde ich das Tippen der vielen Nachrichten, besonders über das Smartphone, als mühsam. Nicht nur dass sich immer Typos einschleichen, die auf dem Display nicht so leicht zu korrigieren sind wie auf einer richtigen Laptop-Tastatur: Nein, ein großes Problem ist, dass wir uns in Textnachrichten auch häufig missverstehen.

Nehmen wir die Situation, dass ich ein heikles Thema gegenüber einem Mitarbeiter oder einer Mitarbeiterin ansprechen müsste, weil die Person sich zu viele Freiheiten am Arbeitsplatz herausgenommen hat. Welchen Aufwand muss ich in einer Mail betreiben, um zu Beginn der E-Mail eine Gesprächsatmosphäre aufzubauen, sodass die geäußerte Kritik nicht direkt in den falschen Hals gerät? In einem Gespräch kann ich durch meinen Tonfall und meine Gestik viel schneller eine solche Atmosphäre schaffen, in der auch kritische Punkte angesprochen werden dürfen. In jedem Fall bekomme ich von meinem oder meiner Gegenüber direkt ein Feedback und kann – falls nötig – gegensteuern, um das Gespräch in die richtige, nämlich konstruktive, Richtung zu lenken. Der Grund, warum wir Emoticons/Emojis haben, erschließt sich dann auch schnell.[439] Die Emoticons/Emojis sollen uns dabei helfen, die fehlenden emotionalen Signale der Kommunikation in die eindimensionalen Textnachrichten einbauen zu können. Leider gilt aber festzuhalten, dass es sicherlich nicht bei allen Emoticons Einigkeit darüber gibt, wie sie genau zu verstehen sind[440], und das Ganze mag auch kontextabhängig sein: In einer Arbeit um Daantje Derks[441] konnte herausarbeitet werden, dass die Teilnehmer*innen der Studie in einem Chat mit sozio-emotionalen Kontext (darüber beratschlagen, was man einem Freund schenkt) mehr Emoticons nutzten als in einem Chat mit reinem Aufgabeninhalt (Projektarbeit in der Schule). Das macht durchaus Sinn, da wir auch im Berufsleben nüchterner kommunizieren, als wir es privat tun. Hier scheinen für die Online-Welt also ähnliche Regeln zu gelten wie in Situationen von Angesicht zu Angesicht.[442] Zusätzlich wurden mehr positive Emoticons bei einer positiven Darstellung der eben dargestellten Situationen verwendet und mehr negative Emoticons bei einem negativen Framing dieser Situationen (siehe auch Abbildung 8.1.). Bei einer negativen, aufgabenorientierten Situation wurden übrigens mit Abstand die wenigsten Emoticons verwendet (nicht in der Abbildung ersichtlich).

Mehr Kommunikation von Angesicht zu Angesicht – ganz ohne Technologie (auch ohne Zoom & Co.) – hat übrigens nicht nur den unschätzbaren Vorteil, dass es weniger kommunikative Missverständnisse gibt, sondern auch, dass keine Plattform mit digitalen Daten gespeist wird, die eines Tages gegen einen verwendet werden können.

Nochmals: Ich bin davon überzeugt, dass das Silicon Valley mit seinem Datenhunger unsere Struktur im Alltag zerstört hat. Es ist Zeit, dass wir diese Struktur zurückgewinnen. Dies wird nicht

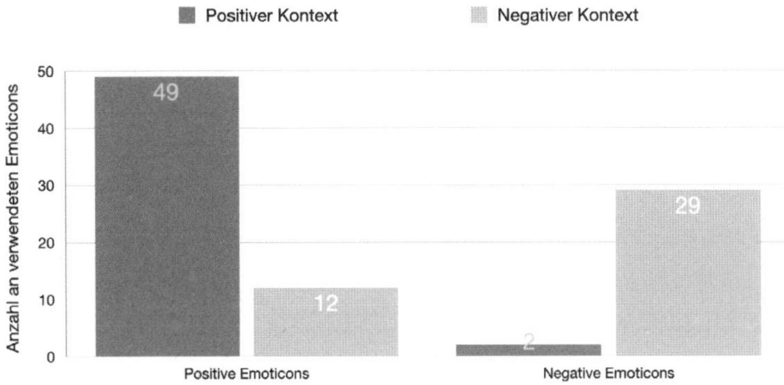


Tabelle 8.1.: Anzahl an positiven/negativen Emoticons, die in Chats mit positivem/negativem Kontext verwendet wurden (nach Derks, Bos & Von Grumbkow, 2007)

nur darüber geschehen, dass ich selber weniger über E-Mails kommuniziere, sondern wir werden auch systematisch auf andere Prinzipien der Kommunikation und Digitalnutzung bauen müssen. In Kapitel 3 habe ich ausführlich beschrieben, wie mächtig das menschliche Verhalten durch die Voreinstellungen in einem System beeinflusst wird. Diese Systemeinstellungen müssen meiner Ansicht nach nun dahingehend geändert werden, dass sie uns den Alltag nicht zerschießen, sondern endlich wieder vertieftes Arbeiten ermöglichen. Um bei dem eben erwähnten Beispiel des*der Briefträger*in zu bleiben: Heute kommt der*die virtuelle Briefträger*in täglich bei vielen Menschen unzählige Male vorbei und kippt immer wieder neue Nachrichten aus. Tatsächlich bin ich davon überzeugt, dass eine entscheidende Lösung für dieses Problem sein wird, das *prädigitale Ausliefermodell der Post* auf das *virtuelle Ausliefermodell der Post* zu übertragen. Der*die virtuelle Briefträger*in sollte – wie der*die physische Briefträger*in – im Idealfall nur einmal pro Tag vorbeischauen.

Diese Strategie ist auch schon in wissenschaftlichen Arbeiten untersucht worden. Die Ergebnisse einer wissenschaftlichen Arbeit um Kostadin Kushlev und Elizabeth W. Dunn[443] legen nahe, dass es sinnvoll ist, Grenzen für das tägliche Checken von E-Mails zu ziehen. In ihrem Experiment verglichen die beiden Wissenschaftler*innen, wie das Stress- und Wohlempfinden in den Bedingungen limitierter versus unlimitierter Umgang mit E-Mails ausfallen würde. Dreimal täglich E-Mails zu checken war laut dieser Studie besser, als auf alles immer und überall zu reagieren, da dadurch das Stresslevel gesenkt und als Ergebnis mehr Wohlbefinden berichtet wurde.

Ich würde erwarten, dass die Ergebnisse möglicherweise noch besser ausfallen, wenn es gelingen würde, genau festzulegen, wann genau E-Mails jeden Tag beantwortet werden. Wenn man beispielsweise immer um 9 Uhr und um 16 Uhr die eigenen E-Mails abarbeitet, ergibt sich dazwischen ein Zeitfenster von mehreren Stunden, in dem wir ungestört an einem Projekt arbeiten können. Problematisch ist natürlich, dass Menschen sehr unterschiedliche Job-Anforderungen an ihre Erreichbarkeit haben. Das heißt, dass jede*r schauen muss, welchen Weg er*sie einschlagen kann. Zusätzlich müssen Erwartungshaltungen an die Geschwindigkeit von Antworten auf eine E-Mail in Unternehmen zentral besprochen und geändert werden. Meine Mitarbeiter*innen wissen, dass ich teilweise zu Unzeiten arbeite und selten auch am Samstagabend um 23 Uhr noch E-Mails versende (Anmerkung: ich versuche aber natürlich auch stabile E-Mail-Muster im Alltag zu haben). Damit will ich aber meiner Arbeitsgruppe nicht suggerieren, dass ich den ganzen Tag durchgearbeitet habe und nun von meinen Mitarbeiter*innen erwarte, dass sie sofort auf meine Mails reagieren. Tatsächlich war ich häufig an einem solchen Samstagnachmittag beim Effzeh-Heimspiel und habe danach noch bis 20 Uhr mit meiner Familie zu Abend gegessen. Warum dann um 23 Uhr noch eine Mail versenden? Mir verschafft die heutige Technologie die Möglichkeit, unabhängig von irgendwelchen Bürozeiten meinen Job zu machen, sodass ich Familie und Beruf besser unter einen Hut bekommen kann. Deswegen wissen meine Mitarbeiter*innen auch, dass sie am Wochenende weder meine E-Mails lesen noch beantworten müssen. Hilfreich ist es für die erfolgreiche Kommunikation im digitalen Raum aber auch mit Abwesenheitsnotizen zu arbeiten. Damit weiß jede*r, die*der eine E-Mail an mich schickt, dass er*sie keine schnelle Antwort erwarten kann. Um einer Spam-Flut von Abwesenheitsnotizen vorzubauen, brauchen wir hier aber vielleicht ein von allen Mitarbeiter*innen zentral gepflegtes Online-Register, in dem man die Verfügbarkeit von Kolleg*innen einsehen kann (wenn es sehr dringlich ist). Manche Unternehmen wie Daimler haben drastische Schritte eingeführt, um ihre Mitarbeiter*innen vor Hunderten E-Mails nach dem Urlaub zu schützen.[444] Sie werden einfach gelöscht und die Verfasser der E-Mails darüber in Kenntnis gesetzt, ab wann die Person wieder aus dem Urlaub zurück ist. Aus eigener Erfahrung weiß ich, dass sich manche E-Mails nach ein paar Tagen bereits erledigt haben.

Das Prinzip der Abwesenheitsnotiz müsste meines Erachtens auch auf Social-Media-Plattformen eingeführt werden. Wenn mir jemand in meiner Online-Abwesenheit eine Nachricht schickt, gäbe es die automatische Antwort, dass ich beispielsweise erst nächste Woche Mittwoch wieder auf meinem Social-Media-Profil Nachrichten checke. Mit diesem Prinzip ließe sich dann eventuell auch das *Fear of Missing Out* (FoMO) auf meiner Seite ein wenig reduzieren. Allerdings nur wenn ein Online-Protokoll aufgesetzt wird, in dem mir nahestehende Personen *gemeinsam* mit mir beschließen, eine definierte Onlineauszeit zu nehmen. In diesem Fall wüsste ich, dass für mich wichtige Personen in der Zeit, in der ich nicht online bin, auch nicht online sind. Vielleicht würden wir durch solche Online-Protokolle mal wieder zu einem Gefühl von Sommerferien wie in meiner Kindheit kommen.

Ein weiterer Gedanke: Wenn ein Event online stattfindet, an dem ich nicht teilnehmen kann (FoMO!), ist es hilfreich, wenn ich später noch eine Aufzeichnung sehen könnte. Auch ein solches Feature sollte FoMO reduzieren. Diese und weitere Vorschläge hat die Gruppe um Aarif Alutaybi gemacht.[445] Richig ist aber auch, dass diese Ideen noch empirisch weiter überprüft werden müssen. In ein ähnliches Horn bläst übrigens Tristan Harris. In seinem Ted Talk[446] beschreibt der ehemalige Google-Mitarbeiter, dass Hinweise über die eigene Verfügbarkeit gerade im Arbeitsleben stark helfen können, sich selber für einen gewissen Zeitraum abzuschirmen, um konzentriert etwas wegzuarbeiten. Den Kolleg*innen wird zeitgleich signalisiert, wann ich wieder aufnahmebereit für neue Aufgaben bin. Diese Benachrichtigungen müssen übrigens nicht noch das Mail-Aufkommen erhöhen, sondern können auf intelligenten digitalen Oberflächen hinterlegt werden (siehe oben).

Wie sich also zeigt, helfen Veränderungen im Design eines Unternehmens, die Nutzer*innen zu entlasten und wieder Struktur im Alltag herzustellen. Ehrlicherweise bedarf es aber einiger Disziplin, um selbstständig nicht mehr als dreimal pro Tag auf die E-Mails oder Social Media zuzugreifen. Genauso wie sich viele Menschen an Silvester vornehmen, endlich mehr Sport zu machen oder ein paar Kilogramm abzunehmen (oder gar beides), sind für viele die Vorsätze schon am Neujahrsabend verflogen. Machen wir uns nichts vor. Das tägliche E-Mail- und

Social-Media-Verhalten hat sich über viele Jahre so stark eingeschliffen, dass wir gar nicht anders können, als immer wieder auf das Smartphone oder den Desktop-Computer zuzugreifen. Eine sehr bekannte Studie über Gewohnheitsveränderungen besagt übrigens, dass es im Median 66 Tage dauert[447], bis erfolgreich eine Verhaltensveränderung stattgefunden hat. Deswegen brauchen wir ironischerweise technische Lösungen, um den Tech-Konzernen ein Schnippchen zu schlagen. Eine solche technische Lösung könnte in sogenannten Batching-Maßnahmen zu finden sein. *Batching* bedeutet zunächst nichts anderes als Stapeln. In dem vorliegenden Kontext würden dann alle online eintrudelnden Nachrichten zunächst gesammelt und zu einem vorher definierten Zeitpunkt durchgestellt werden. Dadurch komme ich als Nutzer nicht mehr in die Versuchung, zwischendurch auf mein E-Mail-Konto zu schauen, weil die Nachrichten noch nicht da sein können. Sie werden auf dem Server bis zu einer definierten Uhrzeit festgehalten. Kurzum: Ich lerne das Prinzip des physischen Briefkastens auf den virtuellen Briefkasten zu übertragen. Wenn auch der*die virtuelle Briefträger*in tatsächlich nur noch einmal pro Tag kommt, macht es gar keinen Sinn, mehr als einmal pro Tag bei der virtuellen Inbox vorbeizuschauen. In einem Experiment um Nicholas Fitz[448] konnte für diese Idee teilweise eine empirische Grundlage geschaffen werden. Mit einer App wurden in dieser Studie die Push-Notifikationen auf dem Smartphone gesammelt, um sie zu vordefinierten Zeitpunkten auszuschütten. Genauer wurden nach einer Eingewöhnungsphase Push-Notifikationen entweder dreimal pro Tag oder gar nicht präsentiert. Eine weitere dritte Gruppe an Studienteilnehmer*innen bekam die Push-Notifikationen weiterhin in Echtzeit. Alle Teilnehmer*innen der Studie machten auch Angaben über ihre Stimmung, ihr FoMO und ihre Produktivität.

Tatsächlich zeigte sich, dass bei kontrollierten Unterbrechungen die Stimmung der Batching-Probanden besser war als bei den anderen beiden Gruppen und der berichtete Stress sogar geringer ausfiel. Zusätzlich – und das scheint mir ebenfalls wichtig – gaben die Proband*innen in der Batching-Bedingung an, ein wenig produktiver gewesen zu sein als die anderen beiden Gruppen. Die Studie zeigt übrigens auch, dass Personen, die gar keine Push-Benachrichtigungen erhielten, ein erhöhtes FoMO nach solchen Benachrichtigungen verspürten. Eine komplette Abstinenz wäre demnach auch nicht gut (die Studienteilnehmer*innen konnten übrigens in der Studie jederzeit auf ihre Nachrichten zugreifen, hier ging es »nur« um das Batching der Push-Notifikationen). Die Autor*innen fassen ihre Studie wie folgt zusammen: »Wir finden Hinweise darauf, dass die Zustellung von Benachrichtigungen in drei Chargen pro Tag – jedoch nicht in stündlichen Chargen – die Ergebnisse des Wohlbefindens und der Stimmung verbessert. Diese Effekte wurden durch die Verringerung der Unaufmerksamkeit vermittelt. Im Gegensatz dazu brachte die Nichtzustellung von Benachrichtigungen nicht die gleichen Vorteile, sondern führte zu einer Zunahme der Angst, vermittelt durch Fear of Missing Out. Durch die Stapelverarbeitung – *batching* – in wenigen täglichen Intervallen kann somit die Nützlichkeit einer Benachrichtigung erhalten bleiben, während der Schaden einer variablen, unvorhersehbaren Zustellung von Benachrichtigungen gemindert wird.«

Die Studie unterstreicht, dass die »richtigen« Systemdesign-Veränderungen auf Smartphones und Social-Media-Plattformen auch positiven Einfluss auf menschliches Verhalten und Wohlbefinden haben können. Leider habe ich bis zum jetzigen Zeitpunkt keine App gefunden, die man einsetzen könnte, um nicht nur Push-Notifikationen, sondern auch die dahinter liegenden

Nachrichten in Form von allen Social-Media-Botschaften *und* E-Mails zu bändigen.[449] Eine Herausforderung stellt auch dar, die Batching-Prinzipien für alle Kanäle auf dem Smartphone oder Desktop gleichzeitig durchzuführen. Früher oder später werden wir aber hoffentlich eine entsprechende Software-Lösung finden.

Ich bin durch eine eigene Erfahrung übrigens kürzlich ermutigt worden, an dieser Fragestellung weiterzuarbeiten. Auf eingangs geschilderter Schiffsreise wurden jedem Gast pro Tag 60 Minuten an freiem Internet zugänglich gemacht. Jede Minute längerer Nutzung hätten die Gäste selber zahlen müssen. Durch diese Reglementierung habe ich das Internet deutlich strukturierter genutzt und bin jeden Tag an Bord mit den 60 Minuten gut ausgekommen, da ich meine Online-Zeiten sehr gezielt genutzt habe. Dadurch hatte ich deutlich mehr Zeit für andere Dinge. Nun sind wir aber nicht alle Tage auf einem Kreuzfahrtschiff mit begrenztem Internetzugang. Und das Einhalten von strukturierten Mail-Zeiten ohne äußere Regulierung verlangt gerade am Anfang der Verhaltensveränderung einiges an Selbstdisziplin von den Online-Nutzer*innen.

Es gibt aber einfache Strategien, die wirklich allen Nutzenden dabei helfen können, ihren Alltag im Digitalzeitalter besser zu strukturieren. Schauen wir uns gemeinsam an, was wirklich einfach umzusetzen wäre. Und das Schöne dabei ist: Es landen wieder weniger Daten bei den Tech-Unternehmen.

## Die Bedeutung von klassischen Zeitgebern in einem digitalen Zeitalter

Der Campus meiner Universität in Ulm befindet sich auf dem Eselsberg. Mein Labor liegt an der Haltestelle »Botanischer Garten«, die – Fun Fact –, in 618 Meter Höhe gelegen, womöglich die höchste Straßenbahnhaltestelle in Deutschland darstellt.[450] Der Campus der Universität Ulm ist recht weitläufig, und ich muss tatsächlich die Straßenbahn nehmen, um von meinem Büro aus zügig in den Hörsaal zu kommen. Wenn es gut läuft, brauche ich dafür von Büro zu Hörsaal 15 Minuten. Um die Straßenbahn nicht zu verpassen, habe ich in meinem Büro immer die Uhr auf dem Bildschirm meines Desktop-Computers im Auge, die mir gerade zeigt, dass ich nur noch 25 Minuten Zeit bis zu Beginn der Vorlesung habe.

Ich packe also meine Unterlagen und mein Mac-Book in den Rucksack, um den ungefähr sechs Minuten langen Weg zur Straßenbahnhaltestelle auf mich zu nehmen. Als ich vor die Tür des Biomedizinischen Zentrums trete, fängt es an zu regnen. Wie viel Zeit habe ich noch, bis die Straßenbahn kommt? Reflexartig will ich auf meine Armbanduhr schauen, merke aber, dass ich sie heute anscheinend im Bad vergessen habe. Während ich zur Haltestelle eile, ziehe ich mein Smartphone aus der Tasche, um dort die Uhrzeit nachzuschauen. Dort sehe ich im Display des Smartphones, dass ein Freund versucht hat, mich anzurufen. Außerdem findet sich dort die Information, dass der Fußballverein meines Herzens einen neuen Trainer unter Vertrag genommen hat. Ob der neue Trainer es wohl schaffen wird, die Mannschaft vor dem Abstieg aus der Bundesliga zu bewahren? Ich bin skeptisch. Wie schätzt der *Kölner Express* das ein? Ich bin neugierig und lese einen kurzen Kommentar über diesen

Trainerwechsel. Um das Meinungsbild von weiteren Effzeh-Fans zu der Personalie zu bekommen, schaue ich schnell beim Fanzine effzeh.com nach. Verhaltene Reaktionen, so weit ich sehe. Ich merke gar nicht, wie ich die letzten 200 Meter zu Fuß durch das kurze Waldstück zwischen Büro und Haltestelle zurückgelegt habe, und stehe plötzlich am Bahnsteig. Ich packe das Smartphone weg. Zum Glück kommt sofort die Straßenbahn, die mich nun zur Haltestelle *Universität West* bringen wird. Von dort aus sind es weitere fünf Minuten in den Hörsaal. Moment mal, wie viel Uhr ist es eigentlich? Wie viele Minuten bleiben mir noch genau, bis die Vorlesung anfängt? Ich hole erneut mein Smartphone aus der Tasche, um nun tatsächlich die Uhrzeit nachzuschauen, ohne dabei abgelenkt zu werden. 16.05 Uhr. Puh, ich schaffe es noch pünktlich in den Hörsaal.

Die kurze Illustration meines Alltags beschreibt die Bedeutsamkeit von klassischen Zeitgebern wie einer Armbanduhr für das Funktionieren unserer Gesellschaft. Armbanduhren helfen uns dabei, unsere Termine pünktlich einhalten zu können. Wenn die Vorlesung um 16.15 Uhr anfängt, sollte ich nicht irgendwann um 16.40 Uhr im Hörsaal eintrudeln. Schließlich haben die Studierenden auch danach noch andere Verpflichtungen, und der Stoffumfang meiner Vorlesung erlaubt es nicht, Vorlesungszeit durch Unpünktlichkeit von meiner Seite aus zu verplempern.

Die Bedeutsamkeit der Zeitmessung, um unserem Alltag eine Struktur zu geben, ist bereits von den ältesten Kulturen der Menschheit berichtet worden. Anscheinend nutzten bereits ca. 2000 Jahre vor Christus Menschen Zeitgeber in Form von Sonnenuhren, damit sie eine Struktur in ihren Alltag bringen konnten.[451] Kurz nach den Sumerern entwickelten auch die Chines*innen ein Verfahren zur Messung der Uhrzeit. Viel Zeit sollte noch vergehen, bis jedermann einen solchen Zeitgeber einfach am Handgelenk tragen konnte. Die erste Armbanduhr wurde auf Wunsch von Caroline Murat von dem Uhrmacher Abraham Louis Breguet im Jahr 1812 angefertigt.[452] Einen solchen Luxusartikel konnten sich logischerweise nur sehr reiche Personen leisten: Caroline Murat zum Beispiel hatte als Schwester von Napoleon Bonaparte und als Königin von Neapel das nötige Kleingeld für ein solches Luxusgut.

Inzwischen scheint das Tragen von Armbanduhren eher auf dem Rückzug zu sein. Für einige ist die Uhr am Handgelenk eher ein Statussymbol, welches gern mal mehrere tausende Euros kosten darf.[453] In einer wissenschaftlichen Studie aus meiner Arbeitsgruppe fanden wir heraus, dass in einer Stichprobe, die wir im Wesentlichen auf der *MS-Wissenschaft* gezogen haben, lediglich 45 % der Befragten angaben, regelmäßig eine Armbanduhr zu tragen (leider haben wir keine Veränderungsdaten).

Die *MS-Wissenschaft* ist ein Ausstellungsboot, welches von Berlin aus über einige Seewege Deutschlands reist, um der interessierten Bevölkerung jedes Jahr zu einem bestimmten Forschungsthema zahlreiche Exponate zu präsentieren. Im Jahr 2014 fuhr das Ausstellungsschiff unter der Flagge »Digitale Gesellschaft«, und meine Arbeitsgruppe hatte die Möglichkeit, zwei Exponate zu der Ausstellung auf der MS-Wissenschaft beizusteuern, in denen es thematisch um Smartphones und Internetsucht ging. Über Fragebögen, die auf Tablets präsentiert wurden, konnten wir so bei über 3000 Besucher*innen untersuchen, wie sie es mit der Nutzung von Armbanduhren und ihrem Smartphone-Konsum halten. Zunächst berichteten Personen, die keine Armbanduhr trugen, dass sie im Durchschnitt das Smartphone 12,04 Stunden pro Woche für private Zwecke nutzten, während Personen mit Armbanduhr nur auf 8,55 Stunden pro Woche für private Zwecke kamen. Einen noch deutlich stärkeren Effekt auf die Dauer der Smartphone-Nutzung zeigte sich aber mit einer anderen Zeitgeber-Variable. Alle Teilnehmer*innen beantworteten in unserer Studie auch, ob sie ihr Smartphone als Wecker im Schlafzimmer nutzten. Personen, die diesen Sachverhalt bejahten, berichteten, 14,97 Stunden pro Woche auf dem Smartphone für private Zwecke zu verwenden, während diejenigen, die ihr Smartphone nicht als Wecker nutzten (und möglicherweise auf einen echten Wecker vertrauten), nur 8,15 Stunden für private Zwecke auf dem Smartphone unterwegs waren. Der private Smartphone-Konsum war in der Gruppe der Personen, die das Smartphone nicht als Wecker nutzten sogar ca. 1,8 mal kleiner als in der Gruppe der Personen, die das Smartphone für diesen Zweck einsetzten!

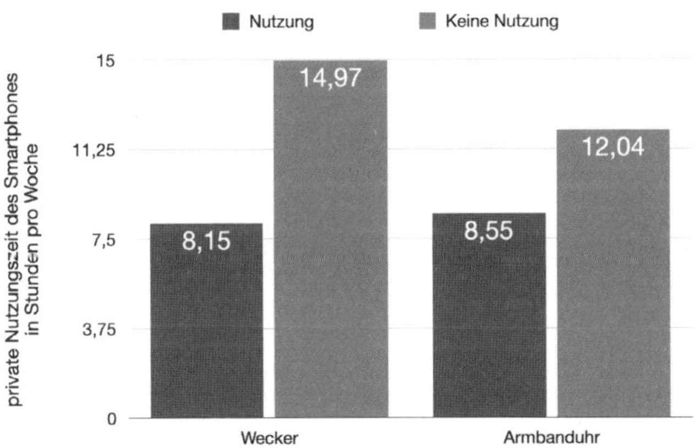


Abbildung 8.2.: Private Nutzungszeiten des Smartphones bei Personen, die das Smartphone als Wecker nutzen/nicht nutzen und bei Personen die eine Armbanduhr tragen/nicht tragen; Zahlen aus Montag, C., Kannen, C., Lachmann, et al. (2015). The importance of analogue zeitgebers to reduce digital addictive tendencies in the 21st century. Addictive Behaviors Reports, 2, 23–27.

Natürlich kann man an der Studie einiges bemängeln: Die Studie beantwortet nämlich leider nicht final die Wirkungskette zwischen den Variablen. Führt das Tragen einer Armbanduhr tatsächlich zu einem niedrigeren Smartphone-Konsum, oder ist es nicht eher so, dass Personen, die sowieso wenig digital unterwegs sind, eher eine Armbanduhr tragen bzw. einen echten Wecker im Schlafzimmer nutzen? Letztere Beobachtung wäre dann lediglich Ausdruck eines nicht so ausgeprägten digitalen Lebensstils. Um zumindest eine gewisse Kausalität zwischen den erhobenen Variablen in unseren Daten zu erreichen, fragten wir daher offensiv danach, wie häufig es den Teilnehmer*innen unserer Studie im Alltag passierte, dass sie nur mal kurz die Uhrzeit auf dem Smartphone überprüfen wollten und dann wegen einer Nachricht (zum Beispiel WhatsApp) an dem Gerät hängen blieben? Immerhin sagten 8,3 % der Teilnehmenden, dass ihnen das oft und 2,8 % der Teilnehmenden, dass ihnen das sehr oft passiert. Interessant wäre es nun, diese Studie mit echten Smartphonedaten experimentell zu überprüfen, also nicht nur auf den Selbstbericht der Studienteilnehmer*innen zu vertrauen. In jedem Fall bin ich davon überzeugt, dass das Verbannen des Smartphones mit den vielen bunten Social-Media-Apps aus dem Schlafzimmer eine gute Idee ist. Im Bett ist es so gemütlich, und aus einer kurzen Session auf dem Smartphone (nur mal kurz den Wecker stellen), wird schnell eine ausgedehnte Social-Media-Session. Als Folge geht das Licht nicht um 23 Uhr, sondern um 0.30 Uhr aus, und der Schlaf leidet. Es wird den*die Leser*in nicht verwundern, dass der Zusammenhang zwischen erhöhter Bildschirmzeit/Smartphone-Sucht und schlechter Schlafqualität in vielen Studien beobachtet worden ist.[454]

## Vom Nutzen einer digitalen Waage

In Frankreich gibt es das Sprichwort *Quand on connait sa maladie, on est à moitié guéri.* Übersetzt heißt das so viel wie: Wenn du deine Krankheit kennst, hast du sie schon halb besiegt. Tatsächlich wird in der Klinischen Psychologie stark betont, wie wichtig die Einsicht in die eigene Erkrankung ist, um sich erfolgreich in Behandlung zu begeben und an sich selbst zu arbeiten. Auch wenn die exzessive Nutzung des Smartphones aktuell nicht als eigenständige Erkrankung gilt, so dominiert doch das Smartphone mit den vielen bunten Apps unseren Alltag. Weil wir massive Zeitverzerrungen bei der Nutzung der Smartphones erfahren, arbeiteten Alexander Markowetz und ich zusammen, um Smartphone-Nutzenden den Service einer digitalen Waage anzubieten.[455] Nach der Installation der App *Menthal* konnten die Nutzenden nach wenigen Tagen sehen, wie viele Stunden sie pro Tag auf dem Smartphone verbrachten und was die persönlich größten Zeitfresser auf den Geräten waren. Das Projekt *Menthal* erwies sich als sehr erfolgreich. Alexander Markowetz und ich hatten über Jahre einen Medientermin nach dem anderen, um über das Thema Smartphone zu berichten. Mittlerweile haben sich mehrere 100 000 Nutzer*innen die App heruntergeladen und zeitgleich ihre Daten für unsere Studien gespendet. Beispielsweise konnten wir untersuchen, wie Alter oder Geschlecht mit den Smartphone-Nutzungsdaten in Zusammenhang stehen.[456]

Das Projekt ist aus vielerlei Hinsicht interessant. Zum einen zeigt auch das *Menthal*-Projekt, wie gut das Daten-Geschäftsmodell funktioniert. Ähnlich wie Tech-Unternehmen haben wir als wissenschaftliches Start-up eine App gelauncht, die einen Mehrwert für die Nutzenden bringt.[457] Und schon hatten wir mit Hilfe von vielen Medienberichten zigtausende Nutzende auf unserer Plattform gehabt. Ich möchte darauf hinweisen, dass es sich um ein rein universitäres Projekt gehandelt hat. Die aufgezeichneten Daten waren selbstverständlich anonym.

Interessanterweise hat Apple Anfang 2019 – also ca. fünf Jahre nach dem Launch der Menthal-App – den Nutzenden der iPhones einen ähnlichen Service im iOS-Betriebssystem angeboten.[458] Also hat selbst der Riesenkonzern Apple anscheinend intern eine entsprechende Diskussion geführt, inwieweit es ein Zuviel an Smartphone-Nutzung gibt. Steve Jobs' Nachfolger Tim Cook äußerte sich wie folgt: »Wir wollen nicht, dass die Leute die ganze Zeit über ihre iPhones benutzen. Das ist nie unser Ziel gewesen.«[459] Ob man das glauben kann, sei dahingestellt. Unabhängig davon, wie jede*r die Lage für sich selber einschätzt – seit Einführung der Bildschirmzeit bekommen alle iPhone-Nutzenden jede Woche einen Bericht, der ein Feedback über die iPhone-Nutzung der letzten Woche enthält. Die große Frage, die sich mir als Wissenschaftler aber stellt, ist inwieweit eine Einsicht in die eigene Nutzung tatsächlich auch zu einer Verhaltensveränderung führt. Dies ist meines Erachtens bis zum heutigen Tage nicht bekannt.

Weitere Hilfen, um die Nutzungszeiten der Facebook-Plattformen zu reduzieren, werden von Facebook selber angeboten.[460] Dort können Nutzende sowohl für die Facebook- als auch die Instagram-Plattform einstellen, wie viel Zeit sie auf der jeweiligen Applikation verbringen wollen. Wird dieser Zeitrahmen überschritten, gibt es eine Notifikation, die den*die Nutzer*in darauf hinweist, dass es Zeit wird, etwas anderes zu tun. Auch dies ist sicherlich ein netter Service, der uns helfen kann, weniger Zeit auf Social-Media-Apps zu verbringen. Allerdings kenne ich hier auch keine Daten über die Wirksamkeit der Intervention. Ein weiteres Feld, welchem sich experimentell arbeitende

Psycholog*innen annehmen könnten … Der*die Leser*in wird übrigens unschwer erkennen, dass es Parallelen zwischen den neuen Services von Apple und Facebook und der Glasenuhr an Bord des Schiffes aus meiner anfänglichen Erzählung gibt.

## Über weitere Möglichkeiten, die Struktur im Alltag zurückzuerobern

Da wir in diesem Kapitel gerade dabei sind, über einfach umzusetzende Maßnahmen zu sprechen, die dabei helfen, die Nutzungszeiten von dem Smartphone und den Social-Media-Apps zu reduzieren, möchte ich darauf hinweisen, dass es auch Möglichkeiten gibt, in den diversen Apps selber relevante Änderungen vorzunehmen, die Online-Zeiten und vielleicht sogar Stress reduzieren könnten. In Kapitel 3 habe ich ausführlich über das Nudging-Prinzip und die Macht über menschliches Verhalten durch die Voreinstellungen in einem System gesprochen. Es ist wichtig zu überprüfen, ob und wie man Einstellungen in den vielen Apps verändern kann, um ein besseres Online-Erlebnis zu erzielen. Hier würde ich vorschlagen, Push-Notifikationen möglichst zu unterbinden (vor allen Dingen akustisch) und auch die Lesebestätigung-Funktion bei WhatsApp auszuschalten, um den Tentakeln der Tech-Konzerne Einhalt zu gebieten. Ein Erfolg hätte dieses Buch schon, wenn jede*r Leser*in an dieser Stelle in die Einstellung von WhatsApp gehen würde, um dort unter den Reitern Datenschutz/Einstellungen/Account die Lesebestätigung auszustellen.[461] Ich habe dies vor mehreren Jahren gemacht und bin froh darüber, dass ich hereinkommende Nachrichten lesen kann, ohne dem Zwang zu unterliegen, sofort antworten zu müssen. Einige Tage lang nach Ausschalten der

Doppelhaken-Funktion fühlte es sich ein wenig komisch an, nicht zu sehen, ob meine Nachrichten bereits gelesen wurden. Aber das geht vorbei. Wie sich das Ausstellen der Doppelhaken-Funktion nachhaltig auf das Wohlbefinden der Nutzer*innen auswirkt, wird erst seit Kurzem erforscht (Facebook hat garantiert Daten darüber). Und immerhin eine mir bekannte Studie (Blabst & Diefenbach, 2017; siehe Anmerkung 147) konnte zumindest nachweisen, dass ein Teil der Nutzer*innen anscheinend durch die Lesebestätigung gestresst ist.

So weit meine Tipps, um den eigenen Online-Konsum sinnvoll zu reduzieren. Mögen sie meinen Lesern und Leserinnen helfen, etwas mehr Wohlbefinden und weniger Stress im Alltag zu erzeugen.

Ein schöner Seiteneffekt ist, dass weniger Online-Zeit in den meisten Fällen auch bedeutet, dass wir weniger Daten an die Tech-Konzerne weiterleiten. Aber selbst, wenn ich das Smartphone nicht aktiv nutze, sondern nur mit mir herumtrage, werden bestimmte Daten immer noch an Google oder Apple weitergeleitet. Gerade GPS-Daten, aber auch Gesundheitsdaten können *indirekt* über die Smartphones abgegriffen und weitergeleitet werden.

Wie können wir uns nun während unserer Online-Sessions besser vor dem Ausspähen schützen? Tatsächlich ist es nicht leicht, seine Identität zu schützen, und wir können es vielen Unternehmen nur erschweren, an unsere Daten zu kommen. Auch wenn es sich negativ auf die Geschwindigkeit beim Surferlebnis auswirkt, hilft die Tor-Technologie dabei[462], die eigene Privatsphäre online zu schützen. Wenn man den Tor-Browser nutzt, wirkt das sogenannte Zwiebel-Prinzip. Meine Anfrage, eine bestimmte Webseite zu erreichen, wird unter anderem über mehrere Server des

Onion-Netzwerks geschickt, bis es bei Erreichen der Webseite sehr schwierig geworden ist, den*die eigentliche*n Nutzer*in ausfindig zu machen. Zusätzlich wird die eigene Identität durch die Tor-Browser-Technologie stark verschlüsselt. Interessanterweise haben Unternehmen wie Facebook und Google übrigens nichts gegen Tor, sondern die Initiative sogar unterstützt. Wie passt das mit dem Daten-Geschäftsmodell zusammen? Für die beiden Unternehmen kommt der Browser tatsächlich gelegen, um zu zeigen, wie offen sie doch für den Schutz der Privatsphäre ihrer Nutzer*innen sind. Wie passt das zusammen? Tatsächlich muss ich mich auch über den Tor-Browser per Passwort in mein Google-Mail oder meinen Facebook-Account einloggen, und spätestens nach Einloggen auf der Plattform wissen die Konzerne wieder genau, wer dort unterwegs ist.[463] Der Sicherheitstechnologe Matthew Green kommentierte treffend, dass dies so ist wie »eine Dusche zu nehmen und sich dann im Schlamm zu wälzen.«[464]

Letzlich können wir alle selbst entscheiden, welche Suchmaschine wir nutzen möchten. Es gibt Angebote wie DuckDuckGo.com, die als Suchmaschine momentan noch nicht an die Qualität von Google heranreichen, aber dafür nicht die Eingaben der Nutzenden im Kontext ihrer IP-Adressen aufzeichnen und trotzdem ordentliche Ergebnisse liefern. Der Name der Suchmaschine DuckDuckGo spielt auf ein Plumssack ähnliches Spiel an, und die Suchmaschine verzeichnet im Jahr 2020 bereits 50 Millionen Suchanfragen pro Tag.[465] Es gibt also einen großen Bedarf nach Alternativen zu Google, die deutlich weniger an Informationen von dem Nutzer oder der Nutzerin abgreifen. Dies sollte uns Hoffnung machen, dass Alternativ-Angebote auch gegen die übermächtigen Tech-Konzerne eine Chance haben.

Gleiches gilt auch für die Nutzung von Messenger-Services wie WhatsApp. Hier gibt es ebenfalls Angebote, die als sicher gelten und mit welchen man nicht den großen Facebook-Konzern unterstützt, dem viele nicht mehr trauen (während ich dieses Buch schrieb, sorgte ein AGB-Update für Unsicherheit bei vielen Nutzern – welche Informationen werden von WhatsApp genau an Facebook weitergegeben?[466]). Der Messenger »Signal« wird momentan beispielsweise als eine solche Alternative diskutiert.[467] Aber wer wechselt wirklich zu einem anderen Service? Schließlich ist es schwierig, mit all seinen Kontakten in einem Schwung umzuziehen. Dieser Frage sind wir zumindest indirekt in einer neuen Studie nachgegangen, die im *Journal of Individual Differences* erschienen ist.[468] Wir befragten hier mehr als 7000 Personen nach ihrer Messenger-Nutzung und verglichen die Persönlichkeitsstruktur von vier Gruppen. Eine Gruppe nutzte WhatsApp, aber keinen alternativen Messenger, weil ihnen WhatsApp zu unsicher war (Gruppe 1). Eine weitere Gruppe gab an, WhatsApp und einen Alternativ-Messenger zu nutzen, weil ihnen WhatsApp zu unsicher war (Gruppe 2). Die dritte Gruppe bestand aus Personen, die nur auf einem Alternativ-Messenger unterwegs waren, weil ihnen WhatsApp zu unsicher war (beispielsweise Signal oder Threema; Gruppe 3), und die vierte Gruppe gab an, weder WhatsApp noch einen alternativen Messenger zu nutzen, weil ihnen WhatsApp zu unsicher war (Gruppe 4). Auch wenn die Persönlichkeitsunterschiede lediglich subtiler Natur sind (siehe Abbildung 8.3.), empfinde ich die Ergebnisse als interessant. Personen, die WhatsApp und einen Alternativ-Messenger nutzten, weil ihnen WhatsApp zu unsicher war, berichteten im Durchschnitt die höchsten Verträglichkeitswerte. Diese Personengruppe will möglicherweise einen besonders sicheren Messenger nutzen, aus Gründen der Freundschaftspflege löschen sie WhatsApp aber nicht, um es allen recht zu machen (so zumindest eine kurze und teilweise Interpretation der Daten). Ein weiterer interessanter Befund kristallisierte sich bezüglich der Persönlichkeitseigenschaft Offenheit für Erfahrung heraus. Personen, die nur einen Alternativmessenger nutzten, weil ihnen WhatsApp zu unsicher war, berichteten im Durchschnitt die höchsten Offenheitswerte. Möglicherweise sind diese Personen auf der Suche nach einem sicheren Messenger zunächst aus purer Neugierde gewechselt (einfach mal was Neues ausprobieren) oder wollen anders sein als ein Großteil der Messenger-Nutzer.[469] Zu guter Letzt zeigt sich in unseren Daten auch hier wieder, dass Personen, die komplett auf einen Messenger verzichten, die durchschnittlich geringsten Extraversionswerte verzeichnen.

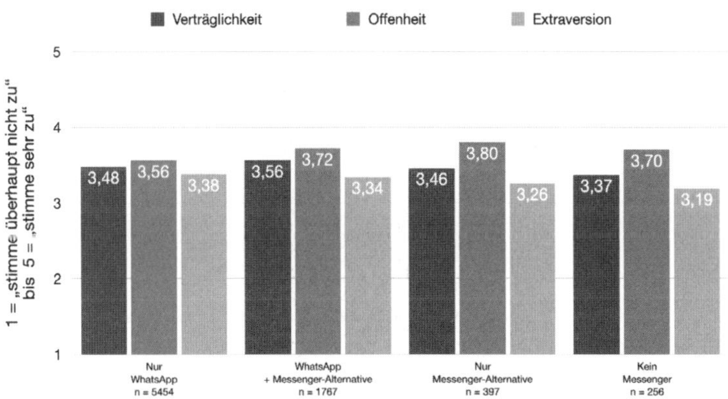


Abbildung 8.3.: Persönlichkeitsunterschiede in unterschiedlichen Gruppen von Messenger-Nutzer*innen bzw. Messenger-Nicht-Nutzer*innen vor dem Hintergrund, dass WhatsApp möglicherweise weniger sicher als andere Messenger-Angebote ist (adaptiert nach Sindermann et al., 2021; siehe Anmerkung 468).). Die Gruppen werden im Text detailliert beschrieben.

## Was eine Reise nach Tibet mit kognitiver Dissonanz zu tun hat

Das Qingming-Festival steht bevor. An diesem nationalen Feiertag besuchen viele Chines*innen die Gräber ihrer Vorfahren, um dort die Lieblingsnahrung oder andere Dinge, die der*die Angehörige zu Lebzeiten gern mochte, auf das Grab des oder der Verstorbenen zu legen. Gerne wird auch Totengeld – banknotenähnliche Druckerzeugnisse – verbrannt, auf dem neben chinesischen Schriftzeichen Gegenstände wie Autos zu sehen sind, die nach dem Verbrennen für die Verstorbenen im Jenseits verfügbar sein sollen.

Seit einigen Jahren arbeite ich zusammen mit Benjamin Becker an der University of Electronic Science and Technology of China (UESTC) in Chengdu und habe seit dem Frühjahr 2016 eine Gastprofessur an der UESTC inne. Ben und ich haben viel Zeit gemeinsam in China verbracht und dort Laborlandschaften aufgebaut, die es uns ermöglichen, gemeinsame deutsch-chinesische Projekte im Bereich der affektiven Neurowissenschaften und Psychologie umzusetzen.

Kurz vor dem chinesischen Totengedenkfest beschließen wir, eine kurze Auszeit von unserem hektischen Arbeitsalltag zu nehmen. Über das verlängerte Wochenende wollen wir nach Tibet einreisen und dort wandern. Seit Kurzem verbindet ein Highway die Städte Chéngdū (成都) und Kāngdìng (康定). Während Chengdu die bereits bekannte Metropole im Herzen von Sichuan darstellt, handelt es sich bei Kangding um eine kleine Stadt im Westen der Provinz Sichuan. Kangding liegt auf 2560 Meter Höhe und stellt ein östliches Einfallstor nach Tibet dar. Vor lauter Arbeit in den letzten Wochen starten wir völlig unvorbereitet in unseren Ausflug, der mit einer ausgiebigen Polizeikontrolle beginnt und mir heftige Kopfschmerzen einbringt, als wir mit dem Auto den ersten Höhenpass überwinden.

Am nächsten Morgen ziehe ich die Vorhänge in meinem Hotelzimmer in der kleinen Stadt Xīn Dū Qiáo (新都橋) auf und sehe, dass wir komplett eingeschneit sind. Wir haben weder passendes Schuhwerk noch warme Klamotten dabei und können so unmöglich wandern. Hätten wir doch einfach mal den Wetterbericht angeschaut! Ich klopfe an der Hotelzimmertür von Ben, der das Fiasko ebenfalls bemerkt hat. Als wir vor die Tür treten, sehen wir unser komplett eingeschneites Auto. Gut, dass auch einige chinesische Tourist*innen nicht besser vorbereitet sind. Ein Chinese aus Beijing kommt uns sogar in Badelatschen und nassen Socken entgegen. Netterweise hilft er uns beim Rausschieben des Autos aus dem eingeschneiten Parkplatz, während Ben die Reifen durchdrehen lässt.

Bemerkenswert ist, dass der Höhenpass bereits komplett geräumt ist und dort die LKWs mit hoher Geschwindigkeit an uns vorbeibrettern. Was tun? Wandern ist nicht, bleibt also nur der Weg nach Hause. Einfacher gesagt als getan. Die Straße ist zwar befahrbar, aber für uns geht es nur langsam voran, da wir keine Schneeketten haben. Das wird verdammt gefährlich, denke ich mir, auch in Erinnerung an die steilen Abhänge, die wir gestern überwunden haben. Während ich noch das Hochgebirge vor dem inneren Auge sehe, kommt schon ein freundlicher Tibeter auf seinem Moped angebraust und deutet uns per Handzeichen an, dass es keine gute Idee ist, ohne Schneeketten über den Höhenpass zurückzufahren. Er will uns direkt Schneeketten inklusive Montur für 200 Yuan verkaufen (ungefähr 26 Euro). Niemand anders weit und breit zu sehen, der uns sonst hätte helfen können. Schon gar nicht eine ordentliche Autowerkstatt. Also los. Nach zehn Minuten sind die Ketten an allen vier Reifen montiert, und der Tibeter mit unseren Mao-Dollar ist bereits von dannen gezogen. Als Ben losfährt, klingt es so, als ob die Ketten nicht richtig angezogen sind. Leider sind wir beide keine wirklichen Autokenner und fragen uns zunächst, ob das nicht vielleicht ganz normal ist. Der Krach durch die Ketten wird bei schnellerem Fahren aber unangenehm laut und klingt gar nicht gesund für das Auto. Ich steige aus, um mir anzuschauen, wie sich die Ketten bewegen, als Ben losfährt. Tatsächlich scheint irgendwas lose zu sein. Wir drehen vorsichtig auf der Straße um und finden ein paar Kilometer später unseren Tibeter an einem nächsten Auto sitzen. Er hockt dort, um die nächsten Schneeketten anzubringen. Nachdem er mehrfach nachgebessert und die Schneeketten adjustiert hat, treten wir mit mulmigem Gefühl schließlich die Tour über die verschneiten tibetischen Gipfel zurück ins Tal nach Chengdu an.

Dieses Erlebnis ist ein klassischer Fall von kognitiver Dissonanz. Mir war zwar bewusst, dass die Rückreise nicht ungefährlich sein würde (und tatsächlich haben wir abenteuerliche Unfälle auf dem Rückweg gesehen), aber irgendwie redete ich mir ein, dass wir mit diesen Spitzenschneeketten unbeschadet über das Plateau zurückkommen würden. Die Schneeketten haben meine kognitive Dissonanz, die bereits durch die gefährliche Hinfahrt entstand, etwas abgebaut. Was hätten wir denn auch sonst machen sollen? Mehrere Tage in Sommerklamotten im tibetischen Schnee festhängen und den Yaks zuschauen? Außerdem haben doch viele andere Chines*innen bei dem Tibeter die Schneeketten gekauft. Der Kölsche in mir murmelte dann auch in Tibet noch das bekannte Mantra: Et hätt' noch immer jot jejange.

Kognitive Dissonanz wurde als psychologisches Konstrukt von Leon Festinger in die wissenschaftliche Literatur eingeführt und beschreibt einen emotional unschönen Zustand, in dem widersprüchliche Informationen in unserem Gehirn streiten. Festinger beobachtete ursprünglich Mitglieder einer Sekte, deren weiblicher Guru Dorothy Martin versprach, dass die Welt bald untergehen und Rettung durch Außerirdische für die Sektenmitglieder kommen würde.[470] Wie zu erwarten war, ging die Welt an einem bestimmten Datum nicht unter, und die Sektenmitglieder mussten nun mit ihrer kognitiven Dissonanz umgehen: »Wie konnte ich nur alles für diese Sekte aufgeben?« Während die nicht ganz so überzeugten Mitglieder der Sekte für sich einsahen, dass sie einem Scharlatan aufgesessen waren, bauten sie möglicherweise ihre kognitive Dissonanz ab, indem sie diese groteske Episode in ihrem Leben als wertvolle Erfahrung abhakten. Die wirklich überzeugten Sektenmitglieder bauten dagegen die kognitive Dissonanz ab, indem sie sich einredeten, dass sie von der Flutwelle verschont worden sind, weil sie fromm und gehorsam waren.

Bei der Nutzung von Online-Diensten beschleicht wohl sehr viele von uns ein unschönes Gefühl, da wir im Grunde unseres Herzens wissen, dass es nicht gut ist, so viele Daten zu hinterlassen. Auf der anderen Seite sind diese Online-Services aber doch so praktisch und wichtig, um unsere Sozialkontakte zu pflegen. Eine anders geartete kognitive Dissonanz als die bei dem eben geschilderten Tibet-Abenteuer, aber irgendwie doch auch vergleichbar mit dieser.

Ich möchte weitere Vergleiche zwischen den Situationen ziehen, um verständlich zu machen, warum viele von uns – trotz besseren Wissens – Facebook und anderen Social-Media-Angeboten so bereitwillig ihre Daten schenken. Eine Analyse meines Ausflugs in Tibet hilft. Zunächst standen wir vor dem Problem, wie viele andere Touristen und Touristinnen auf dem Hochplateau festzusitzen. Was tun? Sozialpsychologisch zeigte sich, dass wir nicht die Einzigen waren, die von dem Angebot des Tibeters Gebrauch machten, um sich die Schneeketten anlegen zu lassen. Es war allerdings auch niemand weit und breit zu sehen, der uns hätte helfen können. De facto hatte der Tibeter auf dem Moped auf dem Berg ein Monopol. Ähnlich ist es mit Konkurrenzangeboten zu Facebook & Co. – wo sind die Konkurrenzangebote, die wir nutzen könnten? Selbst bei Messenger-Applikationen sind die möglichen Ausweichplattformen zumindest rar gesät. Das hat die logische Konsequenz, dass alle Menschen denselben Service nutzen müssen oder wegen fehlender Durchlässigkeit zwischen den wenigen Diensten gemeinsam mit allen Kontakten auf Signal oder einen anderen Messenger wechseln müssten. Oder sollten wir gar ganz auf die Nutzung von Messenger-Diensten verzichten? Letzteres kann man sich aber nicht so ohne Weiteres leisten. WhatsApp hat sich beispielsweise so stark in den Alltag hineingeschlichen, dass ich heute von jeder Kindergartengruppe bis hin zu beruflichen Themen in irgendeiner Form dort stattfinden muss – oder an wesentliche Informationen nicht herankommen werde. Das aber Wechsel zu anderen Angeboten möglich sind, zeigt die aktuell stattfindende Wechsellawine zu Signal, die durch die AGB-Änderungen bei WhatsApp hervorgerufen worden ist.[471]

WhatsApp ist so erfolgreich, da es automatisch jeden unserer Kontakte im Smartphone auf das Vorhandensein eines WhatsApp-Konto abgleicht und wir unsere Freunde und Familie einfach direkt kontaktieren können. Und weil das so unglaublich praktisch und einfach ist – »convenient« nennt man es im englischen Sprachraum – pfeifen die meisten von uns auf den Datenschutz. *Convenience* – Zweckmäßigkeit, Bequemlichkeit – scheint ein weiterer Schlüssel zum Verständnis des sorglosen Umgangs von Menschen mit den Tech-Plattformen zu sein. Und das waren letztendlich alles Gründe, warum sich Ben und ich – trotz der wenig Vertrauen erweckenden Schneeketten – durch das Hochgebirge zurück ins Tal kämpften. Convenience ist tatsächlich auch laut einer wissenschaftlichen Arbeit von Hanna Krasnova und Kolleg*innen einer der Hauptgründe, warum Menschen leichtfertig ihre Daten für einen Online-Service zur Verfügung stellen.[472] Dabei wurde in dieser Studie Convenience im Kontext der Beziehungspflege auf Social Media untersucht. Die App ermöglicht es mir effizient, mit anderen Freunden Informationen auszutauschen.

Es bleibt unheimlich, mit welcher Leichtsinnigkeit wir weiterhin den Schlund der Tech-Konzerne mit Daten füttern. Und es wird noch unheimlicher, wenn wir über die vielen Schattenseiten nachdenken, welche das Daten-Geschäftsmodell mit sich bringt. Interessant, dass es im Zeitalter des Überwachungskapitalismus dann sogar Menschen gibt, die aber wirklich alles von sich digital aufzeichnen und damit an die Tech-Konzerne weitergeben. Warum bloß?

## Das Quantified-Self-Movement

In der immer noch relativ jungen Bewegung *Quantified-Self-Movement (QSM)* tummeln sich Menschen, die von der eigenen körperlichen Aktivität bis hin zu Schlafdauer und Ernährung minutiös ihren gesamten Alltag mit Hilfe von digitalen Armbändern und/oder Smartphones aufzeichnen. Für manche*n Nutzer*in nimmt das Aufzeichnen des eigenen Alltags sogar

Züge der Besessenheit an. Nach eigenen Angaben in einem Interview von 2014 nutzte der US-Amerikaner Chris Dancy drei- bis vierhundert unterschiedliche Tracking-Systeme, um so gut wie jede Tätigkeit in seinem Alltag aufzuzeichnen.[473] Sicherlich ist dies ein Extrembeispiel. Wie sieht es aber generell mit der Verbreitung solcher Tracking-Technologien in Deutschland aus? Immerhin 16 % der Deutschen gaben für das Jahr 2017 an, Tracking-Technologien zur Quantifizierung von Alltagshandlungen via digitale Armbänder und Ähnlichem einzusetzen. Die Zahlen fielen für die Gruppe der 20–29-Jährigen mit 20 % in dieser untersuchten Stichprobe übrigens am höchsten aus.[474] Während ich das Buch 2021 fertigstelle, sind die Zahlen der Nutzer*innen der QSM-Technologien aber sicherlich noch auf einem deutlich höheren Niveau anzusiedeln. Viele Smartphones zeichnen ja mittlerweile automatisch auf, wie viele Schritte wir im Alltag zurücklegen oder wie viele Stockwerke wir heute erklommen haben. Wenn ich nun kurz festhalte, dass 81 % der Deutschen ab 14 Jahren im Jahr 2019 ein Smartphone nutzten, so wird deutlich, dass ein Großteil der Bevölkerung freiwillig eine mächtige Überwachungstechnologie in der Hosentasche mit sich herumträgt.[475] Das Aufzeichnen unseres Alltags hat in der Mitte unserer Gesellschaft Platz gefunden. Andernfalls könnte der »Echo« von Amazon (»Alexa«) mit der dort verbauten Technologie sicherlich nicht für aktuell 99,99 Euro verkauft werden.[476]

Warum integrieren viele Menschen – trotz besseren Wissens über die tatsächliche Natur einiger Tech-Produkte – die Überwachungsmaschinerie freiwillig in ihrem Alltag? Ich selber hatte mir vor wenigen Jahren ein FitBit-Armband gekauft und sogar bis vor wenigen Wochen einen »Echo« von Amazon in der Küche stehen, den ich aber mittlerweile bei Ebay verkauft habe.

Das FitBit-Armband vergammelt in irgendeiner Schublade. Trotz meines Wissens in diesem Bereich konnte auch ich nicht der Versuchung widerstehen, mir diese technologischen Neuerungen ins Haus zu holen. Warum habe ich mir damals diese Gadgets zugelegt? Bei mir spielte sicherlich Neugierde ein zentrales Motiv, genauso wie der Wunsch, über die neue Technik mitreden zu können. Ich persönlich bin nämlich davon überzeugt, dass man neue Technologien erst dann richtig versteht, wenn man sie auch selber ausprobiert hat. Was sagt aber die Forschung über die Motivlage aus, bestimmte Gadgets wie digitale Armbänder zu nutzen?

In Kapitel 2 haben wir bereits die Nutzen- und Gratifikationstheorie kennengelernt. Eine Anwendung dieser Theorie würde ohne Zweifel auch wichtige Erkenntnisse zur Beantwortung des vorliegenden Fragenkomplexes bringen. Bei erfolgreichen Massen-Technologien ist eigentlich immer zu erwarten, dass diese auf Seiten der Konsument*innen einen Mehrwert schaffen, wahrscheinlich, indem ein zentrales menschliches Bedürfnis befriedigt wird (in einer Studie von Dong-Hee Shin und Frank Biocca utilitäre und hedonische Bedürfnisse[477]). Laut einer etwas älteren Studie scheinen vor allen Dingen die Motive Selbstdisziplin und Selbstheilung eine Rolle zu spielen, um die QSM-Bewegung ein wenig besser zu verstehen: Während das Motiv Selbstdisziplin vorhersagen konnte, ob Menschen die eigene körperliche Aktivität mit Hilfe eines digitalen Armbandes aufzeichnen, so scheint unter anderem das Motiv der Selbstheilung einen wesentlichen Anreiz darzustellen, um zahlreiche Variablen aus den Bereichen Wohlbefinden, Ernährung und Medizin (Blutdruck, etc.) zu erfassen.[478]

Um die Ergebnisse besser einsortieren zu können, möchte ich kurz erläutern, wie die Motive in der genannten wissenschaftlichen Studie inhaltlich verstanden worden sind. Personen mit hohen versus niedrigen Fragebogenwerten auf dem Motiv Selbstheilung gaben an, weniger Vertrauen in bestehende medizinische Institutionen zu haben und eher nach alternativen Heilungsmöglichkeiten zu suchen. Personen mit weniger Vertrauen in das Gesundheitssystem würden entsprechend dieser Arbeit eher Tracking-Technologien einsetzen, um aus erster Hand Einblicke in ihre Ernährung und Gesundheit zu bekommen.

Was hat es mit dem Motiv der Selbstdisziplin auf sich? Personen mit hohen versus niedrigen Ausprägungen auf dem Motiv der Selbstdisziplin setzten die Tracking-Technologie in ihrem Alltag ein, um wichtige selbst gesteckte Ziele besser zu erreichen. Ein solches Ziel könnte beispielsweise darin bestehen, jeden Tag 10 000 Schritte zu gehen. Diese Zahl wird bekanntlich auch von der Weltgesundheitsbehörde empfohlen.[479] Dazu ist ein weiterer Fun Fact von Interesse. Die 10 000-Schritte-Regel hat keinerlei medizinischen oder wissenschaftlichen Hintergrund, sondern geht auf eine über fünfzig Jahre alte Werbekampagne des Produktes »Manpo-kei« (10 000-Schritte-Zähler) zurück. DER SPIEGEL berichtete kürzlich über diesen Sachverhalt[480] und verwies in diesem Zusammenhang auf eine neue wissenschaftliche Arbeit, in der berichtet wurde, dass womöglich schon 7500 Schritte am Tag sich positiv auf die Lebenserwartung auswirken.[481] Auch wenn das Nutzen von Tracking-Technologien als Motivationsspritze gut sein kann, so ist das Einsetzen von Tracking-Technologien als Ersatz für einen Arztbesuch bedenklich. Es sollte nicht vergessen werden, dass einige der Tracking-Verfahren noch großen Messfehlern unterliegen. Gerade Tracking-Armbänder zum Schritte-Zählen (Pedometer) sind häufig nicht sehr präzise[482], wobei diese Technologien auch besser werden.

Das QSM bringt aber auch andere Probleme mit sich. Es geht zum einen um den zunehmenden Verlust der Privatheit und zum anderen um die Manipulation durch Großkonzerne, die mit uns machen können, was sie möchten, wenn der*die Gesetzgeber*in der Datensammelwut nicht Einhalt gebietet. Vor dem Hintergrund der aktuellen Trends erscheint es mir nicht unwahrscheinlich zu sein, dass uns in der nicht allzu fernen Zukunft von Versicherungen vorgeschrieben wird, ein bestimmtes Ernährungs- oder Gesundheitsverhalten an den Tag zu legen. Sollten sich Menschen nicht an diese Vorgaben halten und sich dagegen wehren, ihr Verhalten aufzeichnen zu lassen, so werden die Betreffenden eben keine Gesundheitsversicherung mehr abschließen können. Dieses Szenario erinnert uns an das Nudging-Beispiel im Supermarkt und die Lesebestätigung auf WhatsApp, die Menschen in eine gewisse Richtung schubst. Auch hier könnte das Systemdesign bald so geändert werden, dass bestimmte Verhaltensweisen bestraft werden – wir also in unserer Entscheidungsfreiheit im Alltag eingeschränkt werden. Klingt das alles noch weit weg? Irgendwie ja, aber irgendwie auch nein. Denn leider ist das Szenario zumindest in Teilen bereits Realität. In den USA gibt es bereits datengetriebene Versicherungstarife, die auf einer Überwachung der Versicherungsteilnehmer*innen aufbauen. Schließt man bei der US-Versicherung *Beam* eine Zahnzusatzversicherung ab, so bekommt der*die Versicherungsnehmer*in eine Zahnbürste zugesendet, die aufzeichnet, ob sich der*die Versicherte ausreichend häufig die Zähne putzt.[483] Putze ich mir als Versicherungsnehmer*in nicht gründlich genug die Zähne, so verändert sich mein Versicherungstarif entsprechend.

# Kapitel 9
# Der Hotel-California-Effekt des Internets und was wir dagegen tun können

Im Jahr 1976 nahm eine der großen Rockbands Amerikas ihr wohl bekanntestes Album auf. Auf dem LP-Cover sieht man ein paar Palmen im Dämmerlicht, die die Sicht auf das Beverly Hills Hotel am Sunset Boulevard im Los Angeles County erschweren. In blauer Neonfarbe erstrahlt auf dem Plattencover unten rechts der Titel des Albums. *Hotel California* von den Eagles. Zugegebenermaßen wurde schon viel in den gleichnamigen Titel-Song hineininterpretiert. Der Sänger der Band, Don Henley, versicherte irgendwann, dass es das Hotel California gar nicht gebe.

Fans und Musikjournalist*innen spekulierten um so mehr darüber, wofür der Name stehen könnte. In manchen Interpretationen ist das Hotel California sogar eine psychiatrische Einrichtung.[484] Für Don Henley beschreibt der Song im Wesentlichen den Übergang von der Unschuld zur Erfahrung.[485] Im Zeitalter der digitalen Überwachung erhält der Songtext jedoch eine ganze neue Aktualität. In vielen kritischen Stellungnahmen zum aktuellen Daten-Geschäftsmodell der Tech-Konzerne sprechen Journalist*innen und Blogger*innen vom *Hotel-California-Internet-Effekt*.[486]

»We are all just prisoners here, of our own device«, singen die Eagles. Mit anderen Worten: Wir haben uns die ganzen (Daten-)Apparate und technischen Hilfsmittel selbst eingebrockt, haben uns ihnen ausgeliefert und müssen jetzt sehen, wie wir uns aus der Gefangenschaft befreien. Interessant ist, dass man den englischen Begriff »device« auch mit »Gerät« übersetzen könnte. Wir sind alle Gefangene unserer Smartphones – ganz falsch wäre diese Aussage wohl nicht.

Don Henley singt an anderer Stelle über das Hotel California: »You can check-out any time you like, but you can never leave.« Du kannst jederzeit auschecken, aber diesen Ort nicht verlassen – auf heute übertragen: denn deine Daten bleiben. Und: Wir haben die Freiheit, Angebote von Facebook, Google und Amazon auszuschlagen. Aber die Wechselkosten zu anderen Plattformen sind entweder zu hoch, und jede*r, der*die einmal versucht hat, von WhatsApp auf einen anderen Messenger-Service zu wechseln, weiß, wie schwierig das ist, wenn nur wenige Personen aus dem eigenen Freundeskreis einen Service wie Signal oder Telegram nutzen: Ich selber ziehe gefühlt seit zwei Jahren von WhatsApp zu einem anderen Anbieter um.[487] Ein paar Möglichkeiten haben wir zwar (siehe letztes Kapitel), aber ehrlicherweise sind diese auch recht limitiert. Zudem bleiben meine alten Daten bestehen.

Es ist schwierig, auf die Angebote der Tech-Konzerne zu verzichten, und dadurch machen wir die Tech-Giganten immer noch stärker. Wir überweisen tagtäglich weitere Daten an die Tech-Industrie. Millionenfach. Milliardenfach. Ist es nun zu spät, um noch irgendetwas zu ändern? Kommen wir aus der Nummer nicht mehr raus? Oder gibt es doch einen Ausweg?

## Sollten wir für unsere Social-Media-Accounts zahlen müssen?

Kürzlich bin ich eingeladen worden, für das Wochenmagazin *DIE ZEIT* einen Podcast zu produzieren. In diesem Podcast wurde ich von meinem Gesprächspartner Dirk Peitz unter anderem nach Alternativen zum Daten-Geschäftsmodell gefragt. Ich verwies auf eine Alternative, die viele der in diesem Buch erörterten Probleme lösen würde. Der Podcast machte entsprechend mit einem O-Ton von mir auf, der meinen Vorschlag in Kürze zusammenfasste: »Wir sollten für unsere Social-Media-Accounts bezahlen müssen«.[488]

Wenn man den Satz ohne weitere Hintergrund-Informationen liest, könnte man zum Schluss kommen, dass ich den Verstand verloren hätte. Viele Besucher*innen der Webseite sahen das wohl ähnlich. Hätten sie sich aber die Mühe gemacht, sich das Interview in Ruhe anzuhören, wären sie möglicherweise zu einer ausgewogeneren Meinung gekommen. Nun denn, so sind viele Besucher*innen der Webseite dem Click-Bait-artigen Titel auf den Leim gegangen. Es folgte die übliche Entrüstung. In der scheinbaren Anonymität des World Wide Webs vergriffen sich einige Nutzende deutlich im Ton. Als Folge mussten die Mitarbeiter*innen des Wochenmagazins mehrfach eingreifen. Bei vielen Kommentaren findet sich jetzt nur noch die Information: »Entfernt. Bitte formulieren Sie Kritik sachlich und differenziert. Danke, die Redaktion«. Die oftmals hasserfüllten Nachrichten auf Social Media – und wie hier unter einem Podcast – illustrieren die Auswirkungen des Online-Disinhibition-Effekts:[489] Menschen reagieren in asynchroner und scheinbar anonymer Online-Kommunikation häufig impulsiver und enthemmter als bei einer direkten Form der Kommunikation von Angesicht zu

Angesicht. Warum? Bei der direkten Form der Kommunikation folgt das Feedback unmittelbar. Ich bekomme sofort mit, ob mein*e Gesprächspartner*in aufgrund meiner Worte beispielsweise ärgerlich, zornig oder traurig wird. Dieses emotionale Feedback lässt zumindest die meisten Menschen nicht kalt. Aufgrund meiner Worte muss ich von Angesicht zu Angesicht also direkte negative Konsequenzen befürchten. Folglich wählen Menschen in Antizipation einer heftigen emotionalen Reaktion des Gegenübers eher bedachte Worte.

Zurück zur Schlagzeile des Podcasts, die ich nun erläutern möchte. Zunächst ist es nicht verboten, Geld zu verdienen. Daher kann man den Tech-Konzernen nicht den Vorwurf machen, dass sie sehr erfolgreiche Plattformen entwickelt haben, mit denen sie reich geworden sind. Ich stoße mich aber an der Art und Weise, wie die Tech-Konzerne ihr Geld verdient haben und verdienen. Dies geschah und geschieht mit Mitteln der Überwachung und Manipulation. Aus diesem Grund sollte meines Erachtens das aktuell bestehende Daten-Geschäftsmodell im besten Falle abgeschafft werden. Was wäre eine Alternative? Für mich bestünde sie darin, dass wir anstatt mit unseren Daten direkt mit unserem Geld für die Nutzungsrechte eines Service bezahlen. Warum?

Zunächst gibt es Erfahrungen in anderen Online-Branchen, die zeigen, dass dieses Modell tatsächlich funktionieren könnte. Sowohl in der Musik- als auch in der Filmindustrie sind wir durch entsprechende Angebote aus dem Zeitalter der Piraterie im World Wide Web herausgewachsen. Bevor es die bezahlbaren Musik- und Filmangebote gab, tauschten Millionen von Nutzer*innen in illegaler Weise Musik- oder Filmdaten über Tauschbörsen wie Napster aus. Mir ist übrigens durchaus bewusst, dass die genannten Beispiele aus der Film- und Musikbranche nicht eins zu eins auf die Social-Media-Situation anwendbar sind.

Während ich bei Apple Music oder Netflix reiner Konsument bin, erschaffen die Social-Media-Nutzer*innen Inhalte, mit denen die Tech-Unternehmen Geld verdienen können. Daher kann ich auch nachvollziehen, dass viele Menschen sogar dafür plädieren, dass eigentlich Tech-Unternehmen ihre Nutzer*innen für deren Inhalte (und natürlich Daten) entlohnen sollten. Für die erfolgreichsten Influencer*innen auf den Social-Media-Plattformen wie Instagram möchte ich zumindest erwähnen, dass sie bereits fürstlich entlohnt werden. Gleiches gilt auch für Gelder, die von YouTube für erfolgreiche Videos an die Macher ausgeschüttet werden. Die Kardashians lassen grüßen. Allerdings beziehen Influencer*innen ihr Geld häufig nicht direkt von den Social-Media-Konzernen, sondern von der Marketing-Industrie. Ehrlicherweise sind die meisten von uns aber keine erfolgreichen Influencer*innen. Trotzdem verdienen mehr Menschen, als man denken würde, ein Zubrot über diese Plattformen. In einer Studie unter Beteiligung der Werbeagentur Jung von Matt gaben immerhin 28 % der 1200 befragten Influencer*innen in Europa und den USA an, für einen Werbedeal zwischen 500 und 1000 Dollar zu bekommen.[490]

Ist es realistisch, jeden Nutzenden für die von ihm oder ihr selbst erstellten Inhalte zu entlohnen? Mir scheint das kein gangbares Modell zu sein. Bei vielen Inhalten auf Social Media handelt es sich um die alltägliche Kommunikation zwischen Menschen, die folglich keinen künstlerischen oder Originalitäts-Anspruch erheben können. Warum sollte jemand für seinen Austausch mit Freunden oder Familie bezahlt werden?[491]

Wie ich in Kapitel 2 diskutiert habe, erzielen viele Menschen soziale Gratifikation durch die Nutzung eines Social-Media-Angebotes. Die Kommunikation auf einer Social-Media-Plattform kann also an sich belohnend sein und wäre damit eine

Form der Bezahlung. Sollte jemand eine künstlerische Ader besitzen, so hat er*sie immerhin die Möglichkeit, Plattformen wie YouTube zu nutzen, um ein großes Publikum zu erreichen. Auch von diesem Standpunkt aus lande ich bei dem Gedanken, dass es eine Grundlage dafür gibt, für die Nutzungsrechte einer Online-Infrastruktur mit dem eigenen Geldbeutel zu zahlen.

Zahlen aus der Musik- und Filmbranche gibt es übrigens genügend, die eine gewisse Bereitschaft der Nutzenden belegen, für einen Online-Service zu zahlen. Der Seriendienst Netflix zählte im zweiten Quartal 2021 über 209 Millionen bezahlende Kund*innen.[492] Im Juni 2019 konnte der Musikdienst von Apple stattliche 60 Millionen Kund*innen vorweisen.[493] Sogar in der Welt der Printmedien setzt sich der Abo-Gedanke für die Online-Zeitung durch. Die *New York Times* hat mittlerweile über fünf Millionen digitale Abonnent*innen.[494] Sollten wir also auch für unsere Social-Media-Angebote bezahlen? Ja! Bevor wir das aber tun, muss ein solch monetäres Bezahlmodell an mehrere Prämissen gebunden werden.

Erstens: Social-Media-Konzerne dürfen uns nicht mehr ausspähen und unsere Daten auch im Sinne von Werbeprofilen, die beworben werden können, nicht weiterverkaufen.

Zweitens: Wir würden nur dann mit dem eigenen Geld für einen Social-Media-Service zahlen, wenn Tech-Konzerne Plattformen entwickeln, die nicht darauf abzielen, Online-Zeiten zu verlängern.

Drittens: Wir würden für einen solchen Service nur zahlen, wenn die Konzerne Plattformen entwickeln, denen der Nährboden für Radikalisierung entzogen wird.

Viertens: Die Daten, die nun mal entstehen, bleiben unser Eigentum und dürfen nur eingesetzt werden, um den Social-Media-Service für die Nutzenden zu verbessern.

Die Idee, für Social-Media-Angebote zu zahlen, wurde natürlich schon des Öfteren ins Spiel gebracht. Allerdings gibt es wenig belastbare Zahlen darüber, wie der Rückhalt für ein solches Bezahlmodell ausfällt. Auch wenn die folgenden Daten nicht repräsentativ sind, vermitteln sie einen ersten Einblick in die Beantwortung der Frage.

Im Frühjahr 2020 nahmen 367 Personen aus der Allgemeinbevölkerung an einer Online-Studie meiner Arbeitsgruppe teil[495], in der wir versuchten, eine empirische Basis für die Fragestellung zu erzeugen. Zunächst fragten wir diese Personen, ob sie überhaupt Social-Media/Messenger-Applikationen nutzen. Für uns war es wichtig, ein Stimmungsbild des Personenkreises zu bekommen, der diese Produkte auch tatsächlich nutzt. Deswegen blieben für die finale Analyse »nur« 210 Personen übrig. Unsere Zahlen zeigten, dass sich etwa 49,52 % gegen eine monetäre Bezahlung aussprachen. 29,05 % waren unentschlossen, und 21,43 % waren Befürworter*innen eines monetären Bezahlmodells. Auf die oben beschriebenen Benefits als Voraussetzung für das Bezahlmodell wurde in der Studie hingewiesen. Männer und Frauen unterschieden sich nicht in ihrem Antwortverhalten. Das Alter spielte nur eine sehr kleine Rolle. Ältere Menschen waren interessanterweise ein bisschen weniger bereit, mehr Geld pro Monat für einen Messenger zu zahlen. Möglicherweise sehen sie die Social-Media-Angebote der Tech-Giganten eher als überflüssig an. Auch wenn nach manchen Definitionen Social Media eine Art Überbegriff darstellt, der streitbar in diesem Buch auch Messenger-Apps wie WhatsApp einschließt, haben wir die Begrifflichkeit in unserer Studie für eine Zusatzfrage leicht modifiziert, um zu verstehen, ob die Personen etwas mehr für WhatsApp bzw. andere Messenger-Dienste im Vergleich zu Angeboten wie Facebook oder Instagram zahlen würden.

Dies erschien uns sinnvoll, da WhatsApp deutlich mehr Verbreitung auf den hiesigen Smartphones der Nutzer*innen hat, als beispielsweise die Social-Media-Angebote Instagram oder Facebook (siehe Kapitel 2).

Abbildung 9.1.: Die Bereitschaft, für Social-Media-Angebote wie Facebook oder Instagram im Gegenzug für Benefits wie höherer Datenschutz zu zahlen, fällt laut einer neuen Studie sehr gering aus. Die Zahlen wurden in einer Arbeit von Cornelia Sindermann und Kolleg*innen herausgearbeitet. Unsere Studie beleuchtete auch mögliche Zusammenhänge zwischen Persönlichkeitseigenschaften und der Bereitschaft, für einen Social-Media-Service zu zahlen. Ein nicht sehr ausgeprägter, aber interessanter Zusammenhang zwischen der Persönlichkeitseigenschaft Verträglichkeit und einer Befürwortung des monetären Bezahlmodells wurde sichtbar: Je mehr sich unsere Studienteilnehmer*innen als kooperativ und empathisch einschätzten, desto eher sprachen sie sich für ein monetäres Bezahlmodell aus (adaptiert nach Sindermann et al., 2020; siehe Anmerkung 495).

Wie beschrieben wurde also ebenfalls erfasst, wie viel Euro die Teilnehmenden pro Social-Media- bzw. Messenger-App pro Monat bezahlen würden. Im Durchschnitt zeigten die Personen in unserer Studie die Bereitschaft, pro Monat 2,22 Euro für eine Social-Media-App auszugeben. Für Messenger-Dienste fiel dieser Betrag passend zu der größeren Verbreitung mit 2,40 Euro pro Monat etwas höher aus. Insgesamt gab es allerdings eine ziemlich große Streuung in den Angaben, sodass die Zahlen –

auch aufgrund der eher kleinen Stichprobe – mit Vorsicht zu betrachten sind. Mir ist es wichtig, diese Limitationen zu erwähnen, aber auch darauf hinzuweisen, dass sich die Zahlen aus unserer Arbeit nicht fundamental von den Zahlen unterscheiden, die wir in Kapitel 3 im Rahmen einer Studie über den Besitztumseffekt kennengelernt haben.

Als wir die durchschnittlichen Euro-Werte berechneten, empfand ich das Ergebnis durchaus ermutigend. Warum? Schaut man sich an, wie viel Facebook pro Nutzer*in durch die Werbeindustrie verdient, zeigte sich für 2019 exemplarisch ein Wert von 29,25 US-Dollar.[496] Bei dem heutigen Wechselkurs (1. April 2020) würde das 26,84 Euro entsprechen. Teilen wir diesen Betrag durch 12 Monate, kommt man auf 2,24 Euro. Damit liegt fast eine Punktlandung auf den Durchschnittsangaben aus unserer Studie vor! Der Konzern würde mit einem Bezahlmodell möglicherweise also ähnlich viel Geld verdienen, aber sich wahrscheinlich nicht darauf einlassen, weil durch die Daten in Zukunft noch viel mehr Geld verdient werden kann. Ein letzter Aspekt: Interessanterweise zeigte sich in unseren statistischen Analysen nicht nur, dass verträglichere Menschen eher bereit waren, für ein Social-Media-Angebot zu zahlen, sondern auch, dass verträglichere Menschen höhere Summen für den Social-Media/Messenger-Service jeden Monat zu zahlen bereit waren.

Bei allem Enthusiasmus, den ich für dieses alternative Geschäftsmodell habe, weise ich darauf hin, dass unsere Studie nur einen kleinen Anfang darstellt, um diesen wichtigen Themenkomplex systematisch zu erforschen. In jedem Fall müssen die von uns berichteten Ergebnisse zunächst in einer größeren – wenn möglich – repräsentativeren Stichprobe untersucht werden, um herauszuarbeiten, wie belastbar die Aussagen sind, die sich mit einiger Vorsicht aus dieser Arbeit ableiten lassen. Außerdem zeigen unsere Daten, dass noch viel Überzeugungsarbeit geleistet werden muss. Knapp 50 % haben es in unserer Arbeit schlichtweg abgelehnt, für die Social-Media-Angebote mit ihrem eigenen Geld zu bezahlen.

## Sollten Nutzer*innen zwischen einem Bezahl- und Daten-Geschäftsmodell wählen können?

Die Ergebnisse unserer kleinen Studie weisen insgesamt leider darauf hin, dass momentan nur eine mäßige Bereitschaft vorliegt, für einen Social-Media-Service zu bezahlen. Zusammenfassend waren in unserer Stichprobe in etwa nur 1/5 der Befragten bereit, für ein Angebot wie Facebook zu bezahlen, wenn im Gegenzug sichergestellt würde, dass die Plattformen so gestaltet werden, dass sie beispielsweise gesünder im Sinne der Online-Nutzungszeiten sind.

Beschäftigen wir uns nun mit einer weiteren Option. Ist es sinnvoll, die Nutzer*innen selber entscheiden zu lassen? Monetäres Bezahlmodell versus Daten-Geschäftsmodell? Damit wäre es nicht für alle verpflichtend, mit dem eigenen Geld zu bezahlen, es gäbe aber zumindest die Möglichkeit, dies zu tun, um die eigenen Daten zu schützen. Tatsächlich haben gerade die großen Wochenzeitschriften in Deutschland dieses Hybridmodell eingeführt. Geht man in diesen Tagen auf spiegel.de oder zeit.de, so wird uns auf der Einstiegsseite die Frage gestellt, ob wir »umsonst« weiterlesen möchten oder in den eigenen Geldbeutel greifen. Genauer spricht der SPIEGEL von dem »PUR«-Modell versus Werbe-Tracking-Modell. Der Preis für das monetäre Bezahlmodell (PUR) liegt gegenwärtig bei 4,99 Euro für

Nicht-SPIEGEL-Abonnent*innen und 1,99 Euro für SPIEGEL-Abonnent*innen (pro Monat).[497] Bei zeit.de kostet die monetäre Bezahlalternative aktuell 1,20 Euro pro Woche für das Online-Angebot »Kein Werbetracking«.[498]

Zunächst finde ich es durchaus löblich, dass DER SPIEGEL und *DIE ZEIT* diese zwei Möglichkeiten anbieten. Eine solche Aktion schafft wenigstens eine gewisse »Awareness«, das heißt, die Leser*innen der Zeitschriften müssen sich nun kurz mit dem Sachverhalt auseinandersetzen, dass nicht nur die Social-Media-Konzerne, sondern auch der Qualitätsjournalismus darauf angewiesen ist, in irgendeiner Form Geld zu verdienen. Zahlt der*die Leser*in nicht mit seinem/ihrem Geld, so wird eben auf das Ausspähen der Nutzer*innen auf der Nachrichtenseite zurückgegriffen. Ich für meinen Teil investiere nun bei einigen Angeboten das monatliche Entgelt, damit meine digitale Identität besser geschützt ist.

Durch das Bereithalten einer solchen Wahlmöglichkeit entstehen allerdings auch Probleme: Ich fürchte, dass damit eine Zweiklassengesellschaft im Internet bezüglich des Datenschutzes und der Privatsphäre geschaffen wird. Die »Reichen« können sich fortan ihre Privatsphäre kaufen, die »Armen« sind die transparenten Bürger. In dieser Dystopie driftet die Gesellschaft auseinander. Wenn bereits auf Ebene des Datenschutzes für das Individuum aufgrund finanzieller Aspekte Unterschiede entstehen, stellt sich mir die Frage, inwieweit auf solchen Unterschieden überhaupt eine gerechte Gesellschaft im digitalen Zeitalter entstehen kann. Und wichtig: Das Recht auf Privatsphäre ist doch im Grundgesetz verankert und »bezeichnet den nichtöffentlichen Bereich, in dem ein Mensch unbehelligt von äußeren Einflüssen sein Recht auf freie Entfaltung der Persönlichkeit wahrnimmt.«[499] Wie soll das Recht auf freie Entfaltungsmöglichkeiten ohne »äußeren Einfluss« gewährleistet sein, wenn prinzipiell jeder Schritt von mir digital überwacht werden kann. Umso wichtiger erscheint es mir, ein möglichst einheitliches Bezahlmodell für digitale Angebote für alle Bürger*innen hinzubekommen. Vielleicht bedeutet das auch, dass diejenigen, die es sich leisten können, eben für einen Online-Service zahlen, und Personengruppen mit niedrigeren Einkommen weniger oder gar nichts für einen Online-Service zahlen. In jedem Fall muss die Maxime befolgt werden, die digitalen Fußabdrücke aller Bürger und Bürgerinnen zu schützen.

Als ich kürzlich die Polit-Talkshow *Hart aber Fair* im Fernsehen verfolgte, kam mir eine weitere Idee. Wie viele Leser*innen sicherlich wissen, können sich an der Sendung mit Moderator Frank Plasberg die Zuschauer beteiligen, indem sie über unterschiedliche Social-Media-Kanäle Kommentare zu den Beiträgen der Gäste in der Talkshow hinterlassen. Mir stößt es bei der Sendung jedes Mal übel auf, wenn auf einem öffentlich-rechtlichen Fernsehkanal auf diese Art und Weise Werbung für amerikanische Tech-Konzerne gemacht wird, die uns manipulieren und ausspähen. Ein Teil unseres öffentlichen Raums ist in der Hand amerikanischer Konzerne (und der US-Regierung). Es ist absurd, dass eine TV-Sendung wie *Hart aber fair,* die auf öffentlich-rechtlichen Sendern läuft und von unseren GEZ-Gebühren bezahlt wird, diese amerikanischen Plattformen sogar noch bewirbt. Für mich ist das ein Unding.

Und nun zu meinem nächsten, vielleicht naiv anmutenden Vorschlag: Warum werden Teile der enormen GEZ-Gebühren nicht dafür eingesetzt, ein öffentlich-rechtliches Social-Media-Angebot zu schaffen, in dem die Daten der Nutzer*innen sicher sind, das Grundgesetz geachtet wird und der öffentliche Diskurs in unserer Demokratie stattfinden kann? Nur eine solche Plattform – finanziert aus der öffentlichen Hand – dürfte dann auch auf den Fernsehkanälen der öffentlich-rechtlichen Sender beworben werden.

## Muss die öffentliche Hand stärker einschreiten?

Welche weiteren Alternativen gibt es, um die Probleme zu lösen, die aus dem aktuellen Daten-Geschäftsmodell resultieren? Eines der Stichworte, welches mit großer Regelmäßigkeit durch die Medien gejagt wird, lautet Regulierung. Die Frage ist aber, Regulierung wovon? In manchen Bereichen befürwortet Mark Zuckerberg sogar selbst die Regulierung der eigenen Plattform. Auf der Sicherheitskonferenz in München 2019 sprach er sich dafür aus, dass Regierungen rund um den Globus dabei helfen sollten, »harmful online content« von Facebook zu verbannen.[500] Er sei es leid, dass Facebook Entscheidungen über oft komplexe Sachverhalte treffen müsse, beispielsweise welche geposteten Inhalte auf seiner Plattform über die freie Meinungsfreiheit hinausgehen. Will Facebook die eigenen Hände in Unschuld waschen, indem das Problem auf der eigenen Plattform einfach an den*die Gesetzgeber*in und die Exekutive abgegeben wird? Jeder kann für sich überlegen, was es den Staat und damit den Steuerzahler und die Steuerzahlerin kosten würde, wenn die notwendigen Kontrollen auf einer privat geführten Social-Media-Plattform, die mit dem Geschäft Milliarden verdient, allein von öffentlicher Hand durchgeführt werden müssten: Facebook allein hat 35 000 Mitarbeiter*innen, die sich mit dem Thema Sicherheit auf der Plattform beschäftigen.[501] Gemeinsam mit der von Facebook entwickelten Künstlichen Intelligenz gelingt es dem Konzern so nach eigenen Angaben, jeden Tag etwa eine Millionen Fake Accounts aus dem Verkehr zu ziehen.[502]

Auf der anderen Seite müssen die privat geführten Social-Media-Konzerne eng mit öffentlichen Behörden zusammenarbeiten, damit auch von außen festgestellt werden kann, ob Social-Media-Konzerne ihren Verpflichtungen nachkommen (beispielsweise Eindämmung von Hassrede und Missinformationen). Das hier Gesagte macht aber auch klar, dass eine ausgewogene Überwachung des Social-Media-Raums zweifelsohne eine große Herausforderung darstellt, vor die auch ein öffentlich-rechtliches Social-Media-Angebot gestellt werden würde und ebenfalls Kosten aufwirft, die von der Allgemeinheit getragen werden müssten.

Weiterhin gibt es mehrere Problembereiche, die meiner Ansicht nach Ziel von Regulierungen sein sollten, und wir haben diese Bereiche in diesem Buch kennengelernt. Ich habe beschrieben, wie das aktuelle Daten-Geschäftsmodell zu einem gläsernen Bürger, einer gläsernen Bürgerin, führt, wie es schädlichen Einfluss auf politische Prozesse nehmen kann und Plattformen so gestaltet werden, dass sie zumindest eine die Online-Zeit verlängernde Wirkung haben. Hier sollte mit regulierenden Maßnahmen angesetzt werden, um die Probleme zu lösen. Eine komplette Abkehr vom Daten-Geschäftsmodell auf Social-Media-Plattformen wäre meines Erachtens die beste Variante, um die Nutzenden vor den genannten Problembereichen zu schützen. Aber dies wird sich nur schwer realisieren lassen, auch weil viele Menschen dafür noch nicht bereit sind. Was können weitere Möglichkeiten sein, um die aktuelle Situation zu verbessern?

## Regulierung der Tiefe der Datenerfassung, um die Bürger*innen zu schützen

Die Datenschutzgrundverordnung (DSGVO) ist am 25. Mai 2018 in Kraft getreten, um den Schutz personenbezogener Daten in der Praxis zu stärken. Es geht hier im Wesentlichen um die Wahrung der informationellen Selbstbestimmung, also dem Recht jedes Menschen, darüber zu entscheiden, wem man welche Daten zu welchem Zweck gibt.

In der Datenschutzgrundverordnung findet sich auch die Idee der Datensparsamkeit. Es sollen Maßnahmen ergriffen werden, um »insbesondere den Grundsätzen des Datenschutzes durch Technik (*data protection by design*) und durch datenschutzfreundliche Voreinstellungen (*data protection by default*) Genüge (zu) tun. Solche Maßnahmen könnten unter anderem darin bestehen, die Verarbeitung personenbezogener Daten zu minimieren, personenbezogene Daten so schnell wie möglich zu pseudonymisieren, Transparenz in Bezug auf die Funktionen und die Verarbeitung personenbezogener Daten herzustellen, den Betroffenen zu ermöglichen, die Verarbeitung personenbezogener Daten zu überwachen und den Verantwortlichen oder die Verantwortliche in die Lage zu versetzen, Sicherheitsfunktionen zu schaffen und zu verbessern« (das Zitat wurde zwecks besserer Lesbarkeit leicht modifiziert).[503] Das klingt alles gut und schön. Und tatsächlich ist der Druck durch die Datenschutzgrundverordnung auf große Konzerne wie Facebook gestiegen. Allerdings ist es auf der Facebook-Plattform immer noch eine relativ komplexe Übung, einen Überblick über die vielen Privacy-Einstellungen zu bekommen.[504] Manchmal frage ich mich, wie viel die Datenschutzgrundverordnung wirklich bringt, wenn die Online-Nutzer*innen trotzdem immer noch in großer Zahl AGBs zustimmen, die juristisch so modifiziert worden sind, um das Nicht-Passende passend zu machen.

Der Kardinalsfehler ist in puncto Facebook sicherlich schon vor Jahren geschehen, als niemand den Konzern daran hinderte, sich Instagram (und zuvor WhatsApp) einzuverleiben.[505] Nun ist Facebook fast zu groß zum Scheitern. Als Resultat werden auf drei großen Social-Media-Plattformen und vielen Webseiten von Drittanbieter*innen Daten in rauen Mengen gesammelt, die der Facebook-Konzern zusammenführt, um genau zu verstehen, wie ein*e Nutzer*in tickt. Zum Glück ist kürzlich der Bundesgerichtshof mehrfach eingeschritten, um dem Konzern seine Praktiken zumindest weiter zu erschweren.[506] Gleiches gilt übrigens für das neue EuGH-Urteil, welches den Datenaustausch zwischen Europa und den USA reguliert (und damit Facebook vor neue Probleme stellt).[507] Zu Beginn des Buches erwähnte ich zudem das Kartellverfahren, welches auf Facebook zukommt. In Europa werden wir sehen, ob der neue Digital Markets Act den Wettbewerb im Social-Media-Bereich ankurbeln wird.[508] Gleiches gilt für die »10. Novelle des Gesetzes gegen Wettbewerbsbeschränkungen«, welche ebenfalls darauf abzielt, den Tech-Konzernen Einhalt zu gebieten.[509]

Für mich stellt sich generell die Frage, ob das Prinzip der Datensparsamkeit bei der Entwicklung von Online-Plattformen nicht noch wesentlich stärker Berücksichtigung finden muss. Die Datenschutzgrundverordnung scheint mir relativ schwach formuliert zu sein, wenn dort nur steht, wie Maßnahmen im Sinne einer Datensparsamkeit aussehen »könnten«. Vielleicht ist es Zeit für verbindliche Vorgaben, denn freiwillig bewegen sich die großen Tech-Konzerne nicht.

Für ein besseres Verständnis möchte ich das Prinzip der Datensparsamkeit an einem Beispiel aus meinem Forschungsfeld erläutern. Dazu schauen wir uns zunächst eine Studie aus dem Jahr 2015 an. In dieser Arbeit wurde versucht, die Ergebnisse von hundert Experimenten aus der Psychologie zu replizieren, die 2008 in drei führenden Fachzeitschriften veröffentlicht wurden. Erschreckenderweise konnten in diesem groß angelegten Wiederholungsversuch je nach statistischer Betrachtungsweise nur etwa ein Drittel der ursprünglich gemachten Beobachtungen bestätigt werden.[510] Es gibt viele Gründe für die mäßige Replizierbarkeit der psychologischen Arbeiten. Sicherlich darf man nicht unterschätzen, dass wir Menschen sehr komplexe Wesen sind und viele Faktoren eine wichtige Rolle spielen, um menschliches Verhalten und die Psyche zu verstehen. Trotzdem war nach Erscheinen der Arbeit klar, dass es nicht einfach ein »Weiter so« geben kann. Somit wurde die Open-Science-Bewegung ins Leben gerufen. Seitdem werden Wissenschaftler*innen verstärkt dazu aufgefordert, vor dem Beginn ihrer geplanten Studie auf einer Online-Plattform mit dem passenden Namen Open-Science-Framework (osf.io) genau darzulegen, was man mit der eigenen Studie zu untersuchen beabsichtigt, wie das Studiendesign aussieht und welche Erwartung die Wissenschaftler*innen hinsichtlich der Ergebnisse hegen (Hypothesen). Darüber hinaus sollen die Wissenschaftler*innen die für eine Studie gesammelten Daten im besten Fall gemeinsam mit dem wissenschaftlichen Artikel auf unbegrenzte Zeit verfügbar machen. Dies ermöglicht es anderen Wissenschaftler*innen, die statistischen Analysen und Datenqualität einer Studie auch zu einem späteren Zeitpunkt zu überprüfen. Diese Initiative halte ich für sehr löblich, und einige der anonymen Daten aus meinen Studien in diesem Buch liegen ebenfalls für alle Leser*innen zugänglich auf der Plattform osf.io vor.

Jede*r kann sich aber denken, dass je nach erfassten Daten Probleme für die Privatsphäre der Studienteilnehmer*innen entstehen können. Deswegen stellen wir sicher, dass in den von uns hochgeladenen Datensätzen nirgendwo Informationen über den Klarnamen einer Person oder Angaben über Wohnort oder Ähnliches zu finden sind. Denn dies würde eindeutige Hinweise auf die Person hinter den Daten geben. Richtig ist aber auch, dass mit jeder zusätzlich vorhandenen Variablen über eine Person in einem Datensatz das *Profiling* logischerweise besser wird. Weiß ich beispielsweise nur, dass eine Person 18 Jahre alt und weiblich ist, so ist die Person gut geschützt. Von diesen beiden Informationen ist es mir unmöglich, Rückschlüsse auf eine Person zu ziehen. Wenn ich aber die Informationen habe, dass eine Person 18 Jahre alt und weiblich ist, einen Abiturabschluss gemacht hat und in Köln-Braunsfeld wohnt, so schränkt sich der Kreis der möglichen Personen, die sich dahinter verbergen, schon deutlich ein. Aus diesem Grund gibt es zu Recht eine immer stärkere Debatte in der Wissenschaft, die zwischen dem Schutz des/der Proband*innen und maximaler Transparenz des wissenschaftlichen Prozesses abwägt.[511] Besonders kritisch wird es sicherlich, wenn auch Biovariablen wie MRT-Scans oder genetische Informationen in großem Umfang veröffentlicht werden, da dadurch eine Identifikation einer Person relativ leicht ermöglicht werden kann.[512]

Wenn wir die Erkenntnisse der akademischen Open-Science-Debatte nun auf die Privacy-Debatte rund um die Tech-Plattformen übertragen, halte ich es für sehr wichtig, auch hier auf die Bedeutsamkeit des Prinzips der Datensparsamkeit hinzuweisen. Wie könnte dieses Prinzip der Datensparsamkeit beim

Design einer Plattform berücksichtigt werden? Ich schlage vor, dass auf den Tech-Plattformen bestimmte Angaben nur auf einem relativ abstrakten Granularitätsniveau (Feinheitsniveau) gemacht werden. Ein Beispiel: Bei der Altersangabe macht es einen Unterschied aus, ob ich weiß, dass die Person am 05.08.1975 oder im August 1975 geboren ist. Noch ungenauer, aber vielleicht ausreichend ist die Information, wenn angegeben wird, ob eine Person 45 Jahre alt oder gerade zwischen 40–49 Jahren alt ist.

Ein anderes Beispiel auf den Smartphones: Wie genau darf beispielsweise eine App meinen GPS-Standort abtasten oder weiterverarbeiten? Jede Minute oder einmal pro Stunde? Auf dem Niveau einiger Meter oder hunderter Meter? Technisch gibt es auch Möglichkeiten, die GPS-Koordinaten einer Person auf einen beliebigen Ort auf dem Globus zu projizieren, um von dort aus zu rechnen, ob eine Person viele oder wenige Kilometer zurücklegt (ein Marker für aktiven Lebensstil). Dies verhindert aber das Wissen darüber, wo genau eine Person sich befindet.

Grundsätzlich sollte also darüber nachgedacht werden, welche inhaltlichen Variablen erfasst werden dürfen und wie tief diese Variablen erfasst werden dürfen, um ein Individuum ausreichend zu schützen. Weiterhin stellt sich auch die Frage, wie viele unterschiedliche Variablen und in welcher Kombination diese Variablen erfasst werden dürfen, um die Privatsphäre des Individuums zu respektieren. Eine Beantwortung dieser Fragen ist nicht einfach und ist sicherlich auch abhängig davon, wie die gesammelten Daten danach verwendet werden. Werden die Daten zum Wohl aller Bürger*innen verwendet, oder dienen sie nur zum Vorteil einer kleinen Gruppe? Das Beispiel Alter bezog sich eben auf Angaben, die im Selbstreport gemacht werden, eine Variable wie die GPS-Aktivität kann ohne weitere persönliche

Angaben einer Person aufgezeichnet werden. Bei solchen digitalen Fußabdrücken entstehen weitere Probleme rechtlicher Natur. In den Kapiteln 4 und 5 habe ich bereits im Detail formuliert, dass von den digitalen Fußabdrücken Vorhersagen auf zentrale Personenmerkmale gemacht werden können. Hier spricht man im Fachjargon von »inferred data«, also der Datenebene, die zum Beispiel ein psychologisches Konstrukt beschreibt. Bei dieser Form der Daten erscheint es mir schwierig, Eigentumsverhältnisse klären zu können. Die Beantwortung dieser Frage möchte ich final Jurist*innen überlassen, die sich da viel besser auskennen als ich. Für mich entsteht unabhängig von einer juristischen Einschätzung aber ein offenkundiges Dilemma: Auf der einen Seite hätten die Tech-Konzerne ohne unsere Daten ihre Algorithmen nur unzureichend trainieren können, um ihre Vorhersagen auf psychische Merkmale und Interessen einer Person machen zu können. Insofern könnte man auch erwarten, dass die Nutzer*innen vielleicht sogar an den riesigen Profiten der Tech-Konzerne beteiligt werden müssten. Damit wären wir auch wieder bei der Debatte, was ein Social-Media-Angebot kosten darf. Auf der anderen Seite dürfen wir im Austausch für unsere Daten einen Service der Tech-Konzerne nutzen. Zusätzlich liegt zweifelsohne ein kreativer Moment auf Seiten der Tech-Konzerne vor, wenn es ihnen gelingt, die vielen Datenspuren so auszuwerten, dass daraus eine neue Datenebene entsteht, die nun für Microtargeting-Maßnahmen eingesetzt werden kann. Es wird spannend werden zu sehen, wie und ob dieser gordische Knoten zerschlagen werden kann.

## Wie können wir uns vor politischer Manipulation online schützen?

Auch wenn das Ausmaß der Filterblasen und Fake News auf den diversen Social-Media-Plattformen noch umstritten ist, steht doch außer Frage, dass viele der Auswüchse auf Social-Media-Plattformen sehr ernst genommen werden müssen. Spätestens seit dem Sturm auf den US-Kongress im Januar 2021 sollte uns klar sein, dass Online- und Offlinewelten nicht mehr zu trennen sind. Was online passiert, nimmt natürlich Einfluss auf das, was offline passiert und andersherum. Falls es nicht gelingt, eine Alternative zum aktuellen Daten-Geschäftsmodell zu etablieren, bin ich davon überzeugt, dass die öffentliche Hand zumindest in manchen Bereichen der Social-Media-Plattformen eingreifen sollte. Die Diskussion darüber, ob und inwieweit Social Media ein öffentliches Gut (*Public Good*) sein sollte, wird uns sicherlich noch länger beschäftigen.

Warum wird Microtargeting im politischen Bereich (Wahlkämpfe) auf Social Media nicht komplett verboten? Leider hat Facebook sich im Januar 2020 dafür entschieden, diesem lukrativen Geschäft weiter nachgehen zu wollen. Laut einem Bericht des *Wall Street Journals* konnten im US-Wahlkampf bis zu zehn Milliarden US-Dollar an politischer Werbung verdient werden (siehe abweichende Information über ca. eine Milliarde US-Dollar in Kapitel 1).[513] Kurzum, Facebook zog es vor, im US-Wahlkampf den politischen Parteien zu erlauben, aufgrund der digitalen Fußabdrücke der Nutzer*innen maßgeschneiderte Werbung zu präsentieren. Wie berichtet, stellte sich das Unternehmen sogar lange dagegen, Fakten-Checks von Wahlwerbung durchzuführen, obwohl einige Mitarbeiter*innen sich mit einem offenen Brief gegen ihren Chef Mark Zuckerberg und Werbung mit Fake-Inhalten gerichtet hatten.[514] Auf die unterschiedlichen Strategien von Google, Twitter und Facebook in dem Bereich der politischen Online-Werbung im US-Wahlkampf habe ich bereits zu Beginn dieses Buches hingewiesen. Ein kritischer Höhepunkt im Spannungsfeld von Social Media und Politik war aber sicherlich, dass die Social-Media-Konzerne Donald Trump viel zu spät sein digitales Megafon entrissen haben. Ein Verbot für Donald Trump auf Twitter & Co. mag oberflächlich betrachtet begrüßenswert erscheinen, gerade wenn es um die Verbreitung von gefährlichen Lügen geht.[515] Trotzdem stelle ich mir die Frage, ob man hier nicht zum einen eine bessere individualisierte Maßnahme hätte anwenden sollen (das lediglich bestimmte Posts von ihm nicht rausgehen). Zum anderen frage ich mich aber auch, ob privat geführte Social-Media-Konzerne überhaupt solche wichtige Entscheidungen fällen dürfen wie die, welche Politiker sich wie auf einer Plattform ausbreiten können (siehe auch einen Leitartikel in der *New York Times*[516]). Vielleicht müssen zumindest Social-Media-Konten mit sehr vielen Followern einfach stärker moderiert werden, um die Reichweite von Individuen, die Lügen und Fehlinformationen in die Welt setzen, zu beschränken.

Mit der Regulierung von politischem Microtargeting ist gewiss auch die Eindämmung von Fake News verbunden, die im Sinne einer politischen Stimmungsmache sehr gefährlich sein können. Wie wir aus Kapitel 6 wissen, konnte in einer Studie in beunruhigender Weise gezeigt werden, dass sich Fake News deutlich schneller und weiter verbreiten als richtige Nachrichten. Was kann man dagegen tun?

Die Wissenschaftler Nicholas Dias und Kollegen[517] haben untersucht, wie sich die Sichtbarkeit der Quelle unter einer richtigen und falschen Headline auf die Wahrnehmung des Wahrheitsgehaltes einer Nachricht auswirken würde. Als Laie würde man wahrscheinlich erwarten, dass es positive Effekte auf die Erkennungsleistung von Fake News hat, wenn ich eine Nachricht lese, unter der deutlich zu sehen ist, dass diese vom Portal *Breitbart News* verbreitet wird. *Breitbart News* ist sicherlich noch vielen in Erinnerung als das für Fake News berüchtigte Portal des ehemaligen Trump-Beraters Stephen Bannon, der zwar nicht mehr direkt für Trump arbeitet, aber öffentlich auf dessen Comeback hofft und setzt.[518] Das Nennen der Quelle unter einer Nachricht sollte also positive Effekte mit sich bringen, oder? Leider war das in dieser Studie wohl nicht der Fall. Die Wissenschaftler gelangten bei der Auswertung von Daten von knapp 7000 Teilnehmer*innen zu dem Schluss, dass das Benennen der Nachrichtenquelle tatsächlich nicht effektiv Missinformationskampagnen auf Social Media unterbinden konnte.

Neue Hoffnung im Kampf gegen Fake News gibt dagegen eine Arbeit um Andrew M. Guess, in welcher untersucht wurde, wie sich eine Media-Literacy-Intervention auf das Erkennen von Fake News auswirkt.[519] Die Media-Literacy-Intervention, eine Maßnahme zur Steigerung der Medienkompetenz, empfiehlt, Quelle, Layout und extrem formulierte Überschriften genauer zu prüfen. Eine Gruppe von Studienteilnehmer*innen wurde gebeten, diese und andere Empfehlungen in Abbildung 9.2. (rechte Seite) bei der Einschätzung von Nachrichten zu berücksichtigen, eine andere Gruppe bekam diese Hinweise nicht. Diese einfache Intervention führte dazu, dass sowohl Mainstream- als auch Fake-News-Nachrichten kritischer und als weniger wahr eingeschätzt wurden, wobei der Effekt deutlich stärker für die Gruppe der Fake-News-Nachrichten ausfiel, der man unter Berücksichtigung der Ratschläge weniger Glauben schenkte. Es scheint also durchaus sinnvoll zu sein, allgemeine Tipps zur Entdeckung von

Fake News mitzugeben – auch wenn es ebenfalls leicht negative Effekte auf den wahrgenommenen Wahrheitsgehalt von echten Nachrichten geben könnte (siehe Abbildung 9.2.).

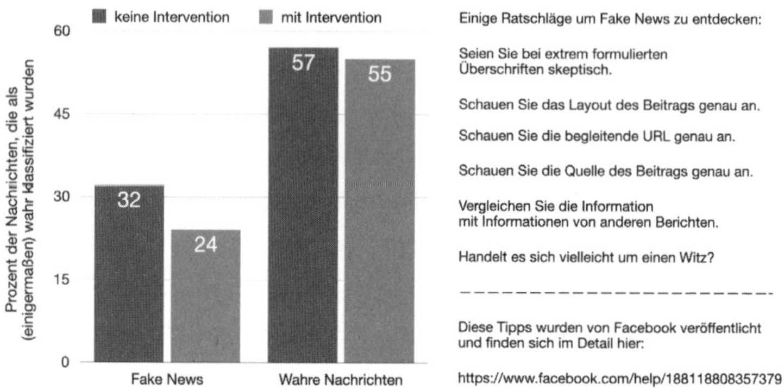


Abbildung 9.2.: Das Berücksichtigen der Tipps (nicht vollständig gezeigt) auf der rechten Seite führte in einer US-Stichprobe dazu, dass die Studienteilnehmer*innen Fake News als weniger wahr im Vergleich zu einer Kontrollgruppe einstuften (adaptiert nach Guess et al., 2020). Anmerkung: Es gab in dieser Studie auch Stichproben, wo die Effekte schwächer ausgeprägt waren.

Diese Erkenntnisse passen auch zu den Ergebnissen aus einer neuen Studie um Gordon Pennycook[520]. Sie zeigte, dass schon eine kurze Beschäftigung mit der Frage, ob eine Nachricht seriös ist, dazu führte, dass eher korrekte Nachrichten geteilt wurden. Diese ermutigenden Erkenntnisse könnten nun genutzt werden, um auch die Architektur eines Social-Media-Angebots dahingehend zu ändern, dass seriöse Nachrichten mehr Verbreitung finden. Möglicherweise helfen hier und da einfache Hinweise wie: »Sind Sie sich sicher, dass diese Nachricht keine Fake News darstellt?«, die Verbreitung von soliden Nachrichten zu erhöhen (und eventuell das Weiterleiten von Fake News zu reduzieren).[521] Dies passt auch zu einer neuen Studie derselben Arbeitsgruppe in der Fachzeitschrift *Nature*, in der empirische Belege erbracht wurden, dass das

Lenken der Aufmerksamkeit der Nutzenden auf den Wahrheitsgehalt die Qualität der geteilten Nachrichten erhöht.[522] Insgesamt zeigt sich die Gültigkeit der einfachen Weisheit: Denken hilft.

Zu guter Letzt machen sich aktuell viele Wissenschaftler*innen darüber Gedanken, wie Nutzende an ausgewogenere Informationen kommen, um das Problem der Filterblase zu reduzieren. Hoch im Kurs stehen dabei Bestrebungen, Veränderungen an solchen Algorithmen vorzunehmen, die darüber entscheiden, was in dem Newsfeed eines Nutzers oder einer Nutzerin präsentiert wird und was nicht. Weisen meine digitalen Fußabdrücke beispielsweise daraufhin, dass ich eher eine links-orientierte politische Gesinnung habe, so könnte ein entsprechend programmierter Algorithmus dafür sorgen, dass mir im Newsfeed nicht nur zu meiner Weltanschauung »passende« politisch linke Nachrichten präsentiert werden, sondern auch Kommentare aus dem mehr politisch-konservativen Spektrum zum Weltgeschehen in meinem Newsfeed landen.[523] Auf diese Weise würde ich mich in dem Newsfeed mit unterschiedlichen Weltanschauungen auseinandersetzen müssen. Hätte das dann auch einen positiven Einfluss auf die radikalen Einstellungen einer Person? Wir werden sehen, was uns die Wissenschaft hier in den nächsten Jahren als Antwort präsentiert.

## Wie lassen sich Social-Media-Plattformen entwickeln, die es nicht auf die Online-Zeiten der Nutzer*innen abgesehen haben und das Wohlbefinden erhöhen?

Relativ viele Studien zeigen, dass eine problematische Nutzung von Social Media mit weniger Wohlbefinden assoziiert ist.[524] Problematisch heißt in diesem Zusammenhang, dass ein

Suchtrahmenwerk zur Erforschung der Auswirkungen einer problematischen Social-Media-Nutzung angelegt wurde: Personen, die sich als »süchtig« nach Social-Media-Angeboten bezeichnen, berichten auch eher ein geringeres Wohlbefinden. Wie wir wissen (siehe Kapitel 7), gelingt es vielen Studien noch nicht, genaue Ursache-Wirkungs-Ketten abzuleiten. Verbringen Personen mit geringerem Wohlbefinden mehr Zeit auf den Social-Media-Angeboten, oder ist das geringere Wohlbefinden die Folge einer exzessiven Nutzung? Wie wichtig die Art der wissenschaftlichen Fragestellung für die Resultate im Kontext des Social-Media-Wohlbefinden-Komplexes ist, zeigt sich auch an den Ergebnissen einer weiteren Studie: Wenn Personen nicht nach ihren Suchttendenzen gegenüber Social-Media-Plattformen gefragt werden, sondern lediglich Angaben über ihre Nutzungsdauer machen (wie viele Stunden pro Tag?), so fallen die beobachteten Zusammenhänge mit Wohlbefinden sehr klein aus.[525] Statistisch betrachtet, verweist eine lange Nutzungsdauer eher auf suchtähnliches Verhalten. Aber nicht jeder Nutzer oder jede Nutzerin, der*die lange auf einem Social-Media-Angebot unterwegs ist, hat ein »Suchtproblem«, abgesehen davon, dass der Suchtbegriff, wie schon dargelegt, hier noch umstritten ist, und aktuell eher von »Internetnutzungsstörungen (mit Fokus auf Social Media)« gesprochen wird.

Insgesamt hat sich in den letzten Jahren herauskristallisiert, dass die Zusammenhänge zwischen den Social-Media-Nutzungsvariablen und Wohlbefinden eher klein sind, zumindest wenn man größere Personengruppen statistisch untersucht. Das schließt aber nicht aus, dass in Einzelfällen manche Nutzer*in stark unter ihrem Social-Media-Konsum oder bestimmten Online-Erlebnissen leiden können (siehe der drastische Fall um den Selbstmord der Molly Russell). Zusätzlich hat sich in den vielen Studien der letzten Jahre gezeigt, wie wichtig es sein könnte zu erfassen, ob Personen eher aktive oder passive Social-Media-Nutzer*innen sind. Andernfalls lässt sich der potenzielle negative Einfluss einer überbordenden Social-Media-Nutzung auf das Wohlbefinden der Nutzer*innen nicht ausreichend gut verstehen. Momentan gehen einige Wissenschaftler*innen davon aus, dass eine passive Nutzung von Social-Media-Angeboten »schädlicher« als eine aktive Form der Social-Media-Nutzung ist. Als passiver Nutzer oder passive Nutzerin bin ich online regelmäßig damit beschäftigt, mich mit anderen Menschen zu vergleichen und passiv zu browsen. Ich nehme irgendwann nur noch wahr, wie grün heute die Wiese wieder bei anderen Menschen ist.[526] So entstehen die typischen Probleme sozialer Aufwärtsvergleichsprozesse (siehe Kapitel 7). Aktive Nutzer*innen posten dagegen viel und tauschen sich mit ihrem sozialen Netzwerk aus.

Für die Diskussion über mögliche Zusammenhänge zwischen unterschiedlichen Formen der Social-Media-Nutzung und Wohlbefinden spielen ohne Frage auch die eigenen Erlebnisse auf einer Social-Media-Plattform eine wesentliche Rolle. Gerade bei den teilweise sehr heftig geführten Diskussionen auf den unterschiedlichen Social-Media-Kanälen müssen sich manche Nutzer*innen ein dickes Fell zulegen. Hassreden oder einem Shitstorm ausgesetzt zu sein zehrt an den Nerven.

Trotz der heterogenen Befundlage in dem Social-Media-Wohlbefinden-Komplex empfinde ich es als wichtig, darüber nachzudenken, wie eine wirklich »gesunde« Social-Media-Plattformen aussehen könnte. Unter einer gesunden Social-Media-Plattform stelle ich mir ein Angebot vor, welches im Wesentlichen der bedeutsamen Kommunikation zwischen Menschen dient und die Grundrechte der Nutzer*innen achtet. Online-Plattformen, die nur darauf abzielen, den Nutzer oder die Nutzerin möglichst lange auf einer Plattform zu halten, sind auch jenseits der präsentierten Forschungslage in diesem Kapitel nicht wünschenswert: Mit unserer wertvollen Zeit können wir sicherlich deutlich Besseres anstellen, als uns irgendwelche Kommentare oder Videos von irgendwelchen Influencern anzuschauen. Nicht nur ich staune, wie viele Eltern auf den Spielplatzbänken auf diverse Social-Media-Angebote auf dem Smartphone schauen, anstatt mit ihren Kids zu spielen. Da ich von dieser Gefahr weiß und nicht immun gegen die Verlockungen der Online-Welt bin, nehme ich das Smartphone gar nicht erst zum Spielplatz mit, damit ich dort Qualitätszeit mit meiner Tochter verbringen kann.

Wie steht es um die Transformation der bestehenden Social-Media-Angebote hin zu einem gesünderen Online-Erlebnis? Tatsächlich gingen vor relativ kurzer Zeit zu diesem Thema erfreuliche Nachrichten um den Globus. Mehrere Tech-Firmen hatten sich das Thema Wohlbefinden oder *Time Well Spent* auf die Fahnen geschrieben. Apple beispielsweise bot den Nutzer*innen einen Service wie die Bildschirmzeit an, oder Facebook ermöglichte seinen Nutzer*innen, eine Art digitalen Wecker zu stellen, um den eigenen Facebook-Konsum besser im Auge behalten zu können.

Besonders interessant empfinde ich architektonische Änderungen an der Plattform, die wirklich nachhaltig die Social-Media-Erfahrung verbessern könnten. So hat Facebook in einem Testmodell auf Instagram die Anzahl an Likes, die eine Person für ein Bild oder für einen Kommentar bekommen hat, in einigen Ländern nach außen hin verbannt.[527] Zwar werden die Likes immer noch für den*die Kontoinhaber*in beim privaten Log-in angezeigt, zumindest wird aber auf diese Weise das Problem der sozialen Aufwärtsvergleiche reduziert. Denn die Instagram-

Nutzenden haben damit eine Metrik weniger zur Verfügung, sich selbst mit anderen Personen zu vergleichen. Inwieweit das Test-Modell von Instagram in allen Ländern Schule macht oder sogar auf andere Plattformen ausgeweitet wird, bleibt für den Moment aber unklar. Facebook wird sich sicherlich genau anschauen, was den Konzern diese doch gravierende Veränderung der Plattform-Architektur kostet.

CEO Jack Dorsey von Twitter geht in der Öffentlichkeit inhaltlich noch weiter als Facebook mit den Instagram-Veränderungen. Er sagt: »Wenn ich den Dienst erneut starten müsste, würde ich die Anzahl der Follower*innen und auch der Likes nicht so stark betonen.«[528]

Das zu lesen macht ein wenig Hoffnung, zumal wir in einer neuen Arbeit auch einen Zusammenhang herstellen konnten zwischen der Anzahl an Followern auf Twitter und der angegebenen Sucht nach dem Smartphone (genauer: In der Statistik dieser Arbeit wurde bei der »Anzahl an Follower«-Variable auch die Anzahl an Personen, denen man selber folgt, berücksichtigt).[529] Können wir damit rechnen, dass App-Elemente, die rein darauf abzielen, Online-Zeiten zu verlängern und den sozialen Vergleich zu stimulieren, in Zukunft nur noch in reduzierter Form auf Social-Media-Plattformen eingesetzt werden?

Eine Voraussetzung, um eine klare Empfehlung für das »richtige« Plattform-Design aussprechen zu können, ist meiner Meinung nach empirische Grundlagenforschung. Die in Kapitel 3 beschriebenen psychologischen und verhaltensökonomischen Mechanismen sind theoretisch relativ gut verstanden, allerdings gibt es insgesamt zu wenige Studien, die genau beziffern, wie das Verbauen von den unterschiedlichen Elementen genau die Online-Zeiten oder das Wohlbefinden einer Person verändert.

Da ein Unglück selten allein kommt, stellt sich auch die Frage, welche Kombinationen von App-Elementen überhaupt auf einer Plattform verwendet werden dürfen, damit es nicht zu einer Verlängerung der Online-Zeiten oder reduziertem Wohlbefinden kommt. Vielleicht entfaltet sich das toxische Potenzial bestimmter App-Elemente nur dann, wenn sie in Kombination ausgeliefert werden. Es wäre ja denkbar, dass das Element *Endless Scrolling* in einem *unpersonalisierten Newsfeed* die Online-Zeiten einer Person gar nicht so sehr verlängert, allerdings in Kombination mit einem *personalisierten Newsfeed* schon. Verwundern würde es schließlich nicht, wenn das Scrollen von uninteressantem Material schneller zur Langeweile führt, als wenn ich die Möglichkeit habe unendlich durch personalisierte Nachrichten zu scrollen.

Im Sinne des *Reverse Engineering* – also der Dekonstruktion der Social-Media-Architektur – sollten Wissenschaftler*innen untersuchen, wie sich unterschiedliche Varianten von Social-Media-Plattformen und Freemium-Games auf Online-Zeiten und suchtähnliche Symptome auswirken. Es handelt sich hier im Wesentlichen um eine Form des *AB-Testing*, welches im großen Stil von Tech-Plattformen durchgeführt wird. Beim AB-Testing versuchen Tech-Unternehmen beispielsweise herauszuarbeiten, wie sich die Online-Verweilzeiten ändern, wenn man in einer Plattform A etwas verbaut, was in Variante B der Plattform nicht existiert. Die Nutzer*innen wissen dabei häufig gar nicht, dass das Online-Angebot, das sie gerade sehen, nicht dasselbe ist, welches gerade andere Nutzer*innen präsentiert bekommen. Besonders komplex wird das ganze Vorhaben, wenn untersucht werden soll, wie sich die Konstellation von drei oder gar mehr Variablen auf die interessierenden Variablen auswirkt. Möchte ich nur die eben genannten Variablen personalisierter/nicht personalisierter Newsfeed versus Endless Scrolling (ja/nein) untersuchen, müssten schon vier unterschiedliche Varianten einer Social-Media-Plattform ausgerollt werden. Hier würde ich nun erwarten, dass die längste Online-Zeit für die Gruppe C zu erwarten wäre, da dort ein personalisierter Newsfeed mit Endless Scrolling verbaut worden ist. Dies scheint intuitiv nachvollziehbar zu sein, doch müssen diese Dinge empirisch überprüft werden, um auch das Ausmaß der Probleme besser beziffern zu können (siehe Abbildung 9.3.).

| | **Newsfeed mit Personalisierung** | **Newsfeed ohne Personalisierung** |
|---|---|---|
| **Scrolling mit Ende** | **A** | **B** |
| **Scrolling ohne Ende** | **C** | **D** |

Abbildung 9.3: Ein Beispiel für AB-Testing (allerdings hier mit vier Experimentalbedingungen ABCD, die gegeneinander verglichen werden, um zu verstehen, welche Kombination von Elementen auf einem Social-Media-Angebot zur kürzesten und längsten Nutzungszeit führt).

Es bleibt ein lohnenswertes Ziel, soziale Plattformen zu entwickeln, die dem Namen Social Media wirklich zur Ehre gereichen. Plattformen also, die bedeutungsvolle Kommunikation zwischen Familie, Freunden und Kollegen auf den Online-Kanälen in einem geschützten Raum ermöglichen. 2018 hat Facebook zaghaft versucht, dieses Ziel etwas stärker in seinen Algorithmen zu verankern. Beispielsweise sollten nach Start der Initiative vermehrt Nachrichten aus dem eigenen sozialen Netzwerk im eigenen Newsfeed präsentiert worden sein. Zumindest wurde das behauptet, es lässt sich aber faktisch von unabhängiger Seite kaum überprüfen. Die Aussage von Mark Zuckerberg »Lassen Sie mich klar sein: Es ist wichtiger, Menschen zu helfen, sich zu verbinden, als die Zeit zu maximieren, die sie auf Facebook verbringen«[530] hört sich gut an, Facebook müsste sich aber hier aus Glaubwürdigkeitsgründen einem unabhängigen Faktencheck unterziehen. Wie könnte das aussehen? Es müsste ein von Facebook unabhängiges Gremium aufgebaut werden, welches stichprobenartig die Zusammensetzung des Newsfeeds von tausenden Nutzern untersuchen dürfte. Viele Fragen sind zu beantworten, bevor ein solches Gremium die Tätigkeit aufnimmt. Wer bezahlt das Gremium? Wie werden die Personen in dem Gremium ausgewählt? Wie weit reichen deren Befugnisse? Ich bin davon überzeugt, dass ein solches Gremium in Anlehnung an die Arbeitsweise einer psychologisch-medizinischen Ethikkommission operieren könnte. Ich möchte illustrieren, wie ich zu dieser Überzeugung gelange.

Im Jahr 2014 publizierten die Wissenschaftler um Adam Kramer eine Studie, in der die Stimmung von fast 690 000 Facebook-Nutzern manipuliert wurde.[531] Ahnungslosen Proband*innen wurden auf Facebook entweder der Bedingung ausgesetzt, dass sie weniger positive Nachrichten im Newsfeed zu sehen bekamen, oder sie wurden der Bedingung ausgesetzt, weniger negative Nachrichten zu konsumieren. Was war auf Nutzer*innen-Seite zu beobachten? Wenn weniger negative Nachrichten im eigenen Newsfeed auftauchten, posteten die Newsfeed-Leser*innen vermehrt positive und weniger negative Nachrichten. Das umgekehrte Bild zeichnete sich ab, wenn weniger positive Nachrichten im Newsfeed angezeigt wurden (das passt auch zu den Ergebnissen aus der Studie über die Emoticons in Kapitel 8). Mit anderen Worten: Der positive oder negative Inhalt des Newsfeeds war emotional ansteckend. Man kann darüber diskutieren, ob man solche Studien an solch großen Menschengruppen machen darf. Ein Aufschrei ging aber durch die Wissenschafts- und Medienlandschaft, als sich herausstellte, dass die Arbeitsgruppe vor der Durchführung keine Ethikkommission konsultiert hatte. Dies ist bei vielen Fragestellungen Standard in der Psychologie und Medizin, wo die grundsätzliche Prämisse des hippokratischen Eids Berücksichtigung findet, nämlich Studienteilnehmer*innen keinen Schaden zuzufügen. Von der Außenperspektive auf die Studie hat auch eine Täuschung der Nutzer*innen stattgefunden (die Proband*innen waren vollkommen ahnungslos) – diese Täuschung wäre meines Erachtens ebenfalls beratungspflichtig gewesen. Der damalige Editor-in-Chief Inder M. Verma der Fachzeitschrift *PNAS* sah sich genötigt, zu dem Paper Stellung zu nehmen. Es stellte sich heraus, dass die Ethikkommission das Vorhaben nicht prüfte, da die Studie bei Facebook durchgeführt worden ist. Bemerkenswert ist aber der letzte Satz in Vermas Kommentar: »Es ist jedoch besorgniserregend, dass die Erhebung der Daten durch Facebook möglicherweise Praktiken mit sich gebracht hat, die nicht vollständig mit den Grundsätzen der Einholung einer Einverständniserklärung und der Erlaubnis der Teilnehmer*innen, sich abzumelden, vereinbar waren.«[532]

Neben der Berücksichtigung einer Ethikkommission für viele Fragen von Aktivitäten der großen Tech-Konzerne ist es von zentraler Bedeutung, dass unabhängige Wissenschaftler*innen überprüfen können, was tatsächlich auf den Social-Media-Plattformen passiert. Das Projekt *Social Science One* wurde von Facebook ins Leben gerufen, um genau dies Wissenschaftler*innen zu ermöglichen. Mein Kollege Simon Hegelich aus München hat von Facebook anonymisierte Daten bekommen, um zentrale Fragen, beispielsweise nach der Verbreitung von Fake News, auf Grundlage dieser Daten zu beantworten. Allerdings stellte sich der Datensatz als große Enttäuschung heraus. Simon schreibt in *Nature*: »Jeder, der statistische Kenntnisse hat und das Codebuch sorgfältig liest, wird feststellen, dass die Daten für die Verfolgung des Einflusses von Fehlinformationen oder Manipulationen nahezu unbrauchbar geworden sind. Es gibt kaum Abweichungen in den Daten, insbesondere im Vergleich zum Rauschen. Dies führt zu unsinnigen Werten, wie zum Beispiel URLs, die von minus einer Million Benutzern angeschaut wurden. Es ist daher unmöglich, wichtige Fragen zu beispielsweise URLs zu stellen, die sich auf gefälschte Nachrichten über die deutsche Bundeskanzlerin Angela Merkel beziehen, oder über die Zunahme wütender Reaktionen in einem bestimmten Land in einer bestimmten Woche.«[533] Die Situation ist also nach wie vor nicht zufriedenstellend, momentan fehlen effektive Kontrollmechanismen, die von außen überprüfen könnten, was auf den Social-Media-Plattformen passiert. Simon Hegelich, einige Kolleg*innen und ich sind der Überzeugung, dass es ein Recht für unabhängige Wissenschaftler*innen geben sollte, das Verhalten von Menschen auf Social Media zu untersuchen. Das aber möglichst anonym und nach Einverständnis und natürlich nach Begutachtung von einer unabhängigen Ethikkommission.[534] Sollte eine solche Möglichkeit für unabhängige Forschung nicht eingeräumt werden, so wird Social Media eine Black Box bleiben, ohne Überprüfung dessen, was dort genau passiert.

In Abbildung 9.4. finden sich zusammenfassend einige der Fragen, die mit Hilfe von Studien beantwortet werden müssen, um den Wohlbefinden-Komplex im Kontext der Social-Media-

Nutzung zu verstehen. Neben der Art des Plattform-Designs muss zur Beantwortung dieser Frage berücksichtigt werden, dass Menschen sich in ihrer Persönlichkeit unterscheiden und auch mehr oder weniger große unterschiedliche Bedürfnisse im Kontext der Social-Media-Nutzung äußern. Die Idee »One-size-fits-all«, das heißt, dass dasselbe Plattform-Design für alle Nutzer*innen gleich gut funktionieren wird, ist höchstwahrscheinlich nicht zutreffend. Deswegen muss auch darüber nachgedacht werden, inwieweit Social-Media-Nutzer*innen selbst modulartige Änderungen an den Plattformen zur Maximierung des eigenen Wohlbefindens vornehmen können. Dies wird über die bereits vorhandenen Möglichkeiten hinausgehen, beispielsweise darüber entscheiden zu können, Push-Notifikationen an- oder auszustellen. Zentral ist die Berücksichtigung von ethischen Designprinzipien. Darauf gehe ich gleich noch detaillierter ein.

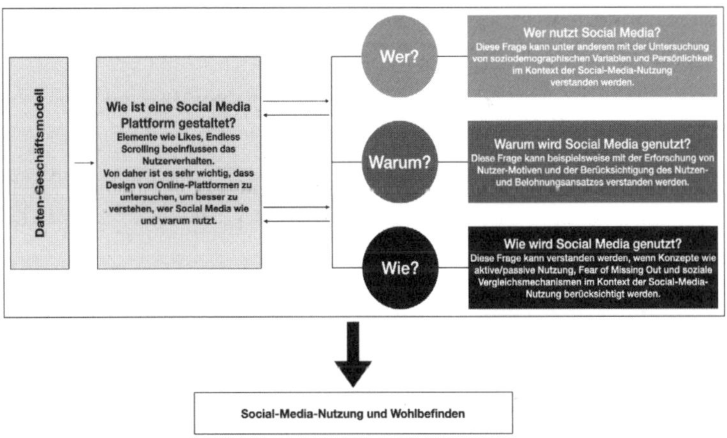


Abbildung 9.4.: Um Wohlbefinden der Social-Media-Nutzer*innen besser zu verstehen, muss auf der einen Seite über das richtige Plattform-Design nachgedacht werden, auf Seite der Nutzer*innen aber auch darüber, wer einen Social-Media-Service warum und wie nutzt (adaptiert nach Montag, Yang & Elhai, 2021).

Nun habe ich in dem Abschnitt ausschließlich über das Design von Social-Media-Plattformen gesprochen. Gerade durch die WHO-Diagnose Gaming Disorder[535] wird deutlich, dass der Themenkomplex Online-Sucht ernst genommen werden muss und selbstverständlich auch eine Diskussion über ethisches Computerspieldesign vonnöten ist. Ich schlage hier ein ähnliches Prozedere mit AB-Testing vor, um eine empirische Grundlage für gesündere Computerspiele zu schaffen. Von generellen Verboten – seien es Computerspiele oder Social-Media-Anwendungen – ist meines Erachtens wenig zu halten. Computerspiele (und Social Media) sind fester Bestandteil der Popkultur, und die Angebote bereiten Millionen von Menschen als Freizeitbeschäftigung auch Freude. Vergessen wir nicht, dass für viele Gaming auch eine soziale Betätigung ist, genauso wie das bei Social Media der Fall ist. Erneut warne ich davor, vorschnell Alltagshandlungen zu pathologisieren.[536]

## Konkurrenz belebt das Geschäft

Vielleicht müssen wir im Umgang mit den Tech-Konzernen viel größer denken, als nur mit dem Regulierungshammer zu drohen. Das Nachdenken über ein alternatives Geschäftsmodell oder die Regulierung von kleinteiligen Bereichen der Plattformen wird mit Sicherheit nicht den Erfolg bringen, den sich viele erhoffen. Effektiv wäre wahrscheinlich nur die Entwicklung einer wirklichen Alternative gegen die vorherrschenden Social-Media-Giganten. Der Markt müsste es also mal wieder regeln.

Zunächst zu dem üblichen Totschlagargument: Facebook und Co. haben Milliarden von Nutzer*innen auf der Plattform und sind daher so mächtig, dass es aussichtlos wäre, eine neue

Plattform zu bauen, auf die dann Großteile der Menschheit umziehen. Die jüngere Vergangenheit zeigt, dass dies nicht unbedingt so sein muss, wenn man Menschen ein interessantes Angebot macht. Anderenfalls lässt sich nicht der Erfolg der chinesischen Plattform TikTok beschreiben, die in den letzten Jahren so viele Nutzer*innen gewinnen konnte.[537] Dass gerade wir Europäer eigene Social-Media-/Marktplatz-Plattformen benötigen, ist sowohl aus gesellschaftspolitischer als auch aus wirtschaftlicher Sicht geboten. Und nochmals: Aus gesellschaftspolitischer Sicht stellt sich die dringliche Frage, inwieweit ein so wichtiger öffentlicher Raum, wie ihn Facebook oder Twitter bereitstellen, überhaupt in privater Hand gehalten werden darf. In einer starken EU müsste es ein vorrangiges Projekt darstellen, eine EU-Social-Media-/Marktplatz-App zu erstellen, mit der sich Bürger privat und beruflich austauschen können. Das Ganze würde vor dem Hintergrund von EU-Datenschutzrechtlinien und europäischem Recht entwickelt. Wie würde eine solche Plattform finanziert, wenn dort selbstverständlich keine (personalisierte) Werbung und kein Microtargeting stattfinden dürfte? Wie ich schon weiter oben formuliert habe, bin ich davon überzeugt, dass eine solche Plattform in Deutschland aus GEZ-Gebühren gezahlt werden könnte. Junge Menschen schauen ohnehin kaum noch Fernsehen, müssen aber trotzdem GEZ-Gebühren in ihren Haushalten bezahlen. Die Lösung, über die GEZ-Gebühren eine solches Vorhaben zu fördern, wäre auch deswegen gut, weil dort bereits für bedürftige Personen Ausnahmen in der Gebührenregelung vorliegen.[538] Die GEZ-Gebühren werden übrigens laut dem ehemaligen Vizepräsidenten des Bundesverfassungsgerichts Ferdinand Kirchhof erhoben, damit öffentlich-rechtliche Fernsehsender in der Lage sind, »ohne den Druck zu Marktgewinnen die Wirklichkeit unverzerrt darzustellen, das Sensationelle nicht in den Vordergrund zu stellen und professionell die Vielfalt der Meinungen abzubilden«.[539] Inwieweit die öffentlich-rechtlichen TV-Anstalten diesem Ansinnen vollumfänglich nachkommen, sei dahingestellt. Problematisch wird es meines Erachtens aber schon, wenn in TV-Talkshows Bürger*innen über kommerzielle Plattformen wie Facebook oder Twitter in den Kontakt mit den Gästen treten (siehe mein Beispiel mit der *Hart aber fair*-Talkshow zu Beginn des Kapitels). Deutlich besser wäre es, Kommunikation über nicht-kommerzielle Plattformen vor dem Hintergrund europäischer Interessen zu promoten.

Auch aus wirtschaftlicher Sicht brauchen wir dringend Alternativen zu den US-Plattformen (und chinesischen Apps): Ohne solche Eigengewächse verkaufen wir nämlich in Zukunft die Produkte unserer *Hidden Champions* nur noch auf den amerikanischen/chinesischen Plattformen (Amazon, Ebay, Alibaba). Die Tech-Konzerne aus Amerika/Asien bestimmen dann jedes Mal in Form von Transaktionsgebühren, wie viel sie von dem Kuchen abhaben wollen.

### Was sind nun aber realistische Szenarien, die uns in den nächsten Jahren erwarten? Reisen wir jeden Tag ein wenig mehr in die Vergangenheit?

Wie es aktuell um die EU bestellt ist, kann jeder täglich in den Nachrichten verfolgen. Für mich würde es an ein Wunder grenzen, wenn eine EU-Plattform Wirklichkeit würde. Trotzdem wäre es die beste Lösung für die vorhandenen Probleme (gemeinsam mit der Abkehr von einem Daten-Geschäftsmodell auf Social Media). Mit einer EU-Social-Media-Plattform aus staatlicher

Hand, die nicht nur Social-Media-Funktionen, sondern ähnlich wie das chinesische WeChat Bezahlfunktionen beinhalten würde, könnte man den öffentlichen Raum zurückerobern und verhindern, dass Konzerne wie Facebook auch wirtschaftlich noch größere Macht gewinnen, etwa wenn ein Plan wie die eigene Facebook-Währung Diem aufgehen sollte.

Falls aber die großen Tech-Konzerne unreguliert blieben, was würde das für unsere Gesellschaft bedeuten? Ein solches Szenario hat Professor Thomas Pettitt von der University of Southern Denmark aufgeworfen, der von der sogenannten »Gutenberg-Parenthese« spricht.[540] Man könnte die Zeit zwischen der Erfindung des Buchdrucks im 15. Jahrhundert durch Johannes Gutenberg und dem 20. Jahrhundert in zwei Klammern oder zwei Buchdeckel packen. Das in etwa 500 Jahre lange Zeitfenster war zu großen Teilen durch Textualität gekennzeichnet. Textualität meint das Vertrauen in Wissen, welches über Bücher vermittelt wird. Thomas Pettitt beschreibt, wie die Idee der Textualität in der Gutenberg-Parenthese von vielen Menschen anerkannt wurde: »Worte, gedruckte Worte – in schönen, geraden Spalten, in schönen gebundenen Bänden – darauf konntest Du Dich verlassen. Das war die Idee.« Und wie sah das Leben vor dem Zeitalter des Buchdrucks aus? Vor Johannes Gutenberg gab es im Wesentlichen Mund-zu-Mund-Propaganda. Menschen erzählten sich täglich jene Nachrichten, die sie für wichtig oder interessant hielten, und die Gerüchteküche muss immer und überall gebrodelt haben. Wer schon mal Flüsterpost gespielt hat, weiß, wie schnell sich Informationen verändern können, wenn sie über ein paar Stationen weitergegeben worden sind. In gewisser Weise ähnelte also die Kommunikation vor der Verbreitung von Flugschriften und anderen Druckerzeugnissen dem, was wir gegenwärtig erleben: Jeder Mensch hat auf Social Media prinzipiell eine Stimme, die er ohne Qualitätskontrolle durch einen Herausgeber, eine Zeitung oder ein anderes Medium hörbar machen kann. Das sichert auf der einen Seite die Gleichberechtigung, auf der anderen Seite ist das aber gerade im Social-Media-Zeitalter auch gefährlich, da Unwahrheiten in einem ungeheuerlichen Ausmaß von einer Person an Tausende transportiert werden können. In einem von Fake News gekennzeichneten Zeitalter drohen wir – so Thomas Pettitt – in ein Vor-Gutenberg-Zeitalter abzurutschen. Was können wir dagegen tun? Journalist*innen, Buchautor*innen, Herausgeber*innen, Wissenschaftler*innen – alle diese Gruppen müssen einen Weg finden, maximale Glaubwürdigkeit in ihrer Arbeit zu erzeugen. Dazu gehört es auch, auf die Grenzen der eigenen Arbeiten hinzuweisen (hoffentlich ist mir das in diesem Buch gelungen). Als Leser*innen und Bürger*innen müssen wir uns damit abfinden, dass es Wissenslücken gibt; und lernen, mit Unsicherheiten umzugehen. Durch den Publikationsprozess muss deutlich werden, dass die Artikel oder Bücher, die erscheinen, nicht einfach mal gerade abgedruckt worden sind. Faktenchecks und Begutachtung durch Kolleg*innen sind von Bedeutung, genauso wie das Kennzeichnen von Kommentaren als Kommentare und von Faktenberichten als Faktenberichte. Wie wichtig ein empirischer Faktencheck ist, zeigt sich auch bei einer wissenschaftlichen Fragestellung in diesem Kapitel. Wer hätte gedacht, dass die Sichtbarkeit einer Quelle unter einer Headline nicht unbedingt dazu führt, die Wirkung von Missinformationskampagnen wirksam einzuschränken?

## Faktenchecks in der Wissenschaft als Vorbild für die Presse- und Social-Media-Landschaft?

Viele Leser*innen werden sich fragen, wie nun die Faktenchecks genau aussehen könnten? Ich möchte zunächst kurz erläutern, welche Prozeduren wissenschaftliche Artikel im Idealfall vor einer Veröffentlichung durchlaufen. Anschließend möchte ich darüber nachdenken, ob das zumindest auch in Teilen ein Modell für die Presse- oder gar Social-Media-Landschaft sein könnte.

Zunächst gliedert sich wissenschaftliches Arbeiten in den Prozess der Planung einer Studie, in der sich ein Wissenschaftler oder eine Wissenschaftlerin überlegt, was untersucht werden soll. Vor dem Hintergrund der bereits bestehenden Erkenntnisse werden die noch offenen Fragen identifiziert und ein Studiendesign entwickelt, um eine Lücke in der wissenschaftlichen Literatur zu schließen. Der Wissenschaftler oder die Wissenschaftlerin registriert dann nach neuesten Richtlinien idealerweise die eigene Studie mit Angaben über die Forschungsfrage, die Hypothesen und das Studiendesign in einem Online-Repository wie dem Open Science Framework. Die dort gemachten Angaben sind zu einem späteren Zeitpunkt für interessierte Leser und Leserinnen der wissenschaftlichen Arbeit, vor allen Dingen aber auch für die Gutachter*innen einsichtig. Da man die dort einmalig gemachten Angaben nicht mehr ändern kann, lässt sich überprüfen, ob sich der Wissenschaftler oder die Wissenschaftlerin sowohl bei der Datenerhebung als auch bei der Datenauswertung an das ursprünglich geplante Vorhaben gehalten hat. Anschließend schreibt der*die Wissenschaftler*in einen Artikel, in dem er*sie seine*ihre Erkentnnisse darlegt, reicht diesen dann bei einer Fachzeitschrift ein, wobei zunächst der*die Herausgeber*in überprüft, ob die Arbeit im Fokus der Fachzeitschrift und damit von potenziellem Interesse für die Leserschaft ist. Sollte diese erste Hürde gemeistert sein, schickt der*die Herausgeber*in der Zeitschrift die wissenschaftliche Arbeit in der Regel an mindestens zwei Gutachter*innen, die die Arbeit prüfen. Dabei schauen die Gutachter*innen unter anderem darauf, ob ihrer Ansicht nach die Literatur ausgewogen berichtet wird, keine Fehler im Design der wissenschaftlichen Studie zu finden ist, es geht um die Richtigkeit der statistischen Analysen und Interpretation der Daten. Die Gutachter*innen berichten dem*der Herausgeber*in dann unabhängig voneinander, wie sie diesen wissenschaftlichen Artikel einschätzen. Üblicherweise gibt es die Möglichkeit, den Artikel beispielsweise aufgrund grober Mängel abzulehnen oder den Artikel in eine weitere kleine oder große Bearbeitungsrunde (minor/major revision) zu schicken. Dieser Prozess wird mitunter auch mehrfach durchlaufen, bis es zu einer finalen Entscheidung durch den*die Herausgeber*in kommt, ob die Arbeit in der Fachzeitschrift erscheinen darf oder nicht.

Der hier dargestellte Prozess ist unglaublich ressourcen- und zeitintensiv. Die Gutachter*innen arbeiten unentgeltlich. Ich selbst kann nicht mehr zählen, wie viel Lebenszeit ich in das Begutachten von Fachartikeln am Wochenende und nach Feierabend investiert habe. Es handelt sich um eine Art ehrenamtliche Tätigkeit. Als Wissenschaftler*in übernimmt man dieses Ehrenamt, da man ja auch selber Artikel einreicht und damit ebenfalls von Ressourcen aus dem Reviewer-Pool profitiert.[541]

Insgesamt wird der Review-Prozess unter Wissenschaftler*innen immer wieder kontrovers diskutiert. Wohl jeder Wissenschaftler oder jede Wissenschaftlerin hat es schon erlebt, dass sein*ihr Artikel unfair begutachtet wurde, entweder weil der*die Gutachter*in den Artikel nicht richtig gelesen hat oder andere Beweggründe eine Rolle spielen. Manchmal ist der Begutachtungsprozess auch nicht blind. Während die Gutachter*innen während des Begutachtens immer anonym sind, ist bei einigen Fachzeitschriften die Autorenzeile aber klar einsehbar. Wenn sich bestimmte Arbeitsgruppen einander nicht gewogen sind, kann es zu einem *Conflict of Interest* kommen … So anfällig der Gutachter*innen-Prozess für menschliche Schwächen ist (und wir sind alle Menschen), so kann ich aus meiner Erfahrung festhalten, dass meine Arbeiten in den allermeisten Fällen durch die sorgfältigen und guten Gutachten profitiert haben. Das heißt, ein Feedback von außen zu seinen Arbeiten zu bekommen, ist immer hilfreich. Gleiches gilt sicherlich auch für Publikationen außerhalb der Wissenschaft, oder?

Ein aufwendiges Gutachterwesen wie in der Wissenschaft kann man sich allerdings kaum woanders leisten. Es stellt sich mir aber die Frage, ob zumindest Teilelemente aus dem wissenschaftlichen Peer-Review-Prozess auf andere Meinungsäußerungen in anderen Medien übertragen werden können. Bei einem Artikel in der Tageszeitung könnte es sein, dass neben dem Autor oder der Autorin ein weiterer Journalist oder eine weitere Journalistin (ein Peer) benannt wird, der*die einen Faktencheck durchgeführt hat und damit auch mit seinem*ihrem guten Namen für die Inhalte geradesteht. Bei einigen Fachzeitschriften – beispielweise der Frontiers-Reihe[542] stehen ebenfalls die Gutachter*innen mit ihrem Namen auf der wissenschaftlichen Arbeit auf der Titelseite. Dies ist zum einen eine Anerkennung für die investierte Arbeitszeit, zum anderen steht man als Gutachter*in dort – zumindest ein Stück weit – mit seinem guten Namen für die Arbeit mit ein. Bei nicht so guten wissenschaftlichen Arbeiten muss man sich auch als Gutachter*in die Frage gefallen lassen, warum man den Artikel zur Veröffentlichung freigegeben hat.

Übrigens: Ein schönes Beispiel für eine sehr erfolgreiche Online-Plattform, auf welcher Missinformationen häufig schnell aus dem Verkehr gezogen werden ist Wikipedia. Mit dem Begriff »wiki« sind wir schon wieder in Hawaii: »wiki« kommt aus dem Hawaiianischen und heißt »schnell«, und damit bedeutet Wikipedia »schnelle Enzyklopädie«. Diese schnelle Enzyklopädie für die Welt startete gerade mal vor zwanzig Jahren (im Januar 2001), und jede Änderung eines Beitrags wird von einem*einer ehrenamtlich arbeitenden Content-Moderator*in gegengeprüft. Erstaunlich, dass es trotz der unglaublichen Summe von mehr als 53 Millionen Artikeln im Jahr 2020 gelingt[543], den Wahrheitsgehalt auf dieser Seite sehr hoch zu halten. In der sehr angesehenen Fachzeitschrift *Nature* wurde darüber berichtet, dass eine Überprüfung von wissenschaftlichen Artikeln nur sehr wenige Fehler zutage trug[544]. Wikipedia hat sicherlich auch deswegen Erfolg mit dem eigenen Modell, weil es keinem kommerziellen Gewinnstreben folgt. Nimmt man damit Wikipedia als Beispiel für eine funktionierende Online-Plattform, so zeigt sich erneut die Attraktivität des Gedankens, auch aus Social Media ein öffentliches Gut zu machen.

Weitere Ideen für die Zukunft, um Fehlinformationen auf Social-Media-Angeboten zu reduzieren: Auf Social-Media-Plattformen könnten Algorithmen so gesteuert werden, dass nur solche Nachrichten große Verbreitung finden (beispielsweise in mehr als zehn anderen Newsfeeds gezeigt werden), die von mindestens drei Personen mit positiver Reputation[545] außerhalb des eigenen engen sozialen Netzwerkes als korrekt gekennzeichnet worden sind. In jedem Fall gilt es die Skalierbarkeit der Nachrichtenverbreitung für Fake News einzudämmen. Und auch dies könnte durch den Einbezug eines einfachen Peer-Reviews geschehen.

## Von moralischem Marketing und moralischem Programmieren

Hartnäckig hält sich die Geschichte, dass Kinobesucher*innen in den 1950er-Jahren unterbewusst von einer Kinowerbung zum Kauf einer Coca-Cola und Popcorn verleitet wurden. Subliminal, also unterschwellig, soll den Besucher*innen die Werbebotschaft »Iss Popcorn und trinke Coca-Cola« auf der Kinoleinwand dargeboten worden sein. Die Werbebotschaft wurde angeblich so kurz eingeblendet, dass die Besucher*innen diese nicht bewusst wahrnehmen konnten. Aus Priming-Experimenten in der Psychologie ist durchaus bekannt, dass unterschwellig präsentierte Nachrichten bei einem Rezipienten, hier also im Kino, vom Gehirn verarbeitet werden können. Ob man dann aber tatsächlich Popcorn kaufen geht? Wohl eher nicht.[546] Nachdem sich das Gerücht von dieser Art Kinowerbung, aber auch die Nachricht von entsprechenden psychologischen Experimenten verbreitet hatte, erfasste viele Menschen eine Panik: Wenn man schon unterbewusst zu dem Kauf einer Coca-Cola verleitet werden kann, was ist dann noch alles möglich? Konsument*innen fürchten sich vor der Manipulation. Sie fürchten sich davor, ausgenutzt zu werden und Dinge zu tun, die sie vielleicht gar nicht tun möchten.

Wie sieht es – heute, etwa sechzig Jahre später – mit der Manipulierbarkeit von Menschen in einem digitalen Zeitalter aus? In einem Zeitalter, wo wir in Form von Daten von Tech-Unternehmen einverleibt worden sind? Sie haben es bis hierhin mit dem Lesen geschafft und kennen nun genügend Beispiele, die Anlass zur Sorge geben (wir wollen aber nicht in Panik verfallen). Wie der Stand der Forschung zeigt, können durch das Studium digitaler Fußabdrücke zumindest einige Merkmale einer

Person relativ gut geschätzt werden. Allerdings besteht logischerweise auch die Gefahr, dass diese Daten dafür eingesetzt werden, Menschen zu manipulieren. Besonders gilt dies, wenn es gelingt, bestimmte Menschengruppen aufgrund ihrer digitalen Fußabdrücke ganz gezielt anzusprechen. Wie ich in Kapitel 4 berichtet habe, ist die empirische Evidenz seitens unabhängiger Wissenschaftler*innen über die tatsächliche Wirkung von Microtargeting-Maßnahmen bis jetzt aber leider begrenzt.

Dies alles führt mich trotzdem zu der Frage nach der Verantwortung von Berufszweigen, die beim Marketing anfangen und beim Programmierer oder bei der Programmiererin aufhören. Für Marketeers stellen sich unterschiedliche Fragen wie: Ist es überhaupt vertretbar, für ein bestimmtes Produkt zu werben (Zigaretten oder für eine rechtsradikale Partei)? Ist es überhaupt moralisch vertretbar, eine bestimmte Zielgruppe anzusprechen (Produkt »Facebook Kids«[547] oder »Instagram Kids«[548]). Über welche Kanäle findet die Werbung statt, und kann sichergestellt werden, dass ein potenzieller Konsument oder eine potenzielle Konsumentin die Werbung auch als solche erkennt?

Für die Frage nach der Verantwortung der Programmierer*innen von Social-Media-Applikationen hat der Whistleblower Christopher Wylie in seinem Buch *Mindf*ck* eine schöne Analogie gefunden. Er schreibt, dass für die Programmierer*innen einer Plattform doch das Gleiche gelten sollte wie für einen Architekten und das entworfene Haus. Wenn das Haus einstürzt, haftet der Architekt wegen einer Fehlplanung. Wer haftet, wenn das Social-Media-Haus einstürzt? Damit sprechen wir bei allen benannten Berufsgruppen über eine Berufsethik. Ethik beschreibt zunächst die Wissenschaftsdisziplin, die sich mit der Frage nach dem rechten Handeln beschäftigt. Sollte es im Sinne einer Berufsethik für App-Entwickler*innen Vorgaben für ein ethisches Design geben? Ich meine ja. Und tatsächlich gibt es hier schon Vorschläge, die bei der Programmierung von Applikationen bedacht werden sollten.

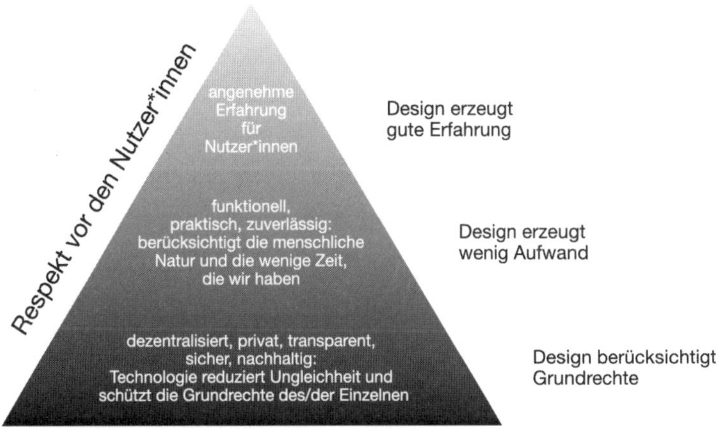


Abbildung 9.5.: Das Prinzip des ethischen Designs nach Aral Balkan und Laura Kalbag (modifiziert nach https://2017.ind.ie/ethical-design/); siehe auch Montag & Hegelich (2020); siehe Anmerkung 59

Die Pyramide in Abbildung 9.5. verweist darauf, dass es zunächst wichtig ist, die Grundrechte der Nutzer*innen bei dem Design einer Applikation zu bedenken und zu achten. Technologie soll so gestaltet sein, dass sie soziale Ungleichheiten reduziert und die Rechte des Einzelnen achtet. Darauf aufbauend soll berücksichtigt werden, dass die Lebenszeit der Nutzer*innen ein kostbares Gut darstellt. Entsprechend müsste eine Applikation funktionell, praktisch und zuverlässig sein, nicht aber Zeit stehlen. Respekt vor dem Nutzer oder der Nutzerin zeigt sich schließlich auch darin, dass die Applikation eine angenehme User-Erfahrung erzeugt. Das Ganze darf also ruhig Spaß machen. Wenn wir uns viele der aktuellen Social-Media- und Freemium-Game-Apps unter diesen ganzen Gesichtspunkten der Pyramide anschauen, ist da noch viel Luft nach oben.

Wie die Zukunft aussieht, weiß kein Mensch. Wir können nur gemeinsam daran arbeiten, auch in unserem schnelllebigen Zeitalter digitale Umwelten zu gestalten, die die Erfüllung unserer menschlichen Grundbedürfnisse leisten, ohne dass unsere Grundbedürfnisse ausgenutzt werden. Aber: Egal wie gut wir uns auch schützen – vor dem Hintergrund des anhaltenden Siegeszuges des Internet der Dinge halte ich es für illusorisch, dass wir uns komplett vor den Schattenseiten der Digitalisierung schützen können. Es wird schlichtweg unmöglich sein, generell jeglichen Einblick in unsere private Gedankenwelt und unsere Psyche zu verhindern. Und es ist utopisch zu erwarten, dass jede Applikation allen Ansprüchen eines ethischen bzw. moralischen Designs gerecht wird. Um wirklich sicherzugehen, dass wir eine hundertprozentige Privatsphäre haben und nicht manipuliert werden können, müssten wir am Ende jede Interaktion mit digitalen Geräten aufgeben. Dies würde einen kompletten sozialen Rückzug bedeuten, da zunehmend der gesamte öffentliche Raum digital durchzogen ist. Es ist aber ein zutiefst menschliches Bedürfnis, am öffentlichen Leben teilzunehmen und sich auch bei Social Media mit anderen auszutauschen. Deswegen ist es umso wichtiger, dass wir als Gesellschaft schon jetzt festlegen, welche Art von Daten von wem und für welche Zwecke in Zukunft ausgewertet und genutzt werden dürfen.

# Nachwort

Im Süden von Taiwan in der Stadt Tainan (táinán shì, 臺南市) besuche ich den Tempel des Stadtgottes. Im Hintergrund höre ich das Klackern von Steinen, die die Form eines Mondes haben, am Boden. Mondsteine werden täglich in hunderten Tempeln in Taiwan zu Boden geworfen, um Antworten auf die vielen drängenden Fragen der Menschen zu bekommen. Werde ich eine gute Klausur schreiben? Liebt mich mein Schwarm? Und werde ich wieder gesund? Die Antwort des Stadtgottes auf die Frage der Bittstellenden hängt davon ab, wie die Mondsteine zu Boden fallen. Die meisten hoffen auf ein göttliches »Ja« auf ihre Wünsche. Für die Zustimmung des Stadtgottes muss nach dem Wurf einer der Mondsteine auf der flachen Seite und einer auf der runden Seite auf dem Boden landen.

Als ich in den Tempel eintrete, klackern nicht nur die Mondsteine in unregelmäßigem Rhythmus auf den Boden, sondern es weht mir Weihrauch entgegen. Auf einer riesigen Holztafel prangt über mir in goldenen Zeichen die berühmte Inschrift »Ěr láile«, »爾來了«. Frei übersetzt heißt das »Da bist du (also endlich)«. Die drei chinesischen Zeichen auf der Holztafel fürchten naturgemäß alle, die Sünden auf sich geladen haben, freut aber die Rechtschaffenen mit Ausblick auf das Paradies. Hier geht es um nichts anderes als die Endabrechnung. Der Abakus im Tempel macht dem Besucher und der Besucherin zusätzlich klar, dass hier Gut und Böse aufgerechnet wird.

Ich gehe in den hinteren Raum des Tempels und nehme zwei Mondsteine in die Hand. Bevor ich die Steine werfe, kommt mir eine Frage in den Sinn: Werden wir uns noch vor der Übermacht der Tech-Konzerne retten können? Die Mondsteine klackern, als sie den Boden berühren.

Abbildung 10.1: Der Tempel des Stadtgottes in Tainan – »Da bist du (also endlich)!«

# Danksagung

Ich sitze auf einer Parkbank mit Blick auf den Rhein und verfasse die letzten Zeilen dieses Buches. Mein Blick wandert zu den Poller-Wiesen auf der anderen Rheinseite, auf denen manchmal Schafe grasen. Heute nicht. Ich sehe, wie hinter dem Kilometerpfeiler 685 ein Fahrradfahrer vorbeifährt. Ein paar Möwen kreisen durch die Luft, und ein langes Containerschiff zieht gemütlich an mir vorbei. Es ist Hochsommer, und die Sonne strahlt über die Südbrücke. Meine Gedanken wandern.

Die letzten sechs Jahre sind nicht spurlos an mir vorbeigegangen. Das ständige Hin- und Herreisen zwischen Köln/Ulm/Chengdu und Ausflüge in Länder wie die USA hat an meinen Kräften gezehrt. Ich bin allerdings sehr dankbar für die vielen wertvollen Erfahrungen, die ich machen durfte.

Dieses Buch begann in den USA und führte uns rund um die Welt bis in den Süden von Taiwan. Nun sitze ich in meiner Geburtsstadt Köln und sehe in einer globalisierten Welt Containerschiffe mit Waren aus aller Welt auf dem Rhein Richtung Rotterdam ziehen. Die Welt ist groß und doch so klein. Gleiches gilt für die Probleme, die wir im Alltag haben. Manche Probleme sind groß und manche klein, manche Probleme sind schwerer und andere einfacher zu beheben. Ich denke, dass dies auch für die Themen in diesem Buch gilt.

*Du gehörst uns!* ist deutlich umfangreicher geworden, als ich ursprünglich plante und hat mir einiges abverlangt. Ich war völlig unvertraut mit dem Prozess, ein Buch für einen großes Verlagshaus zu schreiben. Ich bin sehr dankbar, dass ich die Möglichkeit dafür bekommen habe. Ohne das Vertrauen und die große Unterstützung der Rauchzeichen-Agentur (besonders Laura Weber und Dr. Hanna Leitgeb) wäre an erster Stelle kein aussagekräftiges Exposé entstanden. Zudem bin ich dem Blessing Verlag sehr dankbar dafür, dass sie an mein Buch geglaubt haben. Ein großer Dank geht an Dr. Edgar Bracht für das gründliche Lektorat. Es war ein sehr angenehmer Arbeitsprozess, der die Lesbarkeit des Buches deutlich verbessert hat. Und ich glaube, dass ich einen Effzeh-Sympathisanten gewonnen habe ☺

Wie Sie gesehen haben, berichtete ich in dem Buch auch über einige Forschungsarbeiten aus meiner Arbeitsgruppe. Ich bin keine One-Man-Show, sondern habe unglaublich talentierte Mitarbeiter, die hart arbeiten, um den in diesem Buch dargestellten Forschungskomplex zu beackern. Ich danke besonders Dr. Cornelia Sindermann, Dr. Dmitri Rozgonjuk, Dr. Davide Marengo und Prof. Dr. Jon D. Elhai für die großartigen Kooperationen. Cornelia Sindermann danke ich zudem für die vielen guten Anmerkungen nach Lesen von großen Teilen des Buch-Manuskriptes. Ich bin Prof. Dr. Benjamin Becker dankbar für diverse Studien, die wir erfolgreich zusammen veröffentlicht haben, vor allen Dingen aber für die tolle gemeinsame Zeit in China. Weiterhin bin ich Prof. Dr. Katharina Zweig dankbar für die gemeinsame Arbeit an zwei Papers, in denen wir einige der in diesem Buch dargestellten Psycho-Mechanismen wissenschaftlich beschrieben haben.[549] Katharina Zweig hat mir netterweise auch den Kontakt zur Rauchzeichen-Agentur verschafft. Danke an Prof. Dr. Simon Hegelich für die erfolgreiche Zusammenarbeit an einer Übersichtsarbeit, in der einige zentrale Aspekte des Buches in einer wissenschaftlichen Fachzeitschrift zu finden sind. Ein Dank geht auch an Junior-Professor Dr. Sebastian Markett für das Bereitstellen einer Gehirnabbildung in diesem Buch, die sich auf eine gemeinsame Studie bezieht.

Besonders bedanke ich mich bei den vielen tausenden anonymen Studienteilnehmer*innen, die meine Forschungsprojekte in den letzten Jahren auf unseren Online-Plattformen unterstützt haben. Ich weiß, dass dies nicht selbstverständlich ist, und kann nur hoffen, dass die Erkenntnisse, die wir aus den Daten unserer Studienteilnehmer*innen ziehen und veröffentlichen, unsere Gesellschaft vielleicht ein kleines bisschen besser machen.

Dies bringt mich zum Schluss: Danke an meine Eltern Ingrid und Udo für die nun über 43 Jahre an Unterstützung. Danke an meinen Bruder Thomas für die schönen Stunden, die wir beim Effzeh oder woanders verbringen (zu wenige). Und ganz besonders DANKE an meine Frau Susanne und Tochter Hannah. Ich liebe Euch. Dieses Buch hat sehr viel von unserer Familienzeit genommen.

Ich danke natürlich auch Ihnen, liebe Leserin, lieber Leser – für Ihre Aufmerksamkeit, unser kostbares Gut. Ich persönlich würde mich sehr freuen, wenn das Buch zumindest ein wenig dabei hilft, eine wichtige Debatte in unserer Gesellschaft anzustoßen: Wer darf unsere Daten zu welchem Zweck in Zukunft verwenden?

Köln am Rhein, 6. August 2020

Die Bäume tragen nach dem Winter endlich wieder Blätter. Deutschland wartet darauf, geimpft zu werden, und auf den Frühling. Mittlerweile ist Joe Biden der neue gewählte Präsident der USA, und wenige Monate nach Vollendung des Buches im Sommer 2020 haben sich dramatische Ereignisse im Zusammenspiel von Social Media, Politik und dem Weltgeschehen abgespielt. Deswegen galt es für mich, noch einmal das ganze Buch zu überarbeiten – in der Hoffnung, dass Sie, liebe Leser und Leserinnen, ein möglichst aktuelles Werk vorfinden.

Köln am Rhein, 30. April 2021

Mehr Informationen über Christian Montag und seine aktuellen Forschungsprojekte finden sich unter www.christianmontag.de

## Ein letztes Wort aus Transparenzgründen und wie ich es mit der Social-Media-Nutzung halte

Zunächst bin ich Hochschullehrer und unabhängiger Wissenschaftler. Diese Tätigkeiten machen den wesentlichen Teil meines täglichen Schaffens aus. Ich gehe aber auch weiteren Tätigkeiten nach und möchte dazu kurz Stellung nehmen. Ich halte Transparenz für wichtig, um Vertrauen zu erzeugen. Insofern gehört es sich auch, meine Tätigkeiten für und mit der Industrie an dieser Stelle zu benennen. Ich denke, dass die kritische Haltung in meinem Buch untermauert, dass mich diese Tätigkeiten nicht milde gestimmt haben. Im Gegenteil: Meine Sinne wurden durch den Dialog geschärft, und ich verstehe mittlerweile noch besser, welche Probleme tatsächlich von Social Media & Co. ausgehen.

Ich bin aktuell Mitglied eines Gesprächskreises über Digitalität und Verantwortung bei Facebook.[550] Mir ist es wichtig, darauf hinzuweisen, dass ich hier keine finanzielle Gegenleistung bekomme. Zum anderen bin ich aktuell als wissenschaftlicher Beirat für die Nymphenburg-Gruppe (Marktforschung, München) in etwa ein bis zwei Tage pro Jahr tätig. Von außen reflektiere ich als unabhängiger Wissenschaftler die Arbeitsweise der Nymphenburg-Gruppe und ich berichte dort über neueste Forschungserkenntnisse. Für meinen entstehenden Arbeitsaufwand werde ich dort finanziell entlohnt. Darüber hinausgehend habe ich auf vielen wissenschaftlichen Konferenzen, aber auch auf Veranstaltungen in Schulen und Unternehmen Vorträge gehalten. Diese Vorträge drehten sich teilweise auch um den Themenkomplex in diesem Buch und wurden in Teilen vergütet.

Warum gehe ich den genannten Tätigkeiten nach, wenn ich

eine so kritische Haltung habe? Zunächst bin ich davon überzeugt, dass es wichtig ist, mit der Social-Media- und Marketing-Industrie den Dialog aufrechtzuerhalten. Ich bin davon überzeugt, dass nur durch Austausch und Kompromiss die Welt zum Besseren verändert werden kann. Dass die ein oder andere Tätigkeit finanziell entlohnt wird, entspricht dem Aufwand, der für mich entsteht.

Im Übrigen ist Marketing und Werbung per se nichts Verwerfliches, und manchmal freue ich mich darüber, dass mich eine Werbebotschaft erreicht. Wenn ich mal wieder keine Konzerttickets bekommen habe, wünschte ich mir, mich hätte früher ein entsprechender Hinweis auf das Konzert erreicht. Meines Erachtens kommt es auf die Art und Weise der Marketing-Strategie an. Ich persönlich empfinde es als zentral, Menschen darüber in Kenntnis zu setzen, wann es sich bei einer Botschaft um Werbung handelt. Ich finde es wichtig, dass wir uns in privaten Bereichen von Werbung abschotten können, wenn wir dies wollen (zum Beispiel E-Mails). Außerdem wäre es schön für die Konsument*innen, wenn wir mehr Kontrollinstanzen kreieren, über welche der oder die Beworbene erfährt, warum ihn*sie eine bestimmte Werbebotschaft erreicht hat. Auch Microtargeting kann im Übrigen aus meiner Sicht ethisch vertretbar sein (zumindest wenn ich darüber in Kenntnis gesetzt werde und vorher zugestimmt habe, solche maßgeschneiderte Werbung zu erhalten). Diese Werbung sollte übrigens dann auch also solche markiert sein. Im Bereich der politischen Werbung auf Social Media lehne ich diese Form der Werbung auf den bestehenden Social-Media-Plattformen aber entschieden ab.

Wie halte ich es mit meiner Social-Media-Nutzung? Ich habe keinen Facebook-Account. Einen Instagram-Account habe ich einmal kurz eingerichtet, um für die *Aktuelle Stunde* des WDR eine Live-Sendung machen zu können. Als ich kürzlich einen wissenschaftlichen Artikel über TikTok verfasst habe, habe ich TikTok installiert, um die dortigen Wirkmechanismen besser zu verstehen. Sowohl Instagram und TikTok habe ich wieder gelöscht. Ich nutze WhatsApp, versuche aber mit meinem kompletten sozialen Graphen (also Familie, Freunde und Bekannte) zu wechseln (auf Signal). Mir ist natürlich bewusst, dass kein Produkt hundertprozentig sicher ist. Und ja: Ich habe aktuell einen LinkedIn- und Twitter-Account. Große Teile meiner Community in der Psychologie sind dort vertreten, und es ist für mich schwierig, dort nicht stattzufinden. Ich stehe aber für eine europäische Alternativ-Lösung ein. Sobald wir es schaffen, eigene Plattformen – am besten in öffentlicher Hand – zu kreieren, würde ich eine solche Plattform wählen.

## Zusammenfassung der einzelnen Kapitel

**Kapitel 1** stellt das Daten-Geschäftsmodell der Tech-Konzerne als den zentralen Dreh- und Angelpunkt des Buches vor. Es wird kurz erläutert, dass das Daten-Geschäftsmodell mit dafür verantwortlich ist, dass die Privatsphäre der Nutzer*innen verloren geht. Möglicherweise trägt das Daten-Geschäftsmodell auch einen Teil dazu bei, dass es zu einer Radikalisierung im World Wide Web gekommen ist. Gleiches gilt für die Entstehung von Online-Sucht oder einer problematischen Internetnutzung. In dem Kapitel wird außerdem der Begriff Aufmerksamkeit aus psychologischer Sicht mit Hilfe der Spotlight-Metapher im Theater erläutert.

**Kapitel 2** gibt zunächst einen Überblick über die unglaublich hohen Nutzer*innenzahlen von Social-Media-Angeboten (knapp vier Milliarden Nutzende weltweit). Danach wird die Nutzen- und Gratifikationstheorie vorgestellt. Mit Hilfe dieser Theorie wird herausgearbeitet, dass soziale, hedonische und utilitäre Gratifikationen wichtige Motive der Social-Media-Nutzung darstellen. Die Nutzen- und Gratifikationstheorie beantwortet die Frage nach dem WARUM der Social-Media-Nutzung. Diese Perspektive wird um Befunde aus der Persönlichkeitspsychologie erweitert, die stärker der Frage nachgehen, WER besonders unter den Nutzer*innen der Social-Media-Angebote zu finden ist.

Das **Kapitel 3** stellt vielleicht das Herzstück des Buches dar, weil hier vor dem Hintergrund psychologischer und verhaltensökonomischer Theorien erläutert wird, wie Nutzer*innen mit zahlreichen Tricks auf diversen Social-Media- und Freemium-Spiel-Angeboten gehalten werden. Unter anderem wird erläutert, was es mit Nudging, dem Zeigarnik-/Ovsiankina-Effekt, dem Endowment-Effekt und dem bedeutsamen psychischen Prozess Fear of Missing Out auf sich hat. Darüber hinaus wird erläutert, wie Farbwelten, Likes und Push-Notifikationen auf die User*innen wirken.

In **Kapitel 4** wird in das neue Forschungsfeld der Psychoinformatik eingeführt. Unter anderem versuchen Wissenschaftler*innen in dieser neuen Forschungsdisziplin, mit Methoden der Informatik von digitalen Datenspuren Vorhersagen auf psychische Eigenschaften einer Person zu machen. Diesen Teilbereich der Psychoinformatik nennt man auch *Digital Phenotyping*. Im besonderen Fokus des Kapitels stehen Studien, die psychodiagnostische Fragestellungen aufgrund von Smartphone- und Social-Media-Daten beantworten (siehe auch nächstes Kapitel). Es wird ein Ausblick auf die nahe Zukunft gegeben, in der auch von den Datenspuren des Internet der Dinge zahlreiche Personenmerkmale geschätzt werden können.

**Kapitel 5** zeigt, wie Digital Phenotyping das Gesundheitssystem bereichern kann. Anhand von Beispielen aus der Psychiatrie und Neurologie wird unter anderem diskutiert, wie die Diagnostik von Krankheiten und das Überwachen des Krankheitsverlaufs von der Berücksichtigung digitaler Datenspuren profitieren könnte. Zweifelsohne entstehen hier besonders sensible Daten, sodass der*die Gesetzgeber*in besonders schnell klare Rahmenbedingungen für eine sinnvolle Nutzung solcher Daten schaffen muss. Die Missbrauchsgefahren sind als hoch einzuschätzen. Dies wird auch anhand eines prominenten Beispiels erläutert, wo kürzlich ausgehend von Gesichtsformen Vorhersagen auf die sexuelle Orientierung von Personen gemacht wurden.

**Kapitel 6** fragt, ob und wie uns Tech-Konzerne durch die Vorselektion von Nachrichten manipulieren. Zunächst werden die Konzepte der Echokammer und Filterblase vorgestellt. Egal ob wir über die Echokammer und Filterblase sprechen, beide Male kann es zu einer Verstärkung der eigenen Weltanschauung kommen, wenn wir wieder und wieder mit den eigenen Meinungen konfrontiert werden. Anhand des Beispiels der Schlangenbeschwörer*innen erläutere ich, wie es zu Verschiebungen der Basisrate durch die Echokammer und Filterblase kommen kann. Eine solche Basisratenverschiebung stellt möglicherweise auch ein Puzzleteil dar, um die Radikalisierung der Nutzer*innen im politischen Extremspektrum zu verstehen. Hier bedarf es aber noch weiterer Forschung. Zu guter Letzt weise ich auf die Bedeutsamkeit kognitiver Funktionen wie analytisches Denken und Intelligenz hin, um zu verstehen, wer weniger bzw. stärker anfällig für die schädlichen Effekte von Fake News ist.

In **Kapitel 7** wird die Diagnose der Gaming Disorder vorgestellt, die seit Mai 2019 als eigenständiges Störungsbild von der Weltgesundheitsbehörde anerkannt ist. Dies ist bemerkenswert, da dadurch die erste Form einer Internetnutzungsstörung als Erkrankung in den ICD-11-Katalog aufgenommen wurde. Für Internetnutzungsstörungen mit Fokus auf die Nutzung von Social-Media-Angeboten ist eine solche Diagnose noch nicht existent. Im Vergleich zur Gaming Disorder wurde in diesem Bereich in dem letzten Jahrzehnt allerdings auch weniger geforscht. Trotzdem zeigen mittlerweile viele wissenschaftliche Arbeiten, dass es durchaus psychische Belastungen durch die Nutzung von Social-Media-Angeboten geben kann. Dafür ist es aber auch wichtig, zwischen der aktiven und passiven Nutzung von unterschiedlichen Social-Media-Angeboten zu unterscheiden.

Stand heute – ähnlich wie bei der Gaming Disorder – berichtet nur eine relativ kleine Gruppe an Menschen größere psychische Belastungen durch die Social-Media-Nutzung. Die Fragmentierung des Alltags durch die App-Architektur vieler Social-Media-Angebote stellt aber trotzdem ein Problem für vertieftes Arbeiten dar.

In **Kapitel 8** diskutiere ich im Wesentlichen zwei Gruppen von Maßnahmen, die helfen, sich ein wenig vor der Datenspionage zu schützen. Die erste Gruppe der Maßnahmen zielt darauf ab, möglichst wenig Datenspuren zu erzeugen, indem ich bestimmte Online-Angebote einfach möglichst wenig nutze. Die zweite Gruppe an Maßnahmen bezieht sich auf die Verschleierung der eigenen Identität, indem ein Tor-Browser oder eine Suchmaschine wie DuckDuckGo genutzt wird, um möglichst wenige Informationen über sich preiszugeben.

Im Sinne der Psychoedukation wird auch das Prinzip der kognitiven Dissonanz erläutert: Es beschreibt das mulmige Gefühl, was viele von uns beschleicht, wenn wir darüber nachdenken, welche Daten wir alle bei der Nutzung eines Online-Angebots hinterlassen, aber diesen Fakt wegen der Attraktivität des Online-Service irgendwie ausblenden. Kognitive Dissonanz lässt sich über gute und nicht so gute Wege abbauen, wie wir bei den Sektenmitgliedern aus Leon Festingers klassischer Studie gesehen haben. Was bedeuten die Erkenntnisse über die kognitive Dissonanz für die Nutzung zahlreicher Online-Angebote, für die wir mit unseren Daten zahlen sollen? Vielleicht sollten wir einfach attestieren, dass manche Online-Angebote unserer Daten nicht wert sind. Eine kognitive Abwertung der Social-Media-Angebote (was habe ich wirklich von der Nutzung?), könnte auch zu einem Abbau der kognitiven Dissonanz führen und die Nutzungszeiten verringern. Zum Ende des Kapitels wird die *Quantified-Self*-Bewegung vorgestellt, in der Menschen so gut wie alles aufzeichnen, was in ihrem Alltag geschieht.

In **Kapitel 9**, dem letzten, wird darüber nachgedacht, mit welchen Maßnahmen die Schattenseiten des Daten-Geschäftsmodell beseitigt werden können. Logischerweise wird vor dem Hintergrund der großen Probleme zuerst erörtert, ob es nicht möglich wäre, das Daten-Geschäftsmodell ganz abzuschaffen und stattdessen mit Geld für ein Social-Media-Angebot zu zahlen. Im Umkehrschluss müssten sich die Tech-Konzerne verpflichten, die Daten der Nutzer*innen zu schützen und nicht weiterzuverkaufen. Weiterhin müssten sich die Konzerne dazu verpflichten, Plattformen zu entwerfen, die nicht bloß auf die Verlängerung der Verweilzeiten der Nutzer*innen abzielen.

Leider scheint die Bezahlidee momentan noch keinen ausreichenden Rückhalt auf Konsument*innenseite zu finden. In dem Kapitel erörtere ich deswegen auch, dass es nun möglicherweise Zeit für Social-Media-Angebote wird, die in öffentlicher Hand sind. Zumal auf Social Media auch ein öffentlicher Raum für gesellschaftlich relevante Diskussionen bereitgestellt wird. Ein solches Angebot könnte beispielsweise durch die GEZ-Gebühren finanziert werden. Weiterhin wird in dem letzten Kapitel darüber nachgedacht, wie für die Nutzenden »gesunde« Social-Media-Plattformen aussehen würden und was ethisches/moralisches Plattformdesign bedeutet.

## Literatur und Anmerkungen

[1] https://www.derstandard.at/story/220255/erstmals-online-music-awards-verliehen

[2] https://www.internetworldstats.com/stats.htm (Zahl vom Besuch am 17.07.2021)

[3] https://www.statista.com/statistics/264810/number-of-monthly-active-facebook-users-worldwide/ (Zahl vom Besuch am 17.07.2021)

[4] Der Sucht- oder Abhängigkeitsbegriff ist im Kontext der Social-Media-Nutzung unter Wissenschaftler*innen noch hoch umstritten. Ich werde in Kapitel 7 detaillierte Einblicke in die aktuelle Diskussion über die Natur der exzessiven Social-Media-Nutzung geben.

[5] Montag, C., Ebstein, R. P., Jawinski, P., & Markett, S. (2020). Molecular genetics in psychology and personality neuroscience: On candidate genes, genome wide scans, and new research strategies. *Neuroscience & Biobehavioral Reviews*, 118, 163–174.
Sindermann, C., Luo, R., Zhang, Y., Kendrick, K. M., Becker, B., & Montag, C. (2018). The COMT Val158Met polymorphism and reaction to a transgression: findings of genetic associations in both Chinese and German samples. *Frontiers in Behavioral Neuroscience*, *12*, 148.

[6] https://blog.hootsuite.com/de/social-media-statistiken-2019-in-deutschland/ (Zahl vom Besuch am 17.07.2021)

[7] https://de.statista.com/themen/6137/smartphone-nutzung-in-deutschland/ (Zahl vom Besuch am 17.07.2021)

[8] Zuboff, S. (2019). *The age of surveillance capitalism: The fight for a human future at the new frontier of power.* Profile books.

[9] https://www.theverge.com/2020/2/4/21122044/google-photos-privacy-breach-takeout-data-video-strangers

[10] https://www.fitbook.de/mind-body/essstoerungen-bei-instagram-und-co

[11] https://www.handelsblatt.com/technik/it-internet/schutz-von-minderheiten-gutachten-zu-hass-und-hetze-bestaetigt-facebook-kritiker/25992080.html?ticket=ST-98576-4ycSeeuS1NfLejHGHhX7-ap4

[12] https://www.theguardian.com/technology/2020/jan/09/facebook-political-ads-micro-targeting-us-election: «Facebook refuses to restrict untruthful political ads and micro-targeting.«

[13] https://www.washingtonpost.com/technology/2019/12/09/critics-say-facebooks-powerful-ad-tools-may-imperil-democracy-politicians-love-them/

[14] https://www.theguardian.com/technology/2019/nov/20/google-political-ad-policy-facebook-twitter;
https://www.forbes.com/sites/rachelsandler/2019/11/20/google-limits-microtargeting-for-paid-political-ads/

[15] https://www.cbsnews.com/news/spending-on-us-digital-political-ads-to-cross-1-billion-for-first-time/

[16] https://www.bbc.com/news/technology-52815552

[17] https://www.theguardian.com/technology/2020/may/28/zuckerberg-facebook-police-online-speech-trump: »arbiter of truth«

[18] https://www.spiegel.de/netzwelt/netzpolitik/donald-trump-einen-halben-tag-twitter-sperre-nach-vier-jahren-zaudern-a-d1b9c43d-e093-4ca1-a901-ef2be8c43ea3

[19] https://oversightboard.com/decision/FB-691QAMHJ/

[20] http://www.gesetze-im-internet.de/netzdg/BJNR335210017.html

[21] Die zumeist aus den USA operierenden Tech-Konzerne müssen nun transparent machen, wie sie mit Hassrede und Missinformationen umgehen, und die deutsche Regierung als auch die deutschen Nutzer*innen haben eine*n Ansprechpartner*in in Deutschland.

[22] https://www.bpb.de/dialog/netzdebatte/265013/das-netzdg-ist-gut-gemeint-aber-schlecht-gemacht

[23] https://www.sueddeutsche.de/digital/netzwerkdurchsetzungsgesetz-es-geht-um-nichts-geringeres-als-die-meinungsfreiheit-1.3816862

[24] https://en.wikipedia.org/wiki/Communications_Decency_Act

[25] https://eu.usatoday.com/story/tech/2021/01/04/trump-biden-pelosi-section-230-repeal-facebook-twitter-google/4132529001/

[26] Kosseff, J. (2019). *The twenty-six words that created the internet.* Cornell University Press.

[27] https://www.law.cornell.edu/uscode/text/47/230: »No provider or user of an interactive computer service shall be treated as the publisher or speaker of any information provided by another information content provider.«

[28] https://nypost.com/2020/06/03/social-media-cracks-down-on-posts-mocking-george-floyds-death/

[29] https://nationalpost.com/news/world/facebook-to-tighten-rules-around-posts-inciting-vigilante-violence; sowie Anmerkung 30

[30] »... when the looting starts, the shooting starts«.https://www.washingtonpost.com/technology/2020/06/26/facebook-hate-speech-policies/

[31] https://www.theguardian.com/technology/2019/oct/10/facebook-trump-politics-technology-zuckerberg

[32] https://twitter.com/sacca/status/1346921144859783169: »You've got blood on your hands, @jack and Zuck. For four years you've rationalized this terror. Inciting violent treason is not a free speech exercise. If you work at those companies, it's on you too. Shut it down.«

[33] https://www.nytimes.com/2021/01/07/technology/trump-twitter-qanon.html: »It takes a media that caters to the views of the president, the internet advertising industry that provides financial incentives for outlandish ideas that grab people's attention and our human nature that pushes us to extreme views. All of this stuff gets layered on top of one another.«

[34] https://www.swr3.de/aktuell/diese-meldungen-sind-fake-news--von-coronavirus-bis-volkmarsen-100.html; https://www.br.de/nachrichten/netzwelt/alles-ueber-telegram-the-good-the-bad-and-the-ugly, SdESFKQ

[35] https://www.focus.de/gesundheit/news/in-eigener-sache-fake-artikel-zu-geaenderten-supermarkt-oeffnungszeiten-wegen-corona-krise-im-umlauf_id_11773132.html

[36] https://www.pharmazeutische-zeitung.de/fake-news-zu-ibuprofen-und-covid-19/

[37] https://www.welt.de/politik/ausland/article207471609/Corona-Desinfektionsmittel-injizieren-Trump-spricht-jetzt-von-Sarkasmus.html

[38] https://www.msn.com/de-de/finanzen/top-stories/twitter-geht-verst-c3-a4rkt-gegen-verschw-c3-b6rungsmythen-zu-corona-impfungen-vor/ar-BB1c00hD; https://www.businessinsider.com/facebook-will-start-removing-posts-with-false-vaccine-claims-2020-12?r=DE&IR=T

[39] https://www.nytimes.com/2020/12/09/technology/facebook-antitrust-monopoly.html

[40] Öhman, C., & Aggarwal, N. (2020). What if Facebook goes down? Ethical and legal considerations for the demise of big tech. *Internet Policy Review*, 9(3), 1–21.

[41] https://www.rentcafe.com/average-rent-market-trends/us/ca/santa-clara-county/palo-alto/

[42] https://paloaltoonline.com/news/2018/03/09/startups-beating-the-odds-in-silicon-valley

[43] https://www.pinterest.de/pin/183873597260168331/

[44] https://www.spiegel.de/netzwelt/web/internet-wird-50-wie-alles-mit-zwei-buchstaben-und-einem-absturz-anfing-a-1293668.html

[45] https://gizmodo.com/the-first-internet-message-ever-sent-was-lo-1597681715

[46] http://info.cern.ch/hypertext/WWW/TheProject.html; für das wahre Erlebnis sollte man aber die Webseite im Line Mode Stil ansteuern, dann mit schwarzem Hintergrund und in grüner Schrift: http://line-mode.cern.ch/www/hypertext/WWW/TheProject.html

[47] https://www.mcschindler.com/digital-2020-zahlen-zur-globalen-nutzung-von-smartphones-internet-und-social-media/ (Zahl vom Besuch am 18.07.2021)

[48] Murakami, H. (2011). *Mister Aufziehvogel: Roman*. DuMont Buchverlag.

[49] Csikszentmihalyi, M. Flow: The Psychology of Optimal Experience. 1991: Harper Perennial. *Rep edition*.

[50] Montag, C., Błaszkiewicz, K., Sariyska, R., Lachmann, B., Andone, I., Trendafilov, B., … & Markowetz, A. (2015). Smartphone usage in the 21st century: who is active on WhatsApp? *BMC Research Notes*, *8*(1), 331.

[51] Beispielsweise: Anderson, J. R. (1996). Kognitive Psychologie: Eine Einführung, Spektrum.

[52] Brechts episches Theater ist sicherlich eine Ausnahme von dem Gesagten, wo während der Aufführung immer klar bleiben soll, dass es sich um ein Theaterstück handelt.

[53] https://www.youtube.com/watch?v=vJG698U2Mvo

[54] Simons, D. J., & Chabris, C. F. (1999). Gorillas in our midst: Sustained inattentional blindness for dynamic events. *Perception*, *28*(9), 1059–1074.

55 https://de.wikipedia.org/wiki/Die_Gedanken_sind_frei

56 Wer sich für den (Unter-)Bewusstsein-Komplex interessiert, dem sei das tolle neue Buch »The Hidden Spring« von Marc Solms ans Herz gelegt: Solms, M. (2021). *The hidden spring: A journey to the source of consciousness*. WW Norton & Company.

57 Ich erlaube mir, hier und da aus Einfachheitsgründen den Suchtbegriff im Buch zu verwenden. Dies geschieht auch, um stilistisch nicht immer dieselben Worte zu verwenden bzw. um sperrigere Begriffe wie *Internetnutzungsstörungen im Bereich der Social-Media-Nutzung* teilweise zu vermeiden (auch wenn sie momentan eher der offiziellen Nomenklatur entsprechen). Es gibt eine ausführliche akademische Debatte darüber, ob der Suchtbegriff im Kontext der exzessiven Social-Media-Nutzung angebracht ist. Ich bleibe der Anschaulichkeit halber aber zunächst bei dem Suchtbegriff. Mir ist allerdings wichtig, nicht vorschnell Alltagshandlungen zu pathologisieren.

58 Parler ist ebenfalls ein soziales Netzwerk, das sich besonders freie Meinungsäußerungen auf die Fahnen geschrieben hat und im Jahr 2020 Zulauf von Trump-Anhänger*innen bekommen hat (zum Beispiel https://www.zdf.de/nachrichten/video/panorama-rechte-influencer-usa-100.html).
Im Original lautet das Zitat: »The only two people that call their customers users are drug dealers and social media.«; https://www.foxnews.com/media/netflix-social-dilemma-parler-users

59 Eine ähnliche Abbildung verwenden auch: Montag, C., & Hegelich, S. (2020). Understanding Detrimental Aspects of Social Media Use: Will the Real Culprits Please Stand Up. *Frontiers in Sociology, 5, 599270.*

60 https://de.wikipedia.org/wiki/Geschichte_des_Fernsehens_in_Deutschland

61 https://de.statista.com/statistik/daten/studie/171950/umfrage/anzahl-der-fernseher-im-haushalt/

62 Ashton, M. C., Lee, K., & Paunonen, S. V. (2002). What is the central feature of extraversion? Social attention versus reward sensitivity. *Journal of Personality and Social Psychology*, *83*(1), 245–252.

63 In der Studie lag der Fokus auf dem Vergleich von Nutzer*innen von Facebook und Nicht-Nutzer*innen von Facebook: Brailovskaia, J., &

Margraf, J. (2016). Comparing Facebook users and Facebook non-users: Relationship between personality traits and mental health variables–an exploratory study. *PloS One*, *11*(12), e0166999. An späterer Stelle kommen wir in dem Buch auf weitere Studien zu diesem Thema zu sprechen.

[64] https://www.billboard.com/articles/columns/pop/7454390/mtv-first-music-video-video-killed-radio-star-buggles-anniversary-35

[65] https://www.dailydot.com/unclick/video-killed-the-radio-star-tiktok/

[66] https://de.statista.com/statistik/daten/studie/4554/umfrage/radiohoeren-taegliche-dauer-seit-1995/

[67] Das erste Lied, das in Deutschland *on air* ging, war »Stille Nacht, Heilige Nacht.« https://www.br.de/nachrichten/kultur/vor-100-jahren-die-geschichte-des-radios-in-deutschland-beginnt,SJpMLzX

[68] https://blog.wiwo.de/look-at-it/2020/01/31/38-milliarden-social-media-nutzer-weltweit-knapp-die-haelfte-der-weltbevoelkerung/

[69] https://www.statista.com/statistics/272014/global-social-networks-ranked-by-number-of-users/ (Zahlen vom Besuch der Webseite am 18.07.2021)

[70] https://techcrunch.com/2020/12/09/facebook-antitrust-state-attorneys-general/

[71] https://www.businessinsider.de/international/major-us-tech-companies-blocked-from-operating-in-china-2019-5/?r=US&IR=T

[72] Montag, C., Becker, B., & Gan, C. (2018). The multipurpose application WeChat: a review on recent research. *Frontiers in Psychology*, *9*, 2247.

[73] https://www.statista.com/statistics/255778/number-of-active-wechat-messenger-accounts/ (Zahlen vom Besuch der Webseite am 18.07.2021)

[74] Ich nutze vereinfacht den Begriff »die Chines*innen«. Der Begriff ist nicht despektierlich gemeint. Er ist aber durchaus nicht unproblematisch, denn es handelt sich bei China um ein kulturell und ethnisch sehr heterogenes Land.

[75] Lee, K. F. (2018). *AI superpowers: China, Silicon Valley, and the new world order.* Houghton Mifflin Harcourt.

[76] Strittmatter, K. (2018). Die Neuerfindung der Diktatur: *Wie China den digitalen Überwachungsstaat aufbaut und uns damit herausfordert.* Piper ebooks.

[77] Zuboff, S. (2015). Big other: surveillance capitalism and the prospects

of an information civilization. *Journal of Information Technology, 30*(1), 75–89.

[78] Jacques, M. (2012). *When China rules the world: The rise of the middle kingdom and the end of the western world.* Penguin UK.

[79] Verble, J. (2014). The NSA and Edward Snowden: surveillance in the 21st century. *ACM SIGCAS Computers and Society, 44*(3), 14–20.

[80] https://www.verdict.co.uk/tencents-wechat-boasts-768-million-people-used-digital-red-envelopes-lunar-new-year/

[81] https://www.economist.com/leaders/2021/01/02/why-retailers-everywhere-should-look-to-china: »There is a pattern to how the West thinks about Chinese innovation. From electronics to solar panels, Chinese manufacturing advances were either ignored or dismissed as copying, then downplayed and then grudgingly acknowledged around the world. Now it is the Chinese consumer's taste and habits that are going global. Watch and learn.«

[82] https://www.omnicoreagency.com/tiktok-statistics/

[83] https://www.cnbc.com/2020/08/24/tiktok-reveals-us-global-user-growth-numbers-for-first-time.html

[84] https://www.futurebiz.de/artikel/tiktok-statistiken-2019/

[85] TikTok hat gerade die Maximaldauer der Videos auf drei Minuten erhöht: https://techcrunch.com/2021/07/01/tiktok-expands-max-video-length-to-3-minutes-up-from-60-seconds/

[86] https://www.youtube.com/watch?v=tMKre7VebJ0

[87] https://www.youtube.com/watch?v=3KFFuCiiP7w

[88] Lovett, J. T., Munawar, K., Mohammed, S., & Prabhu, V. (2021). Radiology Content on TikTok: Current Use of a Novel Video-Based Social Media Platform and Opportunities for Radiology. *Current Problems in Diagnostic Radiology*, 50(2), 126–131.

[89] https://www.theguardian.com/technology/2019/nov/27/tiktok-makeup-tutorial-conceals-call-to-action-on-chinas-treatment-of-uighurs

[90] Wang, Y. (2020). Humor and camera view on mobile short-form video apps influence user experience and technology-adoption intent, an example of TikTok (DouYin). *Computers in Human Behavior, 110*, 106373.

[91] Kennedy, M. (2020). ›If the rise of the TikTok dance and e-girl a esthetic has taught us anything, it's that teenage girls rule the internet right now‹: TikTok celebrity, girls and the Coronavirus crisis. *European Journal of Cultural Studies, 23*(6), 1069–1076.

[92] https://www.bnnbloomberg.ca/tiktok-downplays-chinese-communist-party-links-in-australia-hearing-1.1499263

[93] https://www.bbc.com/news/world-us-canada-53894586

[94] https://www.computerbild.de/artikel/cb-News-App-TikTok-Verkauf-Ubernahme-27423347.html

[95] Montag, C., Yang, H. & Elhai, J. D. (2021). On the psychology of TikTok use: A first glimpse on what we know from empirical studies. *Frontiers in Digital Health,* 9, 641673.

[96] Carr, C. T., & Hayes, R. A. (2015). Social media: Defining, developing, and divining. *Atlantic Journal of Communication*, *23*(1), 46–65.

[97] https://blog.hootsuite.com/de/social-media-statistiken-2019-in-deutschland/

[98] Montag, C., Błaszkiewicz, K., Sariyska, R., Lachmann, B., Andone, I., Trendafilov, B., … & Markowetz, A. (2015). Smartphone usage in the 21st century: who is active on WhatsApp?. *BMC Research Notes*, *8*(1), 331.

[99] Herzog, H. (1942). What do we really know about daytime serial listeners. *Radio Research*, *1943*, 3–33, S. 23–25.

[100] Katz, E., Blumler, J. G., & Gurevitch, M. (1973). Uses and gratifications research. *The public opinion quarterly*, *37*(4), 509–523.

[101] Ernst, C. P. H. (2015). Hedonic and utilitarian motivations of social network site usage. In *Factors Driving Social Network Site Usage* (pp. 11–28). Springer Gabler, Wiesbaden.
Hsiao, C. H., Chang, J. J., & Tang, K. Y. (2016). Exploring the influential factors in continuance usage of mobile social Apps: Satisfaction, habit, and customer value perspectives. *Telematics and Informatics*, *33*(2), 342–355.
Hossain, M. A. (2019). Effects of uses and gratifications on social media use. *PSU Research Review*, *3*(3), 16–28.

[102] https://twitter.com/taylorswift13?lang=de (besucht am 18.07.2021)

[103] https://twitter.com/JoeBiden (besucht am 18.07.2021)

[104] Singer, P. W., & Brooking, E. T. (2018). *LikeWar: The weaponization of social media*. Eamon Dolan Books.

[105] https://www.billboard.com/articles/columns/pop/6150350/taylor-swift-shares-optimistic-view-of-the-music-industry-in-wall-journal-op-ed: »In the future, artists will get record deals because they have fans – not the other way round.«

[106] https://www.thewrap.com/taylor-swift-gifting-fans-video-hits-5-million-views/; https://www.yahoo.com/entertainment/taylor-swift-sends-gift-fan-she-couldn-t-221313918.html

[107] https://www.huffpost.com/entry/taylor-swift-crashes-wedding-performs-blank-space_n_575427e8e4b0eb20fa0e2fbb

[108] https://variety.com/2020/music/news/taylor-swift-folklore-first-week-sales-worldwide-1234722530/

[109] https://www.grammy.com/grammys/news/2021-grammys-complete-winners-nominees-list#general

[110] Brandstätter, V., Schüler, J., Puca, R. M., & Lozo, L. (2018). *Motivation und Emotion*. Springer Berlin Heidelberg, S. 13

[111] Catania, A. C. (1999). Thorndike's legacy: Learning, selection, and the law of effect. *Journal of the Experimental Analysis of Behavior*, 72(3), 425–428.

[112] Natürlich gibt es interindividuelle Differenzen in der Ausprägung der Gratifikationen aus dem UGT-Ansatz sowie den zugrunde liegenden genetisch verankerten Primäremotionen wie CARE. Nicht alle Menschen reagieren entsprechend gleich auf ein Katzenvideo. Einblicke in den Einfluss unseres evolutionären Säugetiererbes auf menschliches Verhalten gibt es in meinem kostenlosen Buch *Animal Emotions*: https://punctumbooks.com/titles/animal-emotions-how-they-drive-human-behavior/

[113] https://www.youtube.com/watch?v=fEf2Ctd0Oms (besucht am 01.01.2021)

[114] https://www.ranker.com/list/accidents-caused-by-google-maps/jacob-shelton

[115] In der UGT-Literatur finden sich auch anderslautende Motiv, die aber häufig dasselbe messen. So taucht zum Beispiel das Motiv Entertainment/Unterhaltung auf, was in diesem Buch unter Hedonismus fällt. Information Seeking wäre sicherlich ein utilitäres Motiv.

[116] Schivinski, B., Brzozowska-Wos, M. M., Stansbury, E., Satel, J., Montag, C., & Pontes, H. M. (2020). Exploring the role of social media use motives, psychological well-being, self-esteem, and affect in problematic social media use. *Frontiers in Psychology*, *11*, 3576.

[117] Nach wie vor herrscht keine Einigkeit darüber, ob eine Messenger-App ein Social-Media-Angebot darstellt. In diesem Buch klassifiziere ich WhatsApp als Social Media zugehörig.

[118] Woodworth, R. S. (1919). Examination of emotional fitness for warfare. *Psychological Bulletin, 16*(2), 59–60.

[119] Für eine detaillierte Übersicht über die folgenden historischen Ausführungen mit genauen Verweisen siehe die folgende Arbeit: Montag, C., & Elhai, J. D. (2019). A new agenda for personality psychology in the digital age?. Personality and Individual Differences, 147, 128–134.

[120] Der Begriff geht auf Carl Gustav Jung zurück.

[121] Tupes, E. C., & Christal, R. E. (1992). Recurrent personality factors based on trait ratings. *Journal of Personality*, *60*(2), 225–251.

[122] Montag, C., & Panksepp, J. (2017). Primary emotional systems and personality: an evolutionary perspective. *Frontiers in Psychology*, *8*, 464.

[123] Laajaj, R., Macours, K., Hernandez, D. A. P., Arias, O., Gosling, S. D., Potter, J., ... & Vakis, R. (2019). Challenges to capture the big five personality traits in non-WEIRD populations. *Science Advances*, *5*(7), eaaw5226.

[124] Henrich, J., Heine, S. J., & Norenzayan, A. (2010). Most people are not WEIRD. *Nature*, *466*(7302), 29–29.

[125] Trotz dieser berechtigten Kritik ist das Modell der Großen Fünf der Persönlichkeit sehr anerkannt. Um dieses international sehr häufig verwendete Persönlichkeitsmodell zu vervollständigen, müssen die Großen Fünf nach den Erkenntnissen der letzten Jahre möglicherweise um eine sechste Persönlichkeitsdimension mit dem Namen *Honesty-Humility* (Ehrlichkeit-Bescheidenheit) erweitert werden. Diese Dimension konnte bis vor Kurzem in den Daten von Psycholog*innen nicht gesichtet werden, da einige Adjektive die mit Moral und Ehrlichkeit zu tun haben, nur unzureichend in den analysierten Wortlisten berücksichtigt wurden (siehe Kapitel 13 in: Davis, K. L., & Panksepp, J. (2018). *The emotional foundations of personality: A neurobiological and evolutionary approach.* WW Norton & Company.) Und was nicht in den Wortlisten zu finden ist, kann auch faktorenanalytisch nicht berücksichtigt werden. Mittlerweile sind viele Wissenschaftler*innen aber davon überzeugt, dass dies ein Fehler war. Trotzdem wird in den meisten Studien bis zum heutigen Tage immer noch das Fünf-Faktoren-Modell verwendet. Das zeigt sich auch in einem großen Teil der hier im Buch präsentierten Forschung. Die Eigenschaft Honesty-Humility könnte aber über die Großen Fünf der Persönlichkeit hinausgehend interessante Einblicke in den Digital-

komplex dieses Buches bringen. Eine neue Arbeit aus meiner Arbeitsgruppe untermauert das: Sindermann, C., Riedl, R., & Montag, C. (2020). Investigating the Relationship between Personality and Technology Acceptance with a Focus on the Smartphone from a Gender Perspective: Results of an Exploratory Survey Study. *Future Internet*, *12*(7), 110.

126 Edmonds, G. W., Jackson, J. J., Fayard, J. V., & Roberts, B. W. (2008). Is character fate, or is there hope to change my personality yet? *Social and Personality Psychology Compass*, *2*(1), 399–413.

127 Bleidorn, W., Hopwood, C. J., & Lucas, R. E. (2018). Life events and personality trait change. *Journal of Personality*, *86*(1), 83–96.

128 Montag, C. (2016). *Persönlichkeit – Auf der Suche nach unserer Individualität*. Springer-Verlag.

129 Marengo, D., Sindermann, C., Elhai, J. D., & Montag, C. (2020). One Social Media Company to Rule Them All: Associations Between Use of Facebook-Owned Social Media Platforms, Sociodemographic Characteristics, and the Big Five Personality Traits. *Frontiers in Psychology*, *11*, 936.

130 Ryan, T., & Xenos, S. (2011). Who uses Facebook? An investigation into the relationship between the Big Five, shyness, narcissism, loneliness, and Facebook usage. *Computers in Human Behavior*, *27*(5), 1658–1664. Siehe auch Anmerkung 63.

131 Kushlev, K., Hunter, J. F., Proulx, J., Pressman, S. D., & Dunn, E. (2019). Smartphones reduce smiles between strangers. *Computers in Human Behavior*, *91*, 12–16.

132 Kushlev, K., & Dunn, E. W. (2019). Smartphones distract parents from cultivating feelings of connection when spending time with their children. *Journal of Social and Personal Relationships*, *36*(6), 1619–1639.

133 Chotpitayasunondh, V., & Douglas, K. M. (2016). How »phubbing« becomes the norm: The antecedents and consequences of snubbing via smartphone. *Computers in Human Behavior*, *63*, 9–18.

134 Chotpitayasunondh, V., & Douglas, K. M. (2018). The effects of »phubbing« on social interaction. *Journal of Applied Social Psychology*, *48*(6), 304–316.

135 Al-Saggaf, Y., & O'Donnell, S. B. (2019). Phubbing: Perceptions, reasons behind, predictors, and impacts. *Human Behavior and Emerging Technologies*, *1*(2), 132–140.

[136] Billieux, J., Schimmenti, A., Khazaal, Y., Maurage, P., & Heeren, A. (2015). Are we overpathologizing everyday life? A tenable blueprint for behavioral addiction research. *Journal of Behavioral Addictions*, *4*(3), 119–123.

[137] Elhai, J. D., Yang, H., & Montag, C. (2019). Cognitive-and emotion-related dysfunctional coping processes: transdiagnostic mechanisms explaining depression and anxiety's relations with problematic smartphone use. *Current Addiction Reports*, *6*(4), 410–417.

[138] Montag, C. (2018). *Homo Digitalis*. Springer Fachmedien Wiesbaden.

[139] Panova, T., & Carbonell, X. (2018). Is smartphone addiction really an addiction? *Journal of Behavioral Addictions*, *7*(2), 252–259.

[140] Sha, P., Sariyska, R., Riedl, R., Lachmann, B., & Montag, C. (2019). Linking internet communication and smartphone use disorder by taking a closer look at the Facebook and WhatsApp applications. *Addictive Behaviors Reports*, *9*, 100148.
Rozgonjuk, D., Sindermann, C., Elhai, J. D., Christensen, A. P., & Montag, C. (2020). Associations between symptoms of problematic smartphone, Facebook, WhatsApp, and Instagram use: An item-level exploratory graph analysis perspective. *Journal of Behavioral Addictions*, *9*(3), 686–697.

[141] Vielleicht sollte ich an dieser Stelle noch kurz diesen ungewöhnlichen Begriff einführen: »Freemium« stellt ein Kunstwort dar und beschreibt die Fusion der Worte *Free* und *Premium*. Mit Freemium-Games werden vor allen Dingen Smartphone-Games bezeichnet, die in ihrer Basisversion kostenlos sind, aber eine Reihe von Kosten nach sich ziehen können, wenn man beispielsweise schnell neue Lebensenergie haben will.

[142] Leung, H., Pakpour, A. H., Strong, C., Lin, Y. C., Tsai, M. C., Griffiths, M. D., … & Chen, I. H. (2020). Measurement invariance across young adults from Hong Kong and Taiwan among three internet-related addiction scales: Bergen Social Media Addiction Scale (BSMAS), Smartphone Application-Based Addiction Scale (SABAS), and Internet Gaming Disorder Scale-Short Form (IGDS-SF9)(Study Part A). *Addictive Behaviors*, *101*, 105969.

[143] https://toucharcade.com/2015/09/16/we-own-you-confessions-of-a-free-to-play-producer/

[144] https://www.sueddeutsche.de/digital/digital-detox-diese-fuenf-apps-helfen-bei-der-smartphone-auszeit-1.3783179

[145] Für eine Gesamtübersicht über die Wirksamkeit von Nudging in diesem Kontext, siehe:
Broers, V. J., De Breucker, C., Van den Broucke, S., & Luminet, O. (2017). A systematic review and meta-analysis of the effectiveness of nudging to increase fruit and vegetable choice. *The European Journal of Public Health*, 27(5), 912–920.

[146] Lynden, J., & Rasmussen, T. (2017). Exploring the impact of 'read receipts' in Mobile Instant Messaging. *Tidsskrift for Medier, Erkendelse Og Formidling*, 5(1). Hentet fra https://tidsskrift.dk/mef-journal/article/view/28781

[147] Blabst, N., & Diefenbach, S. (2017, July). WhatsApp and Wellbeing: A study on WhatsApp usage, communication quality and stress. In *Proceedings of the 31st International BCS Human Computer Interaction Conference (HCI 2017) 31* (pp. 1–6).

[148] https://archive.uie.com/brainsparks/2011/09/14/do-users-change-their-settings/

[149] Thaler, R. H., & Sunstein, C. R. (2009). *Nudge: Improving decisions about health, wealth, and happiness*. Penguin.

[150] Thaler, R. (1980). Toward a positive theory of consumer choice. *Journal of Economic Behavior & Organization*, *1*(1), 39–60.

[151] https://apps.apple.com/us/app/hay-day/id506627515; https://www.gametop.com/download-free/hay-day/

[152] Sunstein, C. R. (2019). Valuing Facebook. *Behavioural Public Policy*, 1–12.

[153] Die Willingness to Pay und Willingness to Accept Variablen waren nicht normalverteilt. Deswegen stellt der Median hier eine bessere deskriptive Beschreibung als der Mittelwert dar. Der Median wird auch Zentralwert genannt. Er gibt die Mitte einer Verteilung an.

[154] Moreland, R. L., & Topolinski, S. (2010). The mere exposure phenomenon: A lingering melody by Robert Zajonc. *Emotion Review*, 2(4), 329–339.

[155] Watson, J. B. (1924). Behaviorism. New York: People's Institute Publishing Company.; »Give me a dozen healthy infants, well-formed, and my own specified world to bring them up in and I'll guarantee to take any one at random and train him to become any type of

specialist I might select – doctor, lawyer, artist, merchant-chief and, yes, even beggar-man and thief, regardless of his talents, penchants, tendencies, abilities, vocations, and race of his ancestors.«

[156] https://www.newyorker.com/magazine/2014/11/24/drool

[157] https://www.foxnews.com/tech/facebooks-like-button-creator-has-second-thoughts-calls-it-a-time-waster

[158] Es geht eine Story durch das World Wide Web, in der behauptet wird, dass auf Instagram sogar Likes zurückgehalten werden, um den*die Nutzer*in noch häufiger auf die Plattform zu bringen. Das scheint aber nur ein Gerücht zu sein: https://nymag.com/intelligencer/2018/01/does-instagram-withhold-likes-to-get-users-to-open-app.html

[159] Sherman, L. E., Payton, A. A., Hernandez, L. M., Greenfield, P. M., & Dapretto, M. (2016). The power of the like in adolescence: effects of peer influence on neural and behavioral responses to social media. *Psychological Science*, *27*(7), 1027–1035.

[160] Sherman, L. E., Hernandez, L. M., Greenfield, P. M., & Dapretto, M. (2018). What the brain ›Likes‹: neural correlates of providing feedback on social media. *Social Cognitive and Affective Neuroscience*, *13*(7), 699–707.

[161] Wise, R. A. (2004). Dopamine, learning and motivation. *Nature Reviews Neuroscience*, *5*(6), 483–494.

[162] Dopamin ist an sehr vielen unterschiedlichen Hirnprozessen beteiligt. Um abzuschätzen, welche Rolle Dopamin für menschliches Verhalten spielt, muss auch der entsprechende Ort der Dopamin-Ausschüttung im Gehirn berücksichtigt werden.

[163] Montag, C., Reuter, M., & Axmacher, N. (2011). How one's favorite song activates the reward circuitry of the brain: personality matters! *Behavioural Brain Research*, *225*(2), 511–514.

[164] Berridge, K. C., & Robinson, T. E. (2016). Liking, wanting, and the incentive-sensitization theory of addiction. *American Psychologist*, *71*(8), 670–679.

[165] Westbrook, A., Ghosh, A., van den Bosch, R., Määttä, J. I., Hofmans, L., & Cools, R. (2021). Striatal dopamine synthesis capacity reflects smartphone social activity. *iScience*, 102497.

[166] Das Hirnareal mit dem Namen Putamen grenzt direkt an das ventrale Striatum an.

[167] Báez-Mendoza, R., & Schultz, W. (2013). The role of the striatum in social behavior. *Frontiers in Neuroscience*, 7, 233.

[168] Montag, C., Markowetz, A., Blaszkiewicz, K., Andone, I., Lachmann, B., Sariyska, R., … & Markett, S. (2017). Facebook usage on smartphones and gray matter volume of the nucleus accumbens. *Behavioural Brain Research*, *329*, 221–228.

[169] Das, D., Cherbuin, N., Anstey, K. J., Sachdev, P. S., & Easteal, S. (2012). Lifetime cigarette smoking is associated with striatal volume measures. *Addiction Biology*, *17*(4), 817–825.
Urošević, S., Collins, P., Muetzel, R., Schissel, A., Lim, K. O., & Luciana, M. (2015). Effects of reward sensitivity and regional brain volumes on substance use initiation in adolescence. *Social Cognitive and Affective Neuroscience*, *10*(1), 106–113.

[170] Salgado, S., & Kaplitt, M. G. (2015). The nucleus accumbens: a comprehensive review. *Stereotactic and Functional Neurosurgery*, *93*(2), 75–93.
Roussotte, F. F., Jahanshad, N., Hibar, D. P., Thompson, P. M., & Alzheimer's Disease Neuroimaging Initiative (ADNI. (2015). Altered regional brain volumes in elderly carriers of a risk variant for drug abuse in the dopamine D2 receptor gene (DRD2). *Brain Imaging and Behavior*, *9*(2), 213–222.

[171] Gable, S. L., Hopper, E. A., & Schooler, J. W. (2019). When the muses strike: Creative ideas of physicists and writers routinely occur during mind wandering. *Psychological Science*, *30*(3), 396–404.
Baird, B., Smallwood, J., Mrazek, M. D., Kam, J. W., Franklin, M. S., & Schooler, J. W. (2012). Inspired by distraction: Mind wandering facilitates creative incubation. *Psychological Science*, *23*(10), 1117–1122.

[172] Über mögliche Gefahren des Mind-Wanderings beim Autofahren siehe: He, J., Becic, E., Lee, Y. C., & McCarley, J. S. (2011). Mind wandering behind the wheel: performance and oculomotor correlates. *Human Factors*, *53*(1), 13–21.
Yanko, M. R., & Spalck, T. M. (2014). Driving with the wandering mind: the effect that mind-wandering has on driving performance. *Human Factors*, *56*(2), 260–269.

[173] Leszczynski, M., Chaieb, L., Reber, T. P., Derner, M., Axmacher, N., & Fell, J. (2017). Mind wandering simultaneously prolongs reactions and promotes creative incubation. *Scientific Reports*, 7(1), 1–9.

[174] Poerio, G. L., Totterdell, P., & Miles, E. (2013). Mind-wandering and negative mood: Does one thing really lead to another? *Consciousness*

*and Cognition*, 22(4), 1412–1421. Killingsworth, M. A., & Gilbert, D. T. (2010). A wandering mind is an unhappy mind. *Science, 330*(6006), 932-932.

175 Smallwood, J., Fitzgerald, A., Miles, L. K., & Phillips, L. H. (2009). Shifting moods, wandering minds: negative moods lead the mind to wander. *Emotion*, 9(2), 271–276.

176 Lin, Y. H., Lin, Y. C., Lee, Y. H., Lin, P. H., Lin, S. H., Chang, L. R., … & Kuo, T. B. (2015). Time distortion associated with smartphone addiction: Identifying smartphone addiction via a mobile application (App). *Journal of Psychiatric Research*, *65*, 139–145.
Montag, C., Błaszkiewicz, K., Lachmann, B., Sariyska, R., Andone, I., Trendafilov, B., & Markowetz, A. (2015). Recorded behavior as a valuable resource for diagnostics in mobile phone addiction: evidence from psychoinformatics. *Behavioral Sciences*, *5*(4), 434–442.

177 Turel, O., Brevers, D., & Bechara, A. (2018). Time distortion when users at-risk for social media addiction engage in non-social media tasks. *Journal of Psychiatric Research*, *97*, 84–88.

178 Flayelle, M., Canale, N., Vögele, C., Karila, L., Maurage, P., & Billieux, J. (2019). Assessing binge-watching behaviors: Development and validation of the »Watching TV Series Motives« and »Binge-Watching Engagement and Symptoms« questionnaires. *Computers in Human Behavior*, *90*, 26–36.

179 Flayelle, M., Maurage, P., Di Lorenzo, K. R., Vögele, C., Gainsbury, S. M., & Billieux, J. (2020). Binge-watching: What do we know so far? A first systematic review of the evidence. *Current Addiction Reports*, 7(1), 44–60.

180 https://fc.de/fc-info/news/detailseite/details/fc-verliert-pokalkrimi-gegen-schalke/

181 https://www.youtube.com/watch?v=B5nQQw0fx4E

182 Przybylski, A. K., Murayama, K., DeHaan, C. R., & Gladwell, V. (2013). Motivational, emotional, and behavioral correlates of fear of missing out. *Computers in Human Behavior*, *29*(4), 1841–1848.

183 Ryan, R. M., & Deci, E. L. (2000). Self-determination theory and the facilitation of intrinsic motivation, social development, and well-being. *American Psychologist*, *55*(1), 68–78.

184 Stead, H., & Bibby, P. A. (2017). Personality, fear of missing out and problematic internet use and their relationship to subjective well-being. *Computers in Human Behavior*, *76*, 534–540.

[185] Rozgonjuk, D., Sindermann, C., Elhai, J. D., & Montag, C. (2020). Individual differences in Fear of Missing Out (FoMO): Age, gender, and the Big Five personality trait domains, facets, and items. *Personality and Individual Differences*, 110546.

[186] Eine Übersetzung des Original-FoMO-Fragebogens findet sich in: Spitzer, M. (2015). Smartphones, Angst und Stress. *Nervenheilkunde*, *34*(08), 591–600.

[187] Sindermann, C., Yang, H., Liu, T., Elhai, J. D., Montag, C. (2021). WeChat – Its Problematic Use and Relations with the Big Five Personality Traits and Fear of Missing Out. *Journal of Technology in Behavioral Science*. https://doi.org/10.1007/s41347-020-00179-y

[188] https://support.snapchat.com/de-DE/a/when-are-snaps-chats-deleted

[189] https://www.futurebiz.de/artikel/snapchat-statistiken-nutzerzahlen/ (Zahlen vom Besuch am 19.07.2021)

[190] https://www.cnbc.com/2017/07/12/how-mark-zuckerberg-has-used-instagram-to-crush-evan-spiegels-snap.html

[191] https://www.investors.com/news/technology/facebook-continues-to-crush-snapchat-with-instagram-stories/

[192] Appel, M., Krisch, N., Stein, J. P., & Weber, S. (2019). Smartphone zombies! Pedestrians' distracted walking as a function of their fear of missing out. *Journal of Environmental Psychology*, *63*, 130–133.

[193] Elhai, J. D., Yang, H., Rozgonjuk, D., & Montag, C. (2020). Using machine learning to model problematic smartphone use severity: the significant role of fear of missing out. *Addictive Behaviors*, *103*, 106261.

[194] Elhai, J. D., Yang, H., & Montag, C. (2021). Fear of missing out (FOMO): overview, theoretical underpinnings, and literature review on relations with severity of negative affectivity and problematic technology use. *Brazilian Journal of Psychiatry*, *43*(2), 203–209.

[195] Gebauer, J. E., Leary, M. R., & Neberich, W. (2012). Big Two personality and Big Three mate preferences: Similarity attracts, but country-level mate preferences crucially matter. *Personality and Social Psychology Bulletin*, *38*(12), 1579–1593.

[196] https://de-de.facebook.com/help/166738576721085

[197] https://www.bap.de/songtext/fortsetzung-folgt/

[198] Zeigarnik, B. (1927). Das Behalten erledigter und unerledigter Handlungen. *Psychologische Forschung*, *9*, 1–85.

Zeigarnik, A. V. (2007). Bluma Zeigarnik-A memoir. *Gestalt Theory*, *29*(3), 256–268.

199 Ovsiankina, M. (1928). Untersuchungen zur Handlungs-und Affektpsychologie. *Psychologische Forschung*, *11*(1), 302–379.

200 Seifert, C. M., & Patalano, A. L. (1991). Memory for incomplete tasks: A re-examination of the Zeigarnik effect. In *Proceedings of the Thirteenth Annual Conference of the Cognitive Science Society* (pp. 114–119), Chicago, IL.

201 MacLeod, C. M. (2020). Zeigarnik and von Restorff: The memory effects and the stories behind them. *Memory & Cognition*, *48*, 1073–1088.

202 Webster, D. M., & Kruglanski, A. W. (1994). Individual differences in need for cognitive closure. *Journal of Personality and Social Psychology*, *67*(6), 1049–1062.

203 https://www.spiegel.de/politik/deutschland/candy-crush-und-bodo-ramelow-wie-politiker-sich-waehrend-sitzungen-ablenken-a-ac-29f1ca-278b-4ca7-91db-683310a255b5

204 https://venturebeat.com/2017/11/17/candy-crush-saga-2-73-billion-downloads-in-five-years-and-still-counting/ (November 2017)

205 Über einen neuen Hack wurde kürzlich berichtet: https://www.futurezone.de/entertainment/games/article232184655/Genialer-Hack-fuer-Candy-Crush-Simple-Einstellung-bringt-unendlich-viele-Leben.html

206 https://www.ibusiness.de/aktuell/db/504594veg.html

207 https://www.nielsen.com/us/en/insights/article/2010/video-game-advertising-playing-to-win-and-sell/ »Our study found that that in-game advertising increased household dollars spent on Gatorade by 24 %, and offered a return on investment of $3.11.«

208 https://toucharcade.com/2015/09/16/we-own-you-confessions-of-a-free-to-play-producer/: »This is about how we can target you, because we (and our partners) know everything about you. We know where you live, we know your income level, we know your relationships, your favorite sports teams, your political preferences. We know when you go to work, and where you work. We can target an event to start for you when we know you have a long weekend coming up. We own you.«

209 https://www.iphone-ticker.de/freemium-game-insider-packt-aus-wir-wissen-alles-ueber-unsere-nutzer-86728/

[210] https://www.wissenschaft-im-dialog.de/projekte/wieso/artikel/beitrag/warum-sind-tomaten-erst-gruen-und-werden-dann-rot/

[211] Elliot, A. J., & Niesta, D. (2008). Romantic red: Red enhances men's attraction to women. *Journal of Personality and Social Psychology, 95*(5), 1150–1164.

[212] Guéguen, N., Jacob, C., Lourel, M., & Pascual, A. (2012). When drivers see red: car color frustrators and drivers' aggressiveness. *Aggressive Behavior, 38*(2), 166–169.

[213] https://www.theguardian.com/technology/2017/jun/20/turning-smartphone-greyscale-attention-distraction-colour: »Eventually, I decided that losing those things weren't worth the small boost to my attention that I gained.«

[214] https://blog.mozilla.org/internetcitizen/2018/02/13/grayscale/

[215] Holte, A. J., & Ferraro, F. R. (2020). True colors: Grayscale setting reduces screen time in college students. *The Social Science Journal*, 1–17. Siehe auch die interessante Nachfolge-Studie: Holte, A.J., Giesen, D.T. & Ferraro, F.R. (2021). Color me calm: Grayscale phone setting reduces anxiety and problematic smartphone use. *Current Psychology*. https://doi.org/10.1007/s12144-021-02020-y

[216] https://www.zeit.de/2018/25/smartphones-bildschirm-grau-trend-lifestyle

[217] https://www.maennersache.de/banzai-pipeline-die-gefaehrlichste-welle-der-welt-6587.html

[218] https://www.npr.org/sections/thetwo-way/2017/10/25/559980080/honolulus-distracted-walking-law-takes-effect-targeting-phone-users?t=1585494359259

[219] https://www.aachener-zeitung.de/nrw-region/polizei-registriert-110000-handy-verstoesse-in-nrw_aid-47997961

[220] Markett, S., Montag, C., Walter, N. T., Plieger, T., & Reuter, M. (2011). On the molecular genetics of flexibility: the case of task-switching, inhibitory control and genetic variants. *Cognitive, Affective, & Behavioral Neuroscience, 11*(4), 644–651.

[221] Montag, C., & Walla, P. (2016). Carpe diem instead of losing your social mind: Beyond digital addiction and why we all suffer from digital overuse. *Cogent Psychology, 3*(1), 1157281.

[222] Duke, É., & Montag, C. (2017). Smartphone addiction, daily interruptions and self-reported productivity. *Addictive Behaviors Reports, 6*, 90–95.

[223] Montag, C., Baumeister, H., Kannen, C., Sariyska, R., Rathner, E. M., & Brand, M. (2019, June). Higher number of screen unlocks is positively linked to smartphone-use disorder: A real-world tracking approach. In *Journal of Behavioral Addictions* (Vol. 8, pp. 57–57). Budafoki UT 187–189-A-3, H-1117 Budapest, Hungary: Akademiai Kiado ZRT.

[224] Markowetz, A. (2015). *Digitaler Burnout: warum unsere permanente Smartphone-Nutzung gefährlich ist.* Droemer eBook.

[225] Liebherr, M., Schubert, P., Antons, S., Montag, C., & Brand, M. (2020). Smartphones and attention, curse or blessing?-A review on the effects of smartphone usage on attention, inhibition, and working memory. *Computers in Human Behavior Reports*, *1*, 100005.

[226] Rozgonjuk, D., Saal, K., & Täht, K. (2018). Problematic smartphone use, deep and surface approaches to learning, and social media use in lectures. *International Journal of Environmental Research and Public Health*, *15*(1), 92.

[227] Montag, C., Błaszkiewicz, K., Sariyska, R., Lachmann, B., Andone, I., Trendafilov, B., … & Markowetz, A. (2015). Smartphone usage in the 21st century: who is active on WhatsApp?. *BMC Research Notes*, *8*(1), 331.

[228] Ward, A. F., Duke, K., Gneezy, A., & Bos, M. W. (2017). Brain drain: The mere presence of one's own smartphone reduces available cognitive capacity. *Journal of the Association for Consumer Research*, 2(2), 140–154.

[229] Rozgonjuk, D., Sindermann, C., Elhai, J. D., & Montag, C. (2020). Fear of Missing Out (FoMO) and social media's impact on daily-life and productivity at work: Do WhatsApp, Facebook, Instagram, and Snapchat Use Disorders mediate that association?. *Addictive Behaviors*, *110*, 106487.

[230] Blabst, N., & Diefenbach, S. (2017, July). WhatsApp and Wellbeing: A study on WhatsApp usage, communication quality and stress. In *Proceedings of the 31st International BCS Human Computer Interaction Conference (HCI 2017) 31* (pp. 1–6).

[231] Eyal, N. (2014). *Hooked: How to build habit-forming products.* Penguin.

[232] https://www.youtube.com/watch?v=sxygkyskucA

[233] https://www.hafawo.at/selbstmanagement-motivation/fight-club-motivationssprueche-25-zitate-die-es-in-sich-haben/

[234] https://www.zeit.de/digital/internet/2018-02/facebook-agb-klauseln-studie-nutzer-informationen

[235] Gillham, N. W. (2001). *A life of Sir Francis Galton: from African exploration to the birth of eugenics*. Oxford University Press.

[236] https://galton.org/letters/darwin/correspondence.htm

[237] https://www.galtoninstitute.org.uk/sir-francis-galton/psychology-statistics-criminology/#criminology

[238] Richards, G. (1997). *Race, racism, and psychology: Towards a reflexive history*. Psychology Press.

[239] https://blogs.ucl.ac.uk/museums/tag/robert-noel/

[240] Zu Galtons Kindheitstagen lebten Gall und Spurzheimer noch.

[241] https://collection.sciencemuseumgroup.org.uk/objects/co134168/set-of-sixty-miniature-heads-used-in-phrenology-phrenological-head

[242] Simpson, D. (2005). Phrenology and the neurosciences: contributions of FJ Gall and JG Spurzheim. *ANZ Journal of Surgery*, *75*(6), 475–482.

[243] http://throughablogdarkly.blogspot.com/2014/03/neo-phrenology.html; https://www.hu-berlin.de/de/forschung/szf/forschungsmanagement/veroeffentlichungen/spektrum/villringer_107.pdf

[244] Poldrack, R. A. (2018). *The new mind readers: What neuroimaging can and cannot reveal about our thoughts*. Princeton University Press.

[245] Cobb, M. (2020). *The idea of the brain: The past and future of neuroscience*. Hachette UK.

[246] https://www.galtoninstitute.org.uk/sir-francis-galton/psychology-statistics-criminology/

[247] Rhodes, G., Proffitt, F., Grady, J. M., & Sumich, A. (1998). Facial symmetry and the perception of beauty. *Psychonomic Bulletin & Review*, *5*(4), 659–669.

[248] Levine, Y. (2018). *Surveillance valley: The secret military history of the Internet*. PublicAffairs. (S. 141)

[249] https://seotribunal.com/blog/google-stats-and-facts/

[250] https://de.statista.com/statistik/daten/studie/790816/umfrage/anzahl-der-unique-user-von-apple-geraeten-und-weltweit/

[251] Chittaranjan, G., Blom, J., & Gatica-Perez, D. (2011, June). Who's who with big-five: Analyzing and classifying personality traits with smartphones. In *2011 15th Annual International Symposium on Wearable Computers* (pp. 29–36). IEEE.

[252] In der Statistik kennzeichnet man durch die »Signifikanz« Zusammen-

hänge, die mit großer Wahrscheinlichkeit nicht zufällig beobachtet werden.

253 In der Statistik sprechen wir von der geteilten Varianz zweier Variablen, die durch die Korrelation zum Quadrat errechnet werden kann: .13 x .13 = 0,0169 x 100 = 1,69 %

254 Gosling, S. D., Rentfrow, P. J., & Swann Jr, W. B. (2003). A very brief measure of the Big-Five personality domains. *Journal of Research in Personality*, *37*(6), 504–528.

255 Montag, C., Baumeister, H., Kannen, C., Sariyska, R., Meßner, E. M., & Brand, M. (2019). Concept, possibilities and pilot-testing of a new smartphone application for the social and life sciences to study human behavior including validation data from personality psychology. *J–Multidisciplinary Scientific Journal*, 2(2), 102–115.
Sariyska R. & Montag C. (2019) An Overview on Doing Psychodiagnostics in Personality Psychology and Tracking Physical Activity via Smartphones. In: Baumeister H., Montag C. (eds) Digital Phenotyping and Mobile Sensing. Studies in Neuroscience, Psychology and Behavioral Economics. Springer, Cham.

256 Ich möchte erneut darauf hinweisen, dass Persönlichkeit ein dimensionales Konstrukt darstellt. In dem eingesetzten Fragebogen TIPI wurden die Big Five mit wenigen Items mit dem Antwortformat 1 = »stimme überhaupt nicht zu« bis 7 = »stimme sehr zu« gemessen. Bei einem Mediansplit werden dann zum Beispiel je nach Datenlage alle Personen, die Werte zwischen 5 und 7 haben, in die Gruppe hoch extravertiert zusammengefasst. Das heißt, in der Arbeit von Gokul Chittaranjan wurden die Informationen der Persönlichkeitsdimensionen zunächst reduziert, bevor Maschinelles Lernen als Statistikverfahren eingesetzt wurde.

257 Stachl, C., Au, Q., Schoedel, R., Gosling, S. D., Harari, G. M., Buschek, D., … & Bühner, M. (2020). Predicting personality from patterns of behavior collected with smartphones. *Proceedings of the National Academy of Sciences*, *117*(30), 17680–17687.

258 Miller, G. (2012). The smartphone psychology manifesto. *Perspectives on Psychological Science*, 7(3), 221–237.

259 https://fossbytes.com/which-smartphone-sensors-how-work/

260 Denissen, J. J., Butalid, L., Penke, L., & Van Aken, M. A. (2008). The effects of weather on daily mood: a multilevel approach. *Emotion*, *8*(5), 662–667.

[261] Kosinski, M., Stillwell, D., & Graepel, T. (2013). Private traits and attributes are predictable from digital records of human behavior. *Proceedings of the National Academy of Sciences, 110*(15), 5802–5805.

[262] Wylie, C. (2019). *Mindf* ck: Cambridge Analytica and the Plot to Break America.* Random House Audio.

[263] Siehe auch: https://www.theguardian.com/news/series/cambridge-analytica-files; https://edition.cnn.com/2018/05/16/politics/cambridge-analytica-congress-wylie/index.html

[264] https://www.tagesanzeiger.ch/ausland/europa/diese-firma-weiss-was-sie-denken/story/17474918

[265] Henrich, J., Heine, S. J., & Norenzayan, A. (2010). Most people are not WEIRD. *Nature, 466* (7302), 29–29.

[266] Gosling, S. D., Sandy, C. J., John, O. P., & Potter, J. (2010). Wired but not WEIRD: The promise of the Internet in reaching more diverse samples. *Behavioral and Brain Sciences, 33*(2–3), 94–95.

[267] Die Debattte um das dritte Geschlecht wird an dieser Stelle nicht berücksichtigt. Zum Beispiel: https://www.faz.net/aktuell/feuilleton/debatten/gesetz-ueber-drittes-geschlecht-die-debatte-beginnt-erst-jetzt-15947979.html

[268] Youyou, W., Kosinski, M., & Stillwell, D. (2015). Computer-based personality judgments are more accurate than those made by humans. *Proceedings of the National Academy of Sciences, 112*(4), 1036–1040. (S. 1037)

[269] Zunächst geht es eigentlich nur darum herauszuarbeiten, wie die Zusammenhänge zwischen digitalen Fußabdrücken und Persönlichkeit aussehen. Mit diesem »Schlüssel« kann man in einem neuen Datensatz arbeiten, um eine tatsächliche Vorhersage zu machen.

[270] Marengo, D. & Montag, C. (2020). Digital phenotyping of the Big Five of Personality via social media traces: a meta-analysis. *Digital Psychology,* 1(1), 52–64.

[271] Azucar, D., Marengo, D., & Settanni, M. (2018). Predicting the Big 5 personality traits from digital footprints on social media: A meta-analysis. *Personality and Individual Differences, 124*, 150–159.

[272] Wylie, C. (2019). Mindf*ck. Profile Books. S. 104 »Kosinski sent Kogan an email saying they wanted half a million dollars up front, plus 50 per cent of all ›royalties‹ for the use of their Facebook data.«

[273] https://www.michalkosinski.com/clown-show

[274] https://www.nytimes.com/2018/03/17/us/politics/cambridge-analytica-trump-campaign.html

[275] Das Hauptproblem des CADS entwickelte sich durch den netzwerkartigen Charakter von Facebook. Da man auf einem sozialen Netzwerk wie Facebook logischerweise mit vielen anderen Personen vernetzt ist, bedeutet dies, dass das Studium eines einzelnen Facebook-Profils auch immer Personen miteinbeziehen kann, die mit der Person hinter dem Profil kommunizieren oder anderweitig im Kontakt stehen. So waren am Ende nicht »nur« 270 000 Nutzer*innen von dem Skandal betroffen, sondern 87 Millionen Nutzer*innen. (https://www.spiegel.de/netzwelt/web/facebook-skandal-daten-von-87-millionen-nutzern-betroffen-a-1201288.html)

[276] Matz, S. C., Kosinski, M., Nave, G., & Stillwell, D. J. (2017). Psychological targeting as an effective approach to digital mass persuasion. *Proceedings of the National Academy of Sciences*, *114*(48), 12714–12719.

[277] Die Begriffe lassen sich relativ synoym verwenden.

[278] https://www.theguardian.com/technology/2020/feb/01/facebook-political-ads-zuckerberg

[279] https://www.theguardian.com/technology/2020/jan/09/facebook-political-ads-micro-targeting-us-election

[280] Matz, S. C., Kosinski, M., Nave, G., & Stillwell, D. J. (2017). Psychological targeting as an effective approach to digital mass persuasion. *Proceedings of the National Academy of Sciences*, *114*(48), 12714–12719. (S. 12715): »Together, the campaign reached 3 129 993 users, attracted 10 346 clicks, and resulted in 390 purchases on the beauty retailer's website.«

[281] Unter der Annahme, dass jeweils ein Kauf nur von einem Kunden getätigt wurde.

[282] Zarouali, B., Dobber, T., De Pauw, G., & de Vreese, C. (2020). Using a personality-profiling algorithm to investigate political microtargeting: assessing the persuasion effects of personality-tailored ads on social media. *Communication Research*, 0093650220961965.

[283] *Extravertierte Werbung:* »GroenLinks guarantees a fairer and greener Netherlands. For us, everyone deserves maximum attention, and we place the well-being of every individual in the spotlight.

Bring out the hero in you and support our great program!« *Introvertierte Werbung:* »GroenLinks is carefully trying to build a fairer and greener Netherlands. In all humility, we stand up for every citizen to gradually contribute to the well-being of every individual. Do you want to make a small contribution? Support our program.« *Kontroll-Werbung*: »GroenLinks is a political party in the Netherlands with a left-wing progressive signature. It was established in 1990. The party is active on multiple levels: local, provincial, national and European. Visit the GroenLinks website for more information about the party.« Quelle: https://journals.sagepub.com/doi/suppl/10.1177/0093650220961965

284 Application Programming Interface

285 Boring, E. G. (1923). Intelligence as the tests test it. *New Republic*, *35*(6), 35–37.

286 Legg, S., & Hutter, M. (2007). Universal intelligence: A definition of machine intelligence. *Minds and machines*, *17*(4), 391–444.

287 Flynn, J. R. (2013). The »Flynn effect« and Flynn's paradox. *Intelligence*, *41*(6), 851–857.

288 Ein guter Überblick über zahlreiche Erklärungen für den Flynn-Effekt sowie ein detailgenaueres Bild über Facetten der Intelligenz im Kontext des Flynn-Effekts über kulturfreie Aspekte der Intelligenz hinaus findet sich in der Arbeit von Jakob Pietschnig und Martin Voracek: Pietschnig, J., & Voracek, M. (2015). One century of global IQ gains: A formal meta-analysis of the Flynn effect (1909–2013). *Perspectives on Psychological Science*, *10*(3), 282–306.

289 Pennebaker, J. W., Boyd, R. L., Jordan, K., & Blackburn, K. (2015). The development and psychometric properties of LIWC2015. Austin: University of Texas at Austin.

290 Mehl, M. R., Gosling, S. D., & Pennebaker, J. W. (2006). Personality in its natural habitat: Manifestations and implicit folk theories of personality in daily life. Journal of *Personality and Social Psychology*, 90, 862–877.

291 Kern, M. L., Eichstaedt, J. C., Schwartz, H. A., Dziurzynski, L., Ungar, L. H., Stillwell, D. J., … & Seligman, M. E. (2014). The online social self: An open vocabulary approach to personality. *Assessment*, *21*(2), 158–169. (S. 159): »The new method looks at the dominant distinguishing words and phrases through an open-ended vocabulary word set that includes emoticons, misspellings, and phrases.«

[292] Bei Pokémon handelt es sich um eine von einer japanischen Spielesoftwarefirma entwickelte Videospielreihe.

[293] Cao, Y., Gao, J., Lian, D., Rong, Z., Shi, J., Wang, Q., … & Zhou, T. (2018). Orderliness predicts academic performance: behavioural analysis on campus lifestyle. *Journal of The Royal Society Interface*, *15*(146), 20180210.

[294] Montag, C., Becker, B., & Gan, C. (2018). The multipurpose application WeChat: a review on recent research. *Frontiers in Psychology*, *9*, 2247.

[295] Creemers, R. (2018). China's social credit system: an evolving practice of control. *Available at SSRN 3175792*: https://papers.ssrn.com/sol3/papers.cfm?abstract_id=3175792

[296] https://en.wikipedia.org/wiki/Social_Credit_System

[297] https://www.statista.com/statistics/879198/china-number-of-installed-surveillance-cameras/

[298] https://qz.com/1215546/how-china-reacted-to-the-idea-of-indefinite-rule-by-xi-jinping-in-memes-on-wechat-and-weibo/

[299] Mac Síthigh, D., & Siems, M. (2019). The Chinese social credit system: A model for other countries? *The Modern Law Review*, *82*(6), 1034–1071.

[300] Montalvo, J. G., & Ravallion, M. (2009). *The pattern of growth and poverty reduction in China*. The World Bank. https://doi.org/10.1596/1813-9450-5069

[301] Schuman, M. (2016). *Konfuzius: Der Mann und die Welt, die er schuf*. Kösel-Verlag.

[302] Kostka, G. (2019). China's social credit systems and public opinion: Explaining high levels of approval. *New Media & Society*, *21*(7), 1565–1593.

[303] Zuboff, S. (2015). Big other: surveillance capitalism and the prospects of an information civilization. *Journal of Information Technology*, *30*(1), 75–89.

[304] Landau, S. (2013). Making sense from Snowden: What's significant in the NSA surveillance revelations. *IEEE Security & Privacy*, *11*(4), 54–63.

[305] https://www.tagesschau.de/wirtschaft/g7-laender-beschliessen-globalen-infrastruktur-plan-101.html

[306] Montag, C., & Diefenbach, S. (2018). Towards homo digitalis: important research issues for psychology and the neurosciences

at the dawn of the internet of things and the digital society. *Sustainability*, *10*(2), 415.

307 https://www.npr.org/2018/12/20/678631013/amazon-customer-receives-1-700-audio-files-of-a-stranger-who-used-alexa?t=1570014709519&t=1570530199090&t=1586082362586

308 Apple legt momentan übrigens noch mehr Wert auf »Privacy«. Das lässt sich allerdings auch in der schlechteren Erkennungsleistung der Stimme erkennen, da Apple mehr auf »in-device-computation« vertraut. Es werden also weniger Daten nach Cupertino geschickt als bei Amazon nach Seattle. (Quelle: https://www.theguardian.com/technology/2019/oct/09/alexa-are-you-invading-my-privacy-the-dark-side-of-our-voice-assistants)

309 Baumeister, H., & Montag, C. (Eds.). (2019). *Digital Phenotyping and Mobile Sensing: New Developments in Psychoinformatics.* Springer Nature.

310 Dagum, P. (2018). Digital biomarkers of cognitive function. *NPJ Digital Medicine*, *1*(1), 1–3.

311 Dagum, P. (2019). Digital Brain Biomarkers of Human Cognition and Mood. In *Digital Phenotyping and Mobile Sensing* (pp. 93–107). Springer, Cham.

312 Montag, C., Markowetz, A., Blaszkiewicz, K., Andone, I., Lachmann, B., Sariyska, R., … & Markett, S. (2017). Facebook usage on smartphones and gray matter volume of the nucleus accumbens. *Behavioural Brain Research*, *329*, 221–228.

313 Sariyska, R., Rathner, E. M., Baumeister, H., & Montag, C. (2018). Feasibility of linking molecular genetic markers to real-world social network size tracked on smartphones. *Frontiers in Neuroscience*, *12*, 945.

314 Da dieses Buch nicht tiefgehend auf die Molekulargenetik von Sozialverhalten bzw. interindividuellen Unterschieden in Persönlichkeit oder Intelligenz eingehen kann, verweise ich für den interessierten oder die interessierte Leser*in an meine einfach zu lesenden Einführungen in die Molekulare Psychologie.
Montag, C. (2017). *Eine kurze Einführung in die Molekulare Psychologie: Band I: Definition und molekulargenetische Grundbegriffe*. Springer-Verlag.
Montag, C. (2017). *Eine kurze Einführung in die Molekulare*

*Psychologie: Band II: Von Kandidatengenen bis zur Epigenetik*. Springer-Verlag.
315 Dagum, P., & Montag, C. (2019). Ethical Considerations of Digital Phenotyping from the Perspective of a Healthcare Practitioner. In *Digital Phenotyping and Mobile Sensing* (pp. 13–28). Springer, Cham.
316 Montag, C., Baumeister, H., Kannen, C., Sariyska, R., Meßner, E. M., & Brand, M. (2019). Concept, possibilities and pilot-testing of a new smartphone application for the social and life sciences to study human behavior including validation data from personality psychology. *J–Multidisciplinary Scientific Journal*, 2(2), 102–115.
317 Saeb, S., Zhang, M., Karr, C. J., Schueller, S. M., Corden, M. E., Kording, K. P., & Mohr, D. C. (2015). Mobile phone sensor correlates of depressive symptom severity in daily-life behavior: an exploratory study. *Journal of Medical Internet Research*, *17*(7), e175.
318 Eichstaedt, J. C., Smith, R. J., Merchant, R. M., Ungar, L. H., Crutchley, P., Preoţiuc-Pietro, D., … & Schwartz, H. A. (2018). Facebook language predicts depression in medical records. *Proceedings of the National Academy of Sciences*, *115*(44), 11203–11208.
319 Guntuku, S. C., Yaden, D. B., Kern, M. L., Ungar, L. H., & Eichstaedt, J. C. (2017). Detecting depression and mental illness on social media: an integrative review. *Current Opinion in Behavioral Sciences*, *18*, 43–49.
320 https://www.techopedia.com/definition/25266/sandboxing
321 Insel, T. R. (2017). Digital phenotyping: technology for a new science of behavior. *Jama*, *318*(13), 1215–1216.
322 https://link.springer.com/content/pdf/bfm%3A978-3-030-31620-4%2F1.pdf
323 https://www.inc.com/minda-zetlin/jeff-bezos-investments-startups-minstrong-mark43-everfi-grail-plenty-fundbox.html
324 Über die Probleme, die sich durch das Silicon Valley für die deutsche Hochschullandschaft ergeben, habe ich mich kürzlich in einem Aufsatz geäußert: Montag, C. (2020). Der Hunger nach Talent im Silicon Valley und die damit einhergehenden Gefahren für die unabhängige Hochschule in Deutschland. In *Was macht die Digitalisierung mit den Hochschulen?* (pp. 165–176). De Gruyter Oldenbourg.
325 Zhan, A., Mohan, S., Tarolli, C., Schneider, R. B., Adams, J. L., Sharma, S., … & Saria, S. (2018). Using smartphones and machine

learning to quantify Parkinson disease severity: the mobile Parkinson disease score. *JAMA Neurology*, *75*(7), 876–880.

326 Kourtis, L. C., Regele, O. B., Wright, J. M., & Jones, G. B. (2019). Digital biomarkers for Alzheimer's disease: the mobile/wearable devices opportunity. *NPJ Digital Medicine*, *2*(1), 1–9.

327 In einer Übersichtsarbeit haben Jon D. Elhai von der Universität Toledo und ich entsprechend darüber nachgedacht, wie Smartphones in der Frühdiagnositik von Alzheimer eingesetzt werden könnten. Montag, C., & Elhai, J. D. (2020). Digital Phenotyping-A Case for Cognitive Functions and Dementia? *Digital Psychology*, *1*(1), 44–51.

328 Klimova, B., Maresova, P., Valis, M., Hort, J., & Kuca, K. (2015). Alzheimer's disease and language impairments: social intervention and medical treatment. *Clinical Interventions in Aging*, *10*, 1401.

329 Ich komme auf die Zahl von ca. 50, da ich diese in einer Studentenstichprobe in Ulm beobachten konnte (auch bereits früher zitiert): Montag, C., Baumeister, H., Kannen, C., Sariyska, R., Rathner, E. M., & Brand, M. (2019, June). Higher number of screen unlocks is positively linked to smartphone-use disorder: A real-world tracking approach. In *Journal of Behavioral Addictions* (Vol. 8, pp. 57–57). Budafoki UT 187-189-A-3, H-1117 Budapest, Hungary: Akademiai Kiado ZRT.

330 https://www.heise.de/newsticker/meldung/Datenschuetzer-droht-mit-Stopp-der-elektronischen-Patientenakte-4698992.html

331 https://www.apotheke-adhoc.de/branchennews/alle-branchennews/branchennews-detail/apotheken-fachkreis-warum-die-esten-digitale-vorreiter-sind/print.html

332 https://www.natureindex.com/news-blog/lili-milani-banks-estonias-genomic-potential: Prof. Dr. Kristjan Vassil war so nett, mir dort Dr. Lili Milani vorzustellen, die uns eine beeindruckende Führung durch das Biozentrum in Tartu gegeben hat.

333 Für Experten: Das folgende Beispiel bezieht sich auf supervidiertes Maschinelles Lernen:
Elhai, J. D., & Montag, C. (2020). The compatibility of theoretical frameworks with machine learning analyses in psychological research. *Current Opinion in Psychology*, 36, 83–88.

334 McKinney, S. M., Sieniek, M., Godbole, V., Godwin, J., Antropova, N., Ashrafian, H., … & Shetty, S. (2020). International evaluation of an AI system for breast cancer screening. *Nature*, 577(7788), 89–94.

Tandel, G. S., Biswas, M., Kakde, O. G., Tiwari, A., Suri, H. S., Turk, M., … & Suri, J..S. (2019). A review on a deep learning perspective in brain cancer classification. *Cancers, 11*(1), 111.

335 Wang, Y., & Kosinski, M. (2018). Deep neural networks are more accurate than humans at detecting sexual orientation from facial images. *Journal of Personality and Social Psychology,114*(2), 246–257.

336 Wer es genau wissen will, den*die verweise ich auf die Tatsache, dass die Genauigkeitswerte je nach Schwerpunktsetzung der Analyse variieren: »The performance of the classifier depends on the desired trade-off between precision (e.g., the fraction of gay people among those classified as gay) and recall (e.g., the fraction of gay people in the population correctly identified as gay). Aiming for high precision reduces recall, and vice versa.«; siehe auch die Ausführungen auf der Webseite: https://woborders.blog/2017/09/09/bad-journalism-gay-facial-recognition/

337 »For example, the »average« straight woman appears to wear eyeshadow, while the »average« lesbian does not. Glasses are clearly visible on the gay man, and to a lesser extent on the lesbian, while they seem absent in the heterosexual composites. Might it be the case that the algorithm's ability to detect orientation has little to do with facial structure, but is due rather to patterns in grooming, presentation and lifestyle?«

338 Elhai, J. D., & Montag, C. (2020). The compatibility of theoretical frameworks with machine learning analyses in psychological research. *Current Opinion in Psychology*, 36, 83–88.

339 Kosinski, M. (2021). Facial recognition technology can expose political orientation from naturalistic facial images. *Scientific Reports, 11*(1), 1–7.

340 https://www.pewresearch.org/politics/2018/03/20/wide-gender-gap-growing-educational-divide-in-voters-party-identification/

341 Lee, K. F. (2018). *AI superpowers: China, Silicon Valley, and the new world order*. Houghton Mifflin Harcourt.

342 Siehe auch die Buchkritik: Paz, B. J. (2020). Kai-Fu-Lee (2019): AI Superpowers–China, Silicon Valley and the New World Order. *AI & Society, 35*, 771–772.

343 Pariser, E. (2011). *The filter bubble: How the new personalized web is changing what we read and how we think*. Penguin.

Deutsche Ausgabe ein Jahr später: Pariser, E. (2012). *Filter Bubble: Wie wir im Internet entmündigt werden*. Carl Hanser Verlag GmbH Co KG.

344 Man könnte auch sagen, dass die Echokammer den aktuellen Zustand der Nachrichtenumgebung einer Person beschreibt, während die Vorfilterung von Informationen eine Ursache für das Entstehen der Echokammer darstellt.

345 Geschke, D., Lorenz, J., & Holtz, P. (2019). The triple-filter bubble: Using agent-based modelling to test a meta-theoretical framework for the emergence of filter bubbles and echo chambers. *British Journal of Social Psychology*, *58*(1), 129–149.

346 Aufnahme-Veranstaltung beim Eintritt in den Konzern.

347 Munn, L. (2020). Angry by design: toxic communication and technical architectures. *Humanities and Social Sciences Communications*, 7(1), 1–11.
https://about.fb.com/news/2006/09/facebook-launches-additional-privacy-controls-for-news-feed-and-mini-feed/

348 Martínez, A. G. (2018). *Chaos monkeys: Obscene fortune and random failure in Silicon Valley*. HarperCollins Publishers, S. 260–261. (S. 261)

349 https://techcrunch.com/2016/09/06/ultimate-guide-to-the-news-feed/

350 »Outrage does not just remain constrained to a single user, but proliferates, spilling out to provoke other users and appear in other online environments« (Munn, 2020; S. 5)

351 Inbar, Y., & Lammers, J. (2012). Political diversity in social and personality psychology. *Perspectives on Psychological Science*, 7(5), 496–503.

352 Courtois, C., Slechten, L., & Coenen, L. (2018). Challenging Google Search filter bubbles in social and political information: Disconforming evidence from a digital methods case study. *Telematics and Informatics*, *35*(7), 2006 2015.

353 Jenseits der Suchhistorie hat Google aber noch Zugriff auf viele andere Daten, wie das Smartphone einer Person (zumindest bei Android-Betriebsystemen). Die Suchhistorie ist also nicht alleine aussagekräftig.

354 Haim, M., Graefe, A., & Brosius, H. B. (2018). Burst of the filter bubble? Effects of personalization on the diversity of Google News. *Digital Journalism*, *6*(3), 330–343.

[355] Sawicka, Z. (2019). How Facebook Polarizes Public Debate in Poland-Polish Filter Bubble. *Social Communication*, *5*(2), 45–52.

[356] Flaxman, S., Goel, S., & Rao, J. M. (2016). Filter bubbles, echo chambers, and online news consumption. *Public Opinion Quarterly*, *80*(S1), 298–320.

[357] Ribeiro, M. H., Ottoni, R., West, R., Almeida, V. A., & Meira Jr, W. (2020, January). Auditing radicalization pathways on youtube. In *Proceedings of the 2020 Conference on Fairness, Accountability, and Transparency* (pp. 131–141).

[358] https://www.nytimes.com/2018/03/10/opinion/sunday/youtube-politics-radical.html

[359] Sindermann, C., Elhai, J. D., Moshagen, M., & Montag, C. (2020). Age, gender, personality, ideological attitudes and individual differences in a person's news spectrum: how many and who might be prone to »filter bubbles« and »echo chambers« online? *Heliyon*, *6*(1), e03214.

[360] Narwal, B. (2018, October). Fake news in digital media. In *2018 International Conference on Advances in Computing, Communication Control and Networking (ICACCCN)* (pp. 977–981). IEEE.

[361] https://de.statista.com/statistik/daten/studie/151619/umfrage/anzahl-der-internetnutzer-in-den-letzten-drei-monaten-und-gesamtbevoelkerung-in-deutschland/

[362] Mosleh, M., Pennycook, G., Arechar, A. A., & Rand, D. G. (2021). Cognitive reflection correlates with behavior on Twitter. *Nature Communications, 12*(1), 1–10.

[363] Levy, R. E. (2021). Social media, news consumption, and polarization: Evidence from a field experiment. *American Economic Review*, *111*(3), 831–70.

[364] Barberá, P. (2020). Social media, echo chambers, and political polarization. *Social Media and Democracy: The State of the Field, Prospects for Reform*, 34.

[365] Marengo, D., Sindermann, C., Elhai, J. D., & Montag, C. (2020). One Social Media Company to Rule Them All: Associations Between Use of Facebook-Owned Social Media Platforms, Sociodemographic Characteristics, and the Big Five Personality Traits. *Frontiers in Psychology*, *11*, 936.

[366] Saunders B.A., Ngo J. (2017) The Right-Wing Authoritarianism Scale. In: Zeigler-Hill V., Shackelford T. (eds) Encyclopedia of

Personality and Individual Differences. Springer, Cham. https://doi.org/10.1007/978-3-319-28099-8_1262-1

367 https://www.bbc.com/news/technology-50129402 https://www.zeit.de/digital/internet/2019-02/selbstverletzungen-instagram-suizid-molly-russel-soziale-netzwerke

368 Fardouly, J., & Vartanian, L. R. (2016). Social media and body image concerns: Current research and future directions. *Current Opinion in Psychology*, *9*, 1–5.

369 »… there is a slow progression, allowing users to acclimate to these views before smoothly progressing onto the next step into their journey.« (Munn, 2020; S. 7–8).

370 https://www.bento.de/gadgets/facebook-the-cleaners-dokumentation-zeigt-wie-menschen-auf-den-philippinen-unsere-sozialen-medien-aufraeumen-a-00000000-0003-0001-0000-000002389766

371 https://www.theguardian.com/technology/2019/sep/17/revealed-catastrophic-effects-working-facebook-moderator: »the conspiracy videos and memes that they see each day gradually led them to embrace fringe views«

372 Vosoughi, S., Roy, D., & Aral, S. (2018). The spread of true and false news online. *Science*, *359*(6380), 1146–1151. Im Originallaut: »When information is novel, it is not only surprising, but also more valuable, both from an information theoretic perspective [in that it provides the greatest aid to decision-making] and from a social perspective [in that it conveys social status on one that is »in the know« or has access to unique »inside« information.« (S. 1149)

373 Egelhofer, J. L., & Lecheler, S. (2019). Fake news as a two-dimensional phenomenon: a framework and research agenda. *Annals of the International Communication Association*, *43*(2), 97–116.

374 Das scheint aber auch abhängig von dem politischen Hintergrund des Nachrichtensenders zu sein: https://medium.com/cybersecurity-for-democracy/far-right-news-sources-on-facebook-more-engaging-e04a01efae90

375 Chuai, Y., & Zhao, J. (2020). Anger makes fake news viral online. *arXiv preprint arXiv:2004.10399*.

376 Grinberg, N., Joseph, K., Friedland, L., Swire-Thompson, B., & Lazer, D. (2019). Fake news on Twitter during the 2016 US presidential election. *Science*, *363*(6425), 374–378.

377 Sindermann, C., Cooper, A., & Montag, C. (2020). A short review on

susceptibility to falling for fake political news. *Current Opinion in Psychology*, 36, 44–48.
[378] Pennycook, G., McPhetres, J., Zhang, Y., Lu, J. G., & Rand, D. G. (2020). Fighting COVID-19 misinformation on social media: Experimental evidence for a scalable accuracy-nudge intervention. *Psychological Science*, *31*(7), 770–780.
[379] Sindermann, C., Schmitt, H. S., Rozgonjuk, D., Elhai, J. D., & Montag, C. (2021). The evaluation of fake and true news: on the role of intelligence, personality, interpersonal trust, ideological attitudes, and news consumption. *Heliyon*, 7(3), e06503.
[380] Cattell, R. B. (1987). *Intelligence: Its structure, growth and action.* Elsevier.
[381] Hartshorne, J. K., & Germine, L. T. (2015). When does cognitive functioning peak? The asynchronous rise and fall of different cognitive abilities across the life span. *Psychological Science*, *26*(4), 433–443.
[382] Kvist, A. V., & Gustafsson, J. E. (2008). The relation between fluid intelligence and the general factor as a function of cultural background: A test of Cattell's Investment theory. *Intelligence*, *36*(5), 422–436.
[383] Pennycook, G., & Rand, D. G. (2019). Lazy, not biased: Susceptibility to partisan fake news is better explained by lack of reasoning than by motivated reasoning. *Cognition*, *188*, 39–50.
[384] Zmigrod, L., Rentfrow, P. J., & Robbins, T. W. (2018). Cognitive underpinnings of nationalistic ideology in the context of Brexit. *Proceedings of the National Academy of Sciences*, *115*(19), E4532-E4540.
[385] Psychologen haben die Möglichkeit, dies anhand von mathematischen Kennziffern zu überprüfen.
[386] Pontes, H. M., Schivinski, B., Sindermann, C., Li, M., Becker, B., Zhou, M., & Montag, C. (2019). Measurement and conceptualization of Gaming Disorder according to the World Health Organization framework: The development of the Gaming Disorder Test. *International Journal of Mental Health and Addiction*, 1–21.
[387] Es wurde bei dem Feedback klargemacht, dass durch den Fragebogen nur Tendenzen gemessen werden und damit keine klinische Diagnose entsteht. Diese kann nur durch den psychologischen Psychotherapeuten oder Psychiater gestellt werden. Zusätzlich wiesen wir auf Hilfestellen hin.
[388] Young, K. S. (1996). Psychology of computer use: XL. Addictive use

of the Internet: a case that breaks the stereotype. *Psychological Reports*, *79*(3), 899–902.

389 Weinstein, A., Dorani, D., Elhadif, R., Bukovza, Y., Yarmulnik, A., & Dannon, P. (2015). Internet addiction is associated with social anxiety in young adults. *Annals of Clinical Psychiatry*, 27(1), 4–9.

390 Sariyska, R., Reuter, M., Lachmann, B., & Montag, C. (2015). Attention deficit/hyperactivity disorder is a better predictor for problematic Internet use than depression: Evidence from Germany. *Journal of Addiction Research & Therapy*, *6*(209), 1–6.

391 Kardefelt-Winther, D. (2014). A conceptual and methodological critique of internet addiction research: Towards a model of compensatory internet use. *Computers in Human Behavior, 31*, 351–354.

392 Gámez-Guadix, M. (2014). Depressive symptoms and problematic Internet use among adolescents: Analysis of the longitudinal relationships from the cognitive-behavioral model. *Cyberpsychology, Behavior, and Social Networking*, *17*(11), 714–719.

393 Teng, Z., Pontes, H. M., Nie, Q., Xiang, G., Griffiths, M. D., & Guo, C. (2020). Internet gaming disorder and psychosocial well-being: A longitudinal study of older-aged adolescents and emerging adults. *Addictive Behaviors*, *110*, 106530.

394 Montag, C., Wegmann, E., Sariyska, R., Demetrovics, Z., & Brand, M. (2021). How to overcome taxonomical problems in the study of Internet use disorders and what to do with »smartphone addiction«? *Journal of Behavioral Addictions*, *9*(4), 908–914.

395 Rumpf, H. J., Batra, A., Bischof, A., Hoch, E., Lindenberg, K., Mann, K., Montag, C., Müller, A., Müller, K. W., Rehbein, F., Stark, R., te Wildt, B., Thomasius, R., Wölfling, K. & Brand, M. 2021. Vereinheitlichung der Bezeichnungen für Verhaltenssüchte. Standardization of terms for behavioral addictions. Sucht

396 Manche meiner Kolleg*innen bevorzugen momentan anstatt der Internetnutzungsstörung die Begrifflichkeit »problematische Internetnutzung« (PIN) als treffende Charakterisierung des psychologischen Konstruktes. Dieser Begriff ist für mich auch plausibel, allerdings entsteht bei Verwendung der PIN-Terminologie eine weitere Ungenauigkeit. Bei der problematischen Internetnutzung ist für mich nämlich nicht klar: Handelt es sich um einen Zustand zwischen gesundem und psychopathologischem Verhalten oder um das Ende eines Spektrums?

397 Panova, T., & Carbonell, X. (2018). Is smartphone addiction really an addiction? *Journal of Behavioral Addictions*, 7(2), 252–259.

398 Billieux, J., Schimmenti, A., Khazaal, Y., Maurage, P., & Heeren, A. (2015). Are we overpathologizing everyday life? A tenable blueprint for behavioral addiction research. *Journal of Behavioral Addictions*, *4*(3), 119–123.

399 Brand, M., Rumpf, H. J., Demetrovics, Z., Müller, A., Stark, R., King, D. L., … & Potenza, M. N. (2020). Which conditions should be considered as disorders in the International Classification of Diseases (ICD-11) designation of »other specified disorders due to addictive behaviors«? *Journal of Behavioral Addictions*.

400 http://www.egdf.eu/wp-content/uploads/2018/06/Industry-Statement-on-18-June-WHO-ICD-11.pdf

401 King, D., Melzer, A., & Gaming Industry Response Consortium. (2018). Comment on the global gaming industry's statement on ICD-11 gaming disorder: A corporate strategy to disregard harm and deflect social responsibility? *Addiction*, 113, 2145–2146. Englischer O-Ton: »The industry statement does not recognize clinical and public health needs and evidence identifying the adverse impacts of problematic gaming (e.g. social isolation, displaced sleep, physical inactivity and dietary problems, decreased psychological wellbeing, academic or job interference and interpersonal conflicts)« (S. 2145)

402 Van Rooij, A. J., Ferguson, C. J., Colder Carras, M., Kardefelt-Winther, D., Shi, J., Aarseth, E., … & Przybylski, A. K (2018). A weak scientific basis for gaming disorder: Let us err on the side of caution. *Journal of Behavioral Addictions*, 7(1), 1–9.

403 Montag, C., Schivinski, B., Sariyska, R., Kannen, C., Demetrovics, Z., & Pontes, H. M. (2019). Psychopathological symptoms and gaming motives in disordered gaming–A psychometric comparison between the WHO and APA diagnostic frameworks. *Journal of Clinical Medicine*, *8*(10), 1691.

404 https://de.statista.com/statistik/daten/studie/712928/umfrage/anzahl-der-computerspieler-in-deutschland/

405 Prozentzahl der Betroffenen in einer Bevölkerung.

406 Pontes, H. M., Schivinski, B., Kannen, C. & Montag, C. (under review). Exploring the interplay between screen time in the context of gaming across different patterns of engagement: A worldwide

large-scale study. Die Arbeit ist noch nicht publiziert und kann sich aufgrund der Begutachtung noch geringfügig ändern.

407 de Hesselle, L. C., Rozgonjuk, D., Sindermann, C., Pontes, H. M., & Montag, C. (2021). The associations between Big Five personality traits, gaming motives, and self-reported time spent gaming. *Personality and Individual Differences*, *171*, 110483.

408 Fam, J. Y. (2018). Prevalence of internet gaming disorder in adolescents: A meta-analysis across three decades. *Scandinavian Journal of Psychology*, *59*(5), 524–531.

409 Demetrovics, Z., Urbán, R., Nagygyörgy, K., Farkas, J., Zilahy, D., Mervó, B., … & Harmath, E. (2011). Why do you play? The development of the motives for online gaming questionnaire (MOGQ). *Behavior Research Methods*, *43*(3), 814–825.

410 Wu, A. M., Lai, M. H., Yu, S., Lau, J. T., & Lei, M. W. (2016). Motives for online gaming questionnaire: Its psychometric properties and correlation with Internet gaming disorder symptoms among Chinese people. *Journal of Behavioral Addictions*, *6*(1), 11–20.
Laconi, S., Pirès, S., & Chabrol, H. (2017). Internet gaming disorder, motives, game genres and psychopathology. *Computers in Human Behavior*, *75*, 652–659.

411 Das heißt, dass statistisch nur zwei Gruppen kontrastiert werden: Eine Gruppe, die alle Kriterien für eine Gaming Disorder erfüllt versus eine Gruppe, die nicht alle Kriterien erfüllt.

412 Das durchschnittliche Alter lag bei 19,32.

413 Montag, C., Flierl, M., Markett, S., Walter, N., Jurkiewicz, M., & Reuter, M. (2011). Internet addiction and personality in first-person-shooter video gamers. *Journal of Media Psychology: Theories, Methods, and Applications*, *23*(4), 163–173.

414 Montag, C., Kannen, C., Schivinski, B. & Pontes, H. (under review). Empirical evidence for robust personality-gaming disorder associations from a large-scale international investigation.

415 Sindermann, C., Duke, É., & Montag, C. (2020). Personality associations with Facebook use and tendencies towards Facebook Use Disorder. *Addictive Behaviors Reports*, 100264.

416 Im Mittelwert 2,43 (1–6 Punkte-Range für die Einzelitems); damit war die Ablehnung hier am geringsten.

417 Rumpf, H. J., Meyer, C., Kreuzer, A., John, U., & Merkeerk, G. J.

(2011). Prävalenz der Internetabhängigkeit (PINTA). *Bericht an das Bundesministerium für Gesundheit*, *31*, 12.
Müller, K. W., Glaesmer, H., Brähler, E., Woelfling, K., & Beutel, M. E. (2014). Prevalence of internet addiction in the general population: results from a German population-based survey. *Behaviour & Information Technology*, *33*(7), 757–766.

418 Müller, K. W., Dreier, M., Beutel, M. E., Duven, E., Giralt, S., & Wölfling, K. (2016). A hidden type of internet addiction? Intense and addictive use of social networking sites in adolescents. *Computers in Human Behavior*, *55*, 172–177.

419 Dies ist ein wenig vereinfachend formuliert – für einen kritischen Überblick siehe diese Übersichtsarbeit: Johnson, S. B., Blum, R. W., & Giedd, J. N. (2009). Adolescent maturity and the brain: the promise and pitfalls of neuroscience research in adolescent health policy. *Journal of Adolescent Health*, *45*(3), 216–221.

420 https://play.google.com/store/apps/details?id=com.facebook.talk&hl=de

421 Rozgonjuk, D., Sindermann, C., Elhai, J. D., & Montag, C. (2021). Comparing smartphone, WhatsApp, Facebook, Instagram, and Snapchat: which platform elicits the greatest use disorder symptoms? *Cyberpsychology, Behavior, and Social Networking*, *24*(2), 129–134.

422 Sindermann, C., Elhai, J. D., & Montag, C. (2020). Predicting Tendencies towards the Disordered Use of Facebook's Social Media Platforms: On the role of Personality, Impulsivity, and Social Anxiety. *Psychiatry Research*, 112793.

423 Hohe Neurotizismus/niedrige Gewissenhaftigkeitswerte

424 Verduyn, P., Lee, D. S., Park, J., Shablack, H., Orvell, A., Bayer, J., … & Kross, E. (2015). Passive Facebook usage undermines affective well-being: Experimental and longitudinal evidence. *ournal of Experimental Psychology: General*, *144*(2), 480–488.
Vogel, E. A., Rose, J. P., Roberts, L. R., & Eckles, K. (2014). Social comparison, social media, and self-esteem. *Psychology of Popular Media Culture*, *3*(4), 206–222.

425 Appel, H., Gerlach, A. L., & Crusius, J. (2016). The interplay between Facebook use, social comparison, envy, and depression. *Current Opinion in Psychology*, *9*, 44–49.

426 Auf mein Buch *Animal Emotions* bin ich schon früher eingegangen. Hier wäre Kapitel 5 für die Leser und Leserinnen interessant. Darüber

hinaus verweise ich auf unsere neue Arbeit in der Fachzeitschrift Addictive Behaviors Reports: Montag, C., & Elhai, J. D. (2020). Discussing digital technology overuse in children and adolescents during the COVID-19 pandemic and beyond: On the importance of considering Affective Neuroscience Theory. *Addictive Behaviors Reports*, *12*, 100313.

[427] https://www.dak.de/dak/gesundheit/dak-studie-gaming-social-media-und-corona-2295548.html#/

[428] Sun, Y., Li, Y., Bao, Y., Meng, S., Sun, Y., Schumann, G., … & Shi, J. (2020). Brief Report: Increased Addictive Internet and Substance Use Behavior During the COVID-19 Pandemic in China. *The American Journal on Addictions*, 29(4), 268–270.

[429] Teng, Z., Pontes, H. M., Nie, Q., Griffiths, M. D., & Guo, C. (2021). Depression and anxiety symptoms associated with internet gaming disorder before and during the COVID-19 pandemic: A longitudinal study. *Journal of Behavioral Addictions*.

[430] Singh, S., Dixit, A., & Joshi, G. (2020). »Is compulsive social media use amid COVID-19 pandemic addictive behavior or coping mechanism? *Asian Journal of Psychiatry*, 54, 102290.

[431] Montag, C., Sindermann, C., Rozgonjuk, D., Yang, S., Elhai, J., & Yang, H. (2021). Investigating links between Fear of COVID-19, neuroticism, social networks and smartphone use disorder tendencies. *Frontiers in Psychology*, 12, 2101.

[432] Cauberghe, V., Van Wesenbeeck, I., De Jans, S., Hudders, L., & Ponnet, K. (2021). How adolescents use social media to cope with feelings of loneliness and anxiety during COVID-19 lockdown. *Cyberpsychology, Behavior, and Social Networking*, *24*(4), 250–257.

[433] Koopmann, A., Georgiadou, E., Kiefer, F., & Hillemacher, T. (2020). Did the general population in Germany drink more alcohol during the COVID-19 pandemic lockdown? *Alcohol and Alcoholism*, *55*(6), 698–699.

[434] Manthey, J., Kilian, C., Schomerus, G., Kraus, L., Rehm, J., & Schulte, B. (2020). Alkoholkonsum in Deutschland und Europa während der SARS-CoV-2 Pandemie. *Sucht*, 66, 247–258.

[435] Peterka-Bonetta, J., Sindermann, C., Sha, P., Zhou, M., & Montag, C. (2019). The relationship between Internet Use Disorder, depression and burnout among Chinese and German college students. *Addictive Behaviors*, *89*, 188–199.

[436] Mit der Ausnahme der Lesebestätigung, die man aber explizit als Leser*in der E-Mail bestätigen muss und nicht wie bei WhatsApp automatisch nach Lesen an den*die Absender*in der Nachricht rausgeht.

[437] Newport, C. (2021). A world without Email. Portfolio.

[438] Perlow, L. A. (2012). *Sleeping with your smartphone: How to break the 24/7 habit and change the way you work*. Harvard Business Press: »The pressure to be on usually stems from some seemingly legitimate reason, such as requests from clients or customers or teammates in different time zones. People begin adjusting to these demands-adapting the technology they use … to be better able to meet the increased demands on their time. Once colleagues experience the increased responsiveness, their own requests expand.« (S. 7–8).

[439] Emoticons bestehen übrigens aus Textzeichen wie :–) und die gab es damit logischerweise auch schon vor dem Internetzeitalter. Die Emojis sind mehr bildhafte Darstellungen der Emoticons, aber mittlerweile auch gerne Gegenstände und Personen. Das Emoticon :–) als Emoji dargestellt wäre ☺.

[440] McDougald, B. R., Carpenter, E. D., & Mayhorn, C. B. (2011, September). Emoticons: What does this one mean? In *Proceedings of the human factors and ergonomics society annual meeting* (Vol. 55, No. 1, pp. 1948–1951). Sage CA: Los Angeles, CA: SAGE Publications.

[441] Derks, D., Bos, A. E., & Von Grumbkow, J. (2007). Emoticons and social interaction on the Internet: the importance of social context. *Computers in Human Behavior*, *23*(1), 842–849.

[442] Dies ist vielleicht auch ein Grund für die geringeren Probleme von Fake News auf der Plattform LinkedIn. Siehe auch: https://www.vox.com/2016/12/29/14100064/linkedin-daniel-roth-fake-news-facebook-recode-podcast

[443] Kushlev, K., & Dunn, E. W. (2015). Checking email less frequently reduces stress. *Computers in Human Behavior*, *43*, 220–228.

[444] https://www.welt.de/wirtschaft/article131176331/Daimler-loescht-alle-Mails-die-im-Urlaub-kommen.html

[445] Alutaybi, A., McAlaney, J., Stefanidis, A., Phalp, K. T., & Ali, R. (2018). Designing social networks to combat fear of missing out. *The 32nd Human Computer Interaction Conference (British HCI'18), Position Papers Track, 2–6 May 2018, Belfast, Northern Ireland.*

[446] https://www.ted.com/talks/tristan_harris_how_better_tech_could_protect_us_from_distraction

447 Lally, P., Van Jaarsveld, C. H., Potts, H. W., & Wardle, J. (2010). How are habits formed: Modelling habit formation in the real world. *European Journal of Social Psychology*, *40*(6), 998–1009.

448 Fitz, N., Kushlev, K., Jagannathan, R., Lewis, T., Paliwal, D., & Ariely, D. (2019). Batching smartphone notifications can improve well-being. *Computers in Human Behavior*, *101*, 84–94, hier der Original-Ton: »We find evidence that delivering notifications in three batches a day – but not in hourly batches – improved well-being outcomes such as stress, productivity, and mood. These effects were mediated by the effects of batching on reducing inattention. In contrast, never delivering notifications did not confer the same benefits, producing instead an increase in anxiety mediated by fear of missing out. Thus, batching in a few daily intervals can preserve the usefulness of being notified, while mitigating the harm of variable, unpredictable delivery of notifications.« (S. 91)

449 Für Social Media alleine klappt das aber gut: https://www.lifehack.org/articles/technology/get-distracted-more-disable-automatic-alerts-from-social-media.html

450 https://www.swp.de/suedwesten/staedte/ulm/linie-2-ulm-rekord-hoechste-strassenbhn-haltestelle-von-deutschland-in-ulm-verkehr-31437950.html

451 https://en.wikipedia.org/wiki/History_of_timekeeping_devices

452 https://www.desired.de/luxus/schmuck-und-accessoires/erste-armbanduhr-das-modell-von-breguet-aus-dem-19-jahrhundert/

453 https://www.deutschlandfunkkultur.de/die-luxusuhr-als-statussymbol-die-armbanduhr-stirbt-aus-von.1008.de.html?dram:article_id=438527

454 Christensen, M. A., Bettencourt, L., Kaye, L., Moturu, S. T., Nguyen, K. T., Olgin, J. E., … & Marcus, G. M. (2016). Direct measurements of smartphone screen-time: relationships with demographics and sleep. *PloS One*, *11*(11), e0165331.
Wang, P. Y., Chen, K. L., Yang, S. Y., & Lin, P. H. (2019). Relationship of sleep quality, smartphone dependence, and health-related behaviors in female junior college students. *PloS One*, *14*(4), e0214769.
Soni, R., Upadhyay, R., & Jain, M. (2017). Prevalence of smart phone addiction, sleep quality and associated behaviour problems in adolescents. *International Journal of Research in Medical Sciences*, *5*(2), 515–519.

[455] https://www.uni-bonn.de/de/universitaet/presse-kommunikation/presseservice/archiv-pressemitteilungen/2014/009-2014

[456] Andone, I., Błaszkiewicz, K., Eibes, M., Trendafilov, B., Montag, C., & Markowetz, A. (2016, September). How age and gender affect smartphone usage. In *Proceedings of the 2016 ACM International Joint Conference on Pervasive and Ubiquitous Computing: Adjunct* (pp. 9–12).

[457] Andone, I., Błaszkiewicz, K., Eibes, M., Trendafilov, B., Montag, C., & Markowetz, A. (2016, September). Menthal: a framework for mobile data collection and analysis. In *Proceedings of the 2016 ACM International Joint Conference on Pervasive and Ubiquitous Computing: Adjunct* (pp. 624–629).

[458] https://www.apple.com/de/newsroom/2018/06/ios-12-introduces-new-features-to-reduce-interruptions-and-manage-screen-time/

[459] https://sea.mashable.com/tech/3418/tim-cook-says-we-dont-want-people-using-their-phone-all-the-time-thats-total-bs: »We don't want people using their phones all the time. This has never been an objective for us.«

[460] https://www.cnbc.com/2018/08/01/facebook-and-instagram-time-well-spent-features.html

[461] https://www.focus.de/digital/handy/whatsapp-so-deaktivieren-sie-die-blauen-haken-beim-messenger_id_6892708.html

[462] https://www.torproject.org/de/download/

[463] https://www.zdnet.de/88267249/eine-million-nutzer-greift-via-tor-auf-facebook-zu/

[464] https://arstechnica.com/information-technology/2014/10/facebook-offers-hidden-service-to-tor-users/: »it seems a little like taking a shower and rolling in mud.«

[465] https://duckduckgo.com/traffic

[466] https://www.nytimes.com/2021/01/13/technology/whatsapp-data.html

[467] https://www.forbes.com/sites/kateoflahertyuk/2021/01/11/how-to-use-signal-the-awesome-whatsapp-alternative/

[468] Sindermann, C., Lachmann, B., Elhai, J. D. & Montag, C. (in press). Personality associations with WhatsApp usage and usage of alternative messaging applications to protect one's own data. *Journal of Individual Differences.*

[469] Offenheit stellte sich übrigens auch in einer neuen Studie neben kristalliner Intelligenz als wichtiger Faktor heraus, um Online-Privacy-

Verhalten vorherzusagen: Sindermann, C., Schmitt, H. S., Kargl, F., Herbert, C. & Montag, C. (in press). Online Privacy Literacy and Online Privacy Behavior – the role of crystallized intelligence and personality. *International Journal of Human-Computer Interaction.*

[470] https://www.br.de/radio/bayern2/sendungen/kalenderblatt/der-weltuntergang-faellt-aus-100.html

[471] https://www.theguardian.com/technology/2021/jan/24/is-it-time-to-leave-whatsapp-and-is-signal-the-answer

[472] Krasnova, H., Spiekermann, S., Koroleva, K., & Hildebrand, T. (2010). Online social networks: Why we disclose. *Journal of Information Technology*, *25*(2), 109–125.

[473] https://www.invivomagazine.com/en/corpore_sano/tendances/article/66/self-tracking-to-the-point-of-obsession

[474] https://de.statista.com/statistik/daten/studie/454312/umfrage/nutzung-von-smartwatches-und-fitness-trackern-nach-alter-und-geschlecht/

[475] https://www.marktforschung.de/aktuelles/marktforschung/acht-von-zehn-menschen-in-deutschland-nutzen-ein-smartphone/

[476] https://onezero.medium.com/amazon-and-google-are-practically-giving-away-smart-speakers-heres-why-56f0e50bd95c

[477] Shin, D. H., & Biocca, F. (2017). Health experience model of personal informatics: The case of a quantified self. *Computers in Human Behavior*, *69*, 62–74.

[478] Gimpel, H., Nißen, M., & Görlitz, R. (2013). Quantifying the quantified self: A study on the motivations of patients to track their own health. Thirty Fourth International Conference on Information Systems, Milan.

[479] https://www.who.int/dietphysicalactivity/publications/pacific_pa_guidelines.pdf?ua=1

[480] https://www.spiegel.de/gesundheit/ernaehrung/fitness-die-10-000-schritte-regel-pro-tag-basiert-auf-einer-werbung-a-1279520.html

[481] https://jamanetwork.com/journals/jamainternalmedicine/article-abstract/2734709

[482] Husted, H. M., & Llewellyn, T. L. (2017). The accuracy of pedometers in measuring walking steps on a treadmill in college students. *International Journal of Exercise Science*, *10*(1), 146–153.

[483] https://netzpolitik.org/2018/tracking-durch-die-versicherung-zu-risiken-und-nebenwirkungen/

[484] https://www.bbc.com/news/world-us-canada-45274174

[485] https://www.imdb.com/title/tt2194326/

[486] https://www.countrymusicnews.de/kolumnen-und-reportagen/9286-vor-40-jahren-erschien-hotel-california-von-den-eagles
https://www.computerwoche.de/a/herzlich-willkommen-im-hotel-california-der-artificial-intelligence,3330555
https://digiday.com/marketing/navigating-hotel-california-effect-social-platforms/

[487] Aber wie schon oben beschrieben, gegenwärtig ziehen viele von WhatsApp zu anderen Messenger-Diensten um.

[488] https://www.zeit.de/digital/2019-07/smartphone-nutzung-soziale-medien-sucht-kinder

[489] Suler, J. (2004). The online disinhibition effect. *Cyberpsychology & Behavior*, 7(3), 321–326.

[490] https://www.businessinsider.de/karriere/arbeitsleben/studie-so-ticken-influencer-2018-1/

[491] Ausgenommen natürlich, dass die Inhalte dieser Kommunikation ausgelesen werden, um Microtargeting-Maßnahmen zu ermöglichen.

[492] https://de.statista.com/statistik/daten/studie/196642/umfrage/abonnenten-von-netflix-quartalszahlen/

[493] https://de.statista.com/statistik/daten/studie/608469/umfrage/zahlende-abonnenten-von-apple-music-weltweit/

[494] https://www.nytimes.com/2020/05/06/business/media/new-york-times-earnings-subscriptions-coronavirus.html

[495] Sindermann, C., Kuss, D. J., Throuvala, M., Griffiths, M., & Montag, C. (2020). Should we pay for our social media/messenger applications? Preliminary data on the acceptance of an alternative to the current prevailing data business model. *Frontiers in Psychology*, *11*, 1415.

[496] https://www.statista.com/statistics/234056/facebooks-average-advertising-revenue-per-user/

[497] https://www.spiegel.de (Zugriff am 08.05.2021)

[498] https://www.zeit.de (Zugriff am 08.05.2021)

[499] https://de.wikipedia.org/wiki/Privatsphäre

[500] https://www.bbc.com/news/technology-51518773

[501] https://coolleaders.com/2019/10/31/facebook-now-have-more-than-35000-people-working-on-safety-and-security/

[502] https://www.cfr.org/blog/facebook-one-million-takedowns-day-evidence-failure-not-success

503 https://eur-lex.europa.eu/legal-content/DE/TXT/HTML/?uri=CELEX:32016R0679; siehe (78)

504 https://www.heise.de/newsticker/meldung/Facebook-gestaltet-Einstellungen-fuer-Privatsphaere-und-Datenschutz-neu-3953257.html

505 https://www.fastcompany.com/90297261/facebook-should-never-have-been-allowed-to-buy-instagram-silicon-valley-rep-says

506 https://www.bundeskartellamt.de/SharedDocs/Meldung/DE/Pressemitteilungen/2019/07_02_2019_Facebook.html
https://www.tagesschau.de/wirtschaft/bundesgerichtshof-facebook-101.html

507 https://www.tagesschau.de/ausland/eugh-facebook-datenschutz-103.html

508 https://www.lobbycontrol.de/2021/05/digital-markets-act-dma-eine-chance-die-wir-nutzen-sollten/

509 https://www.boell.de/sites/default/files/2021-05/böll.brief%2015_Grüne-Ordnungspolitik_Die-Fesselung-der-Tech-Giganten.pdf

510 Open Science Collaboration. (2015). Estimating the reproducibility of psychological science. *Science*, *349*(6251), aac4716.

511 Montag, C. (2021). Ressourcenknappheit und die Bedeutsamkeit des Schutzes der Privatsphäre von Studienteilnehmer_innen als mögliche Hindernisse bei der Umsetzung von Open-Science-Maßnahmen. SUCHT, 67(4), 4–6.

512 Gymrek, M., McGuire, A. L., Golan, D., Halperin, E., & Erlich, Y. (2013). Identifying personal genomes by surname inference. *Science*, *339*(6117), 321–324.
Lunshof, J. E., Chadwick, R., Vorhaus, D. B., & Church, G. M. (2008). From genetic privacy to open consent. *Nature Reviews Genetics*,*9*(5), 406–411.
Prior, F. W., Brunsden, B., Hildebolt, C., Nolan, T. S., Pringle, M., Vaishnavi, S. N., & Larson-Prior, L. J. (2008). Facial recognition from volume-rendered magnetic resonance imaging data. *IEEE Transactions on Information Technology in Biomedicine*, *13*(1), 5–9.

513 Die eine Milliarde bezieht sich aber nur auf Online Werbung. Die zehn Milliarden auf alles.
https://www.wsj.com/articles/political-ad-spending-will-approach-10-billion-in-2020-new-forecast-predicts-11559642400

514 https://www.vox.com/recode/2019/10/30/20939830/facebook-false-ads-california-adriel-hampton-elizabeth-warren-aoc

[515] https://www.faz.net/aktuell/wirtschaft/digitec/donald-trump-gesperrt-twitter-hat-richtig-entschieden-17139130.html

[516] https://www.nytimes.com/2021/01/11/technology/twitter-facebook-parler-rules.html

[517] Dias, N., Pennycook, G., & Rand, D. G. (2020). Emphasizing publishers does not effectively reduce susceptibility to misinformation on social media. *Harvard Kennedy School Misinformation Review*, *1*(1).

[518] https://www.fr.de/politik/donald-trump-2024-usa-praesident-wahlen-steve-bannon-comeback-90178666.html

[519] Guess, A. M., Lerner, M., Lyons, B., Montgomery, J. M., Nyhan, B., Reifler, J., & Sircar, N. (2020). A digital media literacy intervention increases discernment between mainstream and false news in the United States and India. *Proceedings of the National Academy of Sciences*, *117*(27), 15536–15545.

[520] Pennycook, G., McPhetres, J., Zhang, Y., Lu, J. G., & Rand, D. G. (2020). Fighting COVID-19 misinformation on social media: Experimental evidence for a scalable accuracy-nudge intervention. *Psychological Science*, *31*(7), 770–780.

[521] Es ist schön zu sehen, dass Facebook tatsächlich gerade eine ähnliche Initiative umsetzt: https://about.fb.com/de/news/2020/07/neue-facebook-kampagne-hilft-falschmeldungen-zu-erkennen/

[522] Pennycook, G., Epstein, Z., Mosleh, M., Arechar, A. A., Eckles, D., & Rand, D. G. (2021). Shifting attention to accuracy can reduce misinformation online. *Nature*, 592, 590–595.

[523] Bozdag, E., & van den Hoven, J. (2015). Breaking the filter bubble: democracy and design. *Ethics and Information Technology*, *17*(4), 249–265.

[524] Duradoni, M., Innocenti, F., & Guazzini, A. (2020). Well-Being and Social Media: A Systematic Review of Bergen Addiction Scales. *Future Internet*, *12*(2), 24.

[525] Kross, E., Verduyn, P., Demiralp, E., Park, J., Lee, D. S., Lin, N., … & Ybarra, O. (2013). Facebook use predicts declines in subjective well-being in young adults. *PloS one*, *8*(8), e69841.; Orben, A., & Przybylski, A. K. (2019).

The association between adolescent well-being and digital technology use. *Nature Human Behaviour*, *3*(2), 173–182.; Tromholt, M. (2016). The Facebook experiment: Quitting Facebook leads to higher levels of well-being. *Cyberpsychology, Behavior, and Social Networking, 19*(11), 661–666.

526 Feinstein, B. A., Hershenberg, R., Bhatia, V., Latack, J. A., Meuwly, N., & Davila, J. (2013). Negative social comparison on Facebook and depressive symptoms: Rumination as a mechanism. *Psychology of Popular Media Culture*, 2(3), 161–170.

527 https://www.independent.co.uk/life-style/gadgets-and-tech/news/instagram-likes-ban-test-update-app-features-a9203256.html

528 https://www.cnbc.com/2019/04/25/jack-dorsey-reveals-his-big-twitter-regret.html Im Originalwortlaut: »If I had to start the service again, I would not emphasize the ›follower‹ count as much. I would not emphasize the ›like‹ count as much.«

529 Peterka-Bonetta, J., Sindermann, C., Elhai, J. D., & Montag, C. (2021). How objectively measured Twitter and Instagram use relate to self-reported personality and tendencies toward Internet/Smartphone Use Disorder. *Human Behavior and Emerging Technologies.*

530 https://www.npr.org/sections/thetwo-way/2018/02/01/582469706/were-spending-less-time-on-facebook-and-mark-zuckerberg-says-that-s-great?t=1594296783276, im Originalwortlaut: »Let me be clear: Helping people connect is more important than maximizing the time they spend on Facebook.«

531 Kramer, A. D., Guillory, J. E., & Hancock, J. T. (2014). Experimental evidence of massive-scale emotional contagion through social networks. *Proceedings of the National Academy of Sciences, 111*(24), 8788–8790.

532 Verma, I. M. (2014). Editorial Expression of Concern: Experimental evidence of massive scale emotional contagion through social networks. *Proceedings of the National Academy of Sciences*, 201412469. Im Originallaut: »It is nevertheless a matter of concern that the collection of the data by Facebook may have involved practices that were not fully consistent with the principles of obtaining informed consent and allowing participants to opt out.«

533 Hegelich, S. (2020). Facebook needs to share more with researchers. *Nature, 579*(7800), 473. Im Originallaut: »Anyone with statistical knowledge who reads the codebook carefully will realize that the data have been rendered nearly useless for tracking the influence of misinformation or manipulation. There is hardly any variation in the data, especially compared with the noise. That results in nonsense

values, such as URLs viewed by minus one million users. So it's impossible to ask important questions about, say, URLs referring to fake news regarding Angela Merkel, the German chancellor, or about the increase in angry reactions in a specific country in a given week.«

[534] Montag, C., Hegelich, S., Sindermann, C., Rozgonjuk, D., Marengo, D. & Elhai, J. D. (2021). On corporate responsibility when studying social-media-use and well-being. *Trends in Cognitive Sciences, 25(4)*, 268–270.

[535] Billieux, J., Stein, D. J., Castro-Calvo, J., Higushi, S., & King, D. L. (2021). Rationale for and usefulness of the inclusion of gaming disorder in the ICD-11. *World Psychiatry*, *20*(2), 198–199.

[536] Einige historische Berichte geben Anlass zum Nachdenken: Bereits zu Beginn der 1980er-Jahren experimentierte man mit Computerspielverboten. In den Philippinen wurde 1981 landesweit ein generelles Computerspielverbot umgesetzt, welches aber 1986 wieder zurückgenommen wurde. Interessanterweise wird aktuell in asiatischen Ländern diskutiert, Jugendlichen zu Schlafenszeiten den Online-Hahn zuzudrehen. In China wurde bereits 2019 durchgesetzt, dass zwischen 10 Uhr abends und 8 Uhr morgens Jugendliche unter 18 Jahren keine Online-Spiele mehr zocken können. Wie nachhaltig eine solche Strategie ist, um den Online-Konsum bestimmter Personengruppen zu reduzieren, muss sich dann zeigen. (https://en.wikipedia.org/wiki/Video_games_in_the_Philippines; https://www.theguardian.com/world/2019/nov/07/china-bans-children-from-late-night-gaming-to-combat-addiction)

[537] https://wallaroomedia.com/blog/social-media/tiktok-statistics/

[538] https://www.rundfunkbeitrag.de/buergerinnen_und_buerger/formulare/befreiung_oder_ermaessigung_beantragen/index_ger.html

[539] https://dw.verdi.de/themen/nachrichten/++co++8e58f940-8abf-11e8-97e4-525400423e78

[540] https://www.niemanlab.org/2010/04/the-gutenberg-parenthesis-thomas-pettitt-on-parallels-between-the-pre-print-era-and-our-own-internet-age/ »Words, printed words – in nice, straight columns, in beautifully bound volumes – you could rely on them. That was the idea.«

[541] Die wirklichen Profiteure sind die großen Wissenschaftsverlage, die null Euro an Kosten für den Begutachtungsprozess aufbringen müssen.

542 www.frontiersin.org: Wissenschaftliche Open-Access-Fachzeitschriften, die von der Frontiers Media SA herausgegeben werden

543 https://de.statista.com/statistik/daten/studie/195081/umfrage/anzahl-der-artikel-auf-wikipedia-weltweit/

544 Giles, J. (2005). Internet encyclopaedias go head to head. *Nature*, 438, 900–901.

545 Allerdings müsste man überlegen, wie man Reputation am besten misst.

546 Ein paar Jahre später stellte sich in diesem Fall aber heraus, dass das Ganze wohl nie so stattgefunden hat. Jemand wollte einfach bekannt werden und viel Geld verdienen. https://de.wikipedia.org/wiki/Iss-Popcorn-trink-Cola-Studie

547 https://www.wired.com/story/facebook-funds-its-favorite-experts-but-skirts-tough-critics/

548 https://www.nbcnews.com/tech/social-media/child-safety-groups-ask-facebook-asked-scrap-plans-instagram-kids-n1264112

549 Montag, C., Lachmann, B., Herrlich, M., & Zweig, K. (2019). Addictive features of social media/messenger platforms and freemium games against the background of psychological and economic theories. *International Journal of Environmental Research and Public Health*, *16*(14), 2612.
Zweig, K. A., Lachmann, B., Montag, C., & Herrlich, M. (2019). Kontinuierliches A/B-Testing zur Optimierung von Spielerbindung und Monetarisierung bei »Freemium«-Spielen. In *Paradoxien des Verbraucherverhaltens* (pp. 43–57). Springer Gabler, Wiesbaden.

550 https://about.fb.com/de/news/h/gespraechskreis-digitalitaet-und-verantwortung/

# Personenverzeichnis


Aggarwal, Nikita 25
Agüera y Arcas, Blaise 201
Allport, Gordon W. 67f.
Alutaybi, Aarif 274
Al-Saggaf, Yeslam 82
Azucar, Danny 166

Bannon, Stephen 323
Becker, Benjamin 90, 290ff., 352
Berners-Lee, Tim 31
Bertillon, Alphonse 145, 149
Bezos, Jeff 194
Biden, Joe 19, 23, 59, 353
Biocca, Frank 297
Blabst, Nicole 139, 286
Blumler, Jay 58
Brecht, Bertolt 34, 37
Breguet, Abraham Louis 280
Brooking, Emerson T. 59f.
Boring, Edwin 174
Bush, George 232

Carbonell, Xavier 241
Cao, Yi 180, 185
Cauberghe, Verolien 261
Chabris, Christopher 36
Chittaranjan, Gokul 152, 154 f.
Clinton, Bill 20
Clinton, Hillary 158
Cobb, Matthew 147
Constine, Josh 208
Cooper, Andrew 229
Csikszentmihalyi, Mihaly 33
Courtois, Cedric 213

Das, Subhadra 145f., 148
Dagum, Paul 187, 193
Derks, Daantje 270
Demetrovics, Zsolt 248
Dias, Nicholas 322
Diefenbach, Sarah 139, 286
Dorsey, Jack 22, 339
Duke, Éilish 135, 138
Dylan, Bob 140

Eichstaedt, Johannes C. 191
Elhai, Jon D. 55, 119, 201, 352
Eyal, Nir 140f.

Fardouly, Jasmine 222
Fitz, Nicholas 275
Flynn, James R. 175, 177
Ferraro, F. Richard 129f.
Festinger, Leon 292f., 361

Floyd, George 21
Foster, Norman 28
Freud, Sigmund 60, 67

Gall, Franz Joseph 146f.
Galton, Sir Francis 144–149, 174
Green, Matthew 287
Guess, Andrew M. 323f.
Guntuku, Sharath Chandra 191
Gutenberg, Johannes 339f.

Haim, Mario 213
Harris, Tristan 274
Hegelich, Simon 334, 347, 352
Hemingway, Ernest 65
Henley, Don 301f.
Hern, Alex 129
Herzog, Herta 57
Hewlett, William R. 29
Holte, Alex 129f.

Insel, Thomas R. 188, 194

Jobs, Steve 284
Jung, Carl Gustav 67
Jung, Holger 305

Kahanamoku, Paoa 131
Kannen, Christopher 237
Kardashian, Kimberly Noel »Kim« 305
Kardefelt-Winther, Daniel 239
Katz, Elihu 58
Kirchhof, Ferdinand 337
Kogan, Aleksandr 168
Kǒng Fūzǐ (Konfuzius) 183
Koopmann, Anne 261
Kosfeld, Michael 158
Kosinski, Michal 161–164, 166–168, 178, 200–204
Kosseff, Jeff 20
Kramer, Adam 332
Krasnova, Hanna 295

Lee, Kai-Fu 204
Levine, Yasha 151

Manjoo, Farhad 23
Manthey, Jacob 261
Marengo, Davide 165, 353
Markowetz, Alexander 283
Martínez, Antonio García 208
Mason, Ho 132
Matt, Jean-Remy von 305
Matz, Sandra 168–170
Matze, John 40
McGinnis, Patrick J. 110
Mehl, Matthias 126
Mercer, Robert 168
Mosleh, Mohsen 217f.
Müller, Kai 253
Munn, Luke 208, 210, 226
Murakami, Haruki 57
Murat, Caroline 280

Napoleon I. 280
Niedecken, Wolfgang 107f., 121
Nix, Alexander 167

Odbert, Henry S. 67f.
O'Donnell, Sarah B. 82
Öhman, Carl 25
Orwell, George 182
Ovsiankina, Maria 122–124, 359

Packard, David 29
Panova, Tayana 241
Pawlow, Iwan 97
Peitz, Dirk 303
Pennycook, Gordon 229, 324
Perlow, Leslie A. 267f.
Pettitt, Thomas 339f.
Poldrack, Russell A. 147
Pontes, Halley 235f., 246f.
Przybylski, Andrew 110

Ramelow, Bodo 124
Reynolds, Tom 22
Ribeiro, Manoel Horta 214
Rosenstein, Justin 98
Rothmann, Robert 144
Rozgonuk, Dmitri 137, 255
Russell, Molly 221f., 326

Sacca, Chris 22
Schumann, Michael 183
Sherman, Lauren 99
Simons, Daniel 36
Sindermann, Cornelia 215f., 229, 251, 289, 308
Singer, Peter Warren 59f.
Skinner, Burrhus Frederic 96
Smudo (Michael Bernd Schmidt) 11
Snowden, Edward 50, 184
Spahn, Jens 196
Spiegel, Eva 117
Spurzheim, Johann 146f.
Sunstein, Cass R. 89, 93f.
Swift, Taylor 59f.

Trump, Donald J. 18f., 22, 24,158, 228, 263, 322f.

Vartanian, Lenny R. 395
Venn, John 73f.
Verma, Inder M. 333

Wang, Yilun 200f., 204
Watson, John Broadus 96
Woodworth, Robert 66f.
Wong, Julia Carrie 22
Wylie, Christopher 158, 168, 346

Xi, Jinping 182

Yang, Haibo 55, 119, 335
Young, Kimberly 238
Young, Neil 140, 161
Youyou, Wu 163

Zarouali, Brahim 171
Zeigarnik, Bluma 122–124, 359
Zuckerberg, Mark 19, 21f., 52, 117, 170, 313, 322, 332